Jagd
ist doch immer
eine Form von Krieg.

Johann Wolfgang v. Goethe

DAG FROMMHOLD

Das Anti-Jagdbuch

– von der ökologischen und ethischen Realität des edlen Waidwerks

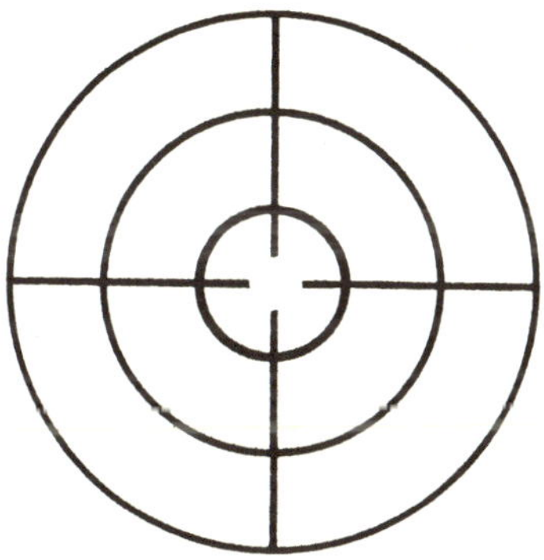

F. HIRTHAMMER VERLAG

Ich danke

allen, die mich bei der Fertigstellung dieses Buches mit Unmengen von Material zum Thema Jagd sowie mit aufmunterndem moralischem Beistand unterstützten.

Dag Frommhold
Eichbergstraße 47, D-72639 Neuffen, Tel. 07025/4099

Umschlag: Klaus Wagner

Bildteil: Klaus Wagner

Auflage: 1994

ISBN 3-88721-116-2

Frankfurter Ring 247, D-80807 München
Tel. 089/3233360, Fax 089/3241728

Es liegt ein Gewehr ...

Es liegt ein Gewehr im Wasser des Moosehead-Sees,
etwa sechzig Fuß von der Küste.
Dieses warf ich fort um der Menschlichkeit willen
vor dreißig Jahren oder mehr.
Dort war's, als ich eine trinkende Rehmutter verwundete.
Und ich war stolz, als ich sie fallen sah.
Sie erhob sich, fiel wieder und schleppte sich langsam fort.
Von ferne hörte ich einen kläglichen Lockruf.
Als ich sie erreichte, beleckte sie zärtlich ein Rehkitz -
ein winziges, furchtsames, zitterndes Wesen.
Da schien meine Seele mit einem Finger des Zornes,
wie mit einem scharfen Stachel, mein Herz zu durchbohren.
Ich nahm das Rehkitz behutsam auf, als die Mutter gestorben war
und kniete nieder an der Küste des Sees.
Ich betete und schrie mein Gelübde zum Himmel,
nie wieder ein Tierwesen zu töten oder sein Fleisch zu essen.
Ich verdammte jenes Gewehr, ich verfluchte jenen Schuß
und begrub die Rehmutter an jenem Tag.
In Tränen betete ich über dem Begräbnisort,
dann trug ich mein Rehkitz heim.

Inhaltsübersicht

Vorwort

Die Jagd, so behaupten es Historiker verschiedenster Couleur, ist nahezu ebenso alt wie die Menschheit selbst. Jedem ist heutzutage der Terminus „Jäger und Sammler“ geläufig, welcher wohl wie kein anderer Begriff jene Form elementarster Subsistenzwirtschaft symbolisiert, mit der der Homo sapiens und seine Vorfahren jahrtausendelang erfolgreich auf der Erde überlebten.[1]

Zu dieser Zeit entsprach das Leben der Menschen in seiner ökologischen Konsequenz für koexistierende Lebensformen dem einer jeden anderen Allesesserart. Praktisch nie kam es vor, daß Jäger, die nur das töteten, was sie unabdingbar zum Leben brauchten, ihre natürlichen Lebensgrundlagen, also den Bestand an von ihnen verfolgten Tieren, überforderten, und stets gelang es ihrer Mitwelt, die durch sie entstandenen temporären Bestandsdefizite wieder auszugleichen.[2] Dabei war diese (zumindest ökologisch) verträgliche Jagd im Zusammenspiel mit dem Sammeln von Früchten eine verglichen mit dem Bauerndasein späterer Menschen nicht einmal unbequeme Lebensgrundlage, bedenkt man, daß die tägliche „Arbeitszeit“ der Jäger und Sammler nur etwa vier bis fünf Stunden betrug und somit deutlich auch unter dem heutigen Durchschnittswert liegt.[3] In Anbetracht dieser Tatsache stellt sich also die Frage, warum der Mensch überhaupt die Subsistenzwirtschaft verwarf, wenn sie so bequem und in Eintracht mit der Mitwelt zu existieren imstande war. Die Antwort ist weniger einfach, als gemeinhin angenommen wird. Primär zeigt sich wohl die enorme Explosion der menschlichen Bevölkerungsdichte verantwortlich hierfür (so daß die Rentabilität und Effizienz der Jagd mit den Beständen der gejagten Tiere sank), gestützt - so der englische Zoologe James Serpell - von der Domestikation verschiedener Pflanzen und Tiere, die sich gegen Ende der letzten Eiszeit zu vollziehen begann und ausschlaggebend für verschiedene signifikante Wandlungen der Beziehung zwischen Menschen und Tieren war.[4]

Seitdem hat sich vieles verändert. Nicht umsonst wurde diese Episode der Menschheitsgeschichte als Zeitraum folgenschwerer und bedeutender Entwicklungen bezeichnet, ohne die unser heutiges Zusammenleben in der jetzigen Form nie existiert hätte und womöglich niemals existieren würde. Die Verdrängung der Subsistenzjäger durch Bauern und Viehhirten begann ihren irreversiblen Lauf zu nehmen. Bereits um 2000 v. Chr. waren viele unserer heute wichtigen Kulturpflanzen und Haustiere fester Bestandteil des menschlichen Daseins, und zu Lebzeiten Christi hatte die sogenannte Zivilisation die vom Jagen und Sammeln lebenden Menschen von der Hälfte der bewohnten Erde ausradiert.[5] Heutzutage ist die Jagd als Lebensform und Existenzgrundlage, von einigen winzigen Stämmen in den noch weitgehend unerforschten Regionen des Globus abgesehen, vollkommen verschwunden.

Doch mit dem Aufkommen der Landwirtschaft und der damit verbundenen Nutztierhaltung erlebte auch die Jagd im Laufe der Zeit auf dem Gebiet der Bekämpfung sogenannter ‚Raubtiere' eine Renaissance[6], die später in der Ausrottung von Bär, Luchs und Wolf gipfelte[7]. Nach und nach entwickelte sich die Jagdausübung schließlich zunehmend zu einem Privileg des maßlosen, von Lustgewinn besessenen Adels. Bauern durften nur noch Niederwild bis maximal zur Größe eines Hasen töten, während das „edlere" Hochwild wenigen privilegierten Lustjägern vorbehalten blieb. Spätestens in dieser Zeit wurde aus der Notwendigkeit zu töten das Töten aus bloßer (Jagd)lust[8], und es entwickelten sich extrem perverse, aber teilweise noch heute weitverbreitete „Jagd"-Formen wie die Parforcejagd, bei der das Wild mit Pferden und Hundemeuten zu Tode gehetzt wurde, oder das Fuchsprellen, das das Hochschleudern eines an Bändern hängenden Fuchses zum Inhalt hatte, bis dieser schließlich, vollkommen erschöpft, von Hunden zerrissen wurde[9]. Hatten die steinzeitlichen Subsistenzjäger ganz offensichtlich noch ein beträchtliches Maß an Achtung vor ihren nach heutigem Wissen als gleichwertig angesehenen tierlichen Mitgeschöpfen, das in aufwendigen Ritualen zur Versöhnung des getöteten Tieres sowie in Höhlenzeichnungen zum Ausdruck kam, so wurde das Individuum Tier in der Zeit der Feudalherrschaft zu einer recht- und würdelosen Sache, einem Objekt, an dessen grausamem Tod man sich ergötzte. Leider änderte sich dieses Verhältnis auch nach der deutschen Revolution im Jahre 1848 nicht mehr maßgeblich. Im Gegenteil, von diesem Zeitpunkt an wurde die Jagd verbürgerlicht, und jeder, der Zeit und Geld genug aufbringen konnte, hatte das Recht, Jäger zu werden. Blieb die Jagd als Konsequenz materieller Unterschiede zwischen den Bürgern zwar nach wie vor einer gehobenen Mittel- und Oberschicht vorbehalten, so stieg dennoch die Zahl der Jäger drastisch an. Rasch gewann infolgedessen das „edle Waidwerk" auch als Ausdruck für das individuelle Prestige des Jägers an Bedeutung. Indikator für Wohlstand und Reichtum wurde in weiten Kreisen somit der Besitz einer eigenen Jagd. Auch heute noch ist das Streben nach Prestige und persönlicher Anerkennung für so manchen „Hobbyjäger" ein immens wichtiger Grund für die Jagdausübung, da der soziale Status, den man unter Gleichgesinnten besitzt, sich oftmals nach den erlangten „Strecken" - der Anzahl an getöteten Tieren - und der Pracht der gewonnenen Trophäen richtet. Inzwischen hat diese Entwicklung dazu geführt, daß gut 300.000 grünbemäntelte Waffenträger nunmehr durch die Wälder der jetzigen BRD pirschen, um Reh und Hirsch, Fuchs und Hase, Rebhuhn und Fasan in einer Zahl zu erbeuten, die in keiner Weise noch mit den „Streckenergebnissen" der Steinzeitjäger zu vergleichen ist - und das, obwohl der den Tieren zur Verfügung stehende Lebensraum durch die Ausbreitung menschlicher Herrschaftsgebiete immer kleiner wird.

Jahrtausende von Jagdgeschichte und jagdlicher Tradition liegen hinter uns; Jahrtausende, in denen kaum jemand Zweifel äußerte an der Richtigkeit des Jagens. Nur einige wenige übten in der Vergangenheit Kritik am Waidwerk, doch sie, wußten sie auch Johann Wolfgang Goethe, Leonardo da Vinci und George Bernard Shaw, um nur einige zu nennen, in ihren Reihen, wurden in bezug auf dieses Anliegen überhört. Zu weltfremd klang für ihre Zeitgenossen die inzwischen wohl als erwiesen geltende Behauptung, Tiere seien ebenso wie der Mensch in der Lage, Freude, Leid und noch viele andere Gefühlsregungen zu empfinden. Man sah nicht ein, warum man mit der althergebrachten Tradition der (Lust)jagd brechen sollte, und last but not least trug auch die zu dieser Zeit sehr mächtige Kirche einiges dazu bei, Kritik an der Jagd bereits im Keim zu ersticken. Bis vor wenigen Jahren verbreitete sie schließlich noch die Ansicht, Tiere hätten im Gegensatz zum Menschen keine Seele. Somit wurde damals in der menschlichen Verblendung, das Ebenbild Gottes zu sein, die Idee vom Frieden mit den Mitgeschöpfen verworfen, während man die Verfechter derartiger Ansichten nicht selten als

Sodomisten diffamierte. Und noch heute bezeichnet die Jägerschaft Tierfreunde, die sich erdreisten, an der Jagd Kritik zu üben, nicht selten als „sentimentale Tierpazifisten“ und Anhänger „geistiger Sodomie“ (ohne den Ausspruch des Nobelpreisträgers Konrad Lorenz jedoch im richtigen Zusammenhang zu zitieren).

Im Gegensatz zum Mittelalter werden die nichtjagenden Bürger heute jedoch sensibler und offener für verschiedenste Belange, sind in der Lage, selbständig zu denken und zu handeln. Die moralische Selbstverständlichkeit des Jagens beginnt nun, in einer Zeit, in der die Menschen ihre Einstellung zu Waffen, Blut, vorsätzlichem Töten und Grausamkeit in weiten Teilen der Erde gleichwohl wie ihre Gesinnung dem Tier als Mitgeschöpf gegenüber gravierend zu verändern beginnen, zu bröckeln. Denn immer mehr Bürger werden mündig, immer mehr sind imstande, selbständig über Tod und Töten nachzudenken und sich eigene, nicht länger von Obrigkeiten oder Lobbies geprägte, sondern auf ihrer individuellen Einstellung basierende Meinungen zu bilden. Sie beginnen an Jagd und Jägern Kritik zu üben, denn das Augenmerk dieser zunehmend kritischeren Öffentlichkeit gilt mehr als je zuvor jenen Wesen, die zwar unmittelbar von der Jagd betroffen, deren Interessen aber in der Vergangenheit fast immer außer acht gelassen wurden; den Opfern der Jagd, allein in der BRD jährlich fünf Millionen fühlende Geschöpfe vom Kaninchen bis zum Rothirsch, getötet durch Fallen und Gewehre, mit Hilfe von Hunden und technischen Geräten.[10]

Es ist in Anbetracht der Tatsache, daß niemand mehr jagen muß, um sich ernähren oder warmhalten zu können, nicht einzusehen, daß die wildlebenden Tiere selbst in den letzten Reservaten, die die menschliche Zivilisation ihnen gelassen hat, erbarmungslos verfolgt und getötet werden. Schon seit nahezu zwanzig Jahren prangern die zahlreichen engagierten Jagdgegner unter den Tierfreunden diese ebenso ungerechten wie aus ethisch-moralischer, aber auch ökologischer Sicht verwerflichen Zustände an. Um die Grausamkeit mit heute beispielsweise in Nachrichtensendungen für menschliche Konflikte gebräuchlichen Begriffen auf den Punkt zu bringen: Auf die Enteignung folgt die Vertreibung aus den nunmehr besetzten Gebieten, und am Ende steht die Exekution.

Doch nicht nur die Tierschutzfront beginnt sich gegen Jagd und Jäger zu formieren. Auch Wissenschaftler, besonders aus dem Bereich der Biologie, wenden sich gegen die weitere Ausübung des Waidwerks und torpedieren das ungestörte Treiben des Waidmannes in unseren Wäldern mit fundierten Argumenten, die allesamt die von Jägern verbreitete Meinung, Jagd sei ökologisch notwendig, als Irrglauben entlarven. Grünröcke, die die Zeichen der Zeit erkannt zu haben glauben, versuchen sich nun ebenfalls verstärkt Argumenten der Ökologie zu bedienen, um das Waidwerk zu rechtfertigen. Doch stets scheitern sie kläglich; für ihre pseudowissenschaftlichen Abhandlungen haben Fachkreise zumeist nicht mehr als ein müdes Lächeln übrig. Als der „passionierte, amerikagestählte Krähenjäger“[11] Heribert Kalchreuter 1984 eine überarbeitete Neuauflage seines Buches „Die Sache mit der Jagd“ veröffentlichte, wurden die darin enthaltenen, auf den ersten Blick durchaus logisch erscheinenden Argumente und Thesen binnen kurzer Zeit von Biologen, Ökologen und fundierten Jagdgegnern als pseudowissenschaftliche Halb- und Unwahrheiten entlarvt. Selbst namhafte Soziologen treten indes für die Abschaffung der Jagd ein. Sie sehen in der Jagdausübung das Schüren aggressiver Verhaltenstendenzen, mit der Jäger - so eine Studie - ohnehin vorbelastet sind.[12]

Die Jäger stehen mit dem Rücken zur Wand. Die Toleranz gegenüber dem nun mehr denn je ungerechtfertigten Töten von Tieren im Zuge der Jagdausübung sinkt Jahr für Jahr. 1988 sahen einer Emnid-Umfrage zufolge noch 74 % der Bevölkerung die Jagd als notwendig an.[13] 1989 führte das Samples-Institut in Mölln eine Repräsentativumfrage durch, nach der nur noch 69 % die Jagdausübung für nötig hielten; 36 % der Befragten bezeichneten sich bereits als Jagdgegner.[14] Im November 1990 dann die vollendete Katastrophe: Die Zeitschrift „Natur“ veröffentlichte eine Studie, der zufolge nur noch 49 % der Bundesbürger die Jagd als Instrument der Aufrechterhaltung eines ökologischen Gleichgewichts in unseren Wäldern für notwendig erachten.[15] Dabei ist die Akzeptanz des Nichtjägers gegenüber seinem jagenden Mitmenschen in Deutschland noch recht groß, vergleicht man sie mit den verhärteten Fronten in anderen Ländern. Bereits 1986 sprachen sich 74 % der Franzosen für die vollständige Abschaffung der Jagd aus; in Italien waren es 1980 immerhin schon 67 %.[16] Nun ist in diesen Ländern das durch die Jagd verursachte Leid auch unter menschlichen Betroffenen aufgrund der höheren Zahl der Jagdunfälle zwar auch größer, doch ist die Tendenz augenfällig: Je mehr die Bevölkerung von verschiedensten objektiv informierenden Seiten über die Jagd erfährt und je tiefer die wissenschaftlichen Erkenntnisse in die Materie ökologischer Zusammenhänge vordringen, desto insistierender wird der Ruf, die Jagd dorthin zu befördern, wo sie hingehört: ins Museum, Abteilung für unbewältigte Triebe, der Allgemeinheit schadende Traditionen und ähnliche Anachronismen.

Somit kann, so denke ich, konstatiert werden: Die Tage der Jagd sind gezählt. Mit diesem Buch, in dem ich sowohl ökologisch-wissenschaftliche als auch eher emotionale Aspekte der Jagd beleuchten möchte, will ich zur Aufklärung über jenes blutige Handwerk selbsternannter grünberockter „Naturschützer“ beitragen, welches jeden Tag durchschnittlich 15.000 fühlende Wesen allein in der Bundesrepublik Deutschland das Leben kostet. Welchen Schluß man aus diesem angelesenen Wissen zieht, ist dann Sache des Lesers - doch ich glaube, daß sich nahezu jeder normal fühlende, denkende und objektiv urteilende Mensch in Anbetracht des Natur und Tieren zugefügten Schadens auf die Seite der Jagdgegner und somit vor allem unserer Mitgeschöpfe stellen wird.

Es sei abschließend (und gleichzeitig einleitend) noch erwähnt, daß die im folgenden aufgezeigten und vor allem im zweiten Buchteil beschriebenen abstoßenden Geschehnisse bei der Jagdausübung *alltägliche jagdliche Realität* sind und somit keineswegs nur Auswüchse des Waidwerks oder das Handeln einzelner schwarzer Schafe darstellen. Überdies habe ich - wie auch bei einem Blick in das Quellenverzeichnis dieses Buches rasch deutlich wird - mich bemüht, soweit wie möglich sehr aktuelle Quellen zur Unterstützung meiner Argumentation zu Rate zu ziehen, da vor allem im Bereich der Ökologie in den letzten Jahren signifikante neue Erkenntnisse gewonnen worden sind.

Dag Frommhold, im Juli 1993

1. Teil

Jagd und Ökologie

1

Die Ökologie des Waidmanns

„Jagd ist angewandter Naturschutz", so lautet die wohl populärste und meistgeäußerte Propagandaparole der deutschen Waidmänner, und Otto Normalverbraucher schenkte ihr zumindest in der Vergangenheit - oft vollkommen kritiklos - Glauben. Schließlich mußte der Jäger eine Prüfung absolvieren, bevor er den Jagdschein zuerkannt bekam, und was sollte Gegenstand dieses „Eignungstests" sein, wenn nicht die Biologie wildlebender Tiere sowie die Zusammenhänge in der uns umgebenden, mit jedem Tag weiter zusammenschmelzenden Restnatur? Also akzeptiert man das Treiben der Jäger, ja, sieht es als Folge aufwendiger waidmännischer Propaganda sogar als notwendig an und ist dem Grünberockten für seine so selbstlos anmutenden Mühen um unser Wild dankbar. Man bewundert, wie er sich so uneigennützig die Nächte um die Ohren schlägt, um zum Schutze des Niederwildes Marder um Marder, Fuchs um Fuchs in die ewigen Jagdgründe zu befördern. Man rechnet es ihm hoch an, daß er jeden Winter aufs neue weder Mühe noch Unkosten finanzieller Natur scheut, um die lieben Bambis im Wald vor dem Verhungern oder Erfrieren zu bewahren (und sie zur Vermeidung von Wildschäden darauf wieder abzuknallen). Man sieht zu ihm empor, wenn er tatkräftig die Verbesserung der Lebensumstände von Wildtieren in seinem Revier anstrebt, vielleicht sogar Hecken pflanzt, um (jagdbaren) Vögeln Platz zum Nisten zu bieten, und inmitten wald- und deckungsloser Felder Gebüsche anlegt, um die Rebhühner vor dem Zugriff durch die bösen, bösen Füchse, von denen es ohnehin viel zu viele gibt, zu schützen. Und man toleriert es zumindest, wenn er zur Bekämpfung letzterer sowie zur Kurzhaltung anderen Raubwilds und Raubzeugs auch drastischere Maßnahmen ergreift - wie die Verwendung von Totschlagfallen. Denn durch das bisherige Eingreifen des Menschen in die Umwelt, so beteuert der sich selbst den Status eines „Naturschützers" zuerkennende Grünrock, wurde das ökologische Gleichgewicht empfindlich gestört (beispielsweise durch das „Aussterben" von Wolf und Luchs), so daß die Fähigkeit zur Selbstregulation der Natur irreversibel zerstört wurde. Demzufolge muß nun der Jäger als „Spitzenregulator" in das ökologische Gefüge eingreifen und mit Flinte und Falle das „Gleichgewicht" wiederherstellen bzw. künstlich aufrechterhalten.

Doch wie anmaßend die Erhebung dieses Anspruchs bereits in ihren Grundlagen ist, fällt dem eingangs erwähnten Normalbürger nicht auf. Ich behaupte: Es kann ihm gar nicht auffallen. Denn die jägerische Betrachtung unserer Mitwelt, die alles in nur oberflächlich logischen Ursache-Wirkung-Beziehungen zu begründen sucht, ist so verlockend einfach zu begreifen und aufgrund des Drucks, den die Jägerlobby auf offensichtliche Jagdgegner ausübt, so bequem anzunehmen, daß man sie sich gerne selbst zu eigen macht, obschon die modernen Schulbücher geschlossen eine ganz andere Selbstverständlichkeit der Ökologie und insbesondere der sogenannten ökologischen Gleichgewichte lehren, als dies hier der Fall ist. Die Wissenschaft hat Fortschritte gemacht, indem sie altes Wissen als überholt erkannt, über Bord geworfen und durch neugewonnene Erkenntnisse ersetzt hat - die Trägheit und Bequemlichkeit der Menschen aber ist ebenso wie das antiquierte, vollkommen anachronistische und auf ein egozentrisches Kosten-Nutzen-Denken gründende Ökologieverständnis der Jäger dieselbe geblieben.

Somit hinterfragt Otto Normalverbraucher nicht - und verschließt damit, ohne sich dessen bewußt zu sein, indirekt die Augen vor der Realität. Daß der Jäger nur hegt, um eine möglichst große Anzahl möglichst prächtiger Trophäen zu erlangen, daß er nur das sogenannte Raubwild und Raubzeug bekämpft, um sich selbst eine möglichst große Strecke anderer jagdbarer Tiere zu sichern (mit dem Nebeneffekt, daß er auch an Fuchs und Marder sein jagdliches Vergnügen hat), daß eine künstliche Regulation der Wildpopulationen selbst in den uns umgebenden, scheinbar nur noch wenig Ursprünglichkeit besitzenden Wäldern nicht notwendig ist und daß der Jäger selbst ein veraltetes und auch dabei noch allenfalls rudimentär zu nennendes Verständnis ökologischer Gleichgewichte besitzt, ist ihm indes nicht klar. Dabei gibt es genug Beispiele, die belegen, wie gravierend negativ sich menschliche Eingriffe in die Natur auswirken können, da niemand die Vielschichtigkeit und Vielfältigkeit der ökologischen Zusammenhänge sowie die Komplexität der in ihnen existierenden Vernetzungen auch nur abzuschätzen imstande ist. Als amerikanische Farmer Adler dezimierten, um Wachteln vor diesen natürlichen Feinden zu schützen, gingen die so (freilich auch hier nicht ohne Eigennutz) „Beschützten" massenhaft an einer Parasitenkrankheit zugrunde, die sich zuvor nicht hatte ausbreiten können, weil die Adler stets zuerst die von den Parasiten befallenen Tiere geschlagen hatten. Indes gibt es solche Beispiele auch in der heimischen Natur massenhaft.[1] Daß der Fuchs von Hasen und Mäusen abhängig ist, ist leicht zu verstehen – daß aber umgekehrt auch die Hasen und Mäuse den Fuchs unbedingt brauchen, um als Art überleben zu können, ist freilich ein ökologisches Phänomen ganz anderen Kalibers.

> „Die Umwelt, die Natur, ist ein großes (und großartiges) ‚System von Systemen'. Einfache Ursache-Wirkung-Beziehungen gibt es darin so gut wie nicht."[2]

So schreibt Prof. Dr. Josef Reichholf, Hochschullehrer für Ökologie, in seinem Buch „Leben und Überleben in der Natur". Mit dieser Aussage bringt er den grundsätzlichen Denk(?)fehler praktisch jedweden waidmännischen Rechtfertigungsversuchs auf den Punkt. Denn gerade auf den von Reichholf kritisierten simplifizierten biologischen Anschauungen beruht die Ökologie des Waidmannes von der Zuerkennung des Jagdscheins[3] bis hin zum Abwägen und zur Nutzanwendung im eigenen Revier.

Die Ökologie des Jägers ist stets zweckgebunden: Sie zielt darauf ab, mit Hilfe scheinbar rationeller Argumente den Abschuß einer möglichst großen Anzahl von Tieren vor einer kritischer werdenden Öffentlichkeit, aber auch vor sich selbst zu rechtfertigen, wobei es nicht selten vorkommt, daß Waidmänner insbesondere einfacherer geistiger Beschaffenheit den von ihnen verbreiteten Aussagen selbst Glauben schenken. In der Realität ist der vorgegebene Wunsch des Waidmannes nach möglichst tier- und naturfreundlichem Agieren praktisch nicht existent, das beweisen allein schon die jägerischen Fachzeitschriften, in deren Innerem sich von übelsten Schießtourismus-Angeboten über die Propagierung grausamer Jagd- und Fallenarten sowie die Empfehlung von Methoden zur Steigerung der

„Strecken" bis hin zu im wahrsten Sinne des Wortes mörderischen Erlebnisberichten alles findet, was problemlos als Inbegriff kreaturverachtender An- und Absichten gelten könnte. Manchmal unter dem Mantel des bewaffneten Naturschützers verdeckt, mal als unverhohlen zum Ausdruck gebrachte Jagdpropaganda: Eines liegt all dieser Literatur zugrunde - die Befriedigung einer auch von Jägern als gegeben angesehenen archaischen Passion, die von Fachleuten, wie bereits angedeutet, als Manifestation aggressiver Verhaltenstendenzen angesehen wird.

Kühne Thesen? Keineswegs, denke ich. Denn im folgenden möchte ich mit konkreten Argumenten verdeutlichen, was mich im Laufe jahrelanger intensiver Recherchen mehr und mehr zu der Ansicht gebracht hat, Jagd sei nicht nur überflüssig, sondern sowohl vom rein ökologischen als auch vom ethisch-moralischen Standpunkt aus verwerflich und kategorisch abzulehnen. Dabei beabsichtige ich, primär von der Jagd besonders betroffene Tiere ins rechte Licht zu rücken (schließlich habe ich mir Jägerei als Thema gewählt), will darüber aber auch „nichtjagdbare" Arten berücksichtigen, die - wie später deutlich werden wird - ebenfalls zumindest indirekt vom Waidwerk betroffen sind. Besonderes Augenmerk möchte ich bei meiner ökologischen Betrachtung der jagdbaren Spezies dem Fuchs widmen, da er, obwohl unmittelbar und sehr intensiv als eines der größten jägerischen „Haßobjekte" von der Jagd betroffen, in diesem Zusammenhang bislang nur selten erwähnt wurde und wie wohl kaum ein anderes Tier mit ebenso negativen wie unbegründeten Vorurteilen belastet ist. Ebenso habe ich dem Reh- und Rotwild, mehr denn je aufgrund des Wildverbisses in aller Munde, ein eigenes Kapitel eingeräumt.

All denjenigen, die an der Thematik Geschmack finden, sich also weitergehend mit der Ökologie „unserer" Wildtiere beschäftigen wollen, möchte ich Prof. Dr. Reichholfs bereits oben angeführtes Buch „Leben und Überleben in der Natur" ans Herz legen. Ich denke, es macht auf gut verständliche Weise deutlich, daß gewaltsame Eingriffe des Menschen in die Natur (und zu solchen gehört auch die Jagd!) lediglich destruktive und somit negative, nicht aber wirklich positive Effekte besitzen können. Will der Jäger das ökologische Gleichgewicht manipulieren oder, wie er es ausdrückt, „stärken", gleicht dieses mit Gewehr und Falle in die Tat umgesetzte

Bestreben dem Versuch, einen hochintegrierten Mikrochip mit Hilfe von Rohrzange und Vorschlaghammer in bezug auf seine Funktionsweise zu ändern. Zu anderen Themen möchte ich dem interessierten Leser empfehlen, einfach einen eingehenderen Blick in das Quellenverzeichnis am Ende dieses Buches zu werfen, in dem zu den verschiedensten hier behandelten Aspekten weiterführende Literatur angeführt ist.

Wir sollten uns letztendlich immer, wenn wir über die Manipulation natürlicher Gegebenheiten entscheiden oder die Rechte von lebenden Wesen einschränken wollen, immer wieder ins Gedächtnis rufen: Die Natur braucht uns nicht - aber wir brauchen die Natur. Gleiches gilt, wenn wir in diesem Satz die Bezeichnung „Natur" durch das Wort „Tiere" ersetzen.

2

Der Fuchs - Porträt eines Delinquenten

Der Fuchs gehört zweifellos zu unseren faszinierendsten Wildtieren. Bereits in der Antike erlangte er einen gewissen Grad an Bewunderung für seine schon seit langer Zeit bekannte sprichwörtliche Schläue; als eines der ersten Wildtiere fand er schon im Mittelalter Eintritt gleichermaßen in Lyrik wie in Epik. Dichter wie Äsop oder - später - Jean de la Fontaine machten ihn zur Hauptperson zahlloser Fabeln[1], und Goethe verfaßte mit „Reineke Fuchs" schließlich sogar ein nahezu zweihundert Seiten füllendes Werk über ihn, welches heutzutage als eine der schönsten Schöpfungen dieses großen Dichters angesehen wird.

In fast allen derartigen Erzählungen symbolisiert der Fuchs List und Schläue, ist ein Akteur, der andere, gleich, ob sie nun physisch stärker oder schwächer sind als er, mit Hilfe seiner geistigen Fähigkeiten hinters Licht führt. Gelegentlich besitzt er dabei vornehmlich bösartige Charaktereigenschaften und ist nur auf seinen eigenen Vorteil bedacht, doch zumindest ebensooft stellt er in erster Linie einen Sympathieträger dar, der unterdrückten und ausgebeuteten Zeitgenossen gleichsam Hoffnung wie neues Selbstbewußtsein vermitteln sollte. So war die bekannte Fabel vom Wolf und dem Fuchs ein Mittel, dem Bürger des Mittelalters Wege zum Widerstand gegen den dominanten und mächtigen Adel aufzuzeigen, indem der rohen, aber dummen Gewalt der Herrscher (symbolisiert durch den stärkeren Wolf) List und Schläue (dargestellt durch den zwar körperlich schwächeren, geistig jedoch überlegenen Fuchs) entgegengesetzt wurden.

Durch solche Darstellungen, ergänzt durch die persönlichen Erlebnisse der Zeitgenossen, entstand ein recht zwiespältiges Bild von dem nunmehr größten Beutegreifer Mitteleuropas - ein Bild, das in manchen seiner Aspekte selbst heute noch weite Verbreitung besitzt. Bei grober Betrachtung läßt es sich in zwei mehr oder weniger gegenteilige Grundbetrachtungsweisen aufspalten: Man brachte dem Fuchs für seine Schläue, Gewandtheit und Schönheit große Bewunderung entgegen, fürchtete und verfolgte ihn jedoch gleichzeitig wegen seiner in einem bekannten Kinderlied besungenen Vorliebe für Hausgeflügel. So recht wollte dementsprechend auch keiner für ihn und gegen seine intensive Verfolgung eintreten. Und das hat sich in gewissen Grenzen bis heute kaum geändert, hat sich der Hauptgrund hierfür auch merklich gewandelt - statt seiner Eigenschaft als Geflügeldieb, der sich in stockdunkler Nacht unter der Wand schlecht befestigter Verschläge hindurchgräbt, fürchtet man den Fuchs nun als Hauptüberträger der Tollwut. Somit mischt sich durchaus nach wie vor eine gewissen Furcht vor Reineke zu zahlreichen zum Teil von Jägern geschürten und ebenso unbegründeten wie überholten Vorurteilen, um jenen Sumpf von Ungerechtigkeit und Antipathie zu bilden, auf den man noch immer stößt, wenn von „dem Fuchs" (analog zu „dem Russen" und ähnlichen feindbildbezogenen Termini) die Rede ist.

Füchse sind also ganz offensichtlich zu unseren bekanntesten Wildtieren zu zählen, gleich, unter welchen Vorzeichen diese Betrachtung nun erfolgt. Doch wird, nimmt man den „Bekanntheitsgrad" näher unter die Lupe, sehr schnell klar, daß sich all diese scheinbare Vertrautheit nur auf Reinekes Aussehen sowie vielleicht noch einige im Volksmund überlieferte typisch füchsische Charaktereigenschaften beschränkt, nicht aber auf grundlegende wissenschaftliche Erkenntnisse im Bereich der Verhaltensforschung oder auch der Ökologie. Besonders verwunderlich ist diese Beobachtung indes keineswegs, denn selbst für Biologen lag vieles, was einen tieferen Einblick in das soziale Zusammenleben und andere Bereiche des Verhaltens von wildlebenden Füchsen erforderte, im dunkeln.[2] Dieses Wissensdefizit war wiederum eine Quelle tiefgreifender ökologischer Irrungen und hatte grausame Geschehnisse im Gefolge, die - mag es auch zuerst skurril und unverständlich klingen - vielen dieser intelligenten Tiere das Leben kosteten und noch immer kosten. Der Fuchs wird bei uns unbarmherzig mit Schrot und Gewehr, mit Falle und Knüppel, mit Hunden und Gift auf mannigfaltige Weise bejagt. Trotz ihrer sprichwörtlichen Schläue fallen diesem

Jagddruck Jahr für Jahr gut 300.000 der Schätzungen zufolge etwa 750.000 vorhandenen Tiere allein in den alten Bundesländern zum Opfer,[3] wobei mancher passionierte Fuchsjäger sich (wenn auch zu Unrecht, s. u.) als Diener an der Volksgesundheit sieht; insbesondere dann, wenn er eine besonders große Anzahl dieser beileibe nicht leicht zu erjagenden intelligenten Wildtiere getötet hat. Der Grund: Füchse seien Hauptüberträger der Tollwut, die man mit Hilfe der intensiven Verfolgung und dem vielfachen Abschuß dieser Tiere zu bekämpfen gedenkt. Hinzu kommt die Propaganda der Jägerschaft, die keine Gelegenheit ausläßt, ihren größten vierbeinigen Konkurrenten nach besten Kräften zu diffamieren. Immer wenn irgendwo die Niederwildbestände und damit auch die Waidmannsfreuden im Sinken begriffen sind, hat man den Sündenbock rasch gefunden - und das ist in nahezu 90 von hundert Fällen zumindest unter anderen jemand, der keine Lobby, keine Rechte, nicht einmal die Möglichkeit des Verbalprotestes hat, der dafür aber im Zweifelsfall mit der Flinte nach Herzenslust weggeputzt werden kann - der Fuchs. Das Märchen lehrt uns, daß der Wolf böse ist - das Jägerlatein in einem Land, in dem es keine Wölfe oder andere Großraubtiere mehr gibt, lehrt, daß auch der Fuchs böse ist.

Das alles sollte indes doch Grund genug für die Bevölkerung sein zu tolerieren, daß der Fuchs das ganze Jahr über ohne Schonzeit (in Baden-Württemberg und Hessen auch während der Jungenaufzucht, was zur Folge hat, daß oftmals Jungfüchse, deren Mutter und Vater erschossen worden sind, qualvoll verhungern müssen) bejagt wird.[4] Daß die Hälfte der besagten 300.000 Jagdopfer unter Füchsen Jungtiere sind,[5] deren Leben bereits am elterlichen Bau von einer Schrotladung ausgelöscht wird, und daß die meisten anderen ebenfalls unerfahrene junge Füchse in ihrem ersten Lebensjahr sind. Daß mehr als 56 % der jährlich sterbenden Füchse allein auf das Konto der Jägerschaft geht.[6] Daß der in den 70er Jahren geführte Giftkrieg gegen den Fuchs (der zugegebenermaßen von den Behörden angeordnet - aber von den Jägern mit ausgeführt! - wurde) nicht nur zahllose Rotröcke grausam getötet, sondern auch den Dachs beinahe ausgerottet hat. Und daß durch den Jagddruck nicht nur Familien auseinandergerissen und Individuen verstümmelt oder umgebracht werden, sondern sich auch die Lebensweise der Füchse, die, wie Heinz Sielmann nur allzu richtig feststellte, „ihres Lebens nicht mehr sicher sein (können)"[7], verändert. Oder haben die Jäger in ihrer Ignoranz die Leichtgläubigkeit der Öffentlichkeit doch überschätzt?

Je mehr jedenfalls über das Leben, die Ökologie und die Populationsdynamik des Fuchses bekannt wird, desto einhelliger wird der Konsens der Wildbiologen - und auch jener der kritischen „Normalverbraucher“: Fuchsjagd muß nicht sein. Bei genauerer Betrachtung wird sogar klar, daß sie ganz im Gegenteil vor allem in der derzeitigen Intensität allen schadet; nicht nur dem Fuchs, sondern auch dem Menschen und - was noch überraschender scheint - denjenigen Lebewesen, die die uns umgebenden Wälder neben dem Fuchs bewohnen. Warum das so ist und weshalb jeglicher Versuch, die Probleme Niederwildrückgang und Tollwut durch das Töten von Füchsen zu lösen, zum Scheitern verurteilt ist, will ich in den folgenden vier Teilkapiteln erläutern.

2.1 Verhalten

Um die Forschungsergebnisse und die sich daraus ergebende Argumentation der immer zahlreicher werdenden Gegner der Fuchsbejagung in den Reihen der Verhaltensforscher und Biologen verstehen zu können, ist es notwendig, einige Grundkenntnisse des füchsischen Verhaltens zu besitzen. Lange Zeit hatten selbst Wildbiologen nur sehr begrenztes Wissen hierüber, da man einen Fuchs aufgrund der durch extremen Jagddruck entstandenen großen Scheu (s. u.) sowie der hohen Mobilität dieser Tiere nicht über längere Zeit hinweg stetig beobachten konnte. Erst in den letzten beiden Jahrzehnten gewannen Forscher wie David McDonald[1], Erik Zimen und Felix Labhard[2] mit Hilfe moderner Radiohalsbänder nähere Erkenntnisse über die Lebensweise des Fuchses und begannen, dieses Wissen durch Publikationen in Zeitschriften und Büchern an die Öffentlichkeit zu tragen. Dennoch hielt sich die Erwähnung der Fuchsbejagung im Zusammenhang mit der damit einhergehenden Schädigung ökologischer Normalitäten bislang in Grenzen; in jenen sich kritisch mit der Jagd auseinandersetzenden Büchern, die größere Popularität erlangten - wie dem ansonsten hervorragenden „Antijagdbuch“ der freien Journalistin Karin Hutter -, fand dieses Problem nur am Rande Beachtung. So möchte ich auf das Thema Fuchs recht detailliert eingehen und insbesondere die soziale Organisation und Ökologie dieser Tiere einer eingehenderen Betrachtung unterziehen.

Zu den „technischen Daten“: Erwachsene Füchse wiegen im allgemeinen zwischen 6 (kleinere Fähen) und bis zu 12 (größere Rüden) Kilogramm, messen bei diesem Körpergewicht von der Nasenspitze bis zum Schwanzende durchschnittlich 125 Zentimeter, wobei der Schwanz nahezu ein Drittel der Gesamtlänge ausmacht.[3] Reineke ist also kleiner, als man ihn sich gemeinhin vorstellt – das bekannte Kinderlied „Fuchs, du hast die Gans gestohlen“ wird durch diese Umstände vollkommen ad absurdum geführt, denn mit einer ausgewachsenen Gans würde sich mit Ausnahme von absoluten Notzeiten kein Fuchs anlegen. In jagdfreien Gebieten können Füchse ohne weiteres zwischen 7 und 15 Jahre alt werden,[4] doch unter dem derzeitigen Jagddruck liegt der Durchschnittswert deutlich niedriger. „Überall, wo Tollwut und Jagd die Population behelligen, endet das Leben der meisten Füchse vor Erreichen des ersten Lebensjahres“ (Labhardt).[5] Im Gegensatz zu ihrem entfernten Verwandten, dem Wolf, bewohnen Füchse – zumindest während der Paarungszeit und der Welpenaufzucht – einen kunstvoll angelegten Bau, der zumeist, wird er nicht durch Menschen oder Umwelteinflüsse zerstört, mehreren Generationen hintereinander als Zufluchtsstätte dient.[6] Oft wird hierbei auch ein ehemaliger Dachs- oder Kaninchenbau benutzt, da insbesondere erstgenannte Höhlen trockener sind als vom Fuchs selbst angelegte Unterschlüpfe und Dachse mit ihren breiten Pranken ungleich besser graben können als Füchse, deren schmale Pfoten eher auf die Fähigkeit zur flinken und behenden Fortbewegung ausgelegt sind. Ebenso häufig ziehen Füchse auch zur „Untermiete“ in bewohnte Dachs-, aber auch Kaninchenhöhlen, was während der Fuchsvergasungsaktionen in den 70er Jahren zahllose Dachse, deren Baue für die Wohnung eines Fuchses gehalten wurden, das Leben gekostet hat.[7] Selbst wenn Gemeinschaftsbaue von Fuchs und Dachs begast wurden, fand man in den aufgegrabenen Höhlen zumeist nur Dachsleichen. Die Marderartigen sind nämlich ungleich häufiger zu Hause anzutreffen als die zwar standorttreuen, aber dennoch oft im Revier umherstreifenden oder im Freien schlafenden Füchse. Überhaupt bringt die Toleranz vieler Dachse gegenüber dem Untermieter Fuchs in Anbetracht der erbarmungslosen menschlichen Nachstellungen, deren Druck auf dem Fuchs lastet, in erster Linie Nachteile für den Marderartigen mit sich, und so mancher Dachs verläßt überdies den eigenen Bau, wenn im Frühsommer schließlich der Nachwuchs von Familie Fuchs in wildem Spiel umhertollt. In puncto Körperkraft ist der bis zu 20 Kilogramm schwere Dachs einem Fuchs zwar überlegen, doch „in seiner Wesensart ist er ... ein Schwächling, der sich schnell vom Fuchs einschüchtern läßt", wie es der Raubwildforscher Felix Labhardt in der Zeitschrift „ethos" formulierte.[8]

Anders verhält es sich hingegen mit der Wohngemeinschaft Fuchs-Kaninchen. Man sollte meinen, daß der Rotrock die Gastfreundschaft, die die Kaninchen ihm entgegenbringen, schamlos ausnutzt und sich von Zeit zu Zeit den Magen mit einigen von ihnen vollschlägt. Doch weit gefehlt – es herrscht Burgfrieden, wie Verhaltensforscher das Phänomen einer friedlichen Koexistenz sich ansonsten als Beute und Räuber gegenüberstehender Tiere in einem gemeinsamen Bau bezeichnen. Kurioserweise sind Kaninchen nirgendwo so sicher wie in derselben Höhle mit einem Fuchs (der sie, so berichten Verhaltensforscher, in manchen Situationen sogar schützt) – und das hat Gründe: „Jäger, die ihn (den Fuchs, Anm. d. Verf.) schießen, ausgraben oder vergasen wollen, gehen achtlos an den Eingangslöchern vorüber, weil sie hier nur einen Kaninchenbau vermuten."[9] Denn der Höhleneingang wird vom Fuchs zweckmäßigerweise nicht erweitert.

In ihrem zwischen 30 und 1300 Hektar umfassenden Revier leben alteingesessene Füchse in Familiengemeinschaften von normalerweise einem Rüden und zwischen einer und – bei hohen Populationsdichten – bis zu vier Fähen. Dies ist darauf zurückzuführen, daß die männlichen Jungfüchse das elterliche Revier im Herbst verlassen, während die jungen Fähen oft auch noch die folgenden Jahre bei ihren Eltern verbringen und diesen bei der Nahrungsbeschaffung sowie der Aufzucht der Jungen des folgenden Jahrgangs zur Seite stehen.[10] Aber auch fremden Fähen scheint der Weg in eine solche Gemeinschaft offenzustehen. Die in einem Faltblatt der Jägerlobby noch 1989 geäußerte Behauptung, Rüden duldeten in ihrem Revier allenfalls eine Fähe, ist daher als Irrglaube und faktisch nicht korrekt anzusehen.[11] Die Reviergrenzen solcher Fuchsfamilien sind indes recht eindeutig festgelegt und werden von den Altfüchsen mit Harn und Kot markiert, wobei Duftdrüsen diesen Markierungen einen recht eindringlichen, selbst für die als Geruchsorgan vollkommen degenerierte menschliche Nase noch gut wahrnehmbaren Geruch verleihen. Zwischen alteingesessenen Fuchsfamilien kommt es dennoch selbst bei Überschreiten dieser Grenzen nur selten zu Konflikten, solange keine ergiebigen und besonders bequem erreichbaren Nahrungsquellen im Grenzbereich liegen.[12]

Im November und Dezember werden Fuchs und Füchsin langsam intimer, bis es gegen Winterende schließlich zur Paarung kommt, die meist im Freien, gelegentlich aber auch im Bau stattfindet (was von Jägern schamlos ausgenutzt wird, indem sie die sich paarenden Füchse mit Erdhunden bejagen). Bekunden mehrere Rüden ihr Interesse an einer Fähe, so entscheiden – falls die Füchsin „willig" ist – heftige Raufereien über das Vorrecht, sich mit ihr zusammentun zu dürfen. Auffällig ist hierbei, daß die rivalisierenden Füchse auch bei todernst anmutenden und scheinbar hemmungslos ausgefochtenen Kämpfen darauf achtgeben, den jeweiligen Opponenten nicht stark zu verwunden. Überhaupt verletzen sich zwei gesunde Rivalen in Kämpfen, sei der Gegenstand dieses Konflikts nun die Herrschaft über ein Revier oder das Recht, sich mit einer für sie attraktiven Füchsin paaren zu dürfen, im Gegensatz zu ihren größeren Vettern, den Wölfen,[13] praktisch niemals ernsthaft, ebenso, wie sie die gefährlichen, nadelspitzen Reißzähne nicht zum Einsatz bringen.[14]

Ist die Paarung erfolgt, gebiert die Fähe im April oder Mai nach einer Schwangerschaft von durchschnittlich 60 bis 63 Tagen[15] 2 bis maximal 12 Welpen (letzteres aber nur unter starkem Jagddruck, s. u.).[16] Meist beteiligt sich nun auch der Vater an der Aufzucht der Jungen, vornehmlich, um Wache zu halten oder Futter nach Hause zu bringen[17], aber dort, wo über längere Zeit nicht gejagt wurde und er sich sicher fühlen kann, spielt auch er oft übermütig mit seinen Kindern. „Füchse sind liebevolle Eltern", schreibt eine bekannte deutsche Illustrierte in einem Artikel über den Fuchs. „Im Alter von fünf bis sechs Wochen spielen die Welpen oft stundenlang vor dem Bau. (...) Das ist dann einer der schönsten Anblicke im Tierreich."[18] – Eine Idylle, die der erbarmungslose Jagddruck nur allzuoft auf grausame Weise zerstört!

Der Fuchs, von der Natur zum Raubtierdasein bestimmt, bedient sich bei der Nahrungssuche einer Mischung aus Lauern und Stöbern: „Er schlendert hierhin und dorthin, steckt seine Nase in jedes Dickicht, wartet dann wieder vor einem Mauseloch und begnügt sich nach erfolglosem Ansitz damit, Regenwürmer zu verspeisen."[19] Doch nicht umsonst gilt er als Sinnbild der Schlauheit. Viele Füchse beherrschen eine besonders trickreiche Jagdmethode, die englische Verhaltensforscher als „Charming" bezeichneten. Das Verfolgen eines Kaninchens ist energieaufwendig und nur allzuoft ergebnislos, denn gesunde Exemplare der Hasenartigen sind für gewöhnlich schneller als ein Fuchs. Also beginnt der Rotrock, hat er Kaninchen gesichtet, mit einem äußerst bemerkenswerten Schauspiel: An Ort und Stelle fängt er an, Purzelbäume zu schlagen, nach seinem eigenen Schwanz zu springen, Luftsprünge zu vollführen und sich um die eigene Achse zu drehen. Die verdutzten Kaninchen richten sich nun gemeinhin auf und sehen dem Fuchs zu, als wollten sie sagen: „Der hat wohl 'ne Meise!" - So drückte der Verhaltensforscher Vitus B. Dröscher es zumindest in seinem Buch „Mit den Wölfen muß man heulen" aus. Über all diese gezielt der Verwirrung seiner Opfer dienenden Strategien des Fuchses bemerken die Kaninchen nicht, wie ihr natürlicher Feind langsam Meter um Meter näher kommt, schließlich aufspringt und - bar jeglichen Humors - eines von ihnen packt.[20]

Eine ähnliche, von manchen Füchsen auffällig oft angewandte und ebenfalls recht erfolgreiche Strategie ist das Sich-tot-Stellen. Erblickt der Rotrock in näherer Umgebung Krähen (die allgemein als Aasvertilger bekannt sind), legt er sich starr auf den Boden, so daß es den Vögeln erscheinen muß, als sei er tot. Zumeist kommt nun zuerst der Anführer des Schwarms heran, hackt einmal kräftig zu, um zu prüfen, ob der Fuchs auch wirklich nicht mehr lebt, und springt dann erst einmal wieder zurück. Der Hieb mit dem spitzen Schnabel ist für den Fuchs zwar schmerzhaft, und es kommt mitunter vor, daß der getroffene Rotrock jaulend aufspringt, doch in den meisten Fällen erträgt er es, ohne einen Laut von sich zu geben. Dann ist seine Strategie aufgegangen - die Krähen kommen unbesorgt heran, er schnappt einmal zu und hat seine Mahlzeit gesichert.[21]

Doch man sollte nicht denken, daß der Fuchs sich - als Beutegreifer, der er ja von Natur aus ist - ausschließlich von fleischlicher Kost (die bei ihm zum Hauptteil aus Mäusen besteht) ernährt. Im Gegenteil - er widersetzt sich jeglicher Einordnung in eindeutige wildbiologische Kategorien (denen zufolge er als Fleischfresser gilt) und steigt im Sommer häufig auf rein vegetarische Nahrung um. Warum sollte er sich auch die Mühe machen, Beutetieren nachzustellen, wenn er überall Obst und Beeren finden kann, die er mit seinem universellen Gebiß und seinen Verdauungsorganen ebenso gut verzehren kann wie Fleisch?[22]

Somit ergibt sich eine erstaunliche Anpassungsfähigkeit des Fuchses, die nicht nur unter Beutegreifern seinesgleichen sucht. Es ist anzunehmen, daß unter den extremen Nachstellungen, denen Füchse ausgesetzt sind, fast jede andere Tierart bereits vom Antlitz der Erde verschwunden wäre. Auch Vitus B. Dröscher meint: „... noch nie hat ein Tier solch konzentrierten Nachstellungen so bravourös standgehalten wie Meister Reineke." Und tatsächlich: Obwohl die auf ihnen lastenden Nachstellungen bei weitem nicht so intensiv waren, verschwanden Luchs und Bär gemeinsam mit vielen anderen Tierarten; allenfalls der Jagddruck, dem der Wolf ausgesetzt war, ist mit den Vernichtungskampagnen (Ich benutze dieses Wort aufgrund der in diesem Bezug gegebenen faktischen Richtigkeit, auch wenn die um ihr Image fürchtenden Jäger es gar nicht gerne hören!) gegen den Fuchs zu vergleichen - doch er verschwand aus Europa fast völlig. Der Fuchs hingegen hat überlebt. Trotz Jagd, trotz Tollwut, trotz aller Widrigkeiten, die die Eroberung immer größerer Flächen und die Verwandlung immer zahlreicherer Biotope in Betonwüsten durch den Menschen mit sich bringt, beißt er sich in einer Welt, die künstlich immer schneller verändert wird, unbeeindruckt durch; allerdings, und darauf möchte ich in diesem Satz die Betonung legen, als Art.

2.2 Populationsdynamik - von „zu vielen" Füchsen und der grausamen Milchmädchenrechnung derer, die sie mit Gewehr und Falle dezimieren wollen

Eines vorweg: Für Jäger, deren erklärtes Ziel es ist, möglichst große Niederwildstrecken zu erlangen, ist selbstverständlich nahezu jeder vorhandene Bestand an vierbeinigen oder geflügelten „Mitjägern" zu groß, und um die Relation der Zahlen von Beutegreifern und Beute zueinander so zu halten, daß stets eine möglichst große Zahl potentieller Abschüsse daraus resultiert, greift der Waidmann brutal und in sowohl aus ökologischer wie aus tierschützerischer Sicht rücksichtsloser Weise in die Natur ein. Meist erfolgt dies durch Kurzhalten sogenannten Raubwilds und Raubzeugs, welches der passionierte Jäger nur allzuoft als unliebsame Konkurrenz ansieht. Ebenso dient dazu die Hege edleren jagdbaren Wildes, von der jedoch später noch einmal eingehend die Rede sein soll. Jetzt möchte ich erst einmal am Beispiel Fuchs aufzeigen, welche Folgen derartige sich gegen natürliche Mitglieder der uns umgebenden Restnatur richtenden Vernichtungsfeldzüge haben können, die wie viele andere Eingriffe des Menschen in ökologische Gleichgewichte nicht mit dem Gehirn, sondern vollkommen blind mit Gewehr, Falle und sogar Giftgas ausgeführt werden.

Die Erfolgsformel des Fuchses besteht neben seiner sprichwörtlichen Schläue, seiner großen Vorsicht und seinen hervorragend ausgeprägten Sinnesorganen - er riecht und hört so gut wie ein Hund, sieht dabei aber ähnlich scharf wie eine Katze - vor allem aus einem Umstand: der Form seiner gesellschaftlichen Organisation mit Artgenossen.

Die Großfamilien, in denen Füchse normalerweise zusammenleben, sind ebenso komplexe wie flexible soziale Strukturen. In Gebieten, in denen sie nicht bejagt werden, kommen pro Familie jährlich nur drei bis fünf Junge zur Welt, da nur eine - nämlich die älteste und erfahrenste, folglich ranghöchste - der Füchsinnen Nachwuchs zur Welt bringt.[1] Dies rührt daher, daß die übrigen Fähen der Gemeinschaft sich aufgrund noch nicht näher bekannter sozialer Faktoren sexuell enthalten[2], und ist in etwa mit der Geburtenregelung von Wolfsrudeln vergleichbar[3]. Hier konnte der Raubwildforscher Professor Zimen feststellen:

> „Es scheint somit, daß die Reproduktionsrate bzw. der prozentuale Anteil gebärender Weibchen bei den Wölfen mit abhängig ist von der Populationsdichte: Bei hohen Dichten ist sie gering, nimmt mit abnehmender Dichte zu, um dann bei sehr (allerdings unnatürlich, Anm. d. Verf.) geringen Dichten wieder drastisch abzunehmen."[4]

Ähnlich kommentierte er das Phänomen der sozialen Dichtekontrolle bei Füchsen:

> „Geburtenbeschränkung statt Massenelend."[5]

Denn Füchse, die nicht bejagt werden, können ihre Populationsdichte sehr wohl selbst regulieren, ohne hierbei durch Faktoren von außen beeinflußt zu werden. Das Argument der Jäger, Fuchsbejagung sei nunmehr notwendig, weil jegliche natürlichen Feinde des Rotfuchses in Mitteleuropa ausgerottet seien,[6] ist nicht tragbar, denn allgemein und insbesondere beim Fuchs besitzen diese nur extrem untergeordnete bis überhaupt keine Regulationsfunktion. Neben der sozialen Dichtekontrolle, die den Füchsen eine so vorzügliche Anpassung an die jeweilige Bestandsdichte ihrer Art ermöglicht und somit den primären Regulationsfaktor darstellt, übernehmen allenfalls noch die innerartliche Konkurrenz in Zeiten des Nahrungsmangels und ggf. Krankheiten sowie sozialer Streß durch Territorialität eine gewisse Kontrollfunktion.[7] In englischen Städten, wo es weder Tollwut noch Jäger oder Nahrungsmangel gibt, sind die Formen sozialer Dichtekontrolle ohne weiteres in der Lage, die Zahl der Füchse auf einem bestimmten konstanten Level zu halten – ohne daß aufgrund des Fehlens menschlicher Eingriffe eine „Plage" entstünde.[8] Zwischenartliche Konkurrenz sowie insbesondere der Einfluß natürlicher Feinde sind hingegen – und das nicht nur beim Fuchs! – zu vernachlässigen. Ersteres deshalb, weil der Fuchs als Generalist, also als Tier, das ein breites Spektrum an potentieller Nahrung besitzt, bei weitem nicht so leicht seiner Lebensgrundlagen beraubt werden kann wie die Individuen einer Art, die sich auf bestimmte Beutetiere spezialisiert hat; letzteres, weil die Verluste (die sich bei Füchsen meist ohnehin auf kranke oder schwache Tiere beschränken, welche ohnehin der Flaschenhalsfunktion des Winters zum Opfer gefallen wären) durch Feinde sofort wieder aufgefangen werden können. Müssen die Füchse durch Tollwut oder Jäger große Verluste hinnehmen, so sind sie imstande, diese durch ihre soziale Organisation binnen kürzester Zeit wieder auszugleichen – jetzt bekommen nämlich auch diejenigen Fähen, die bislang kinderlos geblieben waren, Nachwuchs, und die Familie zieht statt der drei bis fünf Welpen der Familienmutter bis zu zwanzig Jungtiere groß.[9] Beobachtungen weisen überdies aus, daß extrem starker Jagddruck den Familienzusammenhalt stark schwächen kann. In solchen Fällen zieht der Rüde gleich nach der Paarung mit einer Füchsin weiter, um beim nächsten Weibchen sein Glück zu versuchen. Das Resultat dessen ist mit dem zuvor angeführten identisch – durch die herumstreifenden, jederzeit paarungswilligen Rüden wird nahezu jede Füchsin schwanger, und die Geburtenrate ist dementsprechend hoch.

Auf ebensolche Weise hat der Fuchs als Art auch gegen jegliche Form menschlicher Nachstellungen unbeeindruckt bestehen können; der Glaube, die Füchse durch konzentrierte Verfolgungen und unbarmherzige Vernichtungsaktionen dezimieren zu können, wurde als schlichtweg falsch und jeglicher faktischer Grundlage entbehrend entlarvt. Ein einfaches mathematisches Beispiel, das den gesamten Sachverhalt allerdings stark vereinfacht und aus diesem Grund nur zur Verdeutlichung eines Prinzips herangezogen werden kann, belegt dies: Ausgehend von einem „Stammbesatz" von 200.000 geschlechtsreifen Fähen (und Füchse sind bereits im Alter von 9 bis 10 Monaten geschlechtsreif!), die unter extrem starkem Jagddruck ohne weiteres 8 bis 10 Jungfüchse gebären, kann auf einen maximal möglichen jährlichen Zuwachs von ca. 2 Mio. Tieren geschlossen werden. Viele von ihnen fallen zwar aufgrund der ausgesprochen hohen Zahl an gleichaltrigen Artgenossen nichtjägerischen populationslimitierenden Faktoren zum Opfer, doch die Zahl der übriggebliebenen Jungtiere, nehmen wir an, es seien 1 bis 1,2 Millionen, ist immer noch ausgesprochen hoch, da die Hungersterblichkeit bei Füchsen aufgrund der vielseitigen Ernährungsweise sehr gering ist.[10] Unter dem Strich müßten die Jäger also im Extremfall mehr als 1,2 Millionen Füchse jährlich zur Strecke bringen, um überhaupt in den Bereich der möglichen Bestandsdezimierung zu kommen – und daß dies nicht nur sowohl aus ökologischer als auch aus tierschützerischer Sicht schwachsinnig, sondern mit den gebräuchlichen, auf lustbetonten Einzel-Kill ausgelegten Vernichtungsmethoden ebenfalls schlichtweg unmöglich sein dürfte, bleibt wohl überflüssig zu erwähnen.

Nach nun beinahe vier Jahrzehnten intensivster und erbarmungslosester Fuchsbekämpfung gibt es dementsprechend auch keinesfalls weniger Füchse als zu Beginn; als einziges Resultat ist der Tod unzähliger Individuen zu benennen. Und die Forderung des Raubwildhassers und „passionierten Krähenjägers" Heribert Kalchreuter nach noch höheren Abschüssen, nach noch mehr Jägern und Kopfprämien für Füchse belegt nur, daß der von Horst Stern ironisch als „Erlöser vom Übel der Ökologen" bezeichnete Waidmann nicht in ökologischen Zusammenhängen, sondern in auf Brachialgewalt basierenden Mehr-Abschüsse-weniger-Raubwild-mehr-Freude-an-der-Jagd-Schemata denkt. Indes will die Jägerschaft dem Normalbürger, von dessen Toleranz der Jagd gegenüber sie abhängig ist, weismachen, das Ende der Fuchsbejagung hätte unweigerlich eine Dichtekatastrophe mit daraus resultierenden Konsequenzen wie dem endgültigen Niedergang der Friedwildpopulationen und der weiteren Eskalation der Tollwut zur Folge. Im Zusammenhang damit wird ständig der Wegfall natürlicher Feinde des Fuchses erwähnt.

Ein für allemal: Keinem natürlichen Feind fällt Jahr für Jahr mehr als ein Drittel der Gesamtpopulation einer Art zum Opfer, deren Individuen so anpassungsfähig und überlebensfähig sind wie der Fuchs. Das bringt nur der Mensch mit Hilfe seiner mörderischen Waffen in Form von Fallen und Gewehren fertig. Während Wölfe sich auf weitaus größere[11] und Adler auf kleinere Beutetiere als den Fuchs spezialisiert haben und ihn somit nur zufällig und sehr selten erbeuten, stellt der Mensch ihm, und das darüber hinaus noch in deutlich größerer Zahl, gezielt nach, woraus sich ein unnatürlich großer Jagddruck ergibt. Dennoch ist die Zahl der Füchse aber zumindest (!) konstant geblieben, läßt sich also in keiner Weise durch den Menschen beeinflussen!

Dies mag als Beispiel genügen, um die Selbstregulationsfähigkeit der Fuchspopulationen unter Beweis zu stellen. „Zu behaupten", so der Zoologe Plän,

„daß Dichteregulation auch in noch so künstlichen Umwelten nicht mehr oder nicht mehr richtig stattfände, bedeutet ein kühnes Ignorieren ganzer Bibliotheken von wissenschaftlichen Untersuchungen."[12]

Natürlich, darauf sei ausdrücklich verwiesen, kann das so entstandene Gleichgewicht ganz anders aussehen, als der Jäger sich das wünscht, doch wäre es immerhin ein natürliches Gleichgewicht, welches in seiner Artenvielfalt an nichtjagdbaren Tierarten ein weitaus breiteres Spektrum zu bieten hätte als das derzeit durch den Jäger gewaltsam aufrechterhaltene, den natürlichen Gegebenheiten zuwiderlaufende Pseudogleichgewicht. Von Waidmännern wird indes jedwede in Richtung Selbstregulation der Natur gehende These lauthals niedergeschrien – verständlich, wenn man die hieraus resultierende Überflüssigkeit jägerischer Triebbefriedigung mit ökologischen Nebeneffekten in Betracht zieht. Alle unabhängigen Wissenschaftler sind sich einig, daß die Fuchsdichte nicht durch Bejagung – und sei sie noch so intensiv – verringert werden kann; zur Wahrung ihres jagdlichen Vergnügens verbreiten Jäger aber dennoch den ökologisch und tierschützerisch fatalen Irrtum, Füchse durch Bejagung mit Gewehr und Falle kurzhalten zu können oder sogar zu müssen.[13]

Würde man nun der Jagd auf den Fuchs ein Ende setzen, so hätte dies ein Einpendeln der Fuchsdichte auf ein ökologisch gut verkraftbares Maß zur Folge, denn der zusätzliche Druck von intraspezifischer (also innerartlicher) Konkurrenz würde stets nur so viele der nun ohnehin in deutlich geringerer Zahl vorhandenen Welpen überleben lassen, wie es das Nahrungsangebot zuließe. Das Auf und Ab beispielsweise der Häufigkeit von Mäusen - der sog. Massenwechsel - bestimmt ungleich stärker die Anzahl der natürlichen Feinde dieser Tiere, als dies umgekehrt der Fall ist.[14]

In diesem Zusammenhang abermals ein mathematisches Beispiel zur sozialen Dichtekontrolle - mit denselben Einschränkungen wie oben: Bei der bereits angeführten Annahme eines Stammbesatzes von 200.000 fortpflanzungsfähigen Füchsinnen kann beim Wegfall des Jagddrucks davon ausgegangen werden, daß nur jede vierte Fähe im Durchschnitt drei Welpen zur Welt bringt. Dies führt zu einem Zuwachs von 150.000 Jungtieren, von denen wiederum etwa 100.000 ihre Jugendzeit überleben; eine Zahl, die die normale Sterberate (also ohne Beeinflussung durch Bejagung) ziemlich genau kompensieren dürfte. In manchen Gebieten Englands, wo es recht hohe Fuchsdichten gibt, konnte David McDonald genau dieses Phänomen beobachten, da in diesen Beobachtungsarealen keine ständige Reduktion der Fuchsdichte vorgenommen wird.[15] Der prozentuale Anteil der reproduzierenden Fähen beschränkt sich hier auf lediglich 25 %; 75 % der geschlechtsreifen Tiere ziehen keinen Nachwuchs auf. Darüber hinaus liegt die durchschnittliche Welpenzahl in derartigen Gebieten mit hoher Fuchsdichte und geringem Jagddruck nur zwischen zwei und vier Jungtieren![16] Überdies ist es gerade bei territorial organisierten Wildtieren wie dem Fuchs wichtig, nicht nur einzelne Familiengruppen ins Auge zu fassen (schon gar nicht auf das Gebiet eines Jagdreviers beschränkt!), sondern das Augenmerk stets auf die Gesamtentwicklung der Population zu legen. Denn „die Selbstregulation funktioniert ... auch dann, wenn es - aus örtlicher Sicht - gar nicht den Anschein macht. Man muß den Gesamtbestand und seine Grenzen kennen, wenn man seine Entwicklung richtig beurteilen will. Der örtliche Teilbestand kann sich ganz anders verhalten - und ein Eingriff daher unter Umständen fehl am Platze sein.“[17]

Wenn Jäger in puncto füchsischer Populationsdynamik zu argumentieren versuchen, so bedienen sie sich hierbei stets faktisch nicht belegbarer Halb- und Unwahrheiten. Beispielsweise wurde behauptet, aufgrund des Fehlens der Tollwut in England hätten Füchse schon derart überhand genommen, daß sie bereits in die Vorstädte Londons eindrängen.[18] Richtig daran ist, daß die Rotfüchse tatsächlich menschlichen Lebensraum zu erobern beginnen, die Begründung dagegen ist nicht einmal die halbe Wahrheit. Verhaltensforscher vermuten nämlich vielmehr in erster Linie den hohen Jagddruck im Zusammenspiel mit dem Vorhandensein leicht erreichbarer Nahrung als Ursache für die Flucht der Rotröcke in menschliches Siedlungsgebiet - da hier nämlich nicht gejagt wird, können die Füchse ihres Lebens wesentlich sicherer sein.[19] Es sei ausdrücklich erwähnt, daß die Fuchsdichten in England tatsächlich höher sind als in Deutschland, daß diese großen Bestände jedoch ökologisch ohne weiteres verkraftet werden können. Eine hohe Fuchsdichte ist für die moderne Kulturlandschaft nämlich schlicht und ergreifend typisch und somit auch ebenso normal wie natürlich; eine dauerhafte Reduktion der Fuchsbestände ist weder möglich noch sinnvoll. Das Gleichgewicht, welches in der Kulturlandschaft herrscht, ist zugegebenermaßen ein anderes, als es in einem Urwald bestehen würde, doch es ist ebenso ökologisch und ebenso zweckmäßig, d. h., es ist an die äußeren Gegebenheiten des Lebensraumes angepaßt. Hierin liegt auch der derzeitige Aufwärtstrend der Fuchsdichten begründet, obwohl der Jagddruck auf Reineke weiterhin zunimmt - weil es der ökologischen Normalität der uns umgebenden Landschaft entspricht, werden sich die Bestände auf ein ähnliches Maß einpendeln, wie es in England bereits besteht, ohne daß der Mensch hiergegen etwas tun müßte oder könnte. Mit „Überhandnahme“ hat dies nichts zu tun; vielmehr ist diese Entwicklung notwendig, natürlich und hat keineswegs die Reduzierung der Artenvielfalt zur Folge.

Ähnlichen ihre ökologische Inkompetenz demonstrierenden Nonsens wie die oben angeführte Überbevölkerungstheorie folgern die Waidmänner indes aus ihrer Beobachtung, daß Füchse nachts Regenwürmer ausgraben und diese verspeisen: Es gibt zu viele Füchse, und aus dieser zu großen Zahl ergibt sich zwangsläufig der Hunger vieler von ihnen. Daß dies vollkommen an den Haaren herbeigezogen ist, hat der Verhaltensforscher Felix Labhardt hingegen schon 1982 nachgewiesen: „Selbst in unserem Gehege, wo sie (die Füchse, Anm. d. Verf.) mit Hühner- und Schlachtabfällen zur Genüge versorgt sind, machen Füchse nachts Jagd auf Regenwürmer."[20]

So ist der Fuchs ein Paradebeispiel für die verkannte Fähigkeit der Natur, sich selbst im Gleichgewicht zu halten und eigene Regulative zu entwickeln, auch nachdem Teile des bisherigen ökologischen Gleichgewichts ausgeschieden sind. Jeder unkontrollierte, gewaltsame menschliche Eingriff in dieses perfekt funktionierende, hochkomplizierte und in sich vielfach vernetzte Gefüge aus unterschiedlichsten und verschiedenartigsten Verbindungen und Abhängigkeitsbeziehungen ist fehl am Platze - wer glaubt, ein einmal zerstörtes Gleichgewicht durch weitere Eingriffe künstlich wiederherstellen und aufrechterhalten zu können, erliegt dem tödlichen anthropozentrischen Glauben, der Mensch könne alles zum Besten kontrollieren und beherrschen, und übersieht dabei, wie wenig er eigentlich von dem noch lange nicht vollkommen erforschten filigranen Netzwerk der ökologischen Beziehungen weiß. So ist auch die Fuchsbejagung nicht nur überflüssig, sondern sogar schädlich - hochgradig schädlich, wie im folgenden deutlich werden wird.

2.3 Der Fuchs als Niederwildschädling - wer reguliert wen?!

Die deutschen Jäger jammern über den Rückgang der Feldhasenpopulationen. Im nächsten Atemzug geben sie die Verantwortlichen für diese Misere bekannt: intensive Landwirtschaft - also vor allem Mähmaschinen -, Straßenverkehr, Naturzerstörung und nicht zuletzt die in „viel zu großer Dichte" vorkommenden natürlichen Feinde des Hasen, wie Raben, Krähen, Habichte, Marder und vor allem - Füchse.[1] Prompt werden Gegenmaßnahmen, die den Hasen, wie in einem Faltblatt der Jäger vermerkt wurde, nachfolgenden Generationen für die Jagd erhalten sollen, ergriffen. Und diese bestehen neben sogenannten Extensivierungsmaßnahmen, vom Staat in Auftrag gegebenen Aktionen zur Verbesserung des Lebensraumes von Hasen, vor allem darin, alles Getier, das dem Hasen - vom Jäger selbst abgesehen - sonst noch nachstellt, möglichst effektiv kurzzuhalten.

Der Fuchs geriet dabei – vollkommen zu Unrecht! – aufgrund einiger mißlicher Umstände besonders ins Schußfeld, wie Felix Labhardt berichtet:

„Die bloße Betrachtung von übriggebliebenen Fraßresten auf den Bauen im Frühjahr kann sich naturgemäß nur auf solche von großen Beutetieren wie Hase, Fasan, Reh und Kleinhaustiere, die den Jungen zugetragen werden, beschränken. Sie führt zur Überbewertung dieser Beutearten, weil kleine Beutetiere wie Mäuse mit dieser Methode gar nicht erfaßt werden können und schon gar nicht das Nahrungsspektrum des übrigen Jahres. Rasch wurde der Fuchs zum Schädling des Niederwildes erklärt und dementsprechend verfolgt."[2]

Nun ja, die Mär vom Fuchs als Hasen-, aber auch Fasan-, Rebhuhn- und Haustierschädling ist alt, zu alt vielleicht, um aus der Sicht moderner Verhaltensforschung noch aufrechterhalten werden zu können. Denn spätestens seit Beginn des Einsatzes von Radiohalsbändern bei der Beobachtung wilder Füchse ist bekannt, daß deren Fähigkeit, gesunde Hasen zu erbeuten, sich zumeist auf das Theoretische beschränkt. Der sich eingehend mit dem Fuchs beschäftigende Biologe Felix Labhardt konnte während seiner Studien feststellen:

„Jockel, unser Radiofuchs, versuchte anfänglich immer wieder, einen Hasen zu erbeuten. Er rannte in wilder Jagd hinter ihm her, stand jedoch schon von Anfang an auf verlorenem Posten. Meist gab er nach 150 m Verfolgungsjagd auf, die Hasen waren viel zu flink, und ihren blitzschnellen Zickzacksprüngen hatte er nichts entgegenzusetzen. Eine lehrreiche Erfahrung für Jockel. (...) Heute trottet er wenige Meter an Hasen vorbei und würdigt sie keines Blickes mehr. Mit anderen Jungfüchsen machten wir die gleichen Beobachtungen: Sobald sie im Herbst selbst auf die Pirsch gehen konnten, stellten sie immer wieder Hasen nach – stets mit dem gleichen unbefriedigenden Ergebnis. Auch sie wissen jetzt, daß gesunde Hasen selbst für den flinkesten Fuchs keine Beute sind, und versuchen gar nicht erst, ihre Kräfte an ihnen zu verschwenden. Begegnet ihnen aber einmal ein krankes Tier, setzen sie sofort hinterher. Sie haben gelernt, das Verhalten eines gesunden Hasen von dem eines kranken zu unterscheiden. Beide Seiten kennen so ihre Grenzen, auch die Hasen: Sie dulden den Fuchs wenige Meter neben sich, und einige Tiere hopsen sogar übermütig um ihn herum."[3]

Ebendiese große Toleranz der Hasen gegenüber dem Fuchs ist dabei für den Wildbiologen ein untrüglicher Indikator, daß der Feinddruck des Fuchses auf den Hasen ausgesprochen gering ist – die allgemeine Vorsicht und die Fluchtdistanz müßten sonst wesentlich größer sein. Dies deckt sich auch mit der Feststellung, daß der Anteil der gefundenen Fuchslosungen mit Hasenresten in Europa durchweg unter 10 % liegt.[4]

Professor Reichholf kommt in seinem Buch „Feld und Flur“ zu demselben Ergebnis:

> „Bei guter Kondition des Gejagten haben die meisten Verfolger keine Chancen, den Hasen zu erwischen. Immer wieder laufen sie in die Irre und ermüden bei der stürmischen Verfolgungsjagd schneller als der Hase. (...) Oft bedeuten die Angriffe auf einen Hasen nur einen Test, in welcher Verfassung dieser ist. Die Verfolger lassen von ihm ab, sobald sie ihre geringe Chance erkennen.“[5]

Da Junghasen ohnehin nahezu geruchlos sind und sich bei Gefahr sofort bis zur Unsichtbarkeit ins Gras drücken, werden folglich nur wenige Hasen ihrem „natürlichen Feind“ Fuchs zur Beute, und diejenigen, die tatsächlich gerissen werden, sind fast ausschließlich schwächliche oder kranke Tiere, die früher oder später ohnehin anderen Selektionsfaktoren zum Opfer gefallen wären. So mancher Hase, der im Magen eines Fuchses landet und somit Reineke angelastet wird, wurde auch auf einer Landstraße vom Fuchs entdeckt oder tot bzw. schwerverletzt gefunden, nachdem er von Jägern angeschossen wurde.[6] Auf diese Weise trägt der Fuchs dazu bei, den Hasenbestand kräftig und widerstandsfähig zu halten; ein Phänomen, welches man allgemein bei Räuber-Beute-Beziehungen und -Vernetzungen verschiedenster Art beobachten kann. Mehr noch: Wo unter natürlichen Umständen, also keinem oder geringem Jagddruck auf Hasen, wenig Hasennahrung existiert, ist das Vorhandensein zahlreicher Füchse sogar nötig, um die lokale Selbstausrottung der Beutetiere zu vermeiden und andere, mit den Hasen in Konkurrenz tretende Pflanzenfresser zu schützen (an dieser Stelle möchte ich auf das Kapitel 7.1 verweisen, in welchem der Problemkreis des Hasenrückgangs noch näher erläutert wird). Dennoch ist klar, daß dem Jäger jeder durch Füchse und andere Beutegreifer gerissene Hase zu viel ist. Selbst ein konditionsschwaches, genetisch schlecht ausgestattetes Tier wird den vierbeinigen Jägern nicht zugestanden, da man diesem Wesen, ist es einmal tot, nur in den seltensten Fällen seine genetische Minderwertigkeit ansieht. Ebensowenig schmeckt man den Aufbau der Hasen-DNS beim Verzehr des erschossenen Tieres. Und so kommt es, wie es kommen muß: Aufgrund sinkender Feldhasenstrecken (1936/39 waren es 936.744, 1983/84 nur noch 803.985)[7] sieht der Waidmann sich dazu gezwungen, die natürlichen Feinde dieser beliebten jägerischen Zielscheibe kurzzuhalten - und nicht etwa die Mähdrescher, Bauern, Trecker, Autos oder am Ende gar die Jäger selbst!

Von ebensolcher Engstirnigkeit und/oder mangelnder fachlicher Qualifikation auf dem Gebiet der Ökologie zeugt es, als weiteren Rechtfertigungsversuch der intensiven Bejagung sogenannten Raubwilds die sinkende Feldmäusepopulation anzugeben.[8] Hier sei erwähnt, daß trotz der Stellung dieses kleinen Nagers als Knotenpunkt verschiedenster Nahrungsketten kein natürlicher Feind seinen Bestand zu dezimieren vermochte und die Regulation seiner Vorkommensdichte nur durch Seuchen und Krankheiten stattfinden konnte, nachdem die Kulturlandschaft ihm hervorragende Lebensmöglichkeiten zu bieten begann. Sein Siegeszug wurde erst durch die technisierte Landwirtschaft gestoppt, die die Umweltbedingungen der Feldmäuse so sehr verschlechterte, daß die früheren Massenvermehrungen aufgrund der nunmehr herrschenden Monotonie der Felder ausblieben.[9] Also läßt sich konstatieren, daß keinesfalls eine zu hohe Dichte von Mäusefeinden, sondern vielmehr ausschließlich menschliche Einflüsse für den Rückgang der Feldmaus verantwortlich gemacht werden müssen. Ohnehin konnte inzwischen eine Erholung der Feldmäusebestände in Deutschland verzeichnet werden - ohne daß die Fuchsdichte gesunken ist.[10]

Indes ist es vollkommener Nonsens, gerade durch die Bejagung des Fuchses den Feldmäusevorkommen zu neuer Blüte verhelfen zu wollen. Er ist nämlich, wie oben bereits angedeutet, ein Generalist, der ein sehr breites Spektrum an potentieller Nahrung besitzt und somit nur dort in erster Linie Feldmäuse erbeutet, wo diese in genügend hoher Zahl vorhanden sind. Wird die Dichte an Feldmäusen aufgrund äußerer Umstände zu gering, weicht er auf eine Tierart aus, die wegen ihrer größeren Häufigkeit für ihn nunmehr leichter zu erjagen ist, wie beispielsweise die Schermaus. Der Fuchs ist somit ein Beuteopportunist, wie die Ökologie derartige Generalisten bezeichnet. Durch ein solches Verhalten der Prädatoren (Beutegreifer) schließt die Natur aus, daß eine bestimmte Tierart über ihren jährlichen „Produktionsüberschuß“ hinaus erbeutet wird. Professor Reichholf kommentiert dieses Phänomen folgendermaßen:

> „Diese sogenannte ‚Schwellenreaktion‘ schützt das Seltene und verlagert den Feinddruck automatisch auf die jeweils häufigste Beute. Natürlich schließt dies nicht aus, daß auch seltene Arten erbeutet werden. Doch unter halbwegs normalen Umständen (und solche herrschen, wenn mancher Jäger es auch nicht wahrhaben will, selbst in unserer menschengerechten Landschaft noch, Anm. d. Verf.) macht dieser Verlust nichts aus. Es wäre falsch, zu glauben, daß wir Menschen regulierend eingreifen müßten. (...) Man neigt dazu, den Einfluß des Feindes, des Beutegreifers, zu überschätzen, weil wir gegen die Einsicht, daß das Beutemachen ein natürlicher Vorgang ist, emotionale Widerstände entwickeln. Wir drükken das mit der Bezeichnung ‚Raub‘tiere aus (...).“

Darüber hinaus kommt er zu dem Schluß:

> „Die ‚Feinde‘ schaden der ‚Beute‘ nicht wirklich, sondern erhalten ihre Leistungsfähigkeit. Sie rotten ihre Beute nicht aus, und sie schädigen auch nicht deren Bestandsentwicklung. Dazu ist strenggenommen nur der Mensch in der Lage. (...) So ‚schlecht‘ sie (die Beutegreifer, Anm. d. Verf.) auch momentan aussehen mögen – auf Dauer sind sie ‚gut‘, d. h. notwendig. Wir müssen uns frei machen von der Vorstellung, daß die natürlichen Feinde den Menschen gleichen, die anderen Menschen feind geworden sind.“[11]

Dabei ist die Ausrottung von Beutetieren (gleich, um welche Art es sich handelt) durch den Fuchs unter jedweden Umständen ein Ding der Unmöglichkeit, denn wann immer eine Dezimierung der Beutepopulationen beispielsweise durch Umwelteinflüsse erfolgt, stellt sich der Prädator auf andere Nahrung um. Aus ebendiesem Grund sieht Felix Labhardt es auch als erfreulich an, wenn man „auf einem Fuchsbau im Frühjahr Reste vieler Fasanen, Rehkitze oder Hasen findet“. Es ist nämlich ein untrüglicher Hinweis darauf, daß diese erbeuteten Arten in großer Zahl vorhanden sind.[12]

Übrigens gilt die im Zitat der Aussage Professor Reichholfs angeführte Notwendigkeit von Feinden nur für sogenannte „R-Strategen“, also Tiere, die (im Gegensatz zum Fuchs) über keine ausgeprägten Maßnahmen sozialer Dichtekontrolle verfügen. Der Fuchs hingegen besitzt als im ökologischen Fachjargon „K-Stratege“ genanntes Tier die Fähigkeit zu einer extrem flexiblen Kontrolle seiner Bestandsdichte - ähnlich wie der Wolf, der ja auch keine natürlichen Feinde besitzt (und auch niemals welche besessen hat). Wer ihn zum angeblichen Schutz des Niederwilds vor der Ausrottung bejagen will, kann keine wirkliche Kenntnis neuerer Forschungsergebnisse auf dem Gebiet der Ökologie besitzen oder ist schlichtweg ein schießwütiger und egozentrisch denkender Ignorant - wie der Jagdverbandssprecher Heinrich Spittler, der selbst 1992 noch behauptete, Füchse seien „schuld am Aussterben des Hasen“. Vitus B. Dröscher konterte dementsprechend in einer Illustrierten:

> „Als ob sich die Jäger in den vergangenen dreißig Jahren radikaler, barbarischer Fuchsbekämpfung nicht schon lächerlich genug gemacht hätten!“[13]

2.4 Jagd und Tollwut - oder: Das Bumerang-Prinzip

Die Wahrscheinlichkeit, in der BRD an Tollwut zu erkranken, ist mit 1:171.875.000 zu beziffern und somit wahrlich verschwindend gering.[1] Dies liegt primär am Übertragungsmodus der Krankheit, doch selbst wenn man von einem mit absoluter Sicherheit tollwütigen Tier gebissen wird, liegt die Häufigkeit einer tatsächlichen Erkrankung nur zwischen 3 und maximal 50 Prozent; der Mittelwert wird mit etwa 15 % angegeben, was darauf zurückzuführen ist, daß der Mensch zu den für Tollwut nur in geringem Maße anfälligen Lebewesen zählt.[2]

Anders hingegen sieht es beim Fuchs aus, denn er ist für diese tödliche Seuche hochgradig anfällig und gilt in Mitteleuropa als Hauptüberträger der Tollwut. Als solcher wurde und wird er stark bejagt - 1970 ordnete der damalige Landwirtschaftsminister Josef Ertl den Gastod aller erreichbaren Füchse an -, und zeitweise existierten gar ernstgemeinte Pläne, ihn mittels Baubegasungen vollkommen auszurotten. Dies schlug jedoch - aus bereits genannten Gründen - fehl. So beschloß man schließlich, die Fuchspopulation nur soweit auszudünnen, daß die Begegnungen von Füchsen untereinander, die ja zur Verbreitung der Seuche mittels Beißereien Voraussetzung sind, sehr selten werden. Hierzu ist jedoch eine Reduktion der Fuchsdichte um zwei Drittel des derzeitigen Bestandes notwendig,[3] und man mußte schnell erkennen, daß dies durch die Schläue und die unglaublich flexible soziale Dichtekontrolle des Fuchses ebenfalls ins Reich der Utopie gerückt wurde. Der Verlauf der Tollwutverbreitung schien unkontrollierbar, sie breitete sich immer weiter aus; nachdem sie aus dem Osten gekommen war, überrollte sie Deutschland, fiel in Österreich ein, breitete sich nach Frankreich, der Schweiz und schließlich auch Italien aus. Schleswig-Holstein setzte ein Kopfgeld von 50 DM auf jeden toten Fuchs aus, doch keine Fuchsvernichtungsaktion, war sie auch noch so brutal und fielen ihr auch noch so viele Tiere zum Opfer, konnte ihr Einhalt gebieten. Der Glaube, sie durch regionales Ausmerzen der Füchse im Zaum halten oder gar vernichten zu können, wurde von Wissenschaftlern eindeutig als (folgenschwerer) Irrtum entlarvt.[4]

Die starke Fuchsverfolgung ist dennoch geblieben. Selbst wenn Kenner des füchsischen Verhaltens und der füchsischen Ökologie eindringlich dazu ermahnten, derartige Nachstellungen unter dem Deckmantel angeblicher Tollwutbekämpfungsmaßnahmen zu unterlassen, setzten uneinsichtige Jäger doch ihre Interessen durch. Nur so ist es zu erklären, daß die „Verordnung zum Schutz gegen die Tollwut" von 1977 – einer im Vergleich zu heute fast schon präökologischen Epoche – mitsamt ihrer Forderung nach einer „verstärkten Bejagung der Füchse"[5] noch immer Gültigkeit besitzt. Und das, obwohl inzwischen nicht nur die Sinnlosigkeit der gewaltsamen Tollwutbekämpfung bewiesen ist, sondern auch die These von der Begünstigung der Tollwutausbreitung durch Fuchsbejagung als erwiesen angesehen werden kann.[6]

Wie bereits erwähnt, ist es für die männlichen Jungfüchse einer jeden Fuchsfamilie im Herbst Zeit, auf eigenen Beinen zu stehen und sich ein eigenes Revier zu suchen. Bei der nun folgenden rastlosen, sich oftmals über Dutzende von Kilometern hinziehenden Wanderung kommt es selbstverständlich zu zahlreichen Begegnungen mit alteingesessenen Füchsen, die den Eindringling aus ihrem Revier vertreiben wollen. Ich habe bereits ebenfalls erwähnt, daß die Zähne bei den nun folgenden Revierkämpfen nicht eingesetzt werden. Doch diese sportliche Fairneß beschränkt sich auf gesunde Tiere - tollwütige beißen unkontrolliert um sich und stecken den verdutzten Revierinhaber sofort mit der tödlichen Seuche an.[7]

Hinzu kommt, daß ebendiese umherstreifenden Jungrüden in ungleich größerer Zahl vorhanden sind, wenn der Fuchs stark bejagt wird (die Geburtenrate steigt - s. o.). Zwar finden die Reviersuchenden dann zumeist auch schneller ein geeignetes Territorium, doch davor steht erst einmal die Suche - und aus vielen Suchenden ergeben sich viele Begegnungen zwischen Suchenden, woraus wieder viele Tollwutträger resultieren, die wieder viele gesunde Füchse anstecken können ... Konform dazu nehmen sich auch die von Johnston zu Anfang der 70er Jahre gemachten, zu diesem frühen Zeitpunkt allerdings falsch ausgedeuteten Beobachtungen aus. Ihnen zufolge waren zur Zeit der Wanderung der Jungtiere (während der die Tollwutausbreitung am schnellsten vonstatten gehen kann) 66 % der gefundenen tollwutpositiven Füchse Rüden und davon wiederum 65 % jugendliche Tiere.[8] Außerdem hat ein „Vakuum" an Füchsen sehr anziehende Wirkungen auf revierlose Tiere. Wurde nämlich in einem Gebiet der Fuchsbestand temporär (bis zur Zeit der nächsten Geburten) durch Bejagung verringert, so dringen von außen rasch neue Füchse ein - und bringen womöglich die Tollwut mit sich.[9]

Als bei Grafenau im Bayerischen Wald die Fuchsbejagung einmal ausgesetzt wurde, um die Folgen zu beobachten, stieß man auf ein wenig jagdfreundliches Ergebnis. 1950 grassierte dort die Seuche zum ersten Mal - doch innerhalb von drei Jahren hatten sich die tollwütigen Tiere selbst ausgerottet, und gesunde Tiere drangen von außen in das entstandene Vakuum, um es zu bevölkern und sich dort zu vermehren. Erst als 1970 aus Jagdgebieten wieder tollwütige Tiere in das jagdfreie Territorium eindrangen, brach die Epidemie wieder aus - mit demselben Ergebnis wie 1950. Im Gegensatz zu anderen jagdfreien Gebieten, in denen sich gegen Tollwut resistente Formen des Rotfuchses herausgebildet haben (wie dies z. B. vom fuchsjagd- und somit auch tollwutfreien Nationalpark Berchtesgaden vermutet wird),[10] hat sich hier jedoch leider noch kein solcher Stamm entwickeln können. Es sei im übrigen vermerkt, daß derartige Fuchsstämme, die gegen Tollwut immun sind, vereinzelt auch in Jagdgebieten vorkommen, sich aber aufgrund der Bejagung durch den

Menschen nicht durchsetzen können - denn sie werden von Jägern ebenso getötet wie tollwutanfällige Tiere.[11] Dementsprechend kommt der Verhaltensforscher Vitus B. Dröscher zu einem für Jäger vernichtenden Ergebnis:

„Ohne die rigorose Bejagung hätte sich das Tollwutproblem vermutlich inzwischen von selber erledigt: Die gegen diese Krankheit anfälligen Tiere hätten sich selbst ausgerottet, und die widerstandsfähigen hätten überall ihren Platz eingenommen.“[12]

Am Rande: Die jägerische These, durch die „zumindest regional erfolgreichen Tollwut-Impfaktionen“[13] sei die Fuchsdichte erheblich angewachsen, so daß eine stärkere Bejagung notwendig sei, wird durch das keine Probleme bereitende ökologische Gleichgewicht in jagd- und tollwutfreien Gebieten vollkommen ad absurdum geführt. Sind es sonst meist die Jäger, die so „praxisbezogen“ argumentieren und versuchen, ihre Thesen mit (wenn auch meist sehr weit hergeholten) Beispielen zu belegen, die Tierschützer und Ökologen, welche mangels großer jagdfreier Gebiete in Mitteleuropa oft theoriebezogen argumentieren, hingegen als weltfremd bezeichnen, so ist die Lage der Dinge in diesem Fall einmal genau andersherum - und plötzlich halten die Jäger an Thesen fest, deren faktische Inkorrektheit durch konkrete, auf genau diese Sachlage bezogene Praxisbeispiele eindeutig belegt wurde. Die Grenze des Erträglichen ist für Fachkreise dabei schon seit längerem überschritten, und die jägerische Argumentation wird als das angesehen, was sie bei näherer Betrachtung eben ist: lächerlich.

Auch die Forscher der Schweizerischen Tollwutzentrale in Bern verurteilen dementsprechend die gewaltsame Tollwutbekämpfung rückblickend. Ihrer Meinung nach sind derartige Aktionen „als kurzsichtige Zwängerei eines Scheuklappen-Spezialistentums“ zu disqualifizieren. Weiter heißt es:

Man machte die Abrechnung ohne den Wirt, das heißt ohne die Fuchsbiologie. Man wollte Reineke bekämpfen, ohne etwas von seinem Verhalten und von seiner Populationsdynamik zu kennen. (...) Dies führte zum Fiasko. (...)“[14]

Es sei hier nur am Rande erwähnt, daß damit nicht nur die schlichtweg tierquälerische Fallenjagd oder die Fuchsbaubegasung

– die nach einem von Prof. Dr. Dr. Nikolaus Sojka, von Jägern bestgehaßter Mann Deutschlands, gewonnenen Prozeß am 19.3.1974 verboten wurde – gemeint ist, sondern jegliche Form der derzeit extremen und erbarmungslosen Fuchsverfolgungen (wobei insbesondere das Wörtchen „extrem" in diesem Zusammenhang bei manchen Jägern auf Entrüstung stößt – ich hingegen möchte mir weitere Worte sparen und statt dessen auf weiter oben angeführte Zahlen verweisen, die, so denke ich, für sich bereits genug Aussagekraft besitzen).

Alle Unbelehrbaren, die – aus welchem Grund auch immer – das Tollwutargument in den Mund nehmen wollen, seien darauf verwiesen, daß es mittlerweile Impfköder gibt, die effizient gegen die Tollwut eingesetzt werden. So berichtet F. Kurt, daß es in Bayern mittels einer dreijährigen Impfaktion gelungen sei, ein Gebiet von 11.000 km^2 tollwutfrei zu machen (80 % der Füchse nahmen Impfköder an und bildeten Antikörper aus).[15] Die Bejagung von Füchsen indes ist Impfaktionen ebenfalls eher hinderlich. Nicht nur, daß sie in vielen Fällen die Voraussetzungen zur Tollwutausbreitung erst schafft, sondern auch, daß sie durch eine ständige Erneuerung des Bestandes (der prozentuale Anteil an Jungtieren wird zwangsläufig erhöht) den Prozentsatz an immunisierten Tieren laufend herabsetzt. Die geimpften Füchse werden nämlich ebenso erschossen wie diejenigen Tiere, die den Impfköder noch nicht angenommen haben, und die zur Konstanthaltung des Bestandes im Frühjahr somit in höherer Zahl geborenen Welpen können noch gar nicht immun sein. Somit gilt abermals: Jagd ist der Tollwut förderlich und kann in keiner Hinsicht zu deren Eindämmung dienen. Indes wurden auch die ersten Impfaktionen zu einem regelrechten „Drama der Irrungen", denn abermals unterschätzte man die Schläue der Rotröcke. So begann man zu Anfang, Füchse in Kastenfallen zu fangen, sie mit der Spritze zu impfen und anschließend wieder freizulassen. Doch der Erfolg währte nur kurze Zeit – bald hatte es sich unter den Tieren „herumgesprochen", was es mit den Fallen auf sich hatte, und keines tappte mehr hinein. Im Gegenteil – die schlauen Tiere lernten es, den trickreich befestigten Köder zu stehlen, ohne daß die Falle zuschnappte, wobei „der Fuchs ... dazu äußerst subtil und vorsichtig vorgegangen sein (mußte)". Mit derselben Falle hatte es beim Fang anderer Wildtiere nie Probleme gegeben – durchaus jedoch beim Fuchs, dessen Handeln selbst erfahrene Fuchsforscher verblüffte: „Ohne Zweifel hat der Fuchs an der Falle menschliche Duftspuren wahrgenommen und war sich einer Gefahr bewußt. Und es scheint so, als ob er Einsicht in die Funktionsweise der Falle hatte, wahrscheinlich ohne eine solche je in Betrieb erlebt zu haben, und alles in der Dunkelheit der Nacht."[16] Daher ging man dazu über, die Fallen zu vergraben und sie zu tarnen, was aber ebenfalls nicht von Erfolg gekrönt war – am nächsten Morgen fand man sie stets oben auf dem Erdboden neben der Grube. Beobachtungen zeigten, daß die Tiere sie während der Nacht als gefährlich erkannt und ausgegraben hatten, um nicht versehentlich hineinzustolpern. Erst die Idee der Schluckimpfung für Füchse hatte Erfolg. Zwar vergrub der Rotrock die anfänglich als Köder benutzten Eier – offensichtlich wußte er, daß diese sich länger aufbewahren lassen als Fleisch –, und als er sie schließlich verzehrte, war der Wirkstoff verfallen, doch mit dem Umstieg auf Hühnerköpfe als Köder wendete sich das Blatt. Nach langer, ermüdender Suche hatte man ihn gefunden: den Impfköder für Füchse.

Von Jägern wurde und wird er jedoch mit Skepsis aufgenommen. Jagdverbandssprecher Spittler bezeichnete die humane Schluckimpfung als „ökologischen Schuß nach hinten", und eine beachtliche Zahl von Jägern wendet sich prinzipiell gegen die Tollwutimpfung – nicht ohne sich hierbei jedoch selbst zu entlarven. Nur allzuoft wird von jägerischer Seite nämlich die hiermit verbundene Ausschaltung der Fuchsdezimierung durch die Tollwut erwähnt. Wenn im nächsten Satz dann das Wort „Niederwildstrecken" aus einer willkürlichen Ansammlung ökologisch klingender Ausdrücke heraussticht, ist die Lage der Dinge klar, denn wenn die Hasen von Füchsen auch nicht ausgerottet werden können, so könnte es ja doch einmal vorkommen, daß einer der Füchse, die sonst vielleicht an Tollwut zugrunde gegangen wären, einen Hasen reißt. Und dieser Hase hätte anderenfalls ja auch auf des Jägers Eßtisch noch einen Platz gehabt …

Die wahre Triebfeder, die den Jäger zur Fuchsbejagung bewegt, liefern uns die Grünröcke in ihren Publikationen indes selbst, denn nur hier decouvrieren sie sich wirklich vollkommen ungeniert. Die folgenden Beispiele, wahllos aus einer Unzahl ähnlicher, nicht minder entlarvender Beiträge herausgegriffen, zeigen sie, so denke ich, auf recht eindeutige und unmißverständliche Weise: Sie ist nichts anderes als die vielzitierte „archaische Passion“ oder „Jagdleidenschaft“, die ich nüchtern – man möge es mir in meinem grenzenlosen Unverständnis verzeihen – als Lust am Töten zu bezeichnen wage.

„Wenn erst die Ranz in vollem Gange ist und in den frostkalten Nächten das schaurig-schöne Geschrei der liebestollen Rotröcke die Stille der Reviere zerreißt, hält es keinen rechten Jäger hinter dem Ofen. Da müssen sich die Jägerfrauen in Bescheidenheit üben, wenn sich der ‚Alte‘ Nacht für Nacht um die Ohren haut, um dem roten Freibeuter nachzustellen. Doch wenn erst einmal eine Fuchsdecke das Sofa oder ein gut aufgemachter Balg den Hals der Dame ziert, sind die Entbehrungen schnell vergessen.“[17]

Oder:

„Der begehrte Fuchs setzt sich eilig Richtung Kanzel in Bewegung. Dreißig Meter vor dem Hochsitz warfen die Dreieinhalb-Millimeter-Schrote den Roten in den Schnee. (...) Am frühen Abend lockt erneut der Ansitz auf Meister Reineke. Diesmal war das Waidmannsheil besonders kräftig. Gleich drei Rotröcke liefen mir innerhalb zweier Stunden vor die Flinte.“[18]

Oder:

„Fuchsjagd! Wie elektrisiert dieses eine Wort den passionierten Jäger, wenn es ihm einladend und verheißungsvoll zugerufen wird! Im Nu sieht er im Geiste das verschmitzte Gesicht mit den schiefgeschlitzten Sehern, und nicht zweimal läßt er sich's sagen, um ihm trotz Schneegestöbers und anderen Unwetters auf den Balg zu rücken ...“[19]

Oder:

„(...) Als ich ihn auf etwa 80 Meter im Zielfernrohr hatte und er den Damm zum Teich hochwollte, pfiff ich. Er stand auf Anhieb, und schon krachte auch mein Schuß. Aus war es. Ein schöner Anblick, der rote Balg im frischen, weißen Schnee.“[20]

So haben Tier- und Naturschützer objektiv betrachtet nicht unbedingt unrecht, wenn sie den Jägern als Gründe für die Fuchsjagd bloße Mordlust und egoistisches Interesse an möglichst hohen Niederwildbeständen zuschreiben. Oder ist das alles wirklich einfach Unwissenheit?

Ich glaube nicht. Und Dr. Horst Hagen, um einmal mehr einen fundierten Jagdkritiker zu Wort kommen zu lassen, auch nicht:

„Nein, man kann Jägern einfach nicht glauben, nicht selbst auch schon derartige Gedanken angestellt zu haben. Sie müssen wissen, daß die Bewahrung der Allgemeinheit vor der Tollwut nur ein Feigenblatt ist, hinter dem ganz andere Motivationen verborgen sind. Immerhin ist doch der Fuchs das letzte große Raubtier in Deutschland und in weiten Teilen Europas. Damit ist er der stärkste Konkurrent für den Jäger. Das reicht, um ihn der Verfolgung auszusetzen. Im übrigen freuen sich die Jäger, wenn sie auch einmal töten dürfen oder sogar müssen aus einem Grunde, der als höherwertig angesehen wird gegenüber bloßer Freude am Totmachen, Lust am Schießen oder Vergnügen an der Machtstellung, Herr über Leben und Tod bestimmter Mitgeschöpfe zu sein. Die uneigennützige Verbrämung der Schlacht gegen die Füchse mit allen Mitteln zeigt in bezeichnender Weise auf, wie die Sache mit den Jägern steht: Jeder auch noch so an den Haaren herbeigezogene Versuch einer Rechtfertigung zum Umgang mit Gift und Pulver, Blei und Blut wird gemacht.“[21]

Ich denke, daß wir allen Mitgeschöpfen, allen Wildtieren gegenüber wesentlich mehr Mitgefühl zeigen sollten, als wir es derzeit tun. Und auch der Fuchs - vielleicht gerade er - hat dieses Mitleid und den sich hieraus ergebenden Schutz verdient, er, dieser schöne gejagte Jäger, dem unbegründete und emotionale, keinesfalls aber faktisch belegbare Vorurteile so oft zum Verhängnis werden. Ich glaube, dieser Appell hat eine Chance - denn ein wichtiges Zeichen unserer Zeit ist es, mit Vorurteilen, gegen wen sie sich auch immer richten mögen, gründlich aufzuräumen.

Vom Tiermord
zum Menschenmord
ist es nur ein Schritt.

Leo N. Tolstoi

3

Rot- und Rehwild - gemästet bis zum Abschuß

3.1 Des Jägers liebstes Kind - warum es so viele „Bambis" gibt

Noch immer gibt es viele Menschen, für die eine hohe Reh- und Rotwilddichte synonym mit dem Verständnis von heiler, unberührter und noch nicht durch den Menschen vergewaltigter Natur ist, obschon die Gefährdung von Wäldern nicht zuletzt durch den Wildverbiß in aller Munde ist. Zusätzlich sind selbstverständlich auch Jäger an einem möglichst großen Bestand dieser besonders beliebten jagdbaren Tierarten interessiert und verteidigen die These von der ökologischen Tragbarkeit der sich derzeit durch das Land beißenden mindestens 1,7 Millionen Rehe und 85.000 Rothirsche[1] erbittert gegen Biologen, Ökologen und zahlreiche Forstleute - letztendlich auf Kosten des Waldes, der ja den Lebensraum einer weit größeren Zahl von Arten als Reh und Hirsch darstellt.

Jedes Jahr werden in der Bundesrepublik rund 700.000 Rehe und etwa 35.000 Hirsche geschossen,[2] was, selbst in Relation zum Gesamtbestand gesetzt, als beachtliche „Strecke" gelten kann. Dennoch machen viele Ökologen nach wie vor weite Teile der Jägerschaft für die immense Ausmaße annehmenden Verbißschäden in unseren Wäldern verantwortlich; einige Naturschützer stellten Forderungen nach noch höheren Abschußzahlen, um die Rot- und Rehwilddichte, die heutzutage höher ist als je zuvor in den letzten Jahrhunderten,[3] auf ein für den Wald verkraftbares Maß zu reduzieren. Hierbei übersahen sie vielfach jedoch die Wurzel allen Übels in puncto Reh- und Rotwilddichte. Diese ist nämlich keinesfalls in zu geringen Abschußzahlen zu sehen, sondern vielmehr in der intensiven jagdlichen Hege dieser Tierarten.

„Der Jäger will Tiere erlegen. Dazu hat er heute wenig Zeit. Ein Jäger in Zeitnot ist auf einen hohen Wildbestand angewiesen“,[4]

bringt der Wildbiologe Fred Kurt das Interesse eines jeden Jägers an möglichst großen Wildbeständen auf den Punkt. Insbesondere gilt dies für Rehe und Hirsche, da sie als jagdlich besonders interessantes Wild gelten und ihre Geweihe sich als Trophäen allergrößter Beliebtheit erfreuen. Jedes Jahr wachsen diese sogenannten „Kronen“ auf den Köpfen der männlichen Tiere (in der Jägersprache ist ihr Körper auf die Bezeichnung „Träger“ reduziert) nach und werden im Anschluß an deren Abschuß anhand zahlloser umständlicher Bewertungskriterien auf Prämierungsfähigkeit und Wert untersucht, bevor der stolze Jäger sich den Kopfknochen seiner Beute an die Wohnzimmerwand nageln kann. Diese Überbewertung der Trophäen - selbst von Oberstjägermeister Ulrich Scherping, dem ersten Geschäftsführer des deutschen Jagdschutz- und Jagdverbandes nach dem 2. Weltkrieg, als „übles Erbe des Reichsjagdgesetzes“ bezeichnet[5] - hat dazu geführt, daß das Interesse des Jägers an möglichst prächtige Geweihe tragendem Reh- und Rotwild stark anstieg und parallel dazu - wie sollte es anders sein? - die Anzahl dieser Tiere durch übertriebene Hege in die Höhe schnellte. Als primär gebräuchliches Mittel zur Aufrechterhaltung unnatürlich hoher Rehwildbestände wurde rasch die Winterfütterung eingeführt, von der Wolfgang Schröder in seinem Beitrag „Rehwild und Rotwild in der Bundesrepublik Deutschland“ schreibt:

„Als eine der einfachsten und wirksamsten Maßnahmen (zur Hebung der Jagdwildbestände, Anm. d. Verf.) wurde die künstliche Winterfütterung entdeckt. Sie fand in der zweiten Hälfte des vergangenen Jahrhunderts eine weite Verbreitung ... Bei Rehen kam die Fütterung erst später in Mode. Heute ist sie eine weitverbreitete und fest etablierte Hegemethode.“[6]

Nachdem man durch die Ausrottung von Luchs, Bär und Wolf eine wesentliche Bedrohung menschlicher Jagdfreuden in puncto Hochwildjagd beseitigt hatte,[7] war zugleich die Lösung des zweiten wesentlichen Problems - nämlich der den Jägern überhaupt nicht behagenden Flaschenhalsfunktion des Winters - gefunden, und der Intensivierung der Trophäenjagd auf Reh- und Rotwild stand nichts mehr im Wege - allenfalls der eigene Geldbeutel. Denn da das Wild sich selbstverständlich stets dorthin begibt, wo am reichhaltigsten, schmackhaftesten und regelmäßigsten gefüttert wird, und hierbei auch vor Reviergrenzen nicht haltmacht, muß der passionierte Hochwildjäger gelegentlich schon tiefer in die Tasche greifen, will er verhindern, daß der Pächter des angrenzenden Reviers ihm das in mühevoller Arbeit gehegte Wild abspenstig macht. Oftmals besteht nämlich die „Not(zeit)", die den Jäger respektive Heger zur Fütterung seiner Reh- und Rotwildbestände „nötigt", lediglich darin, daß die Reviernachbarn füttern und er somit, will er die Abwanderung seines Wildes verhindern, auch zu füttern gezwungen ist.[8] Als Folge dieses regelrechten Werbens um Reh und Rothirsch gibt es praktisch kein Revier, in dem die winterliche Fütterung nicht betrieben wird - der dort auf die Pirsch gehende Jäger dürfte nämlich große Schwierigkeiten haben, auch nur ein einziges „Stück" Reh- oder Rotwild zu erlegen. Aus Angst vor ebendiesem jagdlichen Alptraum eines hochwildlosen Reviers begegnen einige besonders fleißige Heger der Konkurrenz durch ihre jagenden Nachbarn, indem sie früher mit der Fütterung beginnen oder - wie bereits angedeutet - besonders schmackhafte Nahrung verfüttern. Derartige Eingriffe in die Natur und die natürliche Nahrungsaufnahme des Wildes können jedoch, wie nicht schwer zu erraten ist, gar nicht ohne gravierende Effekte auf die Lebensweise und das Verhalten des Wildes bleiben.

So zerstört die künstliche Fütterung zum einen den Ablauf aller natürlichen Anpassungsvorgänge von Stoffwechsel, Nahrungsbedürfnis und hormoneller Regulation durch eine der Jahreszeit überhaupt nicht entsprechende Mast.[9] Es kommt darüber hinaus zu vollkommen naturwidrigen Tierkonzentrationen an künstlichen Futterstellen, die arttypischen Verhaltensweisen zuwiderlaufen und die die natürlichen Sozialsysteme im Extremfall bis zum Zusammenbruch bringen können.[10] Um die Gefahr der gegenseitigen Ansteckung mit Parasiten, die aufgrund der Konzentration vieler Tiere auf nunmehr recht kleinem Raum erheblich größer ist als unter natürlichen Bedingungen, zu vermeiden, mischen zahlreiche Jäger dem Futter Mittel gegen derartige Plagegeister bei, und oft genug kommt es vor, daß die Fütterungen auch Hormone und Arzneimittel zur Prophylaxe gegen Wildseuchen enthalten.[11] Friedrich-Christian von Berg schrieb in der Allgemeinen Forst-Zeitung vom 1. Juni 1985 zu diesem Thema:

„Durch das regelmäßige Angebot von Futter jeder Art, nicht erst durch Kraftfutter-Pellets mit Vitaminen, Mineralien und Spurenelementen sowie durch die Prophylaxe mit Medikamenten degradieren wir unsere Landschaft von der Lebensgrundlage unserer Wildtiere zu einer Kulisse.“[12]

An dieser Stelle erhebt sich fast zwangsläufig die folgende Frage: Kann eine Population von Tieren, die künstlich über den Winter gefüttert, vom Menschen mit Arzneimitteln medizinisch versorgt und prophylaktisch gegen jegliche Art gesundheitlicher Probleme therapiert wird, überhaupt noch als vom Menschen unabhängige Wildtiere bezeichnet werden, oder ist die Ähnlichkeit dieser Kreaturen zum Hausschwein bereits größer als jene zu ihren (wirklich) wilden Vorfahren? Von Jägern wird diese Argumentation immer wieder als schwach[13] oder gar „blödsinnig“ bezeichnet. Tatsächlich kann übertriebene Hege in Kombination mit der von den Jägern betriebenen Falschauslese (s. u.) jedoch durchaus zu genetischen Degenerationen u. ä. führen:

„Eine hessische Muffelwildpopulation zeigte so starke Laufdeformationen, daß durch Abschuß der kranken Stücke der Gesundheitszustand des Bestandes nicht verbessert werden konnte. Krankheitserreger konnten nicht identifiziert werden, hingegen wurden chromosomale, also genetische Deformationen und Depressionen bestätigt. Der Totalabschuß mußte angeordnet werden ...“[14]

Es liegt nahe, daß durch Hegemaßnahmen, die zwecks Vermehrung von Reh- und Rotwild die Unterdrückung von Parasiten mittels Medikamenten, den Ausgleich von Salzmangel durch Lecksteine, die Vermeidung winterlicher Ausfälle durch Fütterung und die Erhöhung der Vermehrungsraten durch gezielte (Falsch)auslese[15] zum Inhalt haben, der Bestand an Rehen in unnatürliche Höhen schnellen muß. Daran gibt es nichts zu rütteln: Die Rehwilddichte ist für den Wald in seiner derzeitigen Form schlichtweg zu groß, und aus ebendiesem Grund ist es aus ökologischer Sicht nicht einzusehen, warum die Jägerschaft an ihrer Winterfütterung festhalten können sollte. Läßt man nämlich jägerische Interessen außer acht und betrachtet den Sachverhalt aus rein objektiver Sicht, so kommt man zu dem Ergebnis, daß es nicht nur irrational, sondern verurteilenswert ist, die Wirksamkeit der Regulationsfaktoren von Wildtierpopulationen mit Hilfe aufwendiger und teurer Fütterungen zu unterbinden, um den entstandenen Überschuß an Tieren im kommenden Jahr zwecks Trophäengewinnung wieder abzuschießen. Selbst einige Jäger geben zu:

„Die Frage, ob Schalenwild gefüttert werden soll oder nicht, läßt sich aus ökologischer Sicht leicht beantworten: mit Nein.“[16]

Die natürliche Selbstregulation der Rehwildpopulation wird durch die Fütterung vollkommen außer Kraft gesetzt; dies hat gemeinsam mit all den sonst noch betriebenen Methoden der Wildhege unweigerlich die Konzentration der Tiere vor allem an Fütterungsstellen zur unmittelbaren Folge. Denn eine hohe Vermehrungsrate bedeutet hohe Dichten, die wiederum insbesondere dort zur Ansammlung zahlreicher Tiere führen, wo die Nahrungssuche einfach und bequem ist. Die natürlichen Verhaltensweisen werden hierdurch mitunter vollkommen auf den Kopf gestellt. Bei den Weibchen ist nämlich

„die Unverträglichkeit zur Zeit der Geburt des neuen Kitzes auf dem Höhepunkt. Sie vertreiben dann ihre gerade einjährig gewordenen weiblichen Kitze. Die einjährigen Männchen werden von den Böcken auf Trab gebracht. Durch die so erreichte Verteilung der Individuen im Raum begrenzt die Art ihrer Populationsdichte. Das ist bei Rehen besonders wichtig, da sie hohe Ansprüche an die Qualität ihrer Nahrung stellen. Nur wenige Tiere können sich in einem Gebiet ernähren ...“[17]

Diese Aussage des publizistischen Jagdkritikers Horst Stern besitzt nur dort Gültigkeit, wo die Verhältnisse in bezug auf Nahrungsangebot und Individuenverteilung noch halbwegs normal sind. Da das Nahrungsangebot in Revieren, in denen gefüttert wird, hingegen ausgesprochen reichhaltig ist, findet die Vertreibung der jüngeren Tiere nicht mehr oder kaum noch statt - schließlich ist genug Nahrung für alle da -, und es kommt zur bereits erwähnten Konzentration der Tiere.

Von Naturschützern auf derart insistierende Weise bezichtigt, Mitschuld am Waldsterben zu tragen, begannen die Jäger, sich verbissen gegen die erhobenen Vorwürfe zu verteidigen. Doch da ganz offensichtlich kein einhelliger Konsens unter den Waidmännern herrschte, wie dies zu geschehen habe, drangen voneinander ziemlich verschiedene und sich größtenteils widersprechende Behauptungen an die Öffentlichkeit. Im einzelnen war da von folgenden Thesen die Rede:

a) Findet keine Winterfütterung statt, so sterben Rehe und insbesondere Hirsche aus.
b) Findet keine Winterfütterung statt und wird die Bejagung eingestellt, so nehmen Rehe und Hirsche überhand.
c) Der Jäger muß insbesondere Rehe bejagen, um die Überhandnahme dieser Tierart zu verhindern (Fütterung und Hege finden keine Erwähnung).[18]
d) Der Jäger muß füttern, weil das Ausmaß der Verbißschäden sonst noch weiter steigen würde.

Punkt d soll in Teilkapitel 3.2 noch näherer Betrachtung unterzogen werden; die von der Unkenntnis der Jägerschaft in puncto Populationsdynamik des Schalenwildes zeugende offensichtliche Widersprüchlichkeit der ersten drei Aussagen hingegen soll schon jetzt näher erläutert werden.

Es sei vorweg erwähnt, daß inzwischen eine ganze Reihe namhafter Ökologen und Biologen jene These vertreten, welche Professor Wolfram Pflug und Dr. Horst Wedeck vom Lehrstuhl für Landschaftsökologie und Landschaftsgestaltung der Technischen Hochschule Aachen bereits 1977 vorsichtig als Frage zu äußern wagten, nämlich,

> „ob letztlich die ‚tragbare' Wilddichte nicht weitgehend der Wilddichte entspricht, die sich im wesentlichen aufgrund der ökologischen Zusammenhänge (ohne Winterfütterung) selbst einstellen würde".[19]

Mutiger formulierte diese Aussage da schon Professor Reichholf, allerdings zwölf Jahre später:

> „Sie (die richtige Wilddichte, Anm. d. Verf.) könnte sich ganz von selbst einstellen, wenn das Reh nicht durch übermäßige Scheuheit (durch die starke Bejagung, Anm. d. Verf.) und Fütterung (in den Wald) hineingedrängt würde."[20]

Der periodische Mangel an Futter, der den Winter als Regulationsfaktor kennzeichnet, ist in unseren Breiten der primäre Kontrolleur der meisten Wildarten, so auch des Reh- und Rotwildes.[21] Er spielt eine viel gewichtigere Rolle, als dies gemeinhin angenommen wird, wohingegen der Einfluß natürlicher Feinde auf eine Tierart üblicherweise weit überschätzt wird.

„Die arteigenen Mechanismen zur Dichteregulierung dürften im Zusammenwirken mit dem winterlichen Nahrungsengpaß fast überall ausreichen, nicht mehr künstlich gefütterte Rehbestände in ihren ökologischen und zivilisationsbedingten Grenzen zu halten“,

schreibt Karin Hutter in ihrem „Antijagdbuch“ zur Selbstregulation der Rehwildpopulationen. Sie gesteht allerdings ein, daß dies möglicherweise nicht überall der Fall ist und hält vorsichtige quantitative Regulierungseingriffe durch Beamte, „deren Handeln an ökologischen Gesichtspunkten und nicht an verqueren jagdlichen Interessen ausgerichtet ist“,[22] für legitim. Inwiefern dies jedoch überhaupt nötig sein wird, muß die Praxis zeigen, denn in der Wissenschaft herrscht hier noch keine eindeutig favorisierte Meinung vor.

Ulrich Wotschikowsky, gemeinhin als ökologisch gebildeter Jäger angesehen, hält das Rotwild hingegen kategorisch für zu robust, um allein durch Beendigung der Fütterung wieder auf eine ökologisch vertretbare Dichte reduziert werden zu können.[23] Die Untersuchungen des Biologen J. J. Christian sprechen indes eine andere Sprache. Er wies bei unmittelbaren Verwandten des Rothirsches, den Sikahirschen, unter natürlichen Bedingungen eine „automatische“ Stabilisierung der Dichte auf ein ganz bestimmtes Maß nach. Durch die Erhöhung des Bestandes von Tieren auf einem vorgegebenen Areal, dessen Nahrungsangebot beschränkt ist, wächst der auf das Individuum wirkende Streß so lange, bis die Population durch eine um sich greifende Störung der Nebennierenhormone schlagartig reduziert wird. Weder Freßfeinde noch Nahrungsmangel waren ausschlaggebend hierfür; Christians fand jedoch das Gewicht der Nebennieren aller Tiere deutlich vergrößert, was als Ausdruck für die ständige Belastung durch Dauerstreß gilt.[24]

Natürlich wird mancher Waidmann jetzt behaupten, diese ökologischen Erkenntnisse seien überhaupt nicht auf den mitteleuropäischen Rothirsch übertragbar - doch da muß ich ihn leider enttäuschen. Der engstirnige Glaube, Ergebnisse der Forschung im Bereich einer bestimmten Art seien nicht auf eine andere Spezies übertragbar, ist schlichtweg falsch, insbesondere, wenn es sich nicht nur um zwei unmittelbar miteinander verwandte Tierarten, sondern des weiteren auch noch um recht allgemeine Erkenntnisse handelt. Selbst beim Menschen, der mit Sikahirschen ja eher in einer entfernteren verwandtschaftlichen Beziehung steht, kann Dauerstreß nämlich zu Schädigungen der Nebennieren führen. Es verwundert indes nicht, wenn Jäger die Zulässigkeit derartiger Analogieschlüsse bestreiten. Nur allzuoft liefern sie schließlich Belege von ihrer mangelnden ökologischen Abstraktionsfähigkeit, und wo kämen wir überdies hin, wenn Jagd sich nach Gesichtspunkten der Ökologie anstatt nach dem gemeinschaftlichen Willen der Jägerschaft zu richten hätte? Doch zurück zu den oben angeführten Thesen der Jägerschaft. Der besagten Vermutung, Reh- und Rotwild nähme im Falle der Einstellung sowohl von Hege als auch von Jagd überhand, steht Behauptung a) in vollkommenem Gegensatz gegenüber. Weshalb sollte der Rothirsch auf einmal aussterben, nur weil die Winterfütterung eingestellt wird, bezeichnet Wotschikowsky ihn doch sogar als „zu robust“, um hierdurch überhaupt eine Populationsreduktion zu erfahren? Es ist anzunehmen, daß diese Aussage in erster Linie die Angst der Jäger vor der Wiederherstellung einer biologisch normalen Bestandsdichte des Rotwildes widerspiegelt. In naturnahen Gebieten sind Hirsche nämlich normalerweise so selten, daß, wie Horst Stern es formulierte, unsere Hirschreviere dagegen wie reinste Wildgatter anmuten.[25] Da die Pirsch auf Rotwild sich unter solchen Umständen ausgesprochen schwierig und zeitaufwendig gestalten würde, stellen derartige Zustände für den bequemen, unter Zeitdruck stehenden und trophäenverwöhnten deutschen Jäger eine wahre Zumutung dar; berücksichtigt man darüber hinaus, daß die meisten Reviere unter natürlichen Umständen tatsächlich völlig ohne Rotwild auskommen müßten, wird die Angst des Jägers und Hegers vollends verständlich. Eine Ausrottung, das versichern Ökologen, fände unter den derzeitigen Umständen nicht statt. Doch dies ist dem Jäger nicht genug - was interessiert ihn eine Wildart, die zwar vorhanden ist, aber nur in so kleinen Kopfzahlen vorkommt, daß der Schuß auf sie fast schon reiner Zufall ist? So wird die befürchtete natürliche Bestandsdezimierung schlichtweg als Ausrottung deklariert; ein Schlagwort, mit dem man womöglich wenigstens die

Öffentlichkeit zum Eintreten für die Winterfütterung und damit letztendlich für die Jäger animieren kann. Auch das Aussterben der Rehe wurde überdies von so manchem Jäger befürchtet. Ich denke jedoch, daß ich abermals trösten kann - sogar mit Aussagen aus den Reihen der Grünberockten selbst. In der Jagdzeitschrift „Die Pirsch" war beispielsweise folgendes Statement zu lesen, in welchem sich die Teilnehmer eines dreitägigen Seminars der Bayerischen Staatsforstverwaltung zum Thema „Rehwildbewirtschaftung" die erschreckenden Folgen der Einstellung von Fütterungen ausmalten:

> „Würden mit Rücksicht auf Wald und Forstwirtschaft die Rehbestände konsequent so niedrig gehalten, wie es einer ‚natürlichen' Anpassung an die gegebenen Lebensbedingungen zu allen Jahreszeiten entspräche, würde das zwar keinesfalls (wie manchmal befürchtet) zu einer ‚Ausrottung' der Rehe führen, wohl aber in weiten Gebieten zu einer drastischen Verminderung, teilweise bis unter die Grenze einer jagdlichen Bewirtschaftung nach herkömmlichen Vorstellungen."[26]

Und auch Wotschikowsky räumt ein, daß ein totales Fütterungsverbot die Rehe nicht in Bedrängnis bringen würde, daß ihre Zahl zwar abnehmen, der Kontakt zwischen den Populationen aber nicht abreißen würde.

> „Auch jagen könnte man noch", schreibt er, „allerdings nicht mehr so leicht."[27]

Indes liegt genau hier das Problem: Der Jäger will eine Erschwerung, vor allem aber eine quantitative Einschränkung seiner jagdlichen Freuden nicht akzeptieren und hält genau deswegen an den unnatürlich hohen Beständen fest, gleich, ob dies ökologisch sinnvoll ist oder nicht. Hierin kann man, so denke ich, einen weiteren Beleg für die Unfähigkeit der Jäger sehen, anstatt ihrer Abschußzahlen und ihres jagdlichen Vergnügens ökologische Zusammenhänge ins Auge zu fassen, deren Konsequenzen auch das eigene egozentrische Denkmodell vom Wunsch, möglichst große Strecken vorweisen zu können, betreffen. Gelegentlich wird von seiten der Waidmänner angeführt, die Fütterung der Schalenwildpopulationen in Notzeiten sei ausdrücklich durch das Jagdgesetz geboten - doch durch wessen Einfluß gelangte diese Phrase wohl in das Gesetzbuch, wer verteidigt die Hege durch Winterfütterung nach wie vor in Diskussionen? Und vor allem: Warum kommt dann niemand auf die Idee, Muffelwild oder Gemsen, die ebenfalls unter den Begriff „Schalenwild" fallen und überdies wesentlich härteren klimatischen Bedingungen zu trotzen haben als das Reh- und Rotwild, zu füttern?

Leidtragende sind letztendlich - neben dem Wald - die Individuen, die die Last eines sich aus der großen Populationsdichte ergebenden hohen Jagddrucks zu tragen haben. Da hilft es auch nicht, daß Jäger mit trauerumflorter Stimme von der ach so schrecklichen Grausamkeit der Natur sprechen, vom Tod und vom Leid, das der Winter mit sich bringt, und von der Erbarmungslosigkeit des Schnees.

> „... der Schnee ist ein rechtes Leichentuch, das nur die Vorsorge des Jägers und seine vom Gewicht des Futtersackes tief getretene Fährte zerreißen können",

so zitierte die Deutsche Jagd-Zeitung „Altmeister" Hans Behnke. Nein, wie rührend (oder wäre kitschig am Ende angebrachter?)! Nur wirkt es irgendwie unlogisch, daß die so liebevoll über den Winter gebrachten Tiere vor lauter Liebe zur Kreatur im darauffolgenden Jahr plötzlich abgeschossen werden. Ja, ich weiß, daß ich sowieso nichts von Jagd, von „Pürsch" und von „unserem" Wild verstehe und es nur deswegen nicht nachvollziehen kann, warum die Jäger so vehement nicht nur gegen jegliche Form ökologischer Regulationsfaktoren, sondern gegen die Selbstregulation der Natur schlechthin vorgehen, und ihnen aus ebendiesem Grund unterstelle, die Selbstregulationsfähigkeit von Populationen mit Gewalt zu unterdrücken, um sich selbst als „Spitzenregulator" aufspielen zu können. Ich weiß, daß ich überhaupt keine Ahnung habe - und die Legionen von Ökologen und Wildbiologen, all diese Professoren und Doktoren, diese weltfremden Theoretiker, die in ihren Publikationen zu demselben Ergebnis kommen, natürlich auch nicht. Die Praxistests, mit deren Hilfe all diese Thesen untermauert wurden, sind selbstverständlich ebenfalls alles nur Ausnahmen, die man auf gar keinen Fall mit den Zuständen in unserem Land in einen Topf werfen darf. Ist doch logisch. Oder!?

3.2 Verbißschäden – Waldsterben auf vier Beinen?

Als logische Konsequenz der übertriebenen Hege von Reh- und Rotwild sowie der sich hieraus ergebenden gegenüber natürlichen Zuständen etwa fünffach zu hohen Dichte dieser Tiere[1] sind erhebliche Waldschäden durch Schälen, Verbeißen und Fegen (das Entfernen der über dem eigentlichen Geweih befindlichen Basthaut vor der Paarungszeit durch heftiges Reiben an Büschen und jungen Bäumen) nicht zu vermeiden. Die Kosten, die hierdurch Jahr für Jahr entstehen, sind verheerend, und der Versuch, das Wild durch weiträumige Einzäunung betroffener Schonungen von den besonders gefährdeten jungen Bäumen fernzuhalten, bringt ebenfalls hohe finanzielle Belastungen mit sich. So wurde für den Zaunbau allein im bayerischen Staatswald, der nur rund 10% der Waldfläche in den alten Bundesländern ausmacht, auf Kosten der Steuerzahler eine Summe von etwa 17 Millionen Mark ausgegeben.[2] In seinem Revier hat zwar jeder Jäger selbst für die durch seine überhegten Rehwildpopulationen entstehenden Schäden aufzukommen, doch es sei ausdrücklich auf das Vorhandensein nicht von einem Privatmann gepachteter Jagdreviere hingewiesen, die die hohe Reh- und Rotwilddichte ebenfalls zu tragen haben. Führt man sich vor Augen, daß somit jeder von uns einen Anteil der sich aus dem (perversen) Privatvergnügen einer Minderheit ergebenden negativen ökonomischen Folgen zu tragen hat, erscheinen bereits diese nüchternen, wenn auch utopisch großen Zahlen erschreckend. In Wirklichkeit sind jedoch die ökologischen Folgen, nämlich der Schaden, der unserem Wald als kompliziertem ökologischem System zugefügt sind, noch weitaus gravierender. Geld läßt sich über kurz oder lang wieder beschaffen, zumal in einem Land, das wirtschaftlich so gut gestellt ist wie das unsere. Einmal zerstörter naturnaher Wald hingegen braucht Jahrzehnte, wenn nicht Jahrhunderte, um wieder so zu werden und zu leben, wie dies ursprünglich einmal der Fall war.

Es scheint auf den ersten Blick wie eine ironische Laune der Natur, daß das sehr zahlreiche Rehwild im Winter ausgerechnet bevorzugt naturnahen Laubmischwäldern zu Leibe rückt, anstatt mit den ohnehin „schädlings"anfälligen Fichtenmonokulturen vorliebzunehmen. Doch es gibt naheliegende biologische Gründe hierfür: Im Sommer ist das heute vorherrschende Kulturland zwar in der Lage, 20 bis 30 Rehe pro Quadratkilometer zu tragen – etwa zehnmal mehr als ein naturnaher Wald –[3], werden dann aber im Herbst die Felder abgeerntet, wird das Äsungsangebot geradezu schlagartig geringer, und die Rehe sind gezwungen, im Wald Nahrung zu suchen.[4] Fichtenmonokulturen bieten im Winter den Rehen jedoch abermals nur sehr wenig Nahrung, und so bleibt als letzter Ausweg der nach wie vor ein ausreichendes Nahrungsspektrum offerierende Laubmischwald,[5] was zu unvermeidlichen Tierkonzentrationen und somit zu Wildschäden führt. Jeder Versuch, wieder stabile Mischwälder mit natürlicher Verjüngung aufzubauen, muß scheitern, solange die Rehbestände durch die Degradierung unserer Landschaft in künstliche Trophäenaufzuchtstätten vollkommen überhegt und schlichtweg zu groß sind.[6] Zwar streiten manche den Jägern freundlich gesonnene Wildbiologen einen Zusammenhang zwischen hoher Rehwilddichte und Verbiß ab – wie der Jagdwissenschaftler Prof. Dr. Reinhold Hoffmann, der anstatt einer Verkleinerung der Rehwildpopulation eine „ökologisch richtige Waldbewirtschaftung"[7] fordert –, doch ist diese konsequent jägerische Betrachtung des Sachverhaltes bloßer Nonsens. Die zwangsläufige Folgerung hieraus wäre nämlich, nicht die Rehwilddichte den ökologischen Gegebenheiten der übrigen Natur, sondern vielmehr die Kapazität des jeweiligen Lebensraumes den Schalenwildpopulationen und somit den Interessen der Jägerschaft anzupassen. Erklärbar ist eine derart engstirnige Sicht der Verbißproblematik allenfalls mit mangelnder ökologischer Kompetenz und/oder ideologischer bzw. anderweitiger Nähe zur Jägerlobby. Denn – nur ganz am Rande: was ist ein Jagdwissenschaftler schon ohne Jagd? Außerdem würde mich interessieren, wie die Verfechter jener These, der Verbiß habe nichts mit der Rehwilddichte zu tun, die Tatsache erklären, daß es auch in den höheren Lagen der Mittelgebirge und im alpinen Bereich, wo eine intensive Ausräumung von Wald und Flur bislang allenfalls in Ansätzen existiert, schwerwiegende Verbißschäden gibt. So war die „Vergreisung" natürlich zusammengesetzter und daher stabiler, widerstandsfähiger Mischwaldbestände in den Alpen zu Anfang der 70er Jahre bereits so weit fortgeschritten, daß 1974 erstmals 112 deutsche Forstwissenschaftler mit der Information an die Öffentlichkeit traten, die Wildschäden hätten ein nicht mehr zu vertretendes Maß an Verarmung der Waldvegetation ganzer Landstriche nach sich gezogen.[8] Das Mannheimer Forum kam 1991 zu demselben Ergebnis. „Eine Verjüngung der Laubhölzer und der Tanne", so wurde berichtet, „ist sowohl in den Alpen als auch im Mittelgebirge ohne einen Wildzaun nicht möglich."[9] Nichtsdestoweniger scheint dem deutschen Waidmann offensichtlich kein Argument zu schade zu sein, um die „edle Hege“ des Reh- und Rotwildes zu rechtfertigen. Freiherr von Eggeling, Hauptorganisator der Deutschen Jagd- und Fischereiausstellung 1986 in Nürnberg, lange Jahre Mitarbeiter im Forstamt Nürnberg und dort für Jagd zuständig, vertritt seit geraumer Zeit bereits die These, durch Fütterung ließe sich der Wildverbiß senken. Um dies zu überprüfen, richtete er im Bereich des Forstamtes Nürnberg je ein „Äsungsverbesserungs-“, ein „Fütterungs-“ und ein „Vergleichsrevier“ ein, wobei im ersteren Äsungsflächen mit einer Gesamtgröße von 12 Hektar und im zweiten etwa 50 Fütterungsautomaten vorhanden waren, während im Vergleichsrevier die bisherige Jagd und Hege beibehalten wurde. Schon verblüffend früh kam von Eggeling mit den Ergebnissen an die Öffentlichkeit. Zahlen legte er hierzu zwar nicht vor, doch versicherte er, daß der Vergleich eindeutig zugunsten der Äsungsverbesserungs- bzw. Fütterungsreviere ausgegangen sei. Dazu lieferte er Fotos, die seine Hypothese unterstützen sollten – doch hatte dieser Punkt leider einen kleinen Schönheitsfehler. Die Oberforstdirektion Ansbach mußte nämlich klarstellen, daß die Bilder, sofern sie gelungene Mischverjüngungen zeigten, allesamt hinter einem Zaun entstanden waren, während die Verbißschäden in nicht durch Zäune geschützten Teilen des Waldes nach wie vor gravierende Ausmaße annahmen.[10]

Der Ökologe Hartmut Gossow hält dementsprechend nichts von der Parole der Jäger, durch Fütterung die Wildschäden verringern zu wollen – er konstatierte:

> „Aber noch mehr Winterfütterung ... geht sicher am Problem vorbei und ist kaum als geeigneter Beitrag zu werten, um die Tragfähigkeitsverhältnisse im Revier anzuheben.“[11]

Selbstverständlich haben derartige Aussagen einen faktisch belegbaren biologischen Hintergrund. Professor Reichholf beispielsweise erklärt in seinem Buch „Feld und Flur – Ökologie des Kulturlandes“, weshalb die Winterfütterung in keiner Weise zu einer Reduzierung des Wildverbisses beizutragen imstande ist:

> „Vielfach lockt die Winterfütterung mit Leckerbissen wie Eicheln und Kastanien oder gar mit Futterpellets die Rehe erst in den Wald hinein,

obwohl sie sich draußen auf der Flur ernähren könnten. Dadurch kommt es dann zu den Verbißschäden. Das durch die Bejagung scheu gemachte Reh muß versuchen, die Nahrung im Umkreis der Deckung zu finden, die es braucht. Kraftfutter enthält zu wenig Rohfasern, die für eine gute Verdauung ebenso unentbehrlich sind wie der Eiweißgehalt. Fehlende Rohfasern holt sich das Reh dann von den Gehölzen.“[12]

Diese sogenannte „zähe Äsung“ besteht nun einmal vornehmlich aus Zweigen, Knospen und Rinden von Laubhölzern, in geringerem Maße auch von Nadelhölzern, Sträuchern, verholzten Stauden und Zwergsträuchern[13], und die unabdingbare physiologische Notwendigkeit dieser Ernährungsbestandteile hat zur Folge, daß der Futterbedarf des Reh- und Rotwildes nicht allein durch die Winterfütterung gedeckt werden kann. Liegt darüber hinaus der prozentuale Anteil ebendieser „zähen Äsung“ am gesamten Nahrungsbedarf beim Rotwild noch bei rund 30 %, so kann er bei dem – überaus zahlreich vorhandenen – Rehwild im Winter auf bis zu 80 % anwachsen.[14] Jedwede Erwähnung der sich hieraus ergebenden Resultate halte ich für überflüssig, kann sich doch wohl jeder Leser den am Wald entstehenden Schaden ausmalen. Indes beschränkt sich die Mitschuld der Jägerschaft am Wildverbiß nicht allein auf die übertriebene Hege; auch die recht intensive Bejagung mit Jahresstrecken von 700.000 „Stücken“ beim Rehwild und 35.000 beim Rotwild fordert ihren Tribut von den ohnehin durch sauren Regen, Luftverschmutzung und „Schädlings“befall gebeutelten deutschen Wäldern.

„Die Bejagung“, so Professor Reichholf, „zwingt die Rehe in die Deckung des Waldes und bringt sie mit den Trieben und Knospen zusammen, die keinen massiven Verbiß vertragen.“[15]

So ist der Teufelskreis geschlossen – es gibt aufgrund der Fütterung zu viele Rehe, und die Jäger werden dazu ermahnt, mehr Schalenwild zu schießen. Daraus jedoch folgt, daß das Wild noch scheuer wird und sich tiefer in den Wald zurückzieht, wo es wiederum abermals großen Schaden anrichtet. Die Jäger indes füttern noch immer mit dem Resultat nach wie vor erhöhter Schalenwildbestände.

Das tierliche Individuum hat nun die Last ständiger Bedrohung sowie notgedrungener Änderung des natürlichen Verhaltens zu tragen. Es stellt sich die Frage, ob zugunsten des Vergnügens einer

Minderheit schwerwiegende ökologische Schäden sowie das Leid fühlender Einzelindividuen in Kauf genommen werden dürfen oder ob es nicht sinnvoller wäre, dem Anachronismus Jagd besser heute als morgen ein Ende zu setzen, wie dies bereits in einigen Kantonen der Schweiz geschehen ist. Ich ergreife für das Letztere Partei - und Sie?

4

Die Hege - Deckmantel für egozentrische Abschußgedanken

Hege als elementarer Bestandteil des deutschen Waidwerks wird vom ökologisch unbefleckten Normalbürger oftmals als Ausdruck großer waidmännischer Tierliebe und als Manifestation keine Mühe scheuender Bestrebungen für die Arterhaltung in der Kulturlandschaft verstanden. Hierin liegt jedoch ein Trugschluß gravierenden Ausmaßes - bereits die Bestandexplosion beim Reh- und Rotwild auf Kosten des Waldes und der anderen in ihm lebenden Tiere verdeutlicht dies. Doch der umfassende waidmännische Begriff „Hege" impliziert noch weitaus mehr Teilaspekte. Nicht alle sind selbstverständlich ähnlich spektakulär wie das Waldsterben, aber auch im Kleinen kann Schaden verursacht werden, dessen Folgen sich wiederum zu einer weitgehenden Verschiebung und Umlagerung ökologischer Normalitäten summieren können. Somit wächst die Kritik auch an unscheinbar anmutenden Aspekten der Hege mit zunehmender Aufklärung der Öffentlichkeit über diese Thematik, während die Waidmänner ihre faktisch unbelegt bleibenden Argumente bezüglich einer angeblichen Notwendigkeit der Hege[1] immer hilfloser vor sich hertragen. Denn Hege, so faßten die Jagdkritiker Prof. Dr. Dr. Nikolaus Sojka und Dr. Horst Hagen es in ihrem Büchlein „Auf der Strecke geblieben" zusammen,

- stört vorsätzlich und in einem Ausmaß, das sich der biologische Laie kaum vorstellen kann, das ökologische Gleichgewicht in der Restnatur und in unserer Kulturlandschaft,
- erzeugt in der Natur ein vom Jäger gewünschtes, an seinen jagdlichen Interessen errichtetes Gleichgewicht. Dieses muß - eben mit den Methoden der Hege - unaufhörlich nachreguliert werden; Hege

- schaltet eine große Zahl von natürlichen Regulationsmechanismen aus,
- berücksichtigt nicht, daß einseitige ökologische Bevorzugung jagdbarer Tiere tiefgreifende ökologische Auswirkungen auch auf Pflanzen und Tiere hat, die weit diesseits oder jenseits jägerischen Interesses liegen, und
- zerstört vermutlich mehr Natur dauerhaft oder unwiederbringlich als viele andere menschliche Aktivitäten, die heute offen als umweltfeindlich oder umweltgefährdend bezeichnet werden.[2]

Alle diese Thesen basieren auf ökologisch gesichertem Schulbuchwissen und werden allenfalls noch von selbst jagenden oder von Jägern abhängigen Biologen angezweifelt. Dennoch hält aber die Jägerschaft an der weiteren Ausübung der Hege jagdbarer Tierarten fest. Führt man sich die unmittelbaren Folgen der Hege vor Augen, so wird auch rasch klar, daß die Triebfeder hierzu abermals nur jagdliche Ursprünge besitzen kann - denn aufgrund der Tatsache, daß die Grünberockten ihre enormen, nur mit Hilfe aufwendiger Maßnahmen und den daraus resultierenden Überpopulationen möglichen Abschußzahlen aufrechterhalten oder sogar steigern wollen, sind sie auf die Hege angewiesen. Selbst wenn Waidmänner vorgeben, an der Erhaltung der gesamten Natur interessiert zu sein und für die Verbreitung sämtlicher (auch nichtjagdbarer) Tierarten Sorge zu tragen, sind ihre Aussagen stets unglaubwürdig, da das tatsächliche waidmännische Handeln in krassem Gegensatz hierzu steht (s. u.). Ebensooft werden die jägerischen Beteuerungen, Naturschutz zu betreiben, durch die eigene Geschwätzigkeit unter ihresgleichen als Farce entlarvt. Infolgedessen sehen namhafte Naturschützer den letztendlichen Zweck jeglicher Form der Hege einmal in der

> „Förderung von Säuger- und Vogelarten, um sie aus sportlichen und wirtschaftlichen Gründen zu erlegen“, und zum zweiten in der „Reduzierung von Tierarten, die entweder mit den geförderten Arten oder wirtschaftlichen Zielen in Konkurrenz treten“.[3]

Daß das wahre Interesse des Jägers nicht darin liegt, der Natur eine größtmögliche Ursprünglichkeit oder weitestgehende Unabhängigkeit vom Menschen zu bescheren, sondern sich vielmehr am genauen Gegensatz dieser Ziele orientiert - nämlich der Aufrechterhaltung eines unnatürlichen (Pseudo)gleichgewichts -, läßt sich bei der Lektüre einer der typischen Jagdzeitschriften leicht feststellen, wenn man deren Inhalt unter Betrachtung ökologischer Zusammenhänge einmal etwas eingehender analysiert. Jagd, die sich nach wahren ökologischen Gesichtspunkten richten muß, ist jedem Jäger, der zum Schuß kommen will, zuwider, denn ihre logische Konsequenz sind Abschußzahlen, die bei jeder Wildart - mit Ausnahme vielleicht des Schalenwildes - auf die „Streckenergebnisse" steinzeitlicher Subsistenzjäger sinken müßten. Die Hege, dies steht vollkommen außer Frage, müßte ebenfalls eingestellt werden.

Dementsprechend war auch die Reaktion der deutschen Jägerschaft auf den jüngsten Vorschlag des Deutschen Naturschutz-Ringes (der die Waidmänner zuvor entschlossen aus seinen Reihen verbannt hatte) zur Novellierung des Bundesjagdgesetzes und zur Orientierung der Jagd an ökologischen Gesichtspunkten von kategorischer, dezidierter Ablehnung gekennzeichnet. Thomas Neiss schrieb folgende - für Ökologen sowie Natur- und Tierschützer haarsträubende - Zeilen in der Jagdzeitschrift „Wild und Hund":

> Die Vorschläge des DNR beschränken den Katalog der jagdbaren Tierarten von bislang 18 bejagbaren Arten auf ganze sechs, wie Schalenwild, Wildkaninchen, Waschbär, Mink, Bisam und Nutria. Der DNR schlägt die Abschaffung der Jagd auf alle Vogelarten vor. Er will die Balz- und Fallenjagd, das Aussetzen von Wild verboten sehen und fordert die Abschaffung der Hege. Dies würde für Nordrhein-Westfalen zum Beispiel den Verzicht auf eine Jahresstrecke von 200.000 Hasen, 160.000 Fasanen, 400.000 Ringeltauben und 115.000 Stockenten bedeuten. Mehr als die Hälfte der NRW-Jäger hätte keine nennenswerte Jagdgelegenheit mehr, denn rund 60% der Landesfläche könnten nicht mehr bejagt werden, da das Leben des verbleibenden Schalenwildes als bejagbare Tierart an den Lebensraum Wald gebunden ist."[4]

Wie bemitleidenswert die Jäger doch sind - seien Sie ehrlich: Finden Sie es nicht auch unmöglich, daß die egozentrischen, von Abschußzahlen geprägten Gedanken und Wünsche der Jägerschaft einfach den so belanglosen Interessen der Ökologie, des Naturschutzes, der übrigen nichtjagenden Bevölkerung sowie dem völlig nebensächlichen Lebensrecht des tierlichen Einzelindividuums untergeordnet werden? Ich jedenfalls möchte den Jägern mit dieser Steinzeitideologie, die individuelle Triebbefriedigung höher einstuft als allgemeine ethisch-moralische Wertvorstellungen, ans Herz legen, sich mit den Grundzügen der Demokratie zu beschäftigen. Auch wenn ich es nicht glaube - aber vielleicht wird dem einen oder anderen geistig etwas wacheren Waidmann ja doch ein Licht aufgehen, wenn er etwas von der Unterordnung des egoistischen Willens gegenüber dem Gemeinwillen im Falle deren direkter Konfrontation hört oder liest.

4.1 Biotop„verbesserungen"

Biotoppflege, -gestaltung und sogar -verbesserung sind Schlagwörter, die der Jäger in Diskussionen immer häufiger, oftmals in bewußter Betonung der (sich faktisch allerdings auf das Lautbild des Wortes beschränkenden!) Ähnlichkeit zum Biotop-Management der Naturschützer zur Sprache bringt. Er will hierin einen nicht zu verachtenden Dienst an der Natur sehen - zumindest gibt er dies vor -, der in der heutigen Kulturlandschaft notwendig sei, um bedrohten Arten neuen Lebensraum zu erschließen oder bereits vorhandenen Lebensraum zu erhalten. Tieren würden Rückzugsgebiete geschaffen, um ungestörter leben zu können, und finanziert würde dies alles durch die ach so selbstlosen Jäger, die die enorme Summe von jährlich „0,7 Milliarden DM"[1] (und nicht etwa 700 Millionen!) aufwenden, um die oben angeführten Maßnahmen durchführen zu können. Soweit zur Fiktion, zum von den Jägern in der Öffentlichkeit verbreiteten Idealbild der hegerischen „Biotoppflege". Betrachtet man diese Maßnahmen nämlich rein sachlich und vom großartigen rhetorisch-dialektischen Schleier des Jägerlateins befreit, reduziert sich die hoch angepriesene Biotopverbesserung rasch zu einer nüchternen, aber der Wahrheit entsprechenden Biotopmanipulation.

Konkret hat jegliche Art dieser jägerischen Unternehmungen zum Inhalt, „alle standortgerechten, in solchen Gebieten der Biotopverbesserung lebenden Pflanzen und Tiere" drastisch zugunsten waidmännischer Interessen zu „korrigieren"[2], wobei mit „zugunsten waidmännischer Interessen" die Bevorzugung jagdlich relevanter Spezies gemeint ist. Eine eigentlich standortgerechte Flora und Fauna muß nach Bedarf weichen, damit die Jägerschaft unter Zuhilfenahme landwirtschaftlicher Maschinen sowie von Düngemitteln, Aussaaten, Pflanzungen, Trockenlegungen und Bewässerungen die

Lebensbedingungen jagdbaren „Friedwildes“ verbessern kann. „Auch die nicht belebten, sogenannten abiotischen Faktoren eines Lebensraumes wie Bodenfeuchtigkeit, Sonneneinstrahlung durch Abholzen oder Anpflanzen schattenspendender Bäume oder Büsche“, so Prof. Dr. Dr. Sojka/Dr. Hagen, „werden rücksichtslos nach hegerischen Gesichtspunkten umgestaltet.“[3]

Die bislang die jeweiligen ökologischen Nischen in dem „verbesserten“ Biotop einnehmenden Tierarten werden durch jagdbare Spezies verdrängt, da der künstlich entstandene Lebensraum letztere eindeutig bevorzugt, während zuvor die ursprünglich im Biotop beheimateten Tierarten im Vorteil waren.[4] Für sie ist der ehemalige Lebensraum unbewohnbar geworden, und niemand kann garantieren, daß unter den so verdrängten Tieren nicht auch Individuen bedrohter Spezies waren. Außerdem muß beachtet werden, daß derartige Veränderungen und Eingriffe in die Natur fatale Kettenreaktionen nicht vorhersehbaren Ausmaßes haben können. Durch den bekannten Schneeballeffekt kann die drastische Bevorteilung jagdlich interessanten „Friedwildes“ durch den Waidmann für die gesamte Ökologie geradezu katastrophale Folgen haben. Zwar müssen diese Befürchtungen nicht zwangsläufig auch Realität werden, doch ausschließen kann und will dies niemand, der etwas von der Komplexität der ökologischen Vernetzungen in der Natur versteht. Biotopverbesserungen geschehen meist auf Biegen und Brechen, wenn hierdurch „sofort oder mittelfristig nur immer mehr jagdbare Tiere bereitgestellt werden können“[5]. Der Wortbestandteil „Verbesserung“ mag zwar durchaus einer Überprüfung standhalten - aber nur, wenn der Sachverhalt konsequent aus jägerischer Perspektive betrachtet wird. Für den Waidmann ist eine derartige Biotopmanipulation in jedem Fall eine „Verbesserung“, denn für ihn resultieren daraus deutlich höhere Abschußzahlen; die Natur hingegen ist der große Verlierer. Sie wird bis zur vollkommenen Degeneration manipuliert, und dieses letztlich destruktive, verurteilenswerte und egoistische Verhalten des Waidmannes findet auch noch durch eine verschleiernde Umschreibung der Fakten Anerkennung. Doch gerade hierin liegt der elementare Unterschied zwischen den Biotopmanipulationen der Jäger und dem Biotop-Management der Naturschützer: während letzteres stets die Interessen der gesamten Natur berücksichtigt, beschränkt sich das Blickfeld des Waidmannes auf jene Tierarten, die seinem jagdlichen Vergnügen und damit letztendlich ihm selbst dienen.

Allein besagte Wortschöpfung („Biotopverbesserung“) ist indes als schlichtweg blasphemisch und arrogant anzusehen. Sie beinhaltet die Vorstellung, die Natur und – auf religiöser Basis – die Schöpfung könnten durch menschliches Eingreifen verbessert werden, obwohl ein derartiges Denken in der Vergangenheit stets zum Fiasko geführt hat. „Nun, wenn man sich über die blasphemischen Voraussetzungen für Biotopverbesserungen hinweggesetzt hat, fällt es sicher auch leichter, sich mit den pragmatischen Folgen einer Biotop‚verbesserung‘ geistig auseinanderzusetzen. Aber da werden unerfreuliche Sachverhalte totgeschwiegen und mit der selbst angemaßten Kompetenz in Sachen Natur beiseite gefegt oder zumindest bagatellisiert“,[6] schreibt der Jagdkritiker Walter Christiansen in seinem Buch „Die Jagd ist nicht mehr zeitgemäß“. Und es stellt sich abermals die Frage, wie lange eine immer aufgeklärter werdende Gesellschaft einer dem gemeinschaftlichen Willen der Nichtjäger zuwiderlaufende naturzerstörende Aktivität der Minderheit Jägerschaft Akzeptanz entgegenbringen wird.

4.2 Die Einseitigkeit der Hege

„Sieht, erlebt und erfährt der normale Jäger nicht Natur in einer reduzierten und simplifizierten Weise? Die Tierwelt unter dem Gesichtspunkt der potentiellen und aktuellen Beute oder der Konkurrenz für seine Beute? Die Natur als Revier für Beute und Beutefeinde, als Eigentum, das er mit keinem zu teilen braucht? Oft ist solche Erfahrung von Tierwelt wohl auch nur auf die Trophäe und die Natur als den Erzeugungsort von Trophäen reduziert. Die Jägersprache bietet mehrere Beispiele für diese reduzierte und simplifizierte Naturbetrachtung (...).“[1]

Diese zweifellos provozierenden, die Wahrheit aber durchaus treffenden Zeilen schrieb Wolfgang Erz 1986 in der Zeitschrift „Nationalpark“. Auch die Hege kann als Beleg für diese These gelten, denn, so Erz weiter,

(die Hege) „zielt auf die Ausprägung bestimmter Körpermerkmale ab und natürlich auch auf ein vom Jäger gewünschtes Zahlenverhältnis einzelner Arten untereinander, auf eine künstliche Ordnung von Konkurrenten, Beutegreifern und Beutetieren“.

Im Klartext bedeutet dies, daß der Waidmann mit unnatürlichen Mitteln - wie beispielsweise der Schaffung eines quantitativen Verhältnisses der Geschlechter zueinander, welches die Vermehrung der Art besonders begünstigt - eine möglichst große Kopfzahl des jagdlich besonders begehrten Friedwildes anstrebt. Zwar heißt es in dem Propagandafaltblatt „Wild, Jagd und Jäger“ des DJV so vollmundig, Jäger unterstützten nicht nur die jagdbaren Tiere, sondern verbesserten auch die Lebensbedingungen aller wildlebenden Tierarten,[2] doch stellt sich dies nachweislich als falsch heraus, wenn man die Hegemaßnahmen der Jägerschaft genauer unter die Lupe nimmt. Biotopverbesserungen beispielsweise haben stets die Verdrängung nicht für die Jagd relevanter Tierarten durch jagdbares Wild zur Folge, Winterfütterungen bringen durch die hieraus resultierende Überpopulation von Reh- und Rotwild weite Teile des Naturhaushaltes durcheinander, und das massenhafte Aussetzen von Fasanen zu Jagdzwecken sowie die Einführung nicht in Mitteleuropa beheimateter Tierarten führen vielerorts zur weitgehenden Verdrängung anderer Arten (s. u.). Spezies, die nicht bejagt werden (dürfen), sind den Jägern vollkommen egal, selbst wenn sie dies zu Propagandazwecken in der Öffentlichkeit stets bestreiten. Folgender Ausschnitt aus einem Schreiben des Jägerpräsidenten Frank an das mißliebige Institut für Wildbiologie und Jagdkunde der Universität Göttingen zeigt unmißverständlich auf, wie sehr Behauptung und Realität auch in diesem Fall auseinanderklaffen:

> „In der Sache ... kritisierte Frank Besorgnisse und Verärgerungen, die sich bei fast jedem wildbiologisch interessierten Jäger aufgestaut hatten:
> - daß Wildforschung, besonders wenn sie von Jägern über die Jagdabgabe mitfinanziert werde, der Jagd zu dienen habe (was das Göttinger Institut vermissen lasse),
> - daß ... Außenstellen des Instituts zur Erforschung von Seehund, Wanderfalk und Kormoran geplant seien (für Tiere also, die längst nicht mehr bejagt werden),
> - daß sich das Institut aus der jagdkundlichen Forschung verabschiedet habe, weil Festetics' (Prof. Dr. Antal Festetics ist der Institutsleiter, Anm. d. Verf.) Lieblingsgebiet der Naturschutz sei.“[3]

Jagd und Naturschutz sind Gegensätze. Während der Naturschutz stets die gesamte Flora und Fauna im Auge behält, beschränkt das Waidwerk sich auf die Verbesserung der Lebensbedingungen von jagdbaren Tierarten und läßt hierbei die Interessen nichtjagdbarer Arten außer acht. Lediglich zu Zwecken der Imagepflege erniedrigen sich die Waidmänner gelegentlich auch einmal, für derzeit nicht dem Jagdrecht unterliegende Tierarten einen Finger zu krümmen - selbst wenn dabei nur allzuoft die wahre Gesinnung der Jägerschaft durchscheint. Als die Deutsche Jagd Zeitung - die Auflage beträgt gut 32.000 Exemplare - Anfang 1986 ihre Leser zum Spenden von Geld für den Schutz des bedrohten Fischotters aufrief, konnten die Redakteure bereits im September (also etwas mehr als ein halbes Jahr später) stolz schreiben:

> „Unser Aufruf, für die in Not geratene Aktion Fischotterschutz zu spenden, ist bei den DJZ-Lesern nicht auf taube Ohren gestoßen. Bis Ende September sind rund 1.600 Mark ... allein von unseren Lesern eingezahlt worden. Aufrichtigen Dank, liebe Leser!“[4]

Wirklich beeindruckend, diese Summe; man vergegenwärtige sich - das ist pro Monat und DJZ-Leser fast ein ganzer Pfennig. Eine derartige Bereitschaft zum Schutz nichtjagdbarer Tierarten läßt tatsächlich tief blicken - nur ist verwunderlich, weshalb die Waidmänner selbst zur Imagepflege keine größeren finanziellen Opfer in Kauf nehmen. Überdies stellt sich die Frage, wie es denn mit den mathematischen Kenntnissen der DJZ-Redakteure bestellt ist. Für jagdbare Tierarten gibt die deutsche Jägerschaft eigenen Angaben zufolge nämlich Jahr für Jahr nahezu 2 Milliarden Mark aus - das ist eine zehnstellige Zahl, in Anbetracht derer der Stolz über das Zusammenkommen einer gerade vier Ziffern zählenden Summe für den Schutz des Fischotters ad absurdum geführt wird. Aber es wäre auch zuviel verlangt, von Jägern, die an hohen Abschußzahlen interessiert sind, zu erwarten, für die Positionen des (ohnehin verhaßten) Naturschutzes Verständnis zu zeigen - schließlich dominiert, so Prof. Dr. Wolfgang Erz von der Bundesforschungsanstalt für Naturschutz und Landschaftsökologie, die „Grundeinstellung der Jagd“, „eine permanente Jagdausübung auf möglichst viele Tierarten unter rein jagdlichen Kriterien zu gewährleisten“, stets über die „wenigen echten Einzelleistungen für den Naturschutz“, die nur allzu offensichtlich immer nur eine „Nebensache innerhalb des gesamten jagdlichen Tuns und Trachtens“ darstellen.[5] Insofern erscheint es vollkommen verständlich, daß Naturschützer den Slogan der Jagdverbände, Jagd sei „angewandter Naturschutz“, als vollkommene

Anmaßung abqualifizieren und keine Gelegenheit auslassen, die Öffentlichkeit hierüber in Kenntnis zu setzen. So schreibt der Leiter des Nationalparkamtes Bayerischer Wald, Dr. Hans Bibelriether, zu diesem Thema:

> „Was Jäger also betreiben, ist gezielter Schutz jagdbarer Wildarten, jedoch kein Naturschutz im umfassenden Sinn ... Eine so verengte Sicht bedeutet aber: Jäger sind nicht ‚die besten Naturschützer', sondern allenfalls ‚die besten Hirsch-, Reh- und Fasanenschützer'."[6]

Tatsächlich sind durch die Hegemaßnahmen die meisten jagdbaren Tierarten in großen Kopfzahlen vorhanden – doch das war's dann auch schon.

> „Die Möglichkeit sinnvoller Nutzung ist oft die beste Motivation für nachhaltigen Schutz",[7]

so ist in bereits erwähntem Faltblatt „Wild, Jagd und Jäger" zu lesen, und in dieser Aussage ist wenigstens implizit bereits zu lesen, welche Folgen das für nicht jagdlich relevante Tierarten hat: Sie können durch den Jäger nicht genutzt werden und sind ihm folglich vollkommen egal, da ja keine Motivation zu ihrem Schutz besteht. Ganz ähnlich entlarvt Josef Kreuner, Kreisvorsitzender der BJV-Kreisgruppe Traunstein, sich in einem Leserbrief im Traunsteiner Wochenblatt unbewußt selbst:

> „(...) Und noch eines sollten sich die Tierschützer, die das Thema Wasserjagd am Chiemsee seit vielen Jahren zum Dauerbrenner gemacht haben, vorhalten lassen: Noch nie ist eine Tierart, die dem Jagdgesetz unterliegt, ausgerottet worden oder ist ausgestorben."[8]

Sicher, das bezweifelt ja auch niemand – schließlich sind Rehe, Hirsche und Enten tatsächlich meilenweit von der Ausrottung entfernt. Das Pech ist nur, daß es wesentlich mehr Tierarten gibt, die nicht dem Jagdrecht, sondern beispielsweise „nur" dem Naturschutz unterliegen, die von der Hege infolgedessen keineswegs profitieren. Und die Massenvermehrung des Schalenwildes kann „den erschrekkenden Rückgang bei Wachtel, Bekassine, Rebhuhn, Feldhase, Auerhuhn, Iltis, Fischotter etc. eben nicht kaschieren", wie Dr. Wolfgang Scherzinger, ebenfalls im Nationalparkamt Bayerischer Wald tätig, meint.[9]

Es ist nicht viel, was von dem vollmundig als gemeinnützig und allen Tierarten zugute kommend bezeichneten Treiben des Jägers bei genauerer und sachlicher Betrachtung übrigbleibt. Und der traurige Rest ist ein abstoßendes Gemisch aus Egozentrik, Egoismus und dem fanatischen Willen, seine eigenen Abschußgedanken gegen jedwedes Hindernis natur- oder tierschützerischer sowie ökologischer Art durchzusetzen.

4.3 Hegefolgen für jagdbare Arten

Hege, das steht außer Frage, stellt einen gravierenden und oftmals in vieler Hinsicht folgenreichen Eingriff in das naturgemäße Leben von Wildtieren dar. Wie bereits gezeigt wurde, hat sie insbesondere für jene Spezies, die nicht dem Jagdrecht unterliegen, für den Jäger also nicht von Interesse sind, nachteilige Folgen, während sie jagdlich relevante Tierarten quantitativ stark begünstigt. Man sollte sich aber dennoch nicht in dem Glauben versteifen, die Ausübung der Hege sei für jagdbares Wild - oder zumindest deren Art - ausschließlich positiv, denn um sich hierüber ein Bild machen zu können, sind nicht nur quantitative - also die Kopfzahl der jeweiligen Tiere betreffende -, sondern auch qualitative - nämlich die genetischen Aspekte des Individuums ins Auge fassende - Betrachtungen vonnöten.

Beispielsweise ist eine zwangsläufige Konsequenz der Winterfütterungen - die ja auch einen wesentlichen Teil der Hege ausmachen - eine bewußte, vorsätzlich in Kraft gesetzte Falschauslese. Tieren, denen die Fähigkeit zum schadlosen Überstehen harter klimatischer Bedingungen mit all ihren Folgen wie Nahrungsmangel etc. nicht angeboren ist, wird das Überleben unter für sie sonst tödlichen Umständen erst ermöglicht, und Individuen, die sonst nicht aus eigener Kraft gegen parasitäre oder infektiöse Krankheiten bestehen könnten, erfahren ebenfalls eine starke Begünstigung durch die der Winterfütterung beigesetzten Medikamente. Die Folge hieraus ist, daß auch genetisch für ein natürliches Leben ungeeignete Individuen die Chance bekommen, ihr Erbgut weiterzugeben, denn die übrige körperliche Konstitution dieser Tiere muß nicht zwangsläufig auch schlecht sein. So kann im Laufe der Jahre die in der Art verbreitete Widerstandsfähigkeit gegenüber widrigen natürlichen Umständen verlorengehen oder zumindest deutlich sinken, während unter natürlichen Bedingungen genetisch derart „mangelhafte" Individuen sofort aus dem Bestand herausselektiert worden wären.

Betrachtet man auch diese nachteiligen Hegefolgen, so wird die Behauptung der Jäger, sie erhielten der Allgemeinheit eine artenreiche Natur, vollkommen als propagandabedingte Falschaussage entlarvt. Nicht nur, daß nichtjagdbare Tiere durch die Hege stark benachteiligt werden, sondern auch, daß das Erbgut besonders intensiv gehegter Tierarten auf Dauer in die Gefahr genetischer Degeneration gerät! Und von Arterhaltung kann „bei der Veränderung des Erbgutes (...) keine Rede mehr (sein)"[1], insbesondere, wenn man betrachtet, wie weit ebendiese Degeneration bereits fortgeschritten ist.

Die Jäger sind sich selbstverständlich dessen bewußt, weswegen sie sich um Maßnahmen wie die „Fremdbluteinkreuzung" und die sogenannte Blutauffrischung, nämlich die Einfuhr ausländischer, in ihrem Erbgut noch nicht so degenerierter Tiere, bemühen. Zwar kommt es hierbei oft zum Import von Individuen, die einer anderen Unterart angehören, doch der Jäger stört sich an solchen Nebensächlichkeiten nur selten, wenn Gewicht und Aussehen der späteren Trophäe - nämlich des Geweihs der männlichen Tiere - stimmen.[2] Als ökologische respektive genetische Folgen hieraus sind jedoch die weitere Entfernung des Erbguts heimischer Reh- und Rotwildbestände von seinen ursprünglichen Eigenschaften sowie die aus diesem Grund fortschreitende Degeneration der Art unvermeidlich. Selbst noch so konservative, der Jagd gegenüber sonst positiv eingestellte und oftmals selbst jagende Biologen erkennen die Richtigkeit dieses Faktums inzwischen an.[3] Und es ist offensichtlich, daß in der Anerkenntnis der Notwendigkeit von „Blutauffrischungen" ein unfreiwilliges Eingeständnis dessen liegt, daß es mit der Gesunderhaltung von Beständen selbst jagdbarer Tiere längst nicht mehr so gut bestellt ist, wie die Jägerschaft es in der Öffentlichkeit gerne verbreitet sehen will.

4.4 Die Hege mit Büchse und Falle

Fällt es dem Jäger noch verhältnismäßig leicht, der biologisch unaufgeklärten Öffentlichkeit die angebliche Tierfreundlichkeit von Hegemaßnahmen wie Fütterung oder Biotopverbesserung weiszumachen, so tut er sich hier mit der Fallen- und Büchsenhege bereits deutlich schwerer. Zwar bemüht die grüne Zunft der Waidmänner sich in ihrer Öffentlichkeits- und Pressearbeit stets darum, zumindest den Glauben an die ökologische Notwendigkeit derartiger Maßnahmen aufrechtzuerhalten, doch dürfte dies ihnen mit zunehmender Aufklärung der Öffentlichkeit über den wahren hinter dem Terminus „Hege mit Büchse und Falle" stehenden Sachverhalt immer schwerer fallen. Letztendlich verbirgt sich dahinter nämlich das Bestreben des Waidmannes, all jene Tiere umzubringen, die dem elementaren Hegeziel, einen kopfstarken, trophäenträchtigen Bestand an jagdbarem (Fried-)Wild zu garantieren, zuwiderlaufen.[1]

Abermals muß hier – neben der intensiven Bejagung sogenannten Raubwilds und Raubzeugs – von einer bewußten Falschauslese jagdlich relevanter Spezies die Rede sein. Aufgrund des eigenen (egoistischen) Interesses des Jägers, einen mit möglichst prächtigen Trophäen ausgestatteten Reh- oder Rotwildbestand zu erlangen, liegt es nahe, daß der Waidmann stets jene Tiere im Zuge der Hege erschießt, die nur ein recht kleines Geweih besitzen. Derartige Individuen besitzen folglich keine Chance mehr, sich an der Fortpflanzung zu beteiligen, obwohl ihr Erbgut – das habe ich bereits erwähnt – aufgrund anderer Vorteile für die Erhaltung der Art„qualität" wichtig sein kann:

> „Tiere mit geringer Körpergröße (= wenig Wildbret) und kleinen Gehörnen oder Geweihen (= geringe Trophäe) können ja erbanlagenmäßig die unschätzbaren Eigenschaften haben, etwa mit rauhen klimatischen Bedingungen, mit Dürrezeiten, mit immer wiederkehrenden Perioden großen Nahrungsmangels viel besser fertig zu werden als die hegegehätschelten Träger großer Trophäen. Auch in freier Natur wichtiges anderes angeborenes Verhalten ist keineswegs gekoppelt an riesige Trophäen."[2]

Betrachtet man diese widernatürliche Selektion durch den Menschen respektive den Jäger, so ergibt sich eine verblüffende Übereinstimmung mit den Grundzügen der Zucht von Haustieren, die ebenfalls auf die Ausprägung bestimmter Merkmale abzielt. Ökologische oder ethologische Aspekte treten für den Jagdausübenden, der gleichzeitig Hege betreibt, in den Hintergrund, woraus der Verlust wichtiger körperlicher oder verhaltensmäßiger Merkmale, die sich in jahrtausendelanger Evolution als Form der Anpassung von

Tieren an ihre Umwelt herausgebildet haben, resultieren kann.[3] Am Ende einer derartigen Entwicklung steht die Herausdrängung einer Tierart aus ihrer bislang beanspruchten ökologischen Nische, was unübersehbare Folgen für die Gesamtheit des ökologischen Gleichgewichts nach sich ziehen kann.

Punkt zwei der „Hege mit der Büchse" ist noch weitaus bedeutender. Er findet seinen Ursprung in dem Bestreben der Jägerschaft, jegliche Konkurrenz in Form von Beutegreifern wie Fuchs und Marder, Habicht, Krähe und Dachs durch Abschuß und Fallenfang kurzzuhalten. Finden Biologen es auch gefährlich, „die Entscheidung über Leben und Nichtleben der Raubtiere allein den Jägern und der Jagdadministration überlassen zu wollen"[4], so liegt dies leider trotzdem nach wie vor im Ermessen völlig inkompetenter und von egoistischen Interessen getriebener Jägersleute. Sie töten somit fast nach Belieben - einmal von den geschützten Beutegreifern, die aber ohnehin so selten sind, daß von einer „Konkurrenz" zum Jäger nicht die Rede sein kann, abgesehen - alles, was theoretisch einmal einen Hasen oder ähnliches jagdlich interessante Friedwild erbeuten könnte und darüber hinaus das Pech hat, dem Jäger vor die Flinte zu geraten. Insbesondere beim Fuchs hat die Jägerschaft mit Hilfe von Falschmeldungen zum Tollwutproblem u. ä. ihre Interessen politisch durchsetzen können:

> „Mit vermeintlicher Tollwutbekämpfung kaschiert, gönnt das sonst so auf Waidgerechtigkeit bedachte deutsche Jagdgesetz unter allen jagdbaren Tierarten als einzigem dem Fuchs keine Schonzeit. Ein Fall puren Beuteneids. So mußten wir bei unseren Untersuchungen über Fuchspopulationen im Saarland feststellen, daß in den Monaten Mai und Juni die Mehrzahl aller erlegten Füchse säugende Fähen waren (...)"[5]

Eine Beobachtung, die Bände spricht! Längst ist es erwiesen, daß Fuchsbejagung die Tollwutausbreitung sogar forciert, und es ist unverständlich, weshalb es den Jägern noch immer gelingt, derartige Verordnungen aufrechtzuerhalten. Wahrscheinlich aber liegt der Grund hierfür darin, daß ein Großteil der derzeitigen CDU/CSU-Regierung, aber auch Mitglieder der SPD-Opposition selbst jagen und somit die Interessen der „normalen" Jäger teilen. Die ärmlichen Versuche, Hege mit der Büchse anhand ökologischer Argumente zu rechtfertigen, sind indes symptomatisch für die auf Abschußgedanken beruhende Naturerfahrung der Jäger. Das abgedroschene Argument, die gegenseitige Regulation von Räuber und Beute funktioniere in der heutigen Kulturlandschaft nicht mehr (eine Unterschätzung der Natur sondergleichen!), wird ebenso erwähnt wie die angebliche „Pflicht“, sogenanntes „Friedwild“ vor seinen ach so bösen „Feinden“ zu beschützen.[6] Hans Behnke, der dies in sprachlich wie inhaltlich fragwürdiger Weise formulierte, verglich in seinem Buch „Jagd und Fang des Raubwildes“ ebenfalls ein „schlecht“ und ein „gut“ gehegtes Revier, um seine Thesen zu belegen. Ergebnis: In einem schlecht gehegten Revier gibt es wenig Niederwild, aber auch wenig Raubwild, wohingegen ein gut gehegtes Revier an Niederwild ausgelastet ist, die Raubwildbestände trotz eifriger Bejagung aber ebenfalls höher als zuvor sind.

Das alles mag quantitativ stimmen – doch gerade hier liegt das Problem. Es gibt zwar mehr Tiere als zuvor, was dem Jäger zugute kommen mag, aber die sozialen Strukturen dieser individuenreichen Tierpopulationen befinden sich in einem vollkommen desolaten Zustand. Denn der hier vorhandene Jagddruck verändert gravierend die natürliche Lebensweise der Tiere (s. u.), greift in die Familien- oder Gruppenstruktur ein, hat einen laufenden Austausch der Individuen zur Folge (wg. höherer Sterbe-, aber auch Geburtenrate), steigert die Aggressivität,[7] macht die Tiere scheuer,[8] zieht (aus bekannten Gründen) eine Verstärkung der Tollwut nach sich, drängt die Tiere in artuntypische Verhaltensweisen (wie Nachtaktivität), löst – unter Betrachtung der Leidensfähigkeit tierlicher Individuen – Trauer und Schmerz aus und hat noch eine Reihe anderer belastender Umstände im Gefolge, so daß sich diese Liste noch über viele Zeilen weiterführen ließe. Außerdem ist das somit im „gut gehegten“ Revier entstandene Räuber-Beute-Verhältnis ein „Gleichgewicht“, welches nur gewaltsam durch den Menschen aufrechterhalten werden kann, während natürliche, an die Gegebenheiten des jeweiligen Gebietes angepaßte Zustände vollkommen anders aussähen. Und wo wir gerade dabei sind: Wo, sehr geehrter Herr Behnke, sind in Ihrer Betrachtung diejenigen Arten geblieben, die für Ihre Lustbefriedigung nicht von Relevanz sind!? Deren Verdrängung zugunsten jagdbarer Spezies im Falle des „gut gehegten“ Reviers findet nämlich in der Suada des betagten Wildmeisters keinerlei Erwähnung. Tja, warum nur …?

Als dritte Gruppe der Tiere, die der „Hege mit der Büchse“ alljährlich zum Opfer fallen, wären - last but not least - all jene Individuen zu benennen, die vom Jäger mit atemberaubender Arroganz und Ignoranz als überzählig bezeichnet werden, so beispielsweise zahllose männliche Tiere, die für die Vermehrung der Art nicht notwendig sind. De facto genügen für die Fortpflanzung wesentlich weniger Männchen, als natürlicherweise vorhanden sind, woraus der Jäger folgert, die scheinbar überflüssigen Individuen „der Natur entnehmen“ zu können. Ebenso wird mit offensichtlich schwächeren männlichen Tieren verfahren, die noch (!) kein eigenes Territorium erobern konnten - ignoriert wird jedoch, daß auch sie eine wichtige Rolle im ökologischen Gefüge oder in verhaltensbiologischen Beziehungen zu erfüllen haben und daß das Durcheinanderbringen der natürlichen Geschlechtsverhältnisse verschiedenster Wildarten sich in verheerender Weise auf das Sozialverhalten dieser Spezies auswirken kann.

Ebenso ist Bestandteil der Hege mit der Büchse, alte und kranke - „leidende”, wie es der Jäger mit trauerumflorter Stimme und gespieltem Mitleid in der Öffentlichkeit immer wieder ausdrückt - Tiere zu „erlösen“. Jedoch ist es durchaus nicht unwahrscheinlich, daß ein für den Jäger offensichtlich abschußreifes Tier wieder genesen kann, weil das Immunsystem gerade dieses Individuums aufgrund besonderer Voraussetzungen im Erbgut außergewöhnlich stark ist. Womit wir abermals bei genetischen Aspekten der Hege wären - denn ebendieses für die Qualität der Art möglicherweise wichtige Erbgut geht durch den Abschuß des Tieres verloren. Die Vernichtung wichtiger Eigenschaften der tierlichen Individuen wird somit durch einen weiteren Faktor begünstigt, und es stellt sich die Frage, wieweit die derzeit in unseren Wäldern lebenden Tiere intensiv gehegter Arten bereits jetzt von ihren Vorfahren, die vor vielleicht 100 Jahren dieselben Wälder bevölkerten, in puncto Verhalten und genetische Ausstattung verschieden sind.

4.5 Folgen der Hege für das ökologische Gleichgewicht

Die bisherigen Teilkapitel zum Themenbereich Hege haben gezeigt, daß unter oberflächlicher und fachlich nicht kompetenter

Betrachtung natur- und tierfreundliche Bestrebungen sich bei genauerer Kenntnis ökologischer Zusammenhänge rasch als frevelhafte Eingriffe in die Restnatur entlarven können. Nachhaltige negative Veränderungen natürlicher Gegebenheiten sind die zwangsläufige Folge, seien es nun genetische und verhaltensbiologische Änderungen der Individuen einer Art oder krasse Verschiebungen innerhalb eines ökologischen Gefüges, wie beispielsweise des Nahrungsnetzes. So kann die Verdrängung oder Reduzierung einer nichtjagdbaren Art zugunsten jagdbarer Nahrungskonkurrenten konkret ebenfalls verheerende Auswirkungen auf eine oder mehrere dritte Spezies haben. Ist die verdrängte/dezimierte Art nämlich eine sogenannte „Puffer-Art", d. h. eine Art, die den Feinddruck der Raubtiere auf sich lenkt und damit andere Spezies entlastet, verstärkt sich natürlich der Zugriff von Prädatoren auf die zuvor weniger häufig geschlagene dritte Art.[1] Angenommen, diese ist wiederum jagdbar, fällt es nicht schwer, auch die hieraus resultierenden Konsequenzen zu erahnen: Um wieder mehr Individuen dieser Spezies schießen zu können, sind die Jäger bestrebt, sogenanntes Raubwild noch stärker als zuvor zu bejagen, was aber selbstverständlich wieder nachhaltige Folgen für die Gesamtnatur mit sich bringt. So verstärken Hege- und Jagdfolgen sich gegenseitig, multiplizieren und potenzieren sich zu einer menschengemachten und nur schwer wieder aufzuhaltenden Maschinerie, deren Ingangsetzen durch den Jäger noch so manche unangenehme Überraschung bergen wird - vorausgesetzt, es gelingt uns nicht, ihr Einhalt zu gebieten.

Jäger mögen nun argumentieren, in der uns umgebenden Restnatur herrsche doch ein Gleichgewicht, und die Artenvielfalt sei ebenfalls reichhaltig, trotz - oder gar dank! - der Jagd. Ich erwähnte es bereits: Ein Gleichgewicht mag zwar herrschen, doch dieses ist keinesfalls ein natürliches und kann nur durch den Jäger mit rücksichtsloser Gewalt gegenüber der Restnatur unseres Landes aufrechterhalten werden. Ein wirkliches ökologisches, der Natur entsprechendes Gleichgewicht sähe vollkommen anders aus. Zweitens: Arten-, vor allem aber Individuenvielfalt besteht nur bei jagdbaren Arten, die durch aufwendige Hegemaßnahmen stark gegenüber nicht für die Jagd relevanten Tieren bevorteilt werden. Hierdurch können letztere bedrängt, in ihrer Existenz als Art lokal gefährdet oder sogar vollkommen durch die erstgenannten ersetzt werden. Und drittens: Sowohl jagdbare als auch nichtjagdbare Tiere werden in ihrem Verhalten durch die Jagd beeinflußt und teilweise in stark artuntypische Verhaltensweisen gedrängt. Für Naturfreunde, die Tiere beobachten wollen, bedeutet dies unter anderem auch aufgrund der extrem zunehmenden Scheu der Tiere gegenüber menschlichen Wesen, daß die Fluchtdistanzen stark ansteigen und sich die Beobachtungsmöglichkeiten weitestgehend verringern.

Indes ist die Verschleierung, die der jägerischen Argumentation, in unserer Natur sei doch alles in Ordnung, immanent ist, engagierten Naturschützern keineswegs verborgen geblieben. So schreiben Sojka und Hagen beispielsweise:

„Hege beläßt zwar der Natur und der Kulturlandschaft das Grün, welches intakte Natur vortäuscht. Tatsächlich aber verdeckt das scheinbar beruhigende Grün die vom Jäger vorgenommene Manipulation unseres gesamten Lebensraumes. Die Jäger brüsten sich mit den Millionenausgaben für die Hege. Solche Zahlen sind ein Maßstab für die einschneidenden Veränderungen, die das Waidwerk dauerhaft an der Natur vornehmen muß, um einer kleinen Minorität von Jägern in Mitteleuropa die Jagdausübung zu ermöglichen."[2]

In der Tat wirken unter Betrachtung dieser Fakten die gesetzlich festgeschriebenen Ziele des Hegeauftrags (deren Erfüllung natürlich niemand überprüfen kann und will) vollkommen lächerlich. Daß die Hege „die Erhaltung eines den landschaftlichen und landeskulturellen Verhältnissen angepaßten artenreichen und gesunden Wildbestandes sowie die Pflege und Sicherung seiner Lebensgrundlagen" zum Ziel hat, ist fraglich, und daß die Hege so durchgeführt wird, daß „Beeinträchtigungen einer ordnungsgemäßen land-, forst- und fischereiwirtschaftlichen Nutzung, insbesondere Wildschäden, möglichst vermieden werden", wird wohl kein naturkundlich gebildeter Mensch ernsthaft behaupten wollen, es sei denn, er ist Jäger.[3] So ist Prof. Dr. Wolfgang Erz nur einer unter vielen, die die wahren Hegeinteressen der Jägerschaft folgendermaßen – oder ähnlich – zusammenfassen:

„Hege und Hegeziele sind auf eine vom Jäger bestimmte Verbreitung und Bestandsdichte ausgerichtet, auf ein vom Jäger manipuliertes Geschlechterverhältnis ... Hege zielt auf die Ausprägung bestimmter Körpermerkmale ab, auf ein vom Jäger gewünschtes Zahlenverhältnis einzelner

Arten untereinander, auf eine künstliche Ordnung von Konkurrenten, Beutegreifern und Beutetieren."[4]

Die waidmännische Inkompetenz in puncto Ökologie offenbart sich auch in der Anmaßung der Jägerschaft, sie müßte das ökologische Gleichgewicht stützen, stärken oder sogar wiederherstellen, ein Anspruch, der immer wieder insbesondere dann erhoben wird, wenn es darum geht, die Bekämpfung - respektive Reduzierung - von Raubzeug und Raubwild zu rechtfertigen. De facto ist das sogenannte ökologische Gleichgewicht nämlich aufgrund der extremen Komplexität und Pluralität der Vernetzungen noch lange nicht so weit erforscht, daß man mit Bestimmtheit die ausschließlichen Folgen eines Eingriffes auch nur an einer scheinbar unproblematischen Stelle vorhersagen könnte. Wirklich kompetente Ökologen geben dies stets zu, und es ist zu verstehen, daß sie auf die Aussagen allenfalls angemaßtes fachliches Wissen besitzender Jäger bezüglich der Konsequenzen verschiedener Einflüsse auf besagtes ökologisches Gleichgewicht ausgesprochen allergisch reagieren. So schreiben Kroymann und Epple:

> „Die Verwendung des Begriffes (‚ökologisches Gleichgewicht', d. Verfasser) täuscht einen nicht vorhandenen Kenntnisstand über das Beziehungsgefüge in höchst komplexen Lebensgemeinschaften vor. Die Forderung nach regulierenden Eingriffen suggeriert darüber hinaus real nicht gegebene Möglichkeiten der angeblich problemlosen Schaffung eines solchen ‚ökologischen Gleichgewichts'."[5]

Es ist auffällig, wie polemisch Jäger auf derartige Richtigstellungen von seiten ausgesprochen fähiger Biologen reagieren. Von „Unverständnis für die Natur" ist da die Rede, ebenso wird erwähnt, wie „normal" der Tod in freier Wildbahn doch eigentlich sei.[6] Daß dank des unqualifizierten Handelns der Jäger in unserer Restnatur jedoch kaum noch etwas „normal", sprich: natürlich ist, sticht ebenso ins Auge wie die Tatsache, daß der Waidmann nun mangels Argumenten den Weg der Polemisierung jeglicher Diskussion zum Thema Jagd und Ökologie beschreitet. Indes haben auch die üblicherweise weniger stark innovativen Biologen die Zeichen der Zeit zumindest ansatzweise erkannt. „Langfristiges Ziel der Naturschutzpolitik wird es sein, die überholten, einseitig auf Jägerinteressen ausgerichteten Hegevorschriften zu beseitigen",[7] so Georg Sperber.

Viele namhafte Ökologen treten inzwischen sogar dafür ein, dieses Ziel nicht erst langfristig, sondern möglichst sofort zu erreichen - denn niemand kann absehen, wie weit die Folgen der Hege bei deren Weiterführung noch reichen werden.

5

Verhaltensänderungen durch Jagd und Hege

Es ist wohl überflüssig, zu erwähnen, daß ein derart sowohl quantitativ wie auch qualitativ gravierender Eingriff in die Natur - wie Jagd und Hege ihn zweifellos darstellen - nicht ohne Folgen für das Leben der betroffenen Tiere bleiben kann. Nur wenige Menschen registrieren dabei, wie signifikant sich viele natürliche Verhaltensweisen insbesondere der jagdbaren Tierarten verändert haben, wie der zunehmende Jagddruck zur Herausbildung artuntypischer Verhaltensweisen geführt hat und noch immer zu ihrer Ausprägung beiträgt. Doch wer immer sich mit der Lebensweise von Tieren in Gebieten beschäftigt, die über längere Zeit hinweg weiträumig jagdfrei waren, stellt mit Sicherheit fest, wie wenig das Verhalten dieser Populationen dem artgleicher Wesen in stark bejagten Gebieten ähnelt - auch und vor allem, was ihr Verhältnis zum Menschen angeht.

5.1 Jagd macht Tiere scheu!

Schenkt man den in Faltblättern und Presseerklärungen geäußerten Behauptungen der Jägerschaft Glauben, so sind einzig und allein Waldspaziergänger, die die Wege verlassen, Skilangläufer, die sich außerhalb der vorgezeichneten Loipen bewegen, Naturfotografen, Reiter und Jogger die Übeltäter, die für die große Scheu der Wildtiere in den Wäldern Deutschlands verantwortlich zu machen sind. In geradezu weinerlichem Ton beklagen die Waidmänner, daß durch das „unverantwortliche" Handeln dieser Gruppen „die Arbeit derjenigen Menschen" erschwert würde, „die es sich zur Aufgabe gemacht haben, für alle den Wald und das heimische Wild zu erhalten".[1] Der

Deutsche Jagdschutz-Verband fordert in seinem Flugblatt „Nehmt Rücksicht aufs Wild“ sogar von den nicht jagenden Naturfreunden, es zu unterlassen, freilebende Wildtiere zu filmen oder zu fotografieren, ebenso, wie er von Waldspaziergängern strikte Ruhe erwartet.[2] Und wer sich nicht an diese jägerischen Gebote hält, muß damit rechnen, vom grüngekleideten Revierpächter mit schnarrender Stimme zurechtgewiesen zu werden - just so, als gehörte der Wald mitsamt seinen Tieren einzig und allein den Jüngern Nimrods. Dem modernen Menschen erscheint es indes normal, wenn Wildtiere schon auf eine Distanz von mehreren hundert Metern vor ihm Reißaus nehmen. Diese Vorstellung von der Normalität der großen Scheu des Wildes hat so weit geführt, daß die Nichtbeachtung häufiger Störungen durch den Menschen als unnatürlich, als Abstumpfung und als typisch für „verkümmerte“ Parktiere angesehen wird. Weniger bekannt ist nämlich, daß beispielsweise dieselben Gemsen, die in einer Entfernung von wenigen Metern zu einem vollkommen überfüllten Picknickplatz ihren Nachwuchs säugen, auf einmal extrem scheu werden, wenn sie den benachbarten Gebirgskamm überqueren, um dort zu äsen,[3] oder daß derselbe Fuchs, der eben noch unbeeindruckt einen vielbegangenen Wanderweg entlangschnürte, in unmittelbarer Nähe zu zahlreichen Menschen eine Maus fing und aufaß, sofort im Dickicht verschwindet, wenn er abseits des Weges im Wald eine nicht einmal frische menschliche Spur wittert.[4] „Zwar lösen überraschend auftauchende fremde Objekte bei allen höheren Tieren Verhaltensweisen der Feindvermeidung (Tarnen, Erstarren, Flucht) aus“, so Karin Hutter, „doch liegt die Betonung auf dem Wort ‚fremd‘. Die ‚Störfälle‘ müssen so selten sein, daß die entsprechende Vermeidungsreaktion tatsächlich einen wahrscheinlichen Überlebensvorteil erbringt gegenüber dem Risiko, das aus dem Ignorieren erwächst.“[5]

So sind oben angeführte Tiere offensichtlich in der Lage, das „Feindbild Mensch“ je nach den Erfordernissen der jeweiligen Situation aus- und einzuschalten, und zeigen gebietsabhängig gegenüber einer großen Zahl von „Besuchern“ statt erhöhter Fluchtbereitschaft und größerer Scheu vielmehr eine „arglose Vertrautheit, oft sogar Neugierde“.[6] Des Rätsels verblüffende Lösung ist dabei in der Tat einfach: Überall, wo derartiges dem Menschen gegenüber sehr zutrauliches Verhalten bei Wildtieren zu beobachten ist, ruht die Jagd! De facto ist es nämlich die Jagd, die das Wild scheu werden läßt. Wie Darius Weber in seinem Artikel „Ohne Jäger nicht wild“ schreibt, gibt es sehr viele Beispiele dafür, „daß die meisten Arten, die von der Jagd [!] scheu gemacht wurden, wieder zunehmend zahmer werden, wenn sie nicht mehr beschossen werden“[7].

Beispielsweise waren Steinböcke früher dermaßen scheu, daß erfolgreiche Jäger durch ihren Abschuß alpenweite Berühmtheit erlangten, während heute, da die Jagd auf sie eingestellt ist, Wanderer im gleichen Gebiet „in Verlegenheit geraten, weil ein wiederkäuender (...) Steinbock den engen Bergpfad trotz eindringlichen Zuredens nicht verlassen mag“.[8] In Reservaten, in denen die Jagd über längere Zeit hinweg ruhte, können Menschen lärmen und toben, ohne daß sich die dort frei lebenden Tiere nennenswert irritiert fühlen.[9] Füchse, sonst als extrem scheue und mißtrauische Wildtiere bekannt, erobern die Städte für sich, leben dort inmitten von Menschen und lassen sich durch ihre Gegenwart in keiner Weise stören, ja, eine Füchsin zog ihre Welpen keine fünf Meter von der Bushaltestelle einer Universität auf und sonnte sich, nur durch eine Hecke vor direkter Einsicht geschützt, während die Jungen unbeeindruckt durch das lautstarke Treiben der Menschen spielten, als seien sie mitten im Wald.[10] Sogar auf Truppenübungsplätzen überraschen Wildtiere mit beeindruckender Zutraulichkeit; Fotos, auf denen Soldaten freilebende Wildschweine füttern, dienen der Bundeswehr als Werbung für ihre Leistungen im Umweltschutz, denn wo diese Tiere keine Jäger fürchten müssen, kann, wer sie füttert, auf ihre Gesellschaft rechnen.[11] Und das Murmeltier, über Jahrzehnte hinweg wegen des äußerst zweifelhaften Heilwertes seines Fettes intensiv verfolgt, blieb ebenfalls nur so lange unsichtbar, wie der Mensch ihm nachstellte. Heute ist es dagegen an vielen Berghütten ganz vertraut und läßt sich in allen Einzelheiten beobachten.[12]

All diese Feststellungen beruhen auf der Tatsache, daß die übergroße Scheu vor dem Menschen den Wildtieren keineswegs angeboren ist, sondern ihnen vielmehr durch die intensive Nachstellung, die das „neutrale Erscheinungsbild Mensch“ zum „Feindbild Mensch“[13] macht, aufoktroyiert wird. In Jagdgebieten müssen Wildtiere lernen, daß vom Menschen tödliche Gefahr ausgeht. Zwar gibt es offensichtlich Arten, deren Individuen verschiedene Situationen so differenziert einzuschätzen vermögen, daß sie lernen, an bestimmten Orten tatsächlich keine Angst vor Verfolgungen durch den Menschen haben zu müssen, doch ist dies nur bei sehr wenigen jagdbaren Arten und auch hier nur unter bestimmten Voraussetzungen der Fall. Alle anderen wissen zunächst nur, daß zu bestimmten Zeitpunkten von Menschen höchste Gefahr ausgeht.

„Tiere erfahren Schmerz und Leid, wenn sie vielleicht von nur ein paar Schrotkugeln nicht tödlich, aber doch schmerzhaft getroffen worden sind. Sie begreifen wohl, daß auf unerklärliche Weise Rudelgenossen und Brutpartner immer dann aus ihrer Mitte verschwinden, wenn die oft so arglos erscheinenden Menschen plötzlich und unerwartet mit unverständlichen Aktivitäten beginnen",[14]

schreibt der Jagdkritiker Walter Christiansen. Doch das Wahrnehmungsvermögen der Tiere reicht nicht aus, um todbringende von für sie harmlosen Menschen zu unterscheiden. Hieraus resultiert eine stark erhöhte Scheu vor allen menschlichen Wesen. Hinzu kommt außerdem der sogenannte „Störeffekt" der Jagd. Bereits wenige Schüsse an unterschiedlichen Stellen können beispielsweise im Wattenmeer eine fünfstellige Zahl von Wasservögeln von ihren Futter- und Rastplätzen vertreiben. Findet in einem Gebiet auch nur einmal im Jahr eine Treibjagd statt, so macht diese die Tiere für das ganze Jahr scheu, denn das markerschütternde Gemisch von Todesschreien, Klagelauten angeschossener Tiere und Warnlauten verschiedenster Arten hat auf ein jedes Individuum sehr nachhaltige Wirkungen - nämlich die erhöhte Angst und Scheu vor Menschen. Kein Zweifel: „Tiere fürchten im Menschen den Jäger."[15]

Ein sinnvolles Maß für die Scheu wildlebender Tiere sind die Fluchtdistanzen und Fluchtstrecken. So bestätigen die Erkenntnisse des Münchener Wildbiologen Georgii die ohnehin kaum noch in Frage gestellte These, daß lediglich die Jagd das Wild scheu macht. Er störte das von ihm beobachtete Wild - nämlich Rothirsche - gezielt, um herauszufinden, ob und wie weit es flieht, und stellte fest, daß die Fluchtstrecken im Frühjahr mit 114 Metern am kürzesten, im Herbst - zum Höhepunkt der Jagdzeit - mit 610 Metern am längsten waren.[16] Eine nicht minder deutliche Sprache spricht die folgende Tabelle, die Egli 1980 für das Ermartinger Becken vorstellte:

„11.2.1971 - Jagdtag, 56 Wasservogelbeobachtungen. 12.2.1971 - jagdfrei, 2456 Wasservogelbeobachtungen. 13.2.1971 - jagdfrei, 3300 Wasservogelbeobachtungen. 14.2.1971 - Jagdtag, 10 Wasservogelbeobachtungen. 23.12.1971 - Jagdtag, keine Wasservogelbeobachtungen. 25.12.1971 - jagdfrei, 442 Wasservogelbeobachtungen. 26.12.1971 - jagdfrei, 1465 Wasservogelbeobachtungen. 27.12.1971 - jagdfrei, 1545 Wasservogelbeobachtungen."[17]

Natürlich sind das Fluchtverhalten und die rasche Anpassung nicht bei allen Tierarten so kraß wie beim Wasserwild, dennoch sind ähnliche Beobachtungen aber bei allen Tierarten, denen vom Menschen nachgestellt wird, zu machen. Sage al Alal untersuchte 1983 mit einigen Mitarbeitern den Einfluß der Jagd auf die Möglichkeit, Weißwedelhirsche im Osten der Vereinigten Staaten zu beobachten. Die Beobachtungsrate sank entlang einer Teststrecke von 160 Kilometern nach Beginn der Jagd um 87 % von durchschnittlich 34,9 auf 4,4 Tiere, was von den Forschern nicht nur auf eine verringerte Dichte durch die Jagd, sondern auch auf den bevorzugten Abschuß besonders zutraulicher Tiere sowie den Lerneffekt bei den übrigen Tieren zurückgeführt wurde.[18] Auch Felix Labhardt kommt in seiner Fuchsmonographie „Der Rotfuchs" zu dem Ergebnis, daß die Bejagung mit hocheffizienten und weitreichenden Schußwaffen die Scheu vor dem Menschen gleichsam wie die Fluchtdistanz der Tiere deutlich vergrößert hat.[19] Die übergroße Scheu vor dem Menschen wird durch einen prägungsähnlichen Mechanismus von den Tiereltern an ihre Kinder weitergegeben, solange hierzu Notwendigkeit besteht. Wird die Jagd jedoch beendet, verliert sich die unnatürliche Furcht nach einigen Generationen wieder, und selbst wenn somit durch das Wegfallen der Hege jagdbare Tierarten in geringeren Kopfzahlen vorkämen als zuvor, so würden sich dem Naturfreund doch wesentlich mehr Möglichkeiten bieten, diese zu beobachten. Es ist der Traum vieler naturverbundener Nichtjäger, sich einem wildlebenden Tier bis auf wenige Meter Distanz nähern zu können. Doch statt dessen sehen unsere Wildtiere aufgrund des verurteilenswerten Treibens der Jäger sämtliche Menschen als Feinde an. „Wie sehr haben wir uns daher nicht gewünscht", schreibt der Wildbiologe Professor Erik Zimen 1992 in seinem Vorwort zu Günther Schumanns Buch „Mein Jahr mit den Füchsen", „Füchse auf ihren Wanderungen folgen, sie bei der Jagd und beim Umgang mit anderen Füchsen beobachten, bei ihren Jungen bleiben zu können, ohne daß sie uns trotz aller Gewöhnung letztendlich aber doch wie Feinde gemieden hätten, ein Wunsch, der uns unerfüllbar erschien. Zu unnahbar kamen uns die Füchse vor, zu reserviert in ihrer privaten Sphäre, zu vorsichtig sogar dem harmlosesten Menschen gegenüber."[20] Ganz anders zeigt der Fuchs sich jedoch in jagdfreien Gebieten. Der Wildbiologe Henry konnte bei seinen Beobachtungen im kanadischen Prince-Albert-Nationalpark, wo Füchse seit über 50 Jahren nicht mehr bejagt werden und daher die Menschenscheu weitgehend verloren haben, so manchem Fuchs stundenlang zu Fuß folgen, ohne daß dieser sich in irgendeiner Weise bedrängt fühlte![21]

Aber kann man den Tieren ihr menschenscheues Verhalten in Jagdgebieten übelnehmen, wo ihnen hier doch vom Menschen auf eine dermaßen erbarmungslose, brutale Weise so übel mitgespielt wird? Als Beispiel und „Kostprobe" mag die folgende beim Fuchs gemachte Beobachtung genügen:

> „Die Menschenfurcht beruht aber ebenso auch auf Lernprozessen. Da etwa zur Ranzzeit meist mehrere Füchse sich im selben Bau befinden, können gewisse Tiere Augenzeuge werden, wie ihre Artgenossen vom Menschen oder deren Hunden am Bau getötet werden. Auch bei der Bejagung der Jungfüchse, bei der selten das ganze Geheck getötet wird, erleben Füchse, wie ihre Geschwister umkommen. Gehecke, aus welchen Jungfüchse geschossen wurden, benehmen sich in aller Regel weit scheuer als in Ruhe gelassene. Die davongekommenen Tiere reagieren von da weg meist auch viel lichtscheuer, während sie vor dem Abschuß ihrer Geschwister selbst gegenüber sehr hellem Scheinwerferlicht und direkter Anstrahlung keinerlei Reaktion zeigen."[22]

Es bedarf indes allenfalls rudimentärer Menschenkenntnis, will man erklären, warum den Jägern so viel am möglichst unauffälligen Verhalten des Nichtjägers in freier Natur gelegen ist. In Jagdgebieten, in denen das Wild ohnehin ausgesprochen scheu ist, vertreibt auch der Nichtjäger Tiere und erschwert es dem Waidmann, zum Schuß zu kommen. Und warum man nicht fotografieren soll, liegt ebenfalls auf der Hand: Zu groß ist das Risiko, einmal eines jener Bestandteile des Waidwerks auf Zelluloid festzuhalten, welche in den Augen der Jägerschaft nicht für die kritisch denkende Öffentlichkeit geeignet sind.

5.2 Einflüsse auf das Sozialverhalten des Wildes

Die Auswirkungen von Jagd und Hege auf das soziale Zusammenleben der bejagten Tierarten sind für das individuelle Tier nicht minder schwerwiegend als die durch die Nachstellungen vergrößerte Scheu vor Menschen. Diese zwar weniger offensichtlichen, aber dennoch überall dort, wo gejagt wird, existenten Veränderungen ziehen ebenfalls Verhaltensänderungen und negative Konsequenzen für die soziale Situation des Einzelindividuums nach sich. So ist abermals die Fütterung von Schalenwild in „Notzeiten“ geradezu ein Paradebeispiel für Einflüsse der Hege auf das Verhalten der Tiere. In der Natur ändern sich von Monat zu Monat für alle Tiere Qualität und insbesondere Menge ihrer wesentlichen Nahrungsbestandteile, weswegen stets eine Änderung des Stoffwechselverhaltens vonnöten ist. Parallel dazu ändert sich auch der Nahrungsbedarf, und die Tiere lenken ihre Aktivitäten der Futtersuche in ständig wechselnde Gebiete und zu immer anderen Quellen, was dazu führt, daß die Tiere sich weit in ihrem gesamten Wohn- und Streifgebiet verteilen und daher naturgemäß nur wenig soziale Kontakte untereinander haben. All diese Anpassungsvorgänge werden durch die Fütterung über den Haufen geworfen, es kommt zu widernatürlichen Tierkonzentrationen an den Fütterungsstellen, was wiederum zu negativen Einflüssen auf das Sozialverhalten der Tiere führt. Streß und oftmals auch erhöhte Aggressivität sowie massive Störungen im Bereich des Sexualverhaltens sind die Folge.[1]

Ebenfalls an der Fortpflanzungsbiologie der gehegten Arten setzen die jägerischen Hegeabschüsse an. Ihr Ziel ist es, ein Geschlechterverhältnis zwischen männlichen und weiblichen Tieren einer Art herzustellen, das dem Waidmann nützlich erscheint, weil es die Vermehrungsrate stark in die Höhe treibt. Diese Eingriffe werden ohne Rücksicht auf die Tatsache unternommen, daß das Verhältnis von Männchen und Weibchen zueinander in der Natur durchaus nicht von Jahr zu Jahr gleichbleibt, sondern sich vielmehr nach bestimmten wechselnden biotischen und abiotischen Faktoren ihres Lebensraumes richtet.[2] Unzählige weitere, oftmals überaus nützliche ganz oder zumindest teilweise angeborene Verhaltensweisen – wie Flucht- und Meldeverhalten, Territorialverhalten und Bestandteile des Sozialverhaltens – werden durch die Vielzahl hegerischer Eingriffe in die Biologie der Tiere aus dem Verhaltensrepertoire einer Art herausmanipuliert. Unter normalen Umständen müßten sie sich auf dem Prüfstand der natürlichen Selektion als Vorteil oder Nachteil für das mit ihnen ausgestattete Individuum und damit für die Art erweisen - doch die Hegemaßnahmen verhindern diese Auslese vorsätzlich. Somit kann die Anpassungsfähigkeit einer Spezies im Daseinskampf maßgeblich beeinträchtigt werden, und es ist durchaus denkbar, daß die evolutive „Weiterentwicklung" der betroffenen Art blockiert wird.[3]

Noch stärker als Hege, die direkt ja nur recht wenige Arten betrifft, beeinflußt die Bejagung von Tieren deren Verhalten. Einmal ist hier die bereits erwähnte deutlich größere Scheu gegenüber dem Menschen zu nennen, die die Tiere zwangsläufig zur Ausbildung eigentlich artuntypischer Verhaltensweisen drängt - so wurden nämlich Rothirsch und Fuchs zu ausgesprochenen Nachttieren[4] -, und zum zweiten ist die Änderung zahlreicher sozialer Verhaltensweisen und -strukturen von Bedeutung. Beispielsweise fand der Ornithoökologe Professor Reichholf heraus, daß das Ausschießen von Krähenhorsten, das die Jäger „zum Schutze des Niederwildes und der Singvögel" verstärkt betrieben, zur weitgehenden Zerstörung des natürlichen Reviersystems dieser Vögel mit den daraus resultierenden Verhaltensänderungen führte. Allgemein resultiert aus intensiver Bejagung stets eine maßgebliche Umschichtung der sozialen Verhältnisse oder zumindest eine signifikante Änderung des individuellen Verhaltens von Tieren wie des der Jungenaufzucht. In Gebieten, in denen nicht gejagt wird, spielen z. B. Fuchseltern gerne und ausgedehnt auch tagsüber mit ihren Kindern. Das Verhalten, das sie in Jagdgebieten zeigen, steht in krassem Gegensatz hierzu; die Fuchsforscher um Felix Labhardt mußten bei ihren Untersuchungen und Beobachtungen nämlich feststellen:

> „Ihre (der Füchsin, Anm. d. Verf.) Beziehung zu den Welpen ist eher unterkühlt. Sie bleibt wachsam und achtet auf ihre Umgebung; Spielangebote von ihren Kindern werden recht barsch abgewiesen. In den rund zehn Jahren, seitdem ich Fuchsfamilien beobachtete, gelang es mir noch nie, das Spiel zwischen Jungen und ihren Eltern am Bau mitzuerleben. Offensichtlich hat der starke Jagddruck bei uns einen übervorsichtigen Fuchs herausgezüchtet, der die Jungen wohl füttert und putzt, von einem Spiel mit ihnen im Freien jedoch nichts wissen will. Die Ablenkung und die drohenden Gefahren sind zu groß. Selbst in stockdunkler

Nacht – das zeigen Beobachtungen mit einem Infrarot-Nachtsichtgerät – verlassen die Altfüchse ihre Jungen nach der Fütterung bald wieder, um sich in der Nähe des Baues auf Wachtposten zu begeben."[6]

Zu Ergebnissen, die die These von der Verhaltungsänderung der Füchse unter starkem Jagddruck eindeutig und nachhaltig untermauern, kommt auch Professor Zimen bei seinem Vergleich von Füchsen, die in deckungsreicher Umgebung (Waldrevier) und somit unter geringem Jagddruck leben, mit Füchsen, die deckungsarme Feldreviere bewohnen und folglich starkem Jagddruck ausgesetzt sind.

„Die Folge (des Jagddrucks in Feldrevieren, Anm. d. Verf.) ist hier eine ständige Umschichtung der sozialen Verhältnisse. Die Füchse haben kaum feste Reviere und keine festen Paarbindungen. Jede läufige Fähe findet ihren eher zufälligen Partner, der, einmal erfolgreich, gleich weiterzieht, um bei der nächsten sein Glück zu versuchen. Die Zahl der Welpen pro Wurf ist in diesen Revieren in der Regel auch größer als bei den Waldfüchsen, die Wanderung der Jungfüchse länger, die Aggressivität höher – wie auch die Sterberate natürlich."[7]

Horst Sterns Feststellungen decken sich hiermit vollkommen. Er beobachtete überall dort zahlreiche Grenzkonflikte, wo ein territorialer Fuchs der Jagd zum Opfer fiel, denn durch die höhere Geburtenrate waren gleichsam mehr Anwärter auf das Revier vorhanden.

„Wo früher die gepflegte Feindschaft gut geregelte nachbarschaftliche Verhältnisse geschaffen hatte – bei einem Minimum an Streß – findet jetzt ständiger Streit statt",

formulierte er das Resultat dieses Umstandes. Auch wenn die starken Verluste durch die Jagd quantitativ ohne weiteres aufgefangen werden können, führen die auf dem Fuchs lastenden intensiven Nachstellungen doch zu ständigen Störungen in der sozialen Organisation mit daraus resultierendem Dauerstreß für das einzelne Tier.[8] Das erwähnte Fehlen fester Paarbindungen hat oftmals noch das Wegfallen einer weiteren natürlichen Verhaltensweise zur Folge: Ohne den intensiven Jagddruck halten Fuchsrüden normalerweise nur zu einer Fähe intimen Kontakt. Somit ziehen die Fuchseltern den Nachwuchs gemeinsam groß – was nicht möglich ist, wenn der

Rüde sich mit mehreren Fähen verpaart hat oder einem Jäger zum Opfer gefallen ist.

Ähnliches gilt für fast alle territorial organisierten, sozial lebenden Tierarten, denen intensiv vom Menschen nachgestellt wird. Natürliche Verhaltensweisen der jagdbaren Spezies werden durch Jagd und Hege manipuliert, oftmals sogar vollkommen vernichtet, und es ist offensichtlich, daß die Jagd, wie sie derzeit betrieben wird, mit diesen - und vielen anderen - negativen Konsequenzen für die Natur untrennbar verbunden ist. „Jäger haben es sich zur Aufgabe gemacht, für uns alle den Wald und das heimische Wild zu erhalten", heißt es immer wieder in Presseerklärungen der Grünberockten.[9] Daß dahinter jedoch nicht mehr steckt als eine hohle Propagandasprachhülse, bleibt wohl in Anbetracht der genannten Fakten überflüssig zu erwähnen.

6

Jäger als Ersatzwölfe und Jagd als Wolfersatz!?

„Ohne Jagdausübung könnte in der heutigen Kulturlandschaft kein Gleichgewicht mehr unter den Wildarten erhalten werden (der Jäger muß gewissermaßen Bär, Wolf und Luchs ersetzen)“,

so heißt es wortwörtlich unter Punkt 4 im offiziellen Faltblatt „Wild, Jagd und Jäger in der Bundesrepublik Deutschland“ des Deutschen Jagdschutz-Verbandes. Vier weitere „Gründe, die den Nutzen der Jagd deutlich machen“,[1] allesamt auf einer ähnlich antiquierten, eingestaubten Naturvorstellung basierend, bringen den denkenden Nichtjäger ebenso zum Gähnen - allerdings weniger zum Schmunzeln, denn dieser Effekt bleibt oben angeführtem Punkt 4 vorbehalten.

Warum die Vorstellung vom „Ersatzwolf Jäger“ so lächerlich erscheint? Ganz einfach: Mir ist keine Tierart bekannt, die zwecks Vermehrung ihrer Beutetiere Parasiten oder Seuchen durch Medikamente unterdrückt, Salzmangel mit Hilfe von Lecksteinen ausgleicht, Verluste durch die „Flaschenhalsfunktion“ des Winters mittels Fütterungen umgeht, gezielte Selektion auf prächtige Trophäen oder hohes Wildbretgewicht betreibt, darüber hinaus die einheimische Fauna verfälscht, indem sie fremdländische Tierarten zur Vergrößerung des Jagdvergnügens einbürgert, und außerdem jegliche Form potentieller Beutekonkurrenten durch gezielte Nachstellungen mittels Fallen und Gewehren zu dezimieren versucht. Daß dieses Agieren nicht viel mit der ökologischen Bedeutung von Wölfen, Luchsen und Bären zu tun hat, ist so offensichtlich, daß es mit Sicherheit auch Lesern auffallen wird, die nichts oder nur wenig vom natürlichen Verhalten dieser Prädatoren wissen. Somit müßten eigentlich bereits diese wenigen, aber bezeichnenden Beispiele genügen, um zu zeigen, daß die Jagd in ihrer derzeitigen Form die natürliche Prädation in keiner Weise ersetzen kann. Dennoch: Die elementaren Unterschiede zwischen natürlichen Feinden und dem zweibeinigen Raubtier Jäger reichen noch weitaus tiefer, beschränken sich nicht nur auf die Hege und die Ausuferungen der Jagd, sondern sind schon mit den physischen Gegebenheiten von zweibeinigen und vierbeinigen Jägern unmittelbar verbunden.

Raubtiere, gleich, ob Wolf oder Fuchs, ob Marder oder Luchs, haben in erster Linie zweierlei Aufgaben in der Natur zu erfüllen: Zum einen stellen sie Regulationsfaktoren für ihre Beutetierpopulationen dar, und zum zweiten - wobei dies der ungleich wichtigere, aber auch diffizilere Bereich ist - haben sie selektierende Funktion inne. (Es sei darauf hingewiesen, daß bei zahlreichen Beutetierarten der erste Aspekt vollkommen wegfällt, weil jene Faktoren, die ihre Populationsdichte limitieren, viel mehr intraspezifischen, also innerartlichen, oder abiotischen, also unbelebten Ursprungs sind[2] - wie beispielsweise die beim Fuchs erklärte „soziale Dichtekontrolle"). Selektion bedeutet konkret, daß all jene Tiere einer Art zuerst und mit höherer Wahrscheinlichkeit geschlagen werden, die sich aufgrund genetischer Voraussetzungen oder anderer Umstände (Krankheit, Schwäche, Jugend) am wenigsten geschickt, also wenig „sinnvoll" verhalten. Die übriggebliebenen und somit wahrscheinlich zur Fortpflanzung kommenden Tiere sind infolgedessen allesamt Individuen, die sich aufgrund bestimmter Verhaltensweisen besonders auszeichnen und daher für den Fortbestand der Art wichtig sind. E. T. Hall beschreibt diesen Sachverhalt des Einflusses von Raubtieren auf die Struktur ihrer Beutepopulation als

> „die subtile Symbiose, in welcher das Raubtier seine Beute nicht regelt, sondern vielmehr einen konstanten umweltlichen Zwang ausübt, der die Art verbessert".[3]

So halten Füchse die Hasenpopulation widerstandsfähig, indem sie schwache und somit meist auch seuchenanfällige Tiere „herausselektieren". Doch bereits hier fängt das Desaster für potentielle menschliche „Ersatzselektionen" an: Um die Kondition eines Hasen zu testen, verfolgt ein Fuchs diesen über eine kurze Strecke; ist der Verfolgte in guter Verfassung, so gibt sein vierbeiniger Jäger die

Hatz sofort wieder auf, bemerkt der Verfolger jedoch, daß der Gejagte geschwächt oder (möglicherweise an einer Seuche) erkrankt ist, so wird diesem nachgestellt, bis der Fuchs ihn erwischt.[4] Natürlich ist ein derartiges Verhalten dem menschlichen Jäger unmöglich, auch seine Sinnesorgane reichen bei weitem nicht aus, um das Kränkeln eines Hasen zu erkennen. Dennoch sind die Waidmänner nun bestrebt, den Hasen bereits früh im Herbst zu bejagen, um die Ausbreitung von Wildseuchen einzudämmen.[5] Um dies zu erreichen, müssen jedoch ebenfalls viele gesunde (oftmals mehr als kranke!) Hasen vor menschlichen Flinten fallen, denn der Jäger kann gesunde Individuen praktisch nie (außer in besonders drastischen Fällen) von kranken unterscheiden. Das Ergebnis: Entsprechende Auswirkungen auf den ohnehin sinkenden Bestand an Feldhasen, wofür man wiederum einen schuldigen sucht - und findet: „Der Fuchs muß kurzgehalten werden!" lautet wieder einmal die Parole der Jägerschaft. Dabei wäre eine tatsächliche, natürliche Selektion gerade durch die Füchse möglich - was die Jäger aufgrund ihres Omnipotenzwahns aber selbstverständlich niemals respektieren und anerkennen würden.

Dementsprechend kann der Jäger auch die bei uns ausgerotteten (und nicht etwa ausgestorbenen, wie der Schweizer Ziswiler schon vor langer Zeit feststellte![6]) Großraubtiere nicht ersetzen. Ulrich Wotschikowsky äußert seine Zweifel an der Qualifikation der Jäger als angemaßte Ersatzwölfe etwa folgendermaßen:

> „Raubwild wählt seine Beute grundsätzlich nach opportunistischen Gesichtspunkten und hat dazu sehr komplexe Methoden entwickelt: der hetzende Wolf prüft die Physis, aber auch die Stabilität der Bindung zwischen Muttertier und Jungtier; dem Luchs fallen vorwiegend unaufmerksame, sinnesschwache, unerfahrene Tiere zum Opfer. Beide haben besonders großen Erfolg dort, wo hoher Schnee die Beutetiere über Gebühr behindert. Diese Hinweise mögen genügen, um verständlich zu machen, daß Jagd diese selektive Rolle nur höchst unvollständig zu spielen vermag. Raubtiere können nicht simuliert werden."[7]

Nein, Raubtiere können nicht simuliert werden, und Christian Schütze fragt sich zu Recht, ob der Jäger,

> „der ja oft schon Schwierigkeiten hat, die Tierart richtig anzusprechen, über die Erbanlagen seiner Beute so gut Bescheid (weiß), daß er nicht

gerade die Lebenstüchtigsten in bezug auf Nahrungsverwertung, Feindvermeidung, Witterung usw. herausselektiert".[8]

Unter natürlichen Umständen würden außerdem von natürlichen Feinden gerade ungeschickte Jungtiere, säugende Mütter oder führende Vogeleltern im Zuge der Selektion erbeutet werden,[9] wogegen Jäger sich (wohl aus Gründen ihres Ansehens in der Öffentlichkeit) stets wehren, geht es nicht gerade um den jägerischen Erzfeind Fuchs. Sie seien doch keine Kindermörder, heißt es dann oft in sonst besonders tierverachtenden Kreisen, und prompt folgt auch der stolze Hinweis auf die Schonzeiten (wieder mit Ausnahme des Konkurrenten Fuchs).

Dabei sind gerade diese tierfreundlich erscheinenden Zeiten jagdlicher Ruhe besonders unnatürlich und laufen dem Ziel der Selektion vollkommen zuwider. Unter natürlichen Umständen überleben genau diejenigen Individuen, die sich angeborenermaßen als Neugeborene besonders gut verstecken können, als Halbwüchsige sich der Verfolgung durch geschickte Flucht entziehen und sich als Gebärende oder Nistende für diesen Teil des Fortpflanzungsverhaltens geeignete Plätze aussuchen, an denen sie vor dem Zugriff von Beutegreifern sicher sind. Schonzeiten setzen diese Selektion rigoros außer Kraft und ermöglichen es somit auch schwächlichen Jungtieren, deren Erbgut der „Artqualität" eher abträglich ist, zur Fortpflanzung zu kommen und ihre unvorteilhaften genetischen Voraussetzungen weiterzuvererben. Auch dies trägt zur bereits mehrmals angesprochenen genetischen Degeneration der jagdbaren Arten Reh- und Rotwild bei.[10]

Ebenso verhält es sich mit künstlichen Fütterungen. Nahrungsmangel zu bestimmten Jahreszeiten führt zwangsläufig zu einer Schwächung der betroffenen Tiere, weswegen sie nun eher als sonst Gefahr laufen, einem natürlichen Feind zum Opfer zu fallen. Tiere, die sich in derartigen Notsituationen besonders sinnvoll verhalten, verlieren den Vorteil, den sie unter natürlichen Gegebenheiten hätten, jedoch durch die Fütterung. Auch weniger gut angepaßte Individuen besitzen nun eine vollkommene „Chancengleichheit" – wobei es keinen Jäger interessiert, ob all dies wirklich jenen Umständen entspricht, die in unberührter Natur herrschen.[11]

Es ist offensichtlich: Die selektive Funktion von natürlichen Beutegreifern vermag Jagd nicht zu übernehmen. Aber auch die quantitativ regulierende, sprich: bestandslimitierende Funktion, die viele ökologisch ungebildete oder grundsätzlich jagdfreundlich eingestellte Menschen pauschal für nötig halten, gestaltet sich komplizierter, als die Flinten-und-Fallen-Ökologen um den amerikagestählten, inzwischen aber argumentativ etwas eingestaubten Raubwildhasser Heribert Kalchreuter glauben. Läßt man einmal die Tatsache, daß jägerische Dichteregulationen bei fast allen derzeit jagdbaren Tierarten ohnehin vollkommener Blödsinn sind, außer acht, so steht man nämlich immer noch vor jenem Problemkomplex, den Professor Reichholf folgendermaßen erläutert:

> „Will nämlich der Mensch die Wirkung eines natürlichen Feindes nachahmen, so steht er vor dem Problem der Festlegung einer kritischen Schwelle (für die Beutepopulation, Anm. d. Verf.). Für den natürlichen Feind stellt sich diese Frage in aller Regel nicht. Er muß nehmen, was kommt, und nutzen, wie es möglich ist. Je mehr nun seine Beute abnimmt, um so aufwendiger wird es für den Feind, sie aufzuspüren. Ein Fuchs, der sich auf Rebhühner spezialisiert, müßte glatt verhungern, wenn diese so selten geworden sind, daß er sie nicht mehr täglich fangen kann. Wenn er sich aber auf Feldmäuse umstellt, entgeht er dem Problem, daß die Rebhühner so selten geworden sind. Diese sogenannte Schwellenreaktion schützt das Seltene und verlagert den Feinddruck automatisch auf die jeweils häufigste Beute.“[12]

Wäre es da nicht ohnehin besser, die Selektion und Regulation in der Natur wieder vollkommen denjenigen zu überlassen, die sich hier als kompetent erwiesen haben – nämlich den natürlichen Beutegreifern –, und durch Beenden der Jagd auf eine möglichst große Zahl von Tieren, besonders auf jene, die vor der Ausrottung von Großraubtieren auch nicht maßgeblich durch diese reguliert und selektiert wurden (wie Marder, Füchse und zahlreiche Vogelarten) oder in letzter Zeit durch jägerische Fehlselektion und Fehlregulation an den Rand des Untergangs gebracht wurden, der Natur wieder ein möglichst großes Maß an selektiver und regulativer Ursprünglichkeit zurückzugeben?

7

„Fried-“ und „Raubwild“ - von der prozeßlosen Verurteilung Unschuldiger

Allein die jägerische Wortwahl gemeinsam mit der ihr immanenten unterschiedlichen moralischen Bewertung der wildlebenden Tiere läßt auf ökologisch vollkommen unsinnige negative Emotionen so manchen Wildarten gegenüber schließen. Die grobe Einteilung in „Friedwild“ - wozu all jene Tiere gehören, die sich nicht vom Fleisch anderer Tiere ernähren - und „Raubwild“, was all jene jagdbaren Tiere umschließt, die nicht in die erstgenannte Kategorie fallen (wie müßte man dann den fleischessenden Menschen benennen?!), läßt sich jedoch noch weiter aufspalten. Zum Beispiel zählen Hochwildarten wie Rehe oder Hirsche ebenso zum Friedwild wie das sogenannte Niederwild, und neben dem Raubwild gibt es noch das ach so böse Raubzeug - einschließlich Katzen und Hunden -, das, wie der Wildmeister Hans Behnke betont, „bekämpft“, „vernichtet“ werden muß und „nicht im Revier geduldet werden darf“.[1] Verständlich - natürlich nur aus der Sicht der Jägerschaft! -, geht es doch gerade heute, in einer Zeit, in der die Niederwildbestände aufgrund der Zerstörung ihres Lebensraumes mehr und mehr sinken, besonders um die Wurst, sprich: auch um den letzten Hasen. Die Jäger können und wollen ihre sinkenden „Strecken“ nicht akzeptieren, sei es bei Rebhuhn, Hase, Fasan oder Birkhuhn, und blasen daher verstärkt zur Jagd auf den vermeintlichen Übeltäter Raubwild. Insbesondere sind davon der Fuchs und die Marderartigen sowie - vor dem Jagdverbot und womöglich auch wieder nach dessen nahendem Ende - Krähenvögel betroffen, doch ist es offensichtlich, mit was für einem leidenschaftlichen Haß Jäger auch gegen so seltene Beutegreifer wie den Habicht vorgehen. Jedes gerissene „Stück“ Friedwild ist nach Meinung der Grünberockten eines zuviel - denn es geht unweigerlich dem Waidmann selbst durch die Lappen. Entlarvende

Belege für diesen Beuteneid sowie den sich hieraus entwickelnden Haß der zweibeinigen gegenüber den vierbeinigen Jägern finden sich dabei in praktisch jeder jagdlichen Publikation – so erschien in der Zeitschrift „Rheinisch-Westfälischer Jäger" 1991 beispielsweise ein Artikel unter der vielsagenden Überschrift „Fuchsjagd tut not". Im folgenden wurde dann auch dargelegt, warum:

> „Um den Fuchs auf die niedrige Besatzdichte zu bringen, *die erforderlich ist, um eine optimale Hasen- oder Fasanenstrecke zu erzielen* (vom Verfasser in kursiver Schrift gesetzt), müssen mehr oder weniger alle vorgenannten Möglichkeiten praktiziert werden."[2]

Indes liegt es nahe, daß die Begründung, mehr schießen zu wollen, der Bevölkerung unmöglich als vernünftiger Grund zum eifrigen Massenmord an Füchsen und ähnlichem Gesindel genügt. Aber auch hier fanden die Jünger Dianas, Nimrods und Hubertus' einen Ausweg: Die alte Leier von der ökologischen Notwendigkeit der Jagd, leicht modifiziert und neu aufbereitet, darüber hinaus speziell auf die vierläufigen oder geflügelten Erzfeinde munteren jägerischen Treibens zugeschnitten, wurde auf breiter Front publizistisch der Öffentlichkeit untergejubelt. Zum Beispiel meinte der bereits mehrmals erwähnte Heribert Kalchreuter, seines Zeichens passionierter Raubwildhasser, auf einmal, der Räubereinfluß überrage alle anderen Regulationsfaktoren, obwohl er kurz zuvor noch auf der Grundlage eines eingependelten Räuber-Beute-Verhältnisses argumentiert hatte.[3] Und der recht betagte Waidmann Behnke zeigte sich in seinem Buch „Jagd und Fang des Raubwildes" – eine zum Teil widerlich kreaturverachtende Schrift – davon überzeugt, das Friedwild stürbe aus, wenn der Jäger dem ach so bösen und rücksichtslosen Raubwild nicht mittels Jagd und Hege Einhalt gebieten würde.[4]

Dem gegenüber stehen Legionen fachlich qualifizierter Ökologen und Biologen, die anhand ihrer Untersuchungen konstatierten, daß unter halbwegs normalen Umständen eine Tierart eine andere nicht ausrotten kann. Eine Grundtatsache, die, so Tier- und Landschaftsökologe Prof. Dr. Wolfgang Erz, „zum kleinen Einmaleins der Ökologie"[5] gehört – und dennoch von Jägern scheinbar nicht begriffen wird oder nicht begriffen werden will. Ökologische Phänomene wie die bereits zweimal angeführte Schwellenreaktion oder die Verschärfung der innerartlichen Konkurrenz – laut Reichholf die schärfste

Form der Konkurrenz - beim Rückgang von Beutetieren scheinen für sie nicht zu existieren. Auch für die wahren Effekte der Prädation sind Jägerohren taub, liegt es doch schlichtweg nicht im Interesse der Waidmänner, die Artenvielfalt oder die genetische Konstitution der Arten letztendlich auf Kosten ihres Jagdvergnügens zu verbessern.

„Wenn die natürlichen Feinde einen ausreichend großen Anteil des Bestandes regelmäßig genug abschöpfen, hält das die betroffene Art produktiv und fördert ihre Kondition“[6], so Prof. Dr. Reichholf. Und weiter: „Sie (die natürlichen Feinde, Anm. d. Verf.) fördern die Artenvielfalt! Sie tun das, weil sie die Bestände unter der Kapazitätsgrenze (der für den Lebensraum maximal verkraftbaren Bestandsdichte, Anm. d. Verf.) halten und dadurch sowohl starke innerartliche als auch massive zwischenartliche Konkurrenz verhindern. Entfernt man die Feinde, nimmt das Artenspektrum nicht zu, sondern in vielen Fällen ab ...“[7]

Die letztgenannte Feststellung ist hierbei in geringerem Maße natürlich auch bei der nachhaltigen Dezimierung der Prädatoren zu beobachten. Trotz der ablehnenden Haltung praktisch aller Ökologen konnte die einflußreiche Jägerlobby einmal mehr ihre Interessen durchsetzen. Während Füchse ebenso wie die gebietsfremden Arten Marderhund und Waschbär das ganze Jahr über gejagt werden dürfen, bestehen für Iltisse und Wiesel Jagdzeiten vom 1. August bis zum 28. Februar, Stein- und Baummarder werden zwischen dem 16. Oktober und 28. Februar ferngeschlachtet, und die Hinrichtungszeiten für Dachse liegen zwischen dem 1. August und dem 31. Oktober.[8] Zeit genug also für die Waidmänner, die ökologischen Gegebenheiten nach ihren Vorstellungen zu manipulieren - und welche Folgen das durchaus haben kann, wird mittels eines Blickes auf die rote Liste sofort deutlich. Zu den Arten, die maßgeblich durch Bejagung auf dieselbe befördert oder zumindest lokal ausgerottet wurden, zählen nämlich nicht nur Bär, Wolf und Luchs, sondern des weiteren auch Schlangenadler, Kaiseradler, Fischadler, Seeadler (als Brutvogel), Kornweihe, Roter Milan sowie Bart- und Gänsegeier.[9] Wolfgang Scherzinger schreibt zu ebendiesem Raubtierhaß der Jägerschaft in der Zeitschrift „Nationalpark“:

„Seit Wolf, Bär und Luchs als Raubtiere und Adler, Uhu oder Kolkrabe als fleischfressende Vögel ausgerottet sind, verlagert sich die Antipathie merklich, nämlich auf die nächstkleineren, übriggebliebenen Vertreter wie Fuchs, Habicht oder Krähe. Sie wurden zum ‚Ersatzfeind', vor dem man die Friedtiere schützen muß."[10]

Es ist sicher, daß die allermeisten Jäger nicht wirklich von der Besorgnis um das sogenannte Friedwild dazu animiert werden, das Raubwild kurzzuhalten. Füchse, Marder und all die anderen Prädatoren können ihre Beute unter den Umständen, wie sie heute bei uns herrschen, unmöglich ausrotten, und die Wissenschaftler sind sich einig, daß der Bedrohung einer Art einzig und allein durch die Rücknahme der Gefährdungsursache selbst - in den meisten Fällen und so auch hier die Einengung und Zerstörung ihres Lebensraums - ein Ende gesetzt werden kann.[11]

Sicher, niemand will bestreiten, daß Füchse, Marder, Habichte und Krähen durchaus Hasen oder Rebhühner erbeuten, doch das schadet, wie bereits gesagt, dem Bestand keinesfalls - im Gegenteil! Es mindert allenfalls den jagdlichen Erfolg der Waidmänner, denn jedes Tier, das von einem Beutegreifer erbeutet wird, steht der Jagd nicht mehr zur Verfügung, und wenn man über die Einflüsse der natürlichen Feinde hinaus noch dezimierend in den Bestand einer Art eingreift, kann es passieren, daß man mehr Individuen „abschöpft", als die Art verkraften kann. Um dies zu verhindern und um eine größere Anzahl von Tieren schießen zu können, wird das Raubwild eifrig gejagt - und zwar sämtliches, wie Dr. Heinrich Spittler, Experte des DJV-Niederwildausschusses, verkündet, auch „Habicht und Mäusebussard".[12] Wo dies praktiziert wird, schwärmt Kalchreuter, sind vielfach höhere Niederwildstrecken möglich[13] - auf Kosten des natürlichen Gleichgewichts. Die Jäger sehen diesen Sachverhalt jedoch nicht so eng - sie folgen lieber der simplen Pseudologik, daß jedes gerissene oder geschlagene „Stück" Niederwild eines zuviel ist. Die wissenschaftlichen Gegenbeweise, die allesamt die Fähigkeit von Räuber- und Beutepopulationen zur geregelten Koexistenz auch in extrem künstlichen Lebensräumen belegen, scheinen ihnen offensichtlich zu akademisch zu sein, und selbst die konkrete Feststellung von Döring und Helferich, daß Prädatoren die Rebhuhndichte nicht entscheidend beeinflussen und „ausschließlich in Konkurrenz zu dem Anteil der möglichen jagdlichen Nutzung" relevant werden können,[14] wird vom Gros der Waidmänner ignoriert. So oder so - de facto lassen die „natürlichen" Jäger den menschlichen zu wenig Beute übrig und müssen deswegen dezimiert werden. Und wer das nicht versteht, der muß sich vorwerfen lassen, von der Prädation und der Natürlichkeit des Todes in der Natur keine Ahnung zu haben, wie dies Prof. Dr. Dr. h. c. mult. Paul Müller in Ermangelung geeigneter für seine Thesen sprechender Fakten in der Zeitschrift „Wild und Hund" exerzierte.[15]

Hans Behnke schien diese Form der Polemik indes wohl unangebracht, und so bediente er sich in seiner Beweisnot schlicht und ergreifend einer Tabelle, die die vorhandenen Friedwildarten mitsamt der Zahl ihrer Jungen den entsprechenden „Daten" von Raubzeug und Raubwild gegenüberstellte. Nur - eine kleine Frage, Herr Behnke: Was um Himmels willen soll das beweisen? Es ist nämlich schlichtweg unwissenschaftlich und unseriös, derartige Betrachtungen nur auf jagdlich interessante Spezies zu beschränken und darüber hinaus auch noch das quantitative Vorhandensein der Arten vollkommen außer acht zu lassen.[16]

Es führt kein Weg um die wissenschaftliche Erkenntnis, daß Prädatoren der Existenz ihrer Beutetierpopulationen in keiner Weise schaden können, und die Bejagung sogenannter Raubtiere wird lediglich praktiziert, um - neben der jagdlichen Freude, die der Waidmann bei ihrer Erlegung verspürt - eine größere Anzahl von jagdbarem Niederwild im Revier zu haben. Es ist wohl überflüssig, zu erwähnen, daß diese Einstellung mitsamt dem aus ihr resultierenden Handeln dem ökologischen Gleichgewicht, das die Jäger angeblich stützen wollen, gravierenden Schaden zufügt und zwangsläufig zur Schaffung eines lediglich dem Jäger dienenden, nur mit Hilfe weiterer gewaltsamer Eingriffe in die Natur aufrechtzuerhaltenden Pseudogleichgewichtes führt. Doch auch viele Nichtjäger sollten ihre Einstellung den sogenannten Raubtieren und der Prädation schlechthin gegenüber überdenken. Denn oft waren (und sind!) es auch Emotionen und Unwissen von seiten der ökologisch nicht vorgebildeten Bevölkerung, die dazu führ(t)en, daß

> „fast immer den Räubern die Schuld zugeschrieben wird, wenn eine Tiergattung in der freien Natur bedroht ist",[17]

wie inzwischen bewiesen ist, fast immer zu Unrecht.

7.1 Die Sache mit dem Feldhasen

Die den Feldhasen umgebende Problematik in bezug auf die Populationsentwicklung dieser Tiere wurde bereits in Ansätzen im Kapitel über den Fuchs besprochen. Dennoch möchte ich in den folgenden Zeilen noch näher auf dieses Thema eingehen, nicht zuletzt, weil es, obschon heftig diskutiert, insbesondere von Jägern nur selten mit ökologischem Sachverstand als vielmehr mit emotionaler Effekthascherei besprochen wurde und darüber hinaus in weiten Kreisen der Bevölkerung noch immer die Meinung vorherrscht, am Rückgang des Feldhasen trügen seine natürlichen Feinde Mitschuld.

Zur Zeit der alten Germanen bevölkerte nur eine sehr geringe Zahl von Feldhasen die Wälder Mitteleuropas.[1] Lange Zeit änderte sich hieran nichts, da auch die ökologischen Gegebenheiten sowie der Einfluß verschiedener biotischer und abiotischer Faktoren auf die Populationen dieser Tiere konstant blieben. Erst als die Rodung der Wälder und die Kultivierung landwirtschaftlicher Flächen ihren Lauf zu nehmen begannen, wurde der Hase zum Kulturfolger des Menschen. Die Zahl der Hasen stieg infolgedessen steil an; in den 60er und 70er Jahren zählte man „Streckenergebnisse" von deutlich über 1 Million Tiere allein auf dem Gebiet der Bundesrepublik, womit mehr als doppelt so viele erlegt werden konnten wie 40 Jahre zuvor.[2] Doch die Freude über den hohen Hasenbestand währte nur ausgesprochen kurz - war 1975 noch die übliche Zahl von 1,3 Millionen Tieren in Deutschland erlegt worden, so lagen 1977 nicht einmal mehr 700.000 Mümmelmänner auf der Strecke, und 1978 „bekam ein Jäger, der in seinem Revier sonst an die 200 Hasen schoß, keine zehn mehr zu Gesicht".[3] Diese alarmierenden Neuigkeiten lösten unter Biologen wie Jägern ein intensives Rätselraten über die wahrscheinlichen Ursachen hierfür aus. Zwar war 1984 die „Jahresstrecke" wieder auf 803.985 Feldhasen angewachsen,[4] doch konnte dies niemanden, der ökologisch gebildet war, so recht freuen, denn jedes Jahr konnte sich die Katastrophe des Bestandszusammenbruchs bei Feldhasen schließlich wiederholen - und dann womöglich gar verschärfen. Heute führen Biologen und Ökologen die Erholung der Populationen nämlich auf die günstigen Witterungsbedingungen zurück, die der Feldhasenmutter das Aufziehen von bis zu fünf Würfen pro Jahr ermöglichten.

Folglich fand die Suche nach den Ursachen Fortsetzung, denn es fiel vielen schwer, zu verstehen, daß ein zuvor so erfolgreiches Tier wie der Hase plötzlich in seinen Beständen implosionsartig zusammenschrumpfte. Auch die (theoretisch) enorme Fruchtbarkeit des Hasen, die unter idealen Witterungsbedingungen pro geschlechtsreifer Häsin jährlich das Aufwachsen von bis zu 30 Jungtieren ermöglicht (5 Würfe à 6 Tiere),[5] schien ebensowenig ein Garant für die Aufrechterhaltung der bestehenden Populationsdichten zu sein wie die trickreiche Feindvermeidung des Hasen. Und somit - es hätte gar nicht anders kommen können! - traten Jäger und unabhängige Biologen mit zwei völlig unterschiedlichen Thesen an die Öffentlichkeit.

Es fällt nicht schwer, zu erraten, wem die Jäger nach wie vor zumindest einen maßgeblichen Teil der Schuld in die Schuhe schieben - nämlich dem Raubwild, den natürlichen Feinden des Hasen. Einzelne Sensationsmeldungen, denen zufolge ein Fuchs angeblich „26 Junghasen gehortet" haben soll,[6] dienen den Jägern zur emotionsgeladenen, aber völlig unökologischen Stimmungsmache gegen das verhaßte Raubwild, und viele Nichtjäger, die derartigen Pauschalierungen unkritisch gegenüberstehen, schenken ihnen Glauben. Die Zeitschrift „Wild und Hund" verbreitete in der Ausgabe 12/1992 gar, der Fuchs sei als der „bedeutendste Mortalitätsfaktor" für zahlreiche Niederwildarten anzusehen,[7] was wohl zu den offenkundigsten und eindeutigsten Belegen ökologischer Inkompetenz zählt, die schriftstellernde Jäger in diesem Jahr zu Papier gebracht haben. Nach Erkenntnissen der modernen Wildbiologie, die beim Fuchs meist die Freilandforschung mit Hilfe von Halsbändern, in die kleine Sender integriert sind, zum Inhalt hat, ist eine derartige These nämlich in keiner Hinsicht haltbar (s. u.), und auch die Untersuchung von Fuchslosungen ergab, daß der Anteil von geschlagenem Niederwild nur einen unbedeutend kleinen Anteil der Nahrung eines Fuchses ausmacht.[8]

Indes meint auch Manfred Pegel vom Deutschen Jagdschutz-Verband, daß das Raubwild bei hoher Dichte durch die Erbeutung von Junghasen die „Zuwachsrate beträchtlich absenken kann".[9] Doch daß dies nur in ohnehin ungünstigen, sprich: extrem deckungsarmen Revieren so ist und daß darüber hinaus auch unter diesen äußeren Umständen das Raubwild die Hasen niemals so extrem dezimieren könnte, daß dies zu deren Ausrottung führen würde, vergißt er geflissentlich zu erwähnen. Ökologisch unsinnig mutet in diesem Zusammenhang auch an, daß ein DJZ-Mitarbeiter einem 350 Hektar großen, fast deckungslosen Revierteil in unmittelbarer Nähe eines Industriegebiets zu hohen Niederwildbeständen verhelfen wollte - indem er „bis zu 80 Katzen, etwa 10 Füchse und etliche Iltisse und Marder" jährlich zur Strecke brachte.[10] Zwar waren die Hasen- und Rebhuhnbestände danach tatsächlich zumindest vorübergehend höher, doch läuft dies den natürlichen Gegebenheiten des besagten Reviers vollkommen zuwider. Hätte man die Bejagung unterlassen, so wäre hingegen ein den biotischen und abiotischen Gegebenheiten des Lebensraumes entsprechendes Gleichgewicht entstanden - und ausgerottet hätten die Prädatoren ihre Beute dann genausowenig, wie sie selbst überhandgenommen hätten. Am Rande: Die hohe Zahl der erschossenen „Raub"tiere ist darauf zurückzuführen, daß beim Abschuß des ansässigen vierbeinigen Revierinhabers sehr bald reviersuchende Nachfolger dessen Position einnehmen.

Heribert Kalchreuter, vielfach ins Schußfeld geratener (pseudo)-wissenschaftlicher Protagonist der deutschen Jägerlobby, verweist indes lieber auf einen Vergleich, anstatt sich derart unwissenschaftliche Methoden wie oben angeführter DJZ-Mitarbeiter zunutze zu machen. Wie allgemein bekannt ist, gibt es auf der Nordseeinsel Föhr aus biogeographischen Gründen - wie dem Fehlen großer Wälder oder der Inselsituation - weder Füchse noch Dachse, Iltisse oder auch Ratten, und ebenso fehlen Brutpopulationen von Habicht und Mäusebussard. „Die Raubtierfauna ist", wie Kalchreuter betont, „beschränkt auf Igel, Hermelin und verwilderte Hauskatzen (denen entsprechend nachgestellt wird)".[11] Infolgedessen findet man hier einen exorbitanten Niederwildreichtum vor, obschon die landschaftlichen Voraussetzungen, so Meister Kalchreuter, auch nicht anders sind als auf dem Festland: „...weite Rüben-, Getreide- und Maisfelder, alles großflächig. Die Landwirtschaft wird hier so intensiv betrieben wie auf dem Festland."[12] Daß es im Innern Deutschlands bei weitem nicht überall so aussieht, wie Kalchreuter es hier beschreibt, sei nur nebenbei vermerkt. Aber weiter: Nach Pegel liegt der durchschnittliche Hasenzuwachs auf Föhr bei 150 Prozent, auf dem Festland hingegen nur bei 50 Prozent, und daraus wiederum folgt, daß man ohne das störende Eingreifen von Raubwild und anderem Gesindel 46 % des übriggebliebenen Herbstbestandes auf 91 %

der Revierfläche abschöpfen kann, während unter „normalen“ Umständen nur 19 % der Hasen auf 38 % der Revierfläche mittels Kesseltreiben der jagdlichen Nutzung zugeführt werden dürfen.[13] Das bedeutet ganz konkret nach Adam Riese: Stört Raubwild die jagdliche Freude, so können bei einem angenommenen Stammbesatz von 500 Hasen im Frühling nur 145 erlegt werden; schießt man hingegen alles, was Fleisch ißt und Flügel oder mehr als zwei Beine hat, aus dem Revier, so kann man jährlich 575 Mümmelmänner zur Strecke legen. Alles klar, oder? Eindeutiger konnte Kalchreuter sich und seine spezielle, auf dem Bestreben, möglichst hohe Niederwildbestände ohne Rücksicht auf Verluste beliebiger Art zu erlangen, beruhende Wildbiologie wahrlich nicht entlarven. Ebenso besitzen seine Beobachtungen nur für sehr deckungsarme Reviere Gültigkeit, denn in bewaldeten Gebieten sind die Verluste an das Raubwild noch weitaus geringer. Die Übermacht vollkommen unkontrollierbarer Faktoren ist dabei so groß, daß Peter K. Pernutz' in der DJZ geäußerte Fragen „Doch läßt sich der Hasenbesatz ‚hegen‘? Spielen nicht Wetter, Krankheiten, Raubwild und Straßenverkehr eine solche Rolle, daß der Heger eigentlich nur hoffen kann?“[14] zumindest im Hinblick auf drei der vier Punkte mehr als gerechtfertigt erscheinen. Denn Ulrich Scherping, seines Zeichens Oberstjägermeister und Schöpfer des Reichsjagdgesetzes von 1934, konstatierte bereits 1949 in seinem Buch „Waidwerk zwischen den Zeiten“: „Es ist meiner Meinung nach grundfalsch, immer wieder das Raubwild für den Rückgang des Niederwildes verantwortlich zu machen! (...) Man liest immer noch von den schweren Schäden durch den Fuchs oder durch die sogenannten ‚Scheinheiligen‘ Dachs und Bussard. Und dann erst der Habicht!“[15]

So waren Döring und Helferich, eigentlich eher daran interessiert, das Gegenteil zu beweisen, auch ziemlich irritiert, als ihre fünfjährigen Untersuchungen im Winzheimer Feld nur recht karge Zahlen zustande brachten – ein einziger Hase wurde von einem Fuchs getötet, und andere Niederwildarten wie Fasan oder Rebhuhn wurden allenfalls vom Habicht in nennenswerter Zahl geschlagen.[16]

Worauf ist also der Hasenrückgang zurückzuführen, wenn nicht auf den Einfluß der Beutegreifer? Wie der Wildbiologe Fred Kurt schrieb, fallen dem Straßenverkehr alljährlich etwa 120.000 Hasen zum Opfer[17], aber es ist wohl überflüssig, zu erwähnen, daß diese

Zahl nicht zum Rückgang einer vermehrungsfreudigen Art wie dem Feldhasen führen kann. Vielmehr wird heute die massive Umgestaltung der Landschaft mit dem Ergebnis großflächiger Monokulturen als Hauptursache angesehen, denn dieser Eingriff in die Natur führt zur nachhaltigen Verschlechterung der Lebensbedingungen freilebender Hasen. Durch die plötzliche Aberntung zahlreicher Felder mit Hilfe modernster Maschinen kommt es nämlich nicht nur zu zahlreichen unmittelbaren Verlusten unter den Hasen, sondern auch zur schlagartigen Veränderung ihrer Lebensumstände. Wissenschaftler bezeichnen dies als „Ernteschock", der im Körper der Hasen sehr genau mit unserem Streß vergleichbare physiologische Veränderungen hervorruft. In die Blutbahn ausgeschüttete Hormone versetzen den Körper in einen Zustand gesteigerter Erregung; da viele Hasen sich auf einmal auf kleine Restflächen zusammendrängen müssen, kommt es zur vermehrten Infektion mit Krankheiten - und genau dies ist der springende Punkt, denn gerade Krankheiten und Seuchen können im Herbst zur nachhaltigen Dezimierung der Hasenbestände führen.[18] Hinzu kommt der plötzliche Nahrungsmangel, der ebenfalls seinen Tribut fordert. Dabei wirkt sich gerade dann die Dezimierung der Fuchsbestände verheerend aus, denn je weniger Futter für die Hasen erreichbar ist, desto mehr Füchse müssen die in eine derartige Not geratenen Hasen kontrollieren.
Horst Stern:

> „So schützen die Füchse dort, wo Hasen wenig Nahrung finden, diese vor dem Aussterben, weil sie ihre Vermehrungsrate klein halten und eine Hungerkatastrophe verhindern. Andererseits bedeuten mehr Füchse nicht nur weniger Hasen, sondern auch mehr Pflanzennahrung für die verbleibenden Tiere. Ein Gleichgewicht, das zwar ständig hin- und hergeschoben wird, aber dennoch durch die vernetzten Regelkreise immer wieder vor einem endgültigen Zusammenbruch abgefangen wird."[19]

Das bedeutet konkret, daß dort, wo wenig Nahrung vorhanden ist, insbesondere dann viele Räuber vonnöten sind, wenn der Nahrungsmangel plötzlich über die Hasenpopulation hereinbricht. Versuchen Jäger nun, Raubtiere kurzzuhalten, ist das dem Hasenbestand und seiner Kondition auf Dauer keinesfalls dienlich, sondern kann durchaus zur örtlichen Ausrottung oder zumindest zur nachhaltigen Dezimierung der Feldhasenbestände führen. Wenn Füchse nämlich auch großflächig so ziemlich unausrottbar sind, so können sie - wie auch andere Beutegreifer - insbesondere in deckungslosen Feldrevieren dennoch vorübergehend lokal „ausgedünnt" werden. Und das ist ausgerechnet im Herbst und im Winter, der Zeit der intensivsten Fuchsjagd, der Fall, wenn die Hasenpopulation ihre natürlichen Feinde aus ökologischer Sicht besonders dringend bräuchte. Auch Seuchen - deren vermehrtes Auftreten im Herbst ich oben angeführt habe - können durch Raubtiere eingedämmt und sogar verhindert werden, wenn die Prädatoren in genügend großer Zahl vorhanden sind. Zeitweise ist eine Ausdünnung der Hasenpopulationen mit der daraus resultierenden ebenfalls stärkeren Selektion durch Prädatoren also notwendig!

In diesem Zusammenhang eine Aufstellung, die die häufigsten Todesursachen von Feldhasen quantitativ erfaßt: Von hundert Feldhasen, die 1979, einem Jahr mit extrem hohen Verlusten, geboren wurden, waren bis zum nächsten Frühjahr elf von Autos zermalmt, vierzig von landwirtschaftlichen Maschinen in Stücke zerschnitzelt, weitere vierzig an Krankheit oder Hunger gestorben und lediglich sechs von Raubsäugern oder Greifvögeln gegessen.[20] Hierbei mag auffallen, daß menschlichen Jägern dieser Statistik zufolge nur ein einziger zum Opfer fiel, doch ist dies darauf zurückzuführen, daß im Herbst/Winter nur noch ein extrem geringer Bestand übrigblieb, den zu bejagen schlichter Raubbau gewesen wäre. Ebenso mahnte der Deutsche Jagdschutz-Verband zur Vorsicht, und so war in der besagten Saison der Jagddruck auf Feldhasen weitaus geringer als in anderen Jahren.[21]

Nichtsdestoweniger wirft man den Jägern allgemein nach wie vor die Überschätzung der natürlichen Nachwuchsraten beim Feldhasen vor[22] - systematisch um das Doppelte bis Vierfache, wie Pegel in einer Studie zu diesem Thema schreibt -, und hinzu kommt, daß auch indirekte Verluste durch die Jagd auftreten. Bei Treibjagden werden durchschnittlich 54% der im bejagten Gebiet lebenden Hasen erlegt, während die restlichen 46% entkommen und überleben. Aber sie werden zumeist in ihnen fremdes Gebiet gedrängt, da sie durch das Riesenaufgebot an Verfolgern zu einer Flucht getrieben werden, die „weit über das hinausgeht, was an Rennstrecken gegenüber Füchsen, Mardern oder einzelnen Jägern hasenüblich ist". Bis zu neun Kilometern kann diese Strecke lang sein, und es ist auffällig, daß die Gejagten im Gegensatz zur „normalen“ Flucht vor natürlichen Feinden nicht wieder in ihr ursprüngliches Territorium zurückkehren, wahrscheinlich, weil sie Angst haben, dorthin zurückzulaufen, wo ihnen so Schreckliches widerfahren ist. Doch der Emigrant wird dort, wohin er geflüchtet ist, mit neuen Problemen konfrontiert: Einmal ist es gut möglich, daß in diesem Revier einige Tage später auch gejagt wird, zum zweiten muß er sich mit ortsansässigen Artgenossen auseinandersetzen, und außerdem besitzt er noch keine „Fluchtpiste“. Hasen machen bei ihrer Flucht vor einzelnen Feinden nämlich, soweit möglich, immer von einer bestimmten Strecke Gebrauch, die sie in- und auswendig kennen – was natürlich nicht möglich ist, wenn ihnen das Terrain noch unbekannt ist. Das Entkommen vor Feinden fällt ihnen dementsprechend schwerer. Zieht sich nun aber eine stärker frequentierte Straße durch das besagte Gebiet, hat das wahrlich fatale Folgen – nämlich noch weitaus höhere Verluste durch den Straßenverkehr, da der Hase den für die Flucht benutzten Weg ja nicht kennt und somit möglicherweise Hals über Kopf über die Fahrbahn rennt.[23]

Somit wird deutlich, wie kompliziert und vielschichtig sich der Sachverhalt des Hasenrückgangs darstellt. Obwohl sie selbst die Hasenpopulation unter dem Strich mit Sicherheit viel nachhaltiger beeinflussen, als die natürlichen Feinde dieser Friedwildart dies zu tun imstande sind, verharren die Jäger auf ihrer Schuldzuweisung an die Prädatoren. Sie sind darüber hinaus bestrebt, die Lücken, die sie durch ihre widernatürlichen Treibjagden in den Feldhasenbestand schlagen, dadurch wieder auszugleichen, daß sie Füchse oder Habichte verstärkt bejagen, oder – und das ist der Gipfel der Geschmacklosigkeit – durch Abschuß ebendiesen Raubwildes ihre eigenen Strecken zu erhöhen. Macht man sich dieses Unrecht bewußt, so stellt sich einmal mehr die Frage, ob es nicht sinnvoll wäre, eine möglichst große Zahl an Tieren möglichst bald der Jagd zu entziehen und den Individuen somit wieder die Möglichkeit zum artgemäßen Leben zu geben, ebenso, wie sich dann wieder ein wirklich ökologisches Gleichgewicht in der Natur einstellen könnte.

7.2 Von schwindenden Jagdfreuden und abnehmenden Rebhuhnbeständen

Symptomatisch für die zunehmende Einförmigkeit unserer Restnatur, deren Belange leider nach wie vor verqueren landwirtschaftlichen Profitinteressen untergeordnet werden, ist noch mehr als die Bestandsabnahme des Hasen der erschreckende Rückgang des Rebhuhns. Als Indikator für diesen rückläufigen Trend gelten allgemein die sinkenden Jagdstrecken, die diese alarmierende Tendenz als untrügliches Zeichen deutlich machen - wurden 1939 nämlich noch 550.484 dieser Tiere erlegt, mußten die Waidmänner sich anno 1984 mit nur noch 34.167 geschossenen Exemplaren begnügen.[1] Das bedeutet, auf die Bestandsdichte übertragen, eine Abnahme der Rebhuhnanzahl innerhalb von 45 Jahren auf etwa sechs Prozent des ursprünglich vorhandenen Bestandes; Zahlen, die ebenso kraß wie alarmierend sind. Und all dies, obwohl die Jägerschaft nach einiger Zeit des Abwägens verstärkt dazu überging, zwecks Streckenverbesserung in Gefangenschaft gezüchtete Tiere auszusetzen: „15.000 Rebhühner verschickt jährlich allein ein deutscher Zuchtbetrieb nach Süddeutschland.“[2]

Klar - was die Jägerschaft anbelangt, so hat diese, getrieben von der Hoffnung, einmal mehr Grund für die Raubwildkurzhaltung zu bekommen, ihren Hauptverdächtigen und somit auch zwangsläufig Schuldigen bereits gefunden. Habicht, Marder und Fuchs stehen, wie sollte es auch anders sein, an erster Stelle in der Liste der aufgrund dringenden Tatverdachts mit gesteigerter Intensität Hinzurichtenden, gefolgt von Krähen, Elstern, diversem weiteren Raubzeug und ähnlichem Gesindel. Aber auch der Iltis sollte mit waidmännischen Mitteln in seine Schranken verwiesen werden, klärt uns Altraubwildvertilger Hans Behnke auf: „*Jagdlich* (Auszeichnung vom Verfasser) macht er, insbesondere durch Plünderung der Nester und das Reißen von brütendem Federwild, fühlbaren Schaden. Geringe Rebhuhnketten und Fasanengesperre im Herbst zeugen nicht nur von ungünstigen Witterungseinflüssen!“[3]

Es ist nicht nur beachtlich, daß Behnke die Bestandsdichten in seinem Revier fühlen kann, sondern ebenso fällt dem kritischen Betrachter dieser Aussage das Wörtchen „jagdlich” auf. Vielleicht hat es der Wildmeister absichtlich eingefügt, wohlwissend, daß er sich andernfalls in ökologischer Hinsicht höchstens lächerlich gemacht hätte? Oder sind für ihn, was ebenfalls möglich wäre, tatsächlich nur jagdliche Belange von Relevanz? Letzteres würde jedenfalls seine entrüstete Äußerung „das Hermelin und das Mauswiesel, neuerdings bejagt nur vom 1. August bis zum 28. Februar, jedoch z. B. in Niedersachsen unverständlicherweise geschützt“,[4] nachzulesen in Behnkes Buch „Jagd und Fang des Raubwildes“ auf Seite 46, erklären. Jagd hat schließlich Tradition, und in ebendieser Tradition ist auch der althergebrachte Haß auf sogenanntes Raubwild manifestiert. Anders läßt sich auch beispielsweise Behnkes Antipathie dem Fuchs gegenüber nicht erklären – denn dem Niederwild schadet dieser Prädator mit Sicherheit nicht; auch nicht dem Wildgeflügel. Untersuchungen belegen nämlich, daß der Anteil der Fuchslosungen mit Wildgeflügelresten sehr gering ist. Im Saarland lag er während einer dreijährigen Studie durchschnittlich bei 3,5 %,[5] im Rheintalgraben wurde der Anteil des stark gehegten Fasans mit 1,82 %, der des Rebhuhns mit 0,156 % beziffert,[6] in Polen und der (zu diesem Zeitpunkt noch existenten) DDR lag der Anteil von vogelhaltigen Fuchslosungen bei durchschnittlich 5,5 %,[7] und nahrungsökologische Untersuchungen in der Camargue ergaben, daß Entenvögel insbesondere dann erbeutet werden, wenn durch die Jagd viele von ihnen angeschossen und geschwächt sind.[8] Müßten sich die Jäger da vielleicht nicht vielmehr selbst an die Nase fassen?

Die bereits erwähnten Jagdwissenschaftler Döring und Helferich hielten im „Winzheimer Feld“ übrigens auch die Todesfälle von Rebhühnern fest – mit dem abermals kargen Ergebnis, daß im Laufe ihrer fünfjährigen Untersuchung ganze elf Rebhühner Raubsäugern zum Opfer fielen, während 19 vom Habicht geschlagen wurden. In ihrer Enttäuschung sahen sie sich schließlich dazu gezwungen, geflissentlich zu betonen, daß auf dieser Grundlage „eine Beurteilung des Einflusses von Greifvögeln und anderen Beutegreifern auf die Rebhuhnpopulation nicht möglich und nicht zulässig sei“,[9] wobei sie aber letztendlich doch zugaben, daß Prädatoren die Brutpaardichte des Rebhuhns „nicht entscheidend“ beeinflussen und „ausschließlich in Konkurrenz zu dem Anteil der möglichen jagdlichen Nutzung“ von Bedeutung sein können.[10] Ulrich Scherping hätte ihnen dies allerdings bereits 35 Jahre zuvor sagen können. Er ermahnte in seinem Buch „Waidwerk zwischen den Zeiten“ die Waidgenossen:

„(...) Eines können wir Jäger allerdings: Wir können im Abschuß maßhalten, und damit ist sicher schon eine ganze Menge gewonnen. Ein altes, darum keineswegs wahres Wort sagt: Hühner müssen beschossen werden. Das ist natürlich barer Unsinn und begründet in der Angst des Revierbesitzers, seine Hühner könnten aus Raumnot etwa zum Nachbarn überwechseln. Tote Hühner brüten nicht! Ein Beispiel: Ein Jahr mit einem relativ günstigen Frühjahr. Die Hühner sind hier, ganz im Gegensatz zu Fasan und Hase, fast nicht beschossen worden, und das seit Jahren. Der Erfolg ist jedenfalls der, daß sich der Bestand an Hühnern auf einer erfreulichen Höhe befindet. Und das, obgleich an Raubwild und Raubzeug, vor allem an letzterem, wahrlich kein Mangel ist, denn die Reviere sind praktisch ohne Aufsicht."[11]

Der Oberstjägermeister spricht es bereits an - auch die Jäger selbst sind am Rückgang des Rebhuhnes nicht ganz unschuldig, wenn sie auch - das sei zugegeben - nicht die Hauptschuld trifft. Vollkommener Unsinn ist es indes, das zeigen nicht nur diese Zeilen, Beutegreifer für den Rückgang ihrer Beutetierpopulationen verantwortlich zu machen oder den Rebhuhnvorkommen mit Hilfe verstärkter Raubwildbejagung zu neuer Blüte verhelfen zu wollen. Denn die Ökologen sind sich einig, daß zivilisationsbedingt gefährdeten Arten nicht durch „Gegenmanipulationen", sprich: weitere gewaltsame Eingriffe in Ökosysteme geholfen werden kann, sondern ausschließlich durch die Rücknahme der Gefährdungsursache selbst[12] - und das ist wieder einmal die intensive, auf großflächigen Monokulturen basierende Landwirtschaft, die den Rebhühnern gleich in mehrfacher Hinsicht wichtige Lebensgrundlagen entzog.

So konnten die Vögel auf den erhöhten Ackerrainen früherer Zeiten Nester anlegen, die trocken blieben, wenn starker Regen im Mai die Fluren für einige Zeit heimsuchte. Durch die Flurbereinigung gab es anstelle derartiger Raine jedoch eine tiefe Ackerfurche, in der sich nun das Wasser sammelte. Weite Gebiete wurden somit für das Rebhuhn unbewohnbar,[13] und die Folgen sind fatal, wenn man betrachtet, daß 88 % aller Rebhuhnnester „auf Feldrainen und Altgräsern, bei Büschen und Hecken usw." lokalisiert sind.[14] Fast alle dieser Formen für das Rebhuhn lebenswichtiger Deckung wurden durch die intensive Landwirtschaft und die Flurbereinigungsmaßnahmen nämlich maßgeblich zerstört, so daß ein artgemäßes Leben dieser Tiere kaum mehr möglich ist. Ein Biologe hierzu:

„Hecken, Feldgehölze und mit Buschwerk bestandene Brachflächen ... üben auch eine dichteregulierende Funktion aus ... Fehlt es an Deckung, können sich die Paare auf große Entfernung sehen und gegenseitig vertreiben. Da in einer Winterkette zuerst die Altvögel territorial werden, werden bis zu 25 % der Jungpaare und häufig noch mehr von ihnen vertrieben. Die unterlegenen, aber sehr standorttreuen Rebhuhnpaare versuchen es zunächst mit einer Brut im Getreide. Das ist aber zur Zeit der Paarbildung noch so niedrig, daß die Vögel nun endgültig abwandern müssen. Umgekehrt können dort, wo natürliche ‚Sichtblenden' noch häufig sind, die Brutpaare dicht beieinander der Kükenaufzucht nachgehen. In solchen relativ gut strukturierten Feldregionen sind auf einer Fläche von 100 ha noch Dichten bis zu 10 Brutpaaren anzutreffen, während viele mitteleuropäische Brutgebiete auf gleicher Fläche heute nur mehr eine Dichte von weniger als einem Brutpaar aufweisen."[15]

Auch Döring und Helferich sind der Meinung, daß abgewanderte Tiere, die der Rebhuhnpopulation „für die nachfolgende Reproduktionsphase nicht mehr zur Verfügung" stehen, somit „für die untersuchte kleinlokale Rebhuhnpopulation einem Verlust durch Tod gleichzusetzen" sind.[16] Um das ganze Ausmaß dieses Desasters aufzuzeigen, mag indes ein Vergleich geeignet sein: Während englische Wildbiologen als Mindestdeckung für das Rebhuhn nämlich 8.000 m Deckungsstreifen pro Quadratkilometer Fläche ansehen, ist in den meisten landwirtschaftlich intensiv genutzten Gebieten heute deutlich weniger als 1 km vorhanden.[17] Kein Wunder also, daß sich das Rebhuhn heutzutage nicht mehr so recht zu halten vermag. Auch die Anwendung toxischer Spritzmittel beim Anbau verschiedener Kulturpflanzen setzte und setzt dem Rebhuhn stark zu. Zwar ernährt es sich, einmal erwachsen, zu mehr als 90 % von rein pflanzlicher Nahrung, doch ist für die Küken das Essen von Kleininsekten als Eiweißquelle unabdingbar wichtig. Die Behandlung zahlreicher Felder mit Spritzmitteln und der Wegfall kleininsektenreicher Ackerraine entzieht den jungen Rebhühnern die Nahrungsbasis und macht sie als Konsequenz dessen anfällig für Witterungsschwankungen.[18] Der Bestand kann sich deswegen nicht mehr auf der bisherigen Höhe halten, und die Individuenzahl der Populationen nimmt zwangsläufig so lange ab, bis sich die Bestandsgröße ungefähr auf das verfügbare Angebot eingependelt hat. Prof. Dr. Reichholf betont in diesem Zusammenhang, daß die so entstandene Populationsdichte „viel niedriger (liegt) als in der ersten Hälfte unseres Jahrhunderts". Auch günstige Sommer können an „diesem Trend nicht mehr viel verändern, da das tragende Netzwerk der Raine verschwunden ist".[19] Und hinzu kommt die Tatsache, daß „durch die Anwendung von Agrochemikalien auch zahlreiche für die Ernährungsphysiologie des Rebhuhns besonders wertvolle Unkräuter vernichtet werden".[20]

Es ist an und für sich reiner Raubbau, daß die dermaßen gebeutelten Rebhuhnbestände überhaupt noch einer jagdlichen Nutzung „zugeführt" werden, insbesondere, wenn dies so intensiv geschieht, wie es noch immer vielerorts der Fall ist. Dennoch sollte man sich vor Augen führen, daß es aus ökologischer (und erst recht aus tierschützerischer) Sicht unsinnig ist, zum Schutze des Rebhuhns das einheimische Raubwild verstärkt zu bejagen. Kein Fuchs und kein Marder sucht gezielt nach Rebhühnern, wenn diese so selten sind, daß die Jagd auf andere Tiere wie Mäuse, Kaninchen etc. ungleich erfolgversprechender und einträglicher ist. Und das wird wohl oder übel noch so lange der Fall sein, wie die Gefährdungsursache des Rebhuhns, nämlich die Zerstörung oder Umgestaltung seines Lebensraumes, nicht behoben ist.

7.3 Vom Niedergang des Birkhuhns

Das Birkhuhn, bejagt nur noch vom ersten bis zum 31. Mai und daher nunmehr lediglich von bedingter jagdlicher Relevanz, dokumentiert unmißverständlich die vehemente Torpedierung naturschützerischer Interessen von seiten der Waidmänner. Engstirnige jägerische Abschußgedanken halfen Hand in Hand mit der allgegenwärtigen Lebensraumzerstörung und -umgestaltung durch die intensive Landwirtschaft mit, den wohl endgültigen Niedergang unserer Birkhuhnpopulationen zu besiegeln. Zwar können die Waidmänner zweifellos nicht für die Gesamttendenz verantwortlich gemacht werden, doch trugen sie maßgeblich dazu bei, die meisten Restvorkommen dieser Wildart zum Erlöschen zu bringen.

Hatten die Birkhühner und Birkhähne um die Jahrtausendwende im Zuge einer massiven Ausbreitungswelle weite Gebiete Europas besiedelt, so mußten die Jäger der 70er und 60er Jahre des 20. Jahrhunderts einen extremen Rückgang der Bestände ihrer so beliebten geflügelten Zielscheibe verzeichnen. Konnten 1964 noch rund

13.500 balzende Birkhähne in der Bundesrepublik gezählt werden, so waren es gegen Ende der achtziger Jahre nicht einmal mehr 2.000 – wobei diese fast ausschließlich in den Alpen lebten. Nach Dietzen sind die Flachlandvorkommen in ehemaligen Hochmooren und Heiden zersplittert auf einige großräumig isolierte kleine Restbestände in Schleswig-Holstein, Niedersachsen und Bayern, die ohne aufwendige gezielte Schutzmaßnahmen für ihre wenigen noch geeigneten Lebensräume zum Erlöschen verurteilt wären.[1]

Es würde indes verwundern, wenn die Jägerschaft in ihrer Not, den Verdacht von sich selbst abzulenken, auf der verzweifelten Suche nach einem Schuldigen nicht einmal mehr auf die vierläufigen oder geflügelten Konkurrenten und Erzfeinde – nämlich die Beutegreifer – zurückgreifen und diese an den Pranger stellen würde. Krähen-, Fuchs- und Habichthasser Kalchreuter bediente sich einmal mehr eines stereotypen Beweiskonzeptes „tabellarischer Zahlenvergleich“, um die Schuldzuweisung an die natürlichen Feinde der Birkhühner ökologisch zu unterstützen. Besagtes Konzept funktioniert etwa folgendermaßen: Man nehme eine den Bestandsrückgang der jeweiligen Friedwildart dokumentierende Kurve, setze dieser die im gleichen Zeitraum vonstatten gehende Steigerung der Bestandsdichte einer beliebigen, direkt oder indirekt mit erster Art durch die Vorgänge der Prädation verbundenen Raubwildart gegenüber, verweise im Text darauf, ohne näher auf die Hintergründe einzugehen, und schon hat man einen wunderschönen (pseudo-)ökologischen Beweis dafür, daß nur das schlimme, schlimme Raubgetier am Rückgang der harmlosen und unschuldigen Friedwildart schuldig ist. In diesem speziellen Fall war der Habicht, noch zu Anfang der siebziger Jahre am Rande der Ausrottung, der Übeltäter. Während sich seine Bestände nach dem Jagdverbot, das trotz massiver Proteste von seiten der Jägerlobby glücklicherweise durchgesetzt werden konnte, seit 1973 wieder zu erholen begannen, schrumpfte die Birkhuhnpopulation im selben Zeitraum deutlich zusammen.[2] Wer aber aufmerksam mitgelesen hat, wird sich daran erinnern, daß – wie oben erwähnt – bereits in den sechziger Jahren vom Birkhuhnniedergang die Rede war, in einer Zeit, in der die Habichtbestände aufgrund erbarmungsloser jägerischer Vernichtungsfeldzüge stark abnahmen.[3]

Ebenso ist Kalchreuters Desinteresse für andere Einflüsse auf die Birkhuhndichte auffallend. Für ihn zählt lediglich die – vermutlich der Wahrheit entsprechende – Beobachtung, daß seit 1975 „allein die Zahl der gefundenen vom Habicht stammenden Rupfungen einen beträchtlichen Anteil des noch lebenden Birkwildbestandes“ im Ostenholzer Moor ausmachen,[4] obwohl die Individuenzahl der Habichte dort wirklich nicht als unnatürlich hoch angesehen werden kann. Hingegen fehlt jeglicher Hinweis auf mögliche widrige äußere Umstände, die den Eingriff des Habichts in die Birkhuhnpopulation erst ermöglichen.

Ganz ähnlich verhält es sich mit Kalchreuters Zitat eines anderen Berichts, dem zufolge im hessischen Birkwildgebiet „Rotes Moor“ allein im Winter 1975/76 sämtliche registrierten Verluste unter Birkhühnern und -hähnen angeblich auf den Habicht zurückgehen. Dies war den Verantwortlichen Grund genug, eine systematische Kurzhaltung aller Habichte einzuleiten, und seitdem jeder dort erscheinende Greifvogel sofort weggefangen wird, kann man den Erfolg feiern, daß sich „momentan ein halbes Dutzend Tiere“ hält.[5] Weitere Aussetzungen von Birkhühnern waren geplant – obwohl dieses Vorhaben an und für sich reiner Nonsens ist. Mit lediglich 312 ha Größe ist das besagte Gebiet nämlich viel zu klein für die Ansiedlung einer lebensfähigen Population, die wiederum eine Größe von zumindest 50 Tieren besitzen muß. Hierfür ist vielmehr eine Fläche von mehr als 2000 Hektar entsprechend strukturierten Lebensraumes vonnöten, weshalb eingangs erwähnter Wolfgang Dietzen, Leiter des Schutzgebiet-Projektes „Lange Rhön“, die hessischen Birkhuhnaussetzer auch als „Ignoranten“ disqualifiziert.[6] In seinem Bericht kommen Regulierungsmaßnahmen für die natürlichen Feinde des Birkwildes überhaupt nicht vor, dafür aber um so ausführlicher die verschiedenen Aspekte der „Notwendigkeit und Möglichkeiten der Lebensraumverbesserung und der Eindämmung von Störungen durch Besucher“.[7] Und der Erfolg gibt ihm recht, sogar ganz ohne Aussetzungs- und Auswilderungsmaßnahmen.

Zwar kamen natürlich auch hier Verluste durch Risse und Rupfungen – insbesondere durch den Habicht – vor, im Jahre 1977/78 waren es beispielsweise 15. Doch der Druck durch natürliche Feinde kann für das Überleben einer Birkhuhn-Population nur dann problematisch werden, wenn der Lebensraum, in den die Tiere ausgewildert werden sollen oder der für den Aufbau einer eigenständigen Population ausgewählt wurde, ungeeignet ist und äußere Störungen den Zugriff der Prädatoren begünstigen:

„Das Birkhuhn lebte schon immer in Koexistenz mit seinen Feinden, dem Fuchs, dem Stein- und Baummarder, dem Dachs, dem Großen und Kleinen Wiesel, dem Iltis, dem Habicht, dem Wanderfalken, der Rabenkrähe und der Elster. In einem ihm zusagenden Lebensraum ist das Birkhuhn z. B. an den Habicht angepaßt. Es verträgt den Jagddruck seines natürlichen Hauptfeindes. In einem guten Birkhuhnlebensraum kann der Habicht nur begrenzt wirken: in der offenen Landschaft wird ein angreifender Habicht in den meisten Fällen sehr früh von den Birkhühnern erkannt. Sie können sich ihm durch Flucht entziehen. Wie Beobachtungen von Jagdversuchen des Habichts auf Birkhühner im Kochel-Loisach-Gebiet und in der Hochrhön zeigen, hat der Habicht nur im unmittelbaren Überraschungsangriff eine Chance. Hat das Birkhuhn einmal rasch fliegend an Höhe gewonnen, hat der Habicht in der Regel keine Beutechance mehr. So verwundert es auch nicht, daß der Habicht unter natürlichen Bedingungen im wesentlichen nur junge Birkhühner und solche schlagen kann, deren Körperverfassung z. B. durch Mauser, Parasiten oder Alter beeinträchtigt ist. (...) Diese Anpassung kann jedoch durch menschlich bedingte Störungen in ihrer Wirkung geschwächt werden, u. U. sogar unwirksam gemacht werden. In solchen Fällen ist nicht auszuschließen, daß Beutegreifer einen höheren Wirkungsgrad auf eine Birkhuhnpopulation entwickeln und die Abnahme der Population beschleunigen können.“[8]

Wobei die Betonung auf „beschleunigen“ in bewußtem Gegensatz zu „auslösen“ liegt.

„Es wäre falsch, zu glauben“, so betont nämlich Professor Reichholf, „daß wir Menschen regulierend eingreifen müßten, um seltene Arten wie etwa das Birkhuhn vor Habichten zu schützen. Wenn das Birkhuhn die Verluste an den Habicht nicht mehr ausgleichen kann, sind die Lebensbedingungen so schlecht geworden, daß es durch ein ‚Kurzhalten‘ des Habichts sicher nicht mehr zu retten sein wird.“[9]

Dementsprechend scheiterte auch der (vom Landesjagdverband Baden-Württemberg als „Birkwild-Projekt“ deklarierte) Versuch Heribert Kalchreuters, anhand der Wiedereinbürgerung von Birkhühnern in einem gänzlich ungeeigneten Revier den maßgeblichen Einfluß der Beutegreifer auf die Birkhuhnpopulationen zu belegen. Das Versuchsgebiet war das „Wurzacher Ried“ in Oberschwaben, wo es nach einem Bericht von Reinhard Witt so ziemlich alles gibt, was den Versuch der Ansiedlung einer überlebensfähigen Birkwildpopulation zum Scheitern verurteilen kann.[10] Als Maßnahmen für die Auswilderung setzte Kalchreuter nun durch, daß Habichte gefangen werden durften - allein dreißig im ersten Winter! - und daß die Bejagung von Füchsen intensiviert wurde. Doch sein Kommentar „Das half!“[11] wirkt in Anbetracht der Ergebnisse ziemlich lächerlich. Von den bis 1986 ausgesetzten 200 Tieren sollten sich nämlich Ende des Jahres nur noch etwa 20 Stück in den Tiefen des Wurzacher Riedes verstecken; eine Zahl, die Aussetzer Sepp Bauer vor Ort nicht einmal bestätigen konnte.[12]

So hält Dr. Wolfgang Epple, Geschäftsführer des baden-württembergischen Landesverbands der Naturschutzorganisation DBV (inzwischen umbenannt in NABU), das Projekt der Ansiedlung von Birkwild im Wurzacher Ried zumindest so lange für aussichtslos, wie die dortigen Streuwiesen nicht gepflegt und erhalten, also vor der intensiven Nutzung jedweder Art bewahrt, die großflächigen Fichtenaufforstungen nicht beseitigt und der Tourismus als signifikante Störquelle nicht eingeschränkt und kanalisiert werden.[13] Die intensivierte Bejagung natürlicher Feinde der Birkhühner qualifiziert er hingegen ebenfalls als nutzlos ab. Ohnehin hat der Rückgang der mitteleuropäischen Birkhuhnpopulationen ganz andere, ausschließlich menschengemachte Ursachen, deren Beseitigung, soll das Birkhuhn bei uns überleben, unabdingbar notwendig ist. Indes waren zwar landschaftliche Veränderungen maßgeblich an dem Negativtrend, den die Bestände dieser Wildart seit Mitte der 60er Jahre durchmachen, beteiligt, doch zeigen sich auch Jagd und Jäger selbst in gewissem Maße für diese Entwicklung verantwortlich.

Wie zu Beginn dieses Teilkapitels erwähnt wurde, trug die Jägerschaft durch die Bejagung ohnehin kaum noch lebensfähiger Bestände maßgeblich dazu bei, so manchen Restbestand endgültig auszulöschen. Beispielsweise wurde berichtet, daß in einem aus vier aneinandergrenzenden Jagdrevieren bestehenden Teilbereich des Großen Renzeler Moores, einem Lebensraum, in dem sich noch ein Birkhahn mit sechs Hennen aufhielt, ebendieser Hahn im Rahmen der vorgeschriebenen Abschußplanung viermal zum Abschuß freigegeben wurde und daß im westlich der Weser gelegenen Teil des Landkreises Nienburg in den Jahren 1972 und 1973 mehr Birkhähne erlegt werden durften, als überhaupt vorhanden waren.[14] Gleichermaßen kann man davon ausgehen, daß eine Vielzahl von Hegeabschüssen gemeinsam mit den gravierenden Eingriffen in die Bestände der im Frühjahr balzenden Hähne mit dem Ziel des Erlangens möglichst prächtiger Trophäen (der Schwanzfedern, in der Jägersprache „Schild" genannt), was zumeist den Abschuß der kräftigsten Tiere bedeutet, die Gesamtfitneß der Art und die physische Konstitution der Individuen negativ beeinflußt. Auch die Frühjahrsjagd während der Balz (bei Schnepfen erfolgt dies auf dem sogenannten „Schnepfenstrich" - ein bezeichnender waidmännischer Ausdruck), der Angaben von Jägern zufolge größtenteils ältere männliche Tiere zum Opfer fallen, hat fast zwangsläufig negative Konsequenzen auf die Bestandsentwicklung der Birkhühner:

> „Eine qualitative Situationsverschlechterung ergibt sich auch beim bevorzugten Abschuß einer Alters- oder Rangordnungsklasse. Die hierdurch entstehende Verschiebung bzw. sogar Zerstörung des vorhandenen Bevölkerungsgefüges kann bis zum Zusammenbruch des örtlichen Vorkommens einer Vogelart führen (z. B. durch Abschuß des Haupthahns auf dem Balzplatz beim Birkhuhn ...). Selektiver Individuenabschuß ist daher, sofern er nicht der Erhaltung oder Erreichung des artspezifischen Populationsaufbaus dient oder sich nur auf kranke Exemplare bezieht, stets unnatürlich und als biologisch schädlich anzusehen."[15]

Noch wesentlich mehr zeichnen jedoch die intensive Hege und Aussetzung des Faunenfremdlings Zuchtfasan für die Verdrängung des Birkhuhns verantwortlich. Der Ornitho-Ökologe Professor Josef Reichholf trug eine Vielzahl ökologischer, historischer und biogeographischer Indizien und Beweise zusammen, die den Zerfall der allermeisten Birkhuhnbestände im Flachland als Folge der massenhaften Einbürgerung des Fasans zu Jagdzwecken unmißverständlich belegen. Über den Faunenfremdling selbst schreibt er:

> „Der Fasan wird (...) in weiten Gebieten Mitteleuropas künstlich gehalten. Auf sich allein gestellt, hätte seine Einbürgerung nicht annähernd zu den heute üblichen Beständen geführt. (...) Dieser Hühnervogel stammt aus einer fremden Fauna, die sich erheblich anders zusammensetzt als die mitteleuropäische. Sein Verhalten, seine Auffälligkeit und seine geringe Fähigkeit, unsere Winter zu überstehen, passen nicht zu den mitteleuropäischen Lebensbedingungen. Deshalb gibt es immer wieder Probleme. Es macht eben einen Unterschied, ob die Art von sich

aus einen neuen Lebensraum erobert oder ob sie von Menschen eingebracht wird."[16]

In der Tat! Unter natürlichen Umständen hätte der Fasan nämlich keinesfalls in dieser Intensität mitteleuropäischen Boden erobern können, weil die hiesigen Witterungsumstände und Beutegreifer ihn rasch wieder in seine Schranken verwiesen hätten. Auffällig ist indes, daß der Beginn der Faunenverfälschung durch die verstärkte Einbürgerung von Jagdfasanen auf dieselbe Zeit fällt wie die ersten Anzeichen des Birkhuhnrückgangs - wie anhand der Jagdstrecken-Statistik des DJV nämlich leicht zu verifizieren ist, wurden im Jagdjahr 1961/62 „nur" 419.523 Fasane erschossen, während es 1967/68 bereits 991.363 waren und 1971/72 sage und schreibe 1.387.512 „Stück" zur Strecke gebracht werden konnten.[17] Nun beweist dieses Faktum für sich gesehen eigentlich nicht viel mehr als die weiter oben angeführte Kalchreutersche Gegenüberstellung der Populationen von Habicht und Birkhuhn - doch gibt es weitere Beobachtungen, Auffälligkeiten und Indizien, die die These vom negativen Einfluß der Fasaneneinbürgerung auf die Rebhuhnbestände belegen.

Einmal ist da beispielsweise die Feststellung, daß bei den Aussetzungen die Höhenlagen ab 600 m über NN sowie Moorgebiete im naßkalten atlantischen Klimabereich ausgespart wurden, weil der Fasan sich dort auch kurzzeitig nicht zu halten vermag. Genau dort leben aber heutzutage die letzten noch auf sich allein gestellt lebensfähigen Restbestände des Birkhuhns. Des weiteren fällt auf, daß Birkhuhn und Fasan nach Reichholf weitgehend die gleiche ökologische Nische beanspruchen, während ein Grundprinzip der Ökologie - das von dem russischen Biologen Gause und dem italienischen Biomathematiker Volterra aufgestellte „Konkurrenz-Ausschluß-Prinzip" (nach seinen Erfindern auch das Prinzip von Gause und Volterra genannt) - besagt, daß „keine zwei Arten auf Dauer die gleiche ökologische Nische einnehmen können".[18] Zwar ist die direkte Nahrungskonkurrenz bei besagten beiden Arten als Verdrängungsmechanismus wahrscheinlich auszuschließen, doch sind Formen aktiver Auseinandersetzung zwischen den verschiedenen Arten angehörigen Konkurrenten belegt - konkret beinhaltet dies Kämpfe zwischen Fasanen und Birkhühnern sowie Paarungen von Individuen dieser beiden Arten.[19] Begünstigt wird dies zusätzlich dadurch, daß schwächere und daher von Artgenossinnen verschmähte Fasanenhähne jede freie Henne anbalzen und dabei auch die sehr ähnlichen Birkhennen nicht verschmähen. Diese scheiden jedoch nach der „Vergewaltigung“ durch das Fasanenmännchen für die laufende Fortpflanzungsperiode aus und sind ihrer eigenen Art während dieser Zeit in puncto Vermehrung nicht mehr dienlich.

Es ist indes klar, daß eine derartige negative Interferenz nur dort möglich ist, wo die Populationsdichten von Birkhuhn und Fasan in einer kritischen Konstellation zueinander stehen, sprich: wo es viele Fasanenhähne, aber nur wenige, deswegen jedoch für den Fortbestand ihrer Art sehr wichtige Birkhennen gibt.

> „Nur bei massivem Überwiegen der Fasane“, so Reichholf, „kann ein Effekt zustande kommen, wenn gleichzeitig der Birkhuhnbesatz rückläufig ist oder gar, wie dies natürlicherweise immer wieder vorkommt, in ein Bestandstief geraten ist. Darum steigt die Bedeutung der einzelnen Henne in der Nachwuchsproduktion der Lokalpopulation. Umgekehrt gerieten bei den Massenaussetzungen von Fasanen sicher die Sozialstrukturen völlig durcheinander, was den Anteil solitärer Hähne erhöht haben dürfte. Darüber hinaus wurde lokales Erlöschen durch Aussetzung kompensiert, so daß der Fasan im Gegensatz zu den Birkhuhn-Lokalpopulationen eine drastische (künstliche) Erhöhung der Einwanderungsrate zur Kompensation von Sterbequoten und Abwanderung bekam. Dies war beim Birkwild nicht der Fall.“[20]

Reichholfs überaus logische Argumentation und die zahlreichen Indizien und Beweise, die er zur Verifikation und Unterstützung seiner Thesen heranzog, machen seine „Annahme, daß am Rückgang des Birkhuhns der Fasan entscheidend mitbeteiligt war und heute möglicherweise die Wiederbesiedlung geräumter Areale durch das Birkhuhn verhindert“,[21] mehr als plausibel. Um so bezeichnender wirkt in Anbetracht dieser Sachlage die Weigerung der Jägerschaft, einer bereits im Jahre 1965 ausgesprochenen Aufforderung Dr. Claus Königs von der Staatlichen Vogelschutzwarte Folge zu leisten, in der von einer „planvollen Dezimierung der Fasane“ im Federseeried zur Verhinderung des Aussterbens „der letzten Birkhühner in Baden-Württemberg“ die Rede war.[22] Die Folge: 1976 waren die Birkhühner im besagten Gebiet endgültig verschwunden.

Es ist offensichtlich, daß die Jägerschaft um keinen Preis auf das alljährliche Massengemetzel an ausgesetzten Zuchtfasanen verzichten will. Sogar in besagtem Wurzacher Ried, berichtet Bernd Hauser in der FAZ, wurden Fasane gehegt, obwohl doch bekannt sei, daß Fasane die Fortpflanzung von Birkhühnern behinderten.[23] Die Aussagen der Grünberockten, so selbstlos „auch weiterhin erhebliche Mittel und viel Idealismus zur Erhaltung einer schon fast aufgegebenen Wildart"[24] investieren zu wollen, wirken mehr als unglaubwürdig, wenn man betrachtet, daß sich diese „erheblichen Mittel" in erster Linie auf die „Kurzhaltung" von Raubwild beschränken, eine Maßnahme, die dem Birkwild in keiner Hinsicht dient. Und da die Birkwildjagd ohnehin mit ihren sehr geringen Abschußzahlen im Verhältnis zur Fasanenjagd nur einen sehr kleinen Teil des jagdlichen Vergnügens ausmacht, liegt der Verdacht nahe, daß das Birkhuhn lediglich ein Vorwand ist, um a) zu positiver Publicity zu gelangen und b) zur Erhöhung der Abschußzahlen bei Fasanen das Raubwild intensiver bejagen zu können. Viele der freigelassenen Volierenfasane fallen in der vierwöchigen Spanne, die zwischen Aussetzen und Abschuß liegen muß, nämlich Habicht und Fuchs zum Opfer,[25] weil sie, wie bereits erwähnt, als Faunenfremdlinge nicht an diese Beutegreifer angepaßt sind. Und daß dies den Jägern, die für die Zuchtfasane horrende Summen bezahlt haben, nicht recht ist, braucht wohl nicht extra erwähnt zu werden.

Die ausgesetzten Birkhühner indes - mit einem Stückpreis von 1000 Mark[26] wurden durch die Auswilderung durch die Jägerschaft in gänzlich ungeeignete Gebiete zwar zum „teuersten Habichtfutter der Welt", wie Bernd Hauser es formuliert, doch das ist wohl „immer noch gut für ein bißchen Öffentlichkeitsarbeit der Jägerschaft und vielleicht auch für die gewünschte Dezimierung des Habichts".[27] Denn man sollte sich merken: Heutzutage ist nichts mehr umsonst.

7.4 Feindbild Krähe - die Schreckenstaten des „schwarzen Gesindels"

Wie kaum eine andere Vogelart unserer einheimischen Fauna sind in den vergangenen Jahren die Rabenvögel hinsichtlich ihrer ökologischen Aufgabe und ihrer Verfolgung durch die Jägerschaft zum

Objekt kontroverser Diskussionen zwischen Naturschützern und Jägern geworden. Besonders von seiten der Waidmänner, sonst nach außen hin so auf Sachlichkeit bedacht, wurden diese Meinungsverschiedenheiten jedoch mangels faktisch belegbarer Theorien, die für die Bejagung von Rabenvögeln sprechen, oftmals mit vollkommen unangebrachter Emotionalität oder ausfallender Polemik ausgetragen, so daß es nur in wenigen Fällen zu einem wirklichen ökologischen Thesenaustausch kam. Im übrigen sei darauf verwiesen, daß unter den Hubertusjüngern ohnehin keine einheitliche Ansicht besteht, auf welche Weise die Rabenkrähen das bestehende ökologische Gleichgewicht aus den Angeln heben – fest steht für sie nur: die Schwarzgefiederten sind schädlich, und das ganz besonders für die „Singvogelbestände“.

Hier offenbart sich bereits die erste Manifestation jägerischen Wissensdefizits in puncto Rabenvogelbiologie: Zoologisch zählen Krähe und Elster ebenso zu den Singvögeln wie Lerche oder Nachtigall, mag sich ihr „Gesang“ auch nicht ganz so melodisch anhören, wie dies bei letzteren Arten der Fall ist. Dafür sind Rabenvögel aber in anderer Hinsicht erwähnenswert: Unter den Singvögeln zählen sie zu den hochentwickeltsten Spezies, besitzen eine außergewöhnliche Lernfähigkeit und verfügen daher über ein unter Singvögeln einmaliges Anpassungsvermögen.[1] Das macht es aber nicht unbedingt verständlicher, warum ausgerechnet sie als einzige unter diesen Arten bis Ende 1986 als „vogelfreies“ Raubzeug eingestuft wurden. Mitte bis Ende der siebziger Jahre wurden gegen Krähen und Elstern regelrechte Raubzeug-Bekämpfungsfeldzüge durchgeführt, denen im Jahre 1977 allein in acht Bundesländern (aus Baden-Württemberg und Niedersachsen liegen keine Zahlen vor) sage und schreibe über 570.000 Tiere zum Opfer fielen.[2] Seither sank die Anzahl der erschossenen oder in Fallen gefangenen Rabenvögel wieder um mehr als die Hälfte auf rund 240.000 im Jagdjahr 1985/86, wobei der Grund für diesen rückläufigen Trend noch nicht vollkommen geklärt ist. Als gesichert gilt lediglich, daß insbesondere die Elstern auf der Flucht vor dem hohen Jagddruck verstärkt in Siedlungsgebiete und deren unmittelbares Umfeld gedrängt wurden, wo Jäger nicht schießen dürfen. Dort verstärkte sich nun jedoch der Feinddruck auf kleinere Singvögel, was wiederum zahlreiche „tierliebende“ Mitbürger auf den Plan rief, die auf einmal für die verstärkte „Schädlingsbekämpfung“ eintraten – und damit bei den Jägern offene Türen einrannten. „So mancher ahnungslose Vogelfreund läßt sich von der plötzlich erwachenden Sorge der Jägerschaft um die Nöte der Singvogelwelt anstecken und glaubt ernsthaft, daß die Bejagung der drei ‚Nesträuber' (Elster, Krähe und Eichelhäher, Anm. d. Verf.) unverzichtbar sei für den Vogelschutz, das Jagdverbot hingegen eine Katastrophe für die Piepmätze im Garten",[3] beschreibt Karin Hutter das Desaster. Daß durch die verstärkte Bejagung der Rabenvögel - was allgemein mit Hilfe von Krähenmassenfallen, Fangkästen und dem Ausschießen der Nester von unten (!) geschieht[4] - die Dichte von Elstern in Wohngebieten nämlich nicht verringert, sondern erhöht wird, liegt auf der Hand; schließlich ist der Jagddruck ja ausschlaggebend für das vermehrte Vorkommen der Rabenvögel in menschlichen Siedlungsgebieten. Als Folge der Falschinformation schlossen die „Kleinvögelfreunde" nun jedoch, von Jägern bewußt in diese Richtung dirigiert, daß eine noch intensivere Bejagung der Rabenvögel vonnöten sei - das Ergebnis war ein Teufelskreis, der manchen Schrebergartenbesitzer zum erbitterten Elsternhasser machte.

Auch das kam den Jägern gelegen, waren sie doch die ersten, die dem „schwarzen Gesindel" - so eine geläufige waidmännische Bezeichnung für ihre zumeist schwarzgefiederten Mitgeschöpfe Elster, Eichelhäher und Rabenkrähe - intensive Antipathie entgegenbrachten. Schließlich ernähren sich Rabenvögel, werden sie auch den Singvögeln zugeordnet, gelegentlich von jagdbarem Getier, das der grünberockte „Naturschützer" gerne selber schießen würde.

> „Der erfahrene Heger wird keinen Schuß auf die Raben- und Nebelkrähe unversucht lassen!"[5]

konstatiert Hans Behnke deswegen und liefert dem passionierten Jäger in diesem Zusammenhang gleich noch einige weitere Gründe, warum die Schwarzgefiederten „kurzgehalten" werden müssen. Beispielsweise stören sie die Rebhuhn- und Fasanenhege maßgeblich, weshalb dem Jäger so mancher Schuß auf die „Jagdpapageien" (Hermann Löns) entgeht. Ebenso ist das so schreckliche Handeln der Krähen eigentlich schon Grund genug, sie totzuschießen, wann immer es geht: „Scharfäugig verfolgen die Krähen mit ihren Blicken alte Häsinnen, wieder und immer wieder ziehen sie über den Äckern ihre Kreise, bis die Häsin unruhig wird und ängstlich das Versteck ihres Satzes verrät. Nun hat das Raubzeug erreicht, was es beabsichtigte (...)".[6] Nein, wie ergreifend – einmal unberücksichtigt der Tendenz des Wildmeisters, in vollkommen kitschige Sprachhülsen abzugleiten, stellt sich doch an dieser Stelle die Frage, wer hier denn, bitte sehr, die Prädation mißverstanden hat. Einige Seiten zuvor wirft Behnke den Naturschützern nämlich noch genau das vor.

Am 1.1.1987 war mit dieser „tödlichen Liebe zur Natur" (Erz) dann endlich Schluß – von diesem Datum ab wurden Eichelhäher, Elstern und Rabenkrähen in die Bundesartenschutzverordnung aufgenommen und somit den Nachstellungen durch Jäger entzogen. Mit erheblichem Verzug konnte sich die Bundesrepublik Deutschland damals endlich dazu durchringen, einer Verpflichtung aus der EG-Vogelschutz-Richtlinie von 1979 nachzukommen, die die Abschaffung der Verfolgung von Singvögeln in Europa vorsah, und es schien, als könnten die vormals als „Räuber, Jagdschädlinge, Nestplünderer, Vogelmörder und Eierdiebe" diffamierten Tiere nun doch einer friedlicheren Zukunft entgegensehen. Mit Betonung des Wörtchens „schien", denn kaum war die EG-Richtlinie auch bei uns in nationales Recht umgewandelt, begannen Interessenvertreter der Jägerlobby – unter anderem bewaffnet mit Unterschriftenlisten kurzsichtiger Schrebergarten-Vogelfreunde –, mit allen ihnen zur Verfügung stehenden Mitteln die Verordnung zu torpedieren; sie forderten nicht nur, den Schutz der Rabenvögel in Deutschland wieder rückgängig zu machen, sondern traten auch vehement für die Revidierung der in allen EG-Staaten gültigen Vogelschutz-Richtlinie ein.[7] Das Unverständnis auf seiten der Waidmannszunft kannte keine Grenzen. – „Wieder ein ‚Down' für die Jäger und ihre schwachbeinigen Vertreter", schimpfte „Pirsch"-Leser Rauwolf, „Raben, Elstern und Eichelhäher müssen nun von uns pfleglich behandelt werden!"[8] Ähnlich entrüstet präsentierte sich die Redaktion der Deutschen Jagd Zeitung im März 1987:

> „Für den Jäger und Hundeführer hat dieses sinnlose Rabenvögel-Jagdverbot ... noch eine besondere Härte im Gefolge", hieß es dort. „So waren die genannten Rabenvögel ein beliebtes und stets verfügbares Übungswild, um mit dem jungen Hund das Apportieren einzuüben."[9]

Aber auch ökologische Bedenken wurden von seiten der Jägerschaft, stets darum bemüht, den Katalog jagdbarer Arten so groß wie möglich zu halten, laut. Sie warnten, daß, würden Rabenvögel nicht wie bisher kurzgehalten, es zu einer Übervermehrung dieser Tiere käme und Elstern wie Krähen „mit Fleiß“ die Nester unserer gefährdeten Vogelarten plünderten; die Natur geriete aus dem Gleichgewicht,[10] und „die drei Nesträuber“ würden „zum Rückgang selten gewordener Vogelarten beitragen“.[11] Nur der wissenschaftliche Beleg hierfür fehlte zu Anfang - bis, ja, bis Heribert Kalchreuter, dessen Lebenswerk ganz offensichtlich in der Dezimierung jedweder Raubtierfauna zu bestehen scheint, von der Redaktion der Zeitschrift „Die Pirsch“ zu ebendiesem Thema befragt wurde und das Interview unter der vielsagenden Überschrift „Beutegreifer werden heute zu Götzen gemacht ...“ in Ausgabe 4/1987 zur Veröffentlichung gelangte. Als „Beweis“ fand wieder das besagte Habicht-Schema Anwendung - mit retrospektivem Bezug auf den zivilisatorischen Nullpunkt menschlichen Wirkens:

> „Wo der Mensch mehr eingreift, als es eine wandernde Jägersippe oder nomadisierende Hirten tun, zieht das eben Folgen nach sich. Und wenn diese natürlichen Folgen gegen den Artenreichtum wirken, kann und darf man gegenmanipulieren.“[12]

Die stereotype Argumentation findet auch dahin gehend Fortsetzung, daß ausschließlich Raubtiere von der heutigen „Land- und Abfallwirtschaft“ des Menschen profitieren und deswegen verstärkt bedrohen, „was wir schützen wollen“, nämlich den „Reichtum an Tier- und Pflanzenarten in den verschiedenen Biotopen, wie er vor dem Eingreifen des technisch raffinierten Menschen vorhanden war“. Deutschlands renomiertester Raubwildregulator weiter: „Jetzt ist zu erwarten, daß einige Glieder der Fauna, denen wir - ebenso unabsichtlich - ihre Lebensbedingungen verschlechtert haben, von den Begünstigten gegen Null reguliert werden.“[13] Und wer dem Jäger dennoch das Eingreifen in diese besorgniserregende Tendenz verbieten will, „den hindern offenbar Scheuklappen daran, die Wirklichkeit in der Natur zu sehen“.[14]

Biologische Grundtatsachen scheinen Kalchreuter in seiner Hypothesen-Selbstsicherheit indes wenig zu irritieren, schließlich wird ihm jeder Jäger - und keine andere Bevölkerungsgruppe liest ja sonst noch Zeitschriften wie „Die Pirsch“ - in seiner Ansicht, daß die Rabenvögel ja an irgend etwas schuld sein müssen, bedingungslos zustimmen. Das dachte er wohl zumindest – doch die Leserbriefe, die in der nächsten Ausgabe der besagten Jagdzeitschrift veröffentlicht wurden, sprachen (wohl als Folge der Publikationen von Burkhard Kroymann und Wolfgang Epple, die unmißverständlich das Eintreten intraspezifischer Regulationsmechanismen bei einseitiger zivilisationsbedingter Begünstigung verschiedener Arten belegen[15]) eine vollkommen andere Sprache.

„Ich halte es freilich für falsch, den Eindruck zu erwecken, als sei die Bejagung der besagten Vogelarten ein wirksamer Beitrag zur Erhaltung anderer, seltener Vogelarten", so meinte beispielsweise Walter Kosack. „Das ist wissenschaftlich nicht haltbar und daher auch kein zugkräftiges Argument."[16]

Ganz ähnliche Bedenken hatte auch Leberecht Eicke, ein anderer Leserbriefschreiber:

„Im Normalfall wird die Erlegung einiger dieser Vögel jedenfalls keinerlei nachhaltige Auswirkungen haben – weder auf deren Bestand noch auf den von Niederwild und Singvögeln. Ebensowenig kommt es bei einem Ausfall dieser Erlegungen zu einer ‚Überpopulation der Singvogelmörder'. So simpel geht es in der Natur nicht zu.

Der Jäger argumentiert überzeugend und glaubwürdig, der zugibt, daß eine Bejagung von Krähen, Elstern und Eichelhähern zwar nicht nützt – aber auch nichts schadet –, solange sie waidgerecht und außerhalb der Brutzeit betrieben wird: Diese Vogelarten müssen nicht, aber sie können bejagt werden ..."[17]

Darauf, daß ihm seine eigenen Zunftgenossen in den Rücken fallen, war der sonst so geachtete wissenschaftliche Protagonist jägerischen Schaltens und Waltens ganz offensichtlich nicht gefaßt, und so enthielt er sich in der Folgezeit der Diskussion über Sinn (?) und Unsinn der Rabenvogelbejagung. Ungeachtet der in der Öffentlichkeit vorherrschenden Meinung, daß in der Verschaffung jagdlichen Vergnügens ohne eine gegebene ökologische Notwendigkeit keineswegs der vom Gesetz vorgeschriebene „vernünftige Grund" für die Tiertötung zu sehen ist, meldete sich jedoch bereits 1986 der Jagdfunktionär Graf Schönburg zu Wort und brachte den Sachverhalt auf den Punkt:

„So ist die Argumentation der Jagdgegner sogar richtig, daß eine Regulierung der Elstern der Singvögel wegen nicht notwendig sei: Eine Not, die es zu wenden gelte, gibt es hinsichtlich der Kleinvogelpopulationen in Stadtrandgebieten allenfalls in Form der Artenarmut (bei gleichzeitigem Individuenreichtum). Das geht aber sicher nicht auf das Konto der Elstern, die (wie alle Jäger) vor allem unter den häufigen Arten Beute machen...

Trotzdem gibt es einen ‚vernünftigen Grund', Elstern zu bejagen ... Den Elstern schadet es nicht (der Art, wohlgemerkt!, Anm. d. Verf.), dem einen oder anderen Jungvogel einer bedrohten Art mag es hie und da noch einmal hilfreich sein - und uns kann es Freude machen..."[18]

Dieser wahrlich entlarvenden Äußerung ist eigentlich nichts hinzuzufügen - außer vielleicht, warum selbst die Jägerschaft unter ihresgleichen eine ökologische Notwendigkeit zur Rabenvogelbejagung als nicht gegeben ansieht. Mag sein, daß dies auf die lückenlose, vollkommen auf rudimentärstem Schulbuchwissen basierende Argumentation der Naturschützer zurückzuführen ist, die in diesem Fall wie bei kaum einer anderen Tierart Druck auf die Politiker ausübten, mag aber auch sein, daß die Grünberockten ihre ökologische Glaubwürdigkeit nicht ganz verlieren wollen, denn genau das wäre ansonsten unwiderruflich der Fall gewesen. Prof. Dr. Hans Oelke vom 1. Zoologischen Institut der Universität Göttingen wählt hinsichtlich dieses Sachverhaltes aber dennoch deutliche Worte:

„Gruppen, deren Vorstellungen längst aus dem realen biologischen Erkenntnisvermittlungsprozeß unserer Schulen und Hochschulen als falsch ausgesondert sind, entfesselten zur Beibehaltung der ohnehin illegalen Rabenvogeltötungen eine wahre Protestflut. Wo waren und wo sind die Hunderttausende von Protestbriefen dieser auf Rabenvogel-Kill Versessenen bei dem Schutz von Weißstorch und Wendehals, Auenwald und Feldhecke, Wattenmeer und Rhein, Buschhaus und Wackersdorf?"[19]

Eine meiner Meinung nach ebenso angebrachte wie rhetorische Frage, denn es gehört definitiv nicht viel Phantasie dazu, darauf zu kommen, daß das Engagement in den von Professor Oelke angeführten Problembereichen der Befriedigung menschlicher Jagdleidenschaft in keiner Hinsicht dienlich sein kann. Denn die allgemeinen Ziele jägerischen Handelns beschränken sich stets auf die Erzielung eigener Vorteile, wie z. B. die Erweiterung der Liste des Jagdrechts[20], und ihre Besorgnis um die Singvogelbestände ist lediglich ein der Rechtfertigung in der Öffentlichkeit dienender Vorwand, um „jagdliche Freuden“ (s. o.) durch den Abschuß von Rabenvögeln zu genießen. Indes dokumentiert die „Befürchtung“ der Ausrottung von Kleinvögeln durch Rabenvögel vieler Jäger, ist diese tatsächlich ernst gemeint, eindeutig die ökologische Unwissenheit dieser Zeitgenossen. Schon mehrmals wurde erwähnt, daß diese Regulierung „gegen Null“ (Kalchreuter) unter Tierarten, die bereits so lange Zeit in geregelter Koexistenz zusammenlebten, vollkommen unmöglich ist. Außerdem scheint nicht hinreichend bekannt zu sein, daß Rabenvögel Allesfresser sind und somit einen sich auch auf Pflanzen erstreckenden Speiseplan besitzen. Vögel und kleine Säugetiere, das zeigen langfristige Untersuchungen, machen höchstens acht Prozent ihrer gesamten Nahrung aus, wobei „der Anteil gefährdeter Arten überhaupt nicht zu Buche schlägt“.[21] Der Tier- und Landschaftsökologe Prof. Dr. Wolfgang Erz verweist in diesem Zusammenhang auf einen die der Prädation zugrunde liegenden quantitativen Verhältnisse betrachtenden mathematischen Beleg. Ein durchschnittliches Amselpaar - mögliche Beute einer Elster - „produziert“ im Laufe eines fünfjährigen Lebens bei durchschnittlich 2,5 Bruten zu je vier Eiern insgesamt zehn Eier im Jahr, was sich nach fünf Jahren auf 50 Eier summiert. Aber schon wenn nur zwei geschlüpfte Junge am Leben bleiben, reicht das voll und ganz aus, um den Ausgangsbestand numerisch und genetisch zu erhalten. „Die übrigen 48“, so schreibt Erz, „sind ‚für die Katz‘ oder für das Eichhörnchen oder für die Krankheiten oder für schlechtes Wetter oder für den Futtermangel oder eben für die Rabenvögel - ein von der Natur ‚einkalkulierter‘ Überschuß.“[22]

Aber auch die Rabenvögel sind in der Lage, „ihre Bestände selbst zu regulieren“, ohne daß es dabei der „Hilfe“ durch den Menschen bedarf. Nicht nur die „zunehmende Verarmung der winterlichen Fluren“, die ihnen „vielfach die Lebensbasis“ einengt,[23] oder das (von Jägern oftmals bestrittene!) Vorhandensein natürlicher Feinde wie Habichte, Mäusebussarde, Baummarder und auch Eichhörnchen (Nesträuber) trägt dazu bei, sondern vor allem die intraspezifische, also innerartliche Dichtekontrolle. Denn eine Dezimierung durch Feinde ist weder entscheidend noch notwendig - vielmehr ist die Territorialität bei den Rabenvögeln für die Limitierung der Dichte maßgeblich. Brütende Eichelhäher, Elstern oder Rabenkrähen brauchen Territorien, die groß genug sind, um ihren Nachwuchs ausreichend zu ernähren, und die Konkurrenz der Elternvögel zu den anderen Paaren und den nichtbrütenden Vögeln um gute Reviere beschränkt die Bestandsdichte von vorneherein auf ein bestimmtes Maß. Ebenso versuchen Rabenkrähen immer wieder, an die Eier oder den Nachwuchs von Elstern heranzukommen, weswegen „die Elster dort häufiger wird, wo es wenige Rabenkrähen gibt, und umgekehrt".[24] Auch Wetter, Krankheiten und Parasiten begrenzen die Zahl der Rabenvögel; mehrere Feldstudien zeigen darüber hinaus unmißverständlich, daß die Bestände keineswegs wachsen, wenn sie nicht bejagt werden. Das Töten von Krähen ist den Dichten bedrohter Arten keinesfalls dienlich - im Gegenteil: Starke Bejagung von Rabenvögeln beeinträchtigt die Singvogelbestände maßgeblich negativ, wie Prof. Dr. Reichholf nachweisen konnte:

„Das Ausschießen der Horste zerstörte das Reviersystem der Krähen. Das zugehörige Revier (in das die Krähen nach einer eventuellen Flucht zurückkehren) wird nun nicht mehr verteidigt und nicht mehr von fremden, nichtbrütenden Krähen freigehalten. Diese streifen in lockeren Schwärmen umher und suchen nach Gelegenheiten, in die besetzten Reviere einzudringen, um den Artgenossen die Gelege oder kleine Junge zu rauben. Mit dieser Gelegezerstörung machen sie den Weg frei, ein eigenes Revier zu gewinnen. Die Abwehr der Revierbesitzer reicht normalerweise aus, um die revierlosen Artgenossen fernzuhalten. Die Revierbesitzer müssen nun aber genau in der Zeit, in welcher die Singvögel Gelege oder kleine Jungen haben und das Niederwild sich fortpflanzt, nach Insekten suchen, um ihre Jungen damit zu füttern. Als Singvögel brauchen die Krähen diese Insektennahrung zur Jungenaufzucht. Die revierlosen Krähen haben diese Art von beschwerlicher Nahrungssuche nicht nötig. Sie streifen umher, und wenn sie ein Vogelnest finden, holen sie die Eier heraus ... Werden aber zu viele Krähenreviere durch Bejagung zerstört, überwiegen plötzlich die Nichtbrüter unter den Krähen, und die Verluste an Vogelgelegen steigen, anstatt durch die ‚Hegemaßnahme' der Jäger zurückzugehen ... Eine Bejagung außerhalb der Brutzeit, wie sie gegenwärtig in manchen Bundesländern zugelassen ist, bringt gleichfalls keine Vorteile, weil sie den winterlichen Nahrungsengpaß entschärft und die überlebenden Krähen dann in besserer Kondition sind. Sie zeugen mehr Nachwuchs."[25]

So kann der Gefährdung beispielsweise des Brachvogels auch nicht durch den Abschuß von noch so vielen Krähen entgegengewirkt werden.[26] Die Gefährdungsursache, deren Entfernung eine unabdingbar wichtige Voraussetzung für die Erholung gefährdeter Arten ist, liegt nämlich auch bei ihm wie bei fast allen anderen bedrohten wildlebenden Tieren in der Zerstörung seines Lebensraumes, der Entwässerung der Feuchtgebiete, der Verwandlung von Wiesen in Ackerland, der kurzfristigen Veränderung seiner Lebensumstände, an die er sich nicht ebenso kurzfristig anpassen kann. Dagegen

> „lebt er seit langem in einer festgefügten Lebensgemeinschaft, der Biozönose, mit Rabenvögeln und kann auf deren Strategien reagieren".[27]

Dennoch hat das Europäische Parlament in seiner Plenarsitzungswoche vom 11. bis 15. Mai 1992 auf Druck der Jägerschaft allen Gesetzen der Vernunft und jeglichen ökologischen Fakten zum Trotz beschlossen, Eichelhäher, Elster und Rabenkrähe wieder zur Bejagung freizugeben. Euphorisch feierten die Jäger diesen Sieg, und in grenzenlos polemischer Arroganz qualifizieren sie die Anliegen der Naturschützer als lächerlich ab; wie die Zeitschrift „Wild und Hund" betonte, liegt dieser Entscheidung zur Änderung der EG-Vogelschutzrichtlinie die „Informations- und Überzeugungsarbeit der FACE (Dr. Yves Lecocq und Charles King)" zugrunde, „die als Interessenvertretung der Jagdverbände aller EG-Länder ihren Sitz in Brüssel hat".[28] Zwar kündigten zahlreiche Naturschutzorganisationen an, gegen diesen Beschluß vorzugehen, doch ist die Aussicht auf Erfolg gering. Um so nachdenklicher stimmt es jedoch gerade deswegen, daß beispielsweise in Deutschland die Jägerschaft mit einer Zahl von nicht einmal 300.000 Mitgliedern wesentlich größeren Einfluß auf die Gesetzgebung ausübt, als dies die Naturschutzverbände, die den allergrößten Teil der Bevölkerung hinter sich wissen, zu tun imstande sind. Zum Vergleich: Allein der Deutsche Naturschutz-Ring, Dachverband zahlreicher Natur- und Umweltschutzorganisationen, zählt 2,6 Millionen Mitglieder.

7.5 Der Umgang der Jägerschaft mit geschützten Arten

Die Selbstverständlichkeit, mit der Jäger leidensfähige Geschöpfe ohne die Basis einer rationell belegbaren unabänderlichen Notwendigkeit aus reiner Freude am Nachstellen und Töten aus dem Leben reißen, stößt die meisten Menschen, haben sie diese Motive erst einmal durchschaut, ab. Daß Krähen und andere Rabenvögel so intensiv von unten aus ihren Nestern herausgeschossen werden, daß die Verluste den Brutbestand vielerorts weit übersteigen,[1] daß Füchse im Zuge des jägerischen „frischen und fröhlichen Aushetzens und Sprengens"[2] (Behnke) mit „Schliefhund und Exekutionskommando"[3] (Hutter) aus ihrem Bau in den Tod durch Gewehrschuß getrieben werden, daß überhaupt so ziemlich alles Haarraubwild in „sofort tötenden" Fallen oftmals erst nach langer Zeit qualvoll stirbt[4] oder daß es, in Lebendfallen gefangen, nach Ausbrüchen panischer Angst[5] vom Jäger durch Schuß, Knüppel, das Hochheben am Schwanz (bei Füchsen) und das anschließende Schlagen gegen Kehle und Schnauze oder sogar durch Ertränken hingerichtet wird,[6] kann weder aus ökologischer noch aus ethisch-moralischer Sicht gerechtfertigt werden. Das Töten dieser Tiere ist vollkommen überflüssig und somit in jeder Hinsicht hochgradig verwerflich; wie später noch deutlich werden wird, können die Jäger hierbei jedoch trotz des Fehlens eines „vernünftigen Grundes" straffrei bleiben, da das geltende Recht die Jagdausübung in vielerlei Hinsicht von den Ausführungen des Tierschutzgesetzes ausschließt.

Anders verhält es sich indes selbstverständlich mit geschützten Arten, deren Individuen nur im Fall der konkreten Selbstverteidigung (aber wann tritt dieser heutzutage denn noch ein?) getötet werden dürfen. Jäger, die diese Tiere schießen oder in Fallen fangen, müßten mit erheblichen Geldbußen rechnen, was, so sollte man meinen, ein Garant für die Sicherheit dieser bedrohten Arten ist. Doch weit gefehlt - wer tatsächlich meint, daß der Jäger eine Reduzierung seiner Hasen-, Rebhuhn- oder Fasanenstrecke durch irgendeinen Beutegreifer toleriert, liegt bei zahlreichen Grünberockten sehr weit daneben; die folgenden Beispiele belegen dieses die Sicht auf den Bereich bestmöglicher Befriedigung der Jagdlust beschränkende Scheuklappendenken.

Beispielsweise zeigen sich nicht nur die 6.000 Falkner in Deutschland, die zusammen mehr als 20.000 Greifvögel besitzen, durch das „Aushorsten“ der Jungvögel für den Rückgang des geschützten Wanderfalken mitverantwortlich.[7] Einer Untersuchung der Vogelwarten Baden-Württembergs und Bayerns zufolge stellt die Jagd auf Greifvögel für Wanderfalken ab dem zweiten Lebensjahr die größte Bedrohung dar. Im Jahre 1960 wurden im Beobachtungsgebiet 41 Falken mit der Ausrede, man hätte sie „mit einem Mäusebussard verwechselt“, geschossen; weitere 23 wurden tot aufgefunden, wobei die Todesursache nicht eindeutig geklärt werden konnte. Der nächstbedeutendste Mortalitätsfaktor, das Verbrennen an Hochspannungsleitungen, raffte dagegen „nur“ 7 Wanderfalken dahin; eine Zahl, die den Einfluß der Jagd auf die Brutpopulationen dieser geschützten Greifvogelart verdeutlichen mag.[8]

Verdächtig mutet auch das verlockende „Weihnachtsangebot“ der Gebhard Sonntag GmbH an, deren Inseraten in verschiedenen Jagdzeitschriften zufolge man den ausgestopften Seeadler für 4000, Stein- und Fischadler ab 3000 und den präparierten Uhu gar für nur 1800 Mark umgehend ordern kann.[9] Woher diese Tiere wohl kommen? Vielleicht aus jenem Revier im Kreis Segeberg, von dem die Süddeutsche Zeitung am 11. 5. 1984 berichtete:

> „Ein junger Seeadler, der seltenste Brutvogel Deutschlands, ist in seinem Horst ... vergiftet worden. Manfred Carstens vom Deutschen Bund für Vogelschutz zufolge handelt es sich bei dem Gift um ‚Mevinphos‘ das ‚in den letzten Monaten vermehrt zur Vernichtung anderer Greifvögel benutzt‘ worden sei. Vergiftete Köder hätten allein in den vergangenen Wochen mehr als hundert Bussarde getötet.“[10]

Nun sollte man aber nicht glauben, daß diese Tat – für die ja lediglich bei der Jägerschaft ein naheliegendes Motiv existiert – ein Einzelfall ist. Auf dem Westerhorner Feld wurden im selben Jahr mehrere tote Mäusebussarde gefunden, auf deren Todesursache durch Vergiftung „aus dem Schnabel tretendes Blut“ hindeutete. Wie die Elmshorner Nachrichten zu berichten wußten, wurden „im Zusammenhang mit den Funden ... viele Schlagfallen, sogenannte Schwanenhälse, entdeckt“.[11] In Dithmarschen wurden Bussarde mit vergifteten Kaninchenkadavern, die als Lockmittel für die Greifvögel dienten, sowie durch massiven Abschuß dezimiert,[12] und auch die

Schleswig-Holsteinische Landeszeitung berichtete davon, daß „kürzlich weitere vier Bussarde im Wolmersdorfer Jagdrevier mit Schrot vom Himmel geholt worden“ sind.[13] Die Neue Presse wußte von der Bedrohung des ganzjährig geschützten Roten Milans durch schrecklich unbekannte „Unbekannte“,[14] während der Schwarzwälder Bote 1987 einen Bericht veröffentlichte, dem zufolge an mit dem Rattengift E 605 vergiftetem Ködermaterial „mindestens 25 Greifvögel ... verendeten“. Darunter waren auch zwei Rauhfußbussarde, deren Zahl in Baden-Württemberg auf ganze 250 Exemplare geschätzt wird.[15] Und die Norddeutsche Rundschau berichtete ebenfalls von derartigen Fällen, unter anderem von der Vergiftung dreier Kolkraben und dem Abschuß eines Fischadlers bei Hohenlockstedt, beklagte verständlicherweise jedoch, daß die Täter nur in den seltensten Fällen zur Rechenschaft gezogen werden können.[16]

Wie war das doch gleich mit dem Jäger, der „Hut und Mantel schützend über alles Getier, das in Freiheit lebt“, hält und es vor „undurchsichtigen Entwicklungsprozessen“ und „anonymen Kräften“[17] schützt? Die Glaubwürdigkeit der Jägerschaft ist in Anbetracht der Verbreitung solcherlei hohler Phrasen mehr als fragwürdig, und sie gerät noch mehr ins Wanken, wenn man Artikel wie jenen der Westfälischen Rundschau vom 11.10.1985 unter der Überschrift

„Naturschützer: Greifvögel zerfetzt, zerhackt und vergiftet“
liest:

> „... Seit Jahren beobachtet Andre Meuffels, wie im Kreise Heinsberg Greifvögel zerfetzt, zerhackt und vergiftet werden; wie sie qualvoll verenden, wenn ihnen die Schlageisen der zahlreich aufgestellten Fallen die Fänge abgetrennt haben. Er berichtet von Arsen, Strychnin und anderen Giftködern, die in unmittelbarer Nähe von Wohnsiedlungen Menschen und Haustiere gefährden. Er schildert, wie Barbaren jungen Eichelhähern, Hasen oder Hunden mit einem Messer den Rücken aufschlitzen, um sie dann in der Nähe eines Greifvogelhorstes festzubinden. Mit ihren Todesschreien sollen die gefolterten Tiere die Greifvögel anlocken – als bequeme Beute für den im Hinterhalt lauernden Schützen ...
> Zu denken gibt dem Naturfreund, daß er immer wieder Fallen unmittelbar neben Hochsitzen und Fasanenfutterstellen findet, die unter ständiger Kontrolle der Jagdaufseher stehen. Kein Wilderer würde dort seiner

Leidenschaft frönen. Der eine oder andere Jäger hingegen könne sich durchaus berufen fühlen, seine ‚heiligen Kühe', die Fasane, vor den Nachstellungen ihrer natürlichen Feinde, der Greifvögel, zu schützen...

In einem Schreiben an NRW-Umweltminister Matthiesen heißt es: ‚Seit 1982 sind von Mitarbeitern unseres Verbandes im Kreis Heinsberg etwa 100 mit Schrot geschossene, vergiftete oder in Fallen gefangene Greifvögel aufgefunden worden. Auffällig ist dabei, daß vor allem in bestimmten Jagdrevieren immer wieder direkt bei Fasanenfutterstellen Greifvogelfallen aufgefunden werden, die von den zuständigen Jagdaufsehern über Jahre hinweg ignoriert worden sind. Wir können aus diesen Verhaltensweisen nur die Schlußfolgerung ziehen, daß die Täter entweder die Jäger selbst sind oder Jagdaufseher wenigstens wissentlich die Greifvogelmorde in ihrem Revier geduldet haben."[18]

Ebenso kommt es oft vor, daß bedrohte Greifvögel sich in eigentlich für andere Tiere wie Füchse oder Marder aufgestellten Schlagfallen fangen, wobei hier die Dunkelziffer mit Sicherheit ungleich höher ist als die Zahl der bekanntgewordenen Fehlfänge. Einige Beispiele für Fälle, die an die Öffentlichkeit gedrungen sind, liefert der Landesbund für Vogelschutz in Bayern e. V. in einer Presseinformation. Auch die vom Aussterben bedrohten Steinadler und die stark gefährdeten Uhus wurden in erschreckend hoher Zahl von Abzugsfallen, Habichtskörben, Schlagfallen und Fuchseisen getötet oder schwer verletzt.[19] Wobei aber, und das sei in aller Deutlichkeit gesagt, der erbärmliche Tod Hunderttausender dem sogenannten „Haarraubwild" zugehöriger Individuen – Füchse, Marder, Wiesel – in solchen Fällen nicht weniger schlimm ist, auch wenn diese Arten in ihrer Existenz nicht bedroht sind. Denn das Leid der Individuen muß ebenso wie die Gefährdung einer Spezies Betrachtung finden – die Art besteht aus Individuen, und während die menschliche Bezeichnung „Spezies" ein mehr oder weniger abstrakter Sammelbegriff ist, muß das einzelne Tier als konkretes Individuum gesehen werden, welches – im Gegensatz zur Art in ihrer Eigenschaft als solche – Emotionen und ein Interesse an seinem Fortbestand besitzt. Gibt es in der Tierwelt auch Mechanismen, die die Existenz einer Art sichern sollen, so sind diese nichtsdestoweniger stets auf die einzelnen Individuen der Art zurückzuführen. Artenschutz und Tierschutz gehören zusammen; wer dennoch den Artenschutz als ausschließliche schützerische Aufgabe von Priorität betrachtet, muß bezichtigt werden, die Zusammenhänge in einer auf Rationalität fußenden, aber gleichwohl ethisch begründeten Naturanschauung nicht begriffen zu haben.

8

Jagd in Naturschutzgebieten

Der enorme, manchmal nahezu ausschließlich maßgebende Einfluß, den die Jägerlobby in ihrer Eigenschaft als politischer Machtfaktor auf die Jagdgesetzgebung ausübt, wurde bereits in vorhergehenden Kapiteln stellenweise dargelegt. Der Naturschutz, obschon in der Öffentlichkeit ungleich breiter unterstützt, wird im Gegensatz zu den eigennützigen Interessen der Jägerschaft oftmals schlichtweg in seinen Forderungen ignoriert, wobei es vollkommen gleich ist, welche jagdliche Bastion in Frage gestellt wird - Fallenjagd und das Aussetzen von Tieren zu Jagdzwecken beispielsweise treffen zwar in der Öffentlichkeit stets auf Ablehnung, doch sahen die Politiker bislang keinen Zwang, die Gesetzgebung dieser Stimmung anzupassen. Ähnliches trifft auch auf die Jagd in Naturschutzgebieten zu. In der Öffentlichkeit nur noch von wenigen Menschen als sinnvoll angesehen, wurde die Möglichkeit, Tieren selbst in Naturschutzgebieten noch nachzustellen, ausschließlich durch die maßgebliche Mitbestimmung der Jäger in bezug auf die Jagdgesetze aufrechterhalten.

Die waidmännische „flächendeckende Betreuung der Wildbestände“ erstreckt sich mit all ihren Zwecken, Mitteln und Folgen auf nahezu alle der derzeit ausgewiesenen Naturschutzgebiete Deutschlands, deren Gesamtfläche 1986 bei einer Anzahl von 2380 Einzelarealen 1,12 % der Landesfläche betrug.[1] Sinn und Zweck derartiger Gebiete sind laut Bundesnaturschutzgesetz der „besondere Schutz von Natur und Landschaft in ihrer Ganzheit“ sowie die „Erhaltung von Lebensgemeinschaften oder Biotopen wildlebender Tier- und Pflanzenarten“,[2] weswegen der jeweiligen Unterschutzstellungs-Verordnung zufolge „alle Handlungen, die zu einer Zerstörung, Beschädigung oder Veränderung des Naturschutzgebietes oder seiner Bestandteile oder zu einer nachhaltigen Störung führen können",[3] unter Strafandrohung verboten sind. Insofern hätten - objektiv betrachtet - die Jäger in solchen Schutzgebieten nichts zu suchen. Jagd und Hege, wie sie einem Bericht der Zeitschrift GEO zufolge selbst im Nationalpark Berchtesgaden im Hinblick auf Reh- und Rotwild ausgeübt werden,[4] wären als illegal einzustufen; eine Auffassung, zu der auch die Referenten des von der renommierten „Arbeitsgemeinschaft beruflicher und ehrenamtlicher Naturschutz" (ABN) Ende September 1986 organisierten Fachseminars „Probleme der Jagd in Schutzgebieten" zum Leidwesen der Jäger gelangten. Dennoch wird in Naturschutzgebieten weiterhin gejagt. Zwar wurden von den in Hessen zwischen 1983 und 1986 ausgewiesenen 291 Naturschutzgebieten 39 mit einem totalen Jagdverbot und 211 mit jagdlichen Einschränkungen belegt,[5] doch ist dies in der Bundesrepublik ein absoluter Spitzenwert, der in keinem anderen Bundesland auch nur annähernd erreicht werden konnte. Selbst im Nationalpark Bayerischer Wald und den in letzter Zeit zunehmend in den Mittelpunkt zahlreicher Diskussionen geratenen norddeutschen Nationalparks Schleswig-Holstein und Niedersächsisches Wattenmeer konnte indes noch nicht jenes konsequente Jagdverbot durchgesetzt werden, wie es nach den Anforderungen des internationalen Nationalpark-Verbandes und der IUCN (International Union for Conservation of Nature and Natural Resources) zur Anerkennung eines Schutzgebietes als Nationalpark zwingend erforderlich ist, denn in Deutschland (wie auch in Österreich), so Dr. Hans Bibelriether,

> „versuchen die Vertreter der Jagdverbände mit allen Mitteln die Fiktion aufrechtzuerhalten, sogar Nationalparks seien gewöhnliche Jagdreviere! Das ist im Hochgebirge, im Nationalpark Berchtesgaden nicht anders als im bewaldeten Nationalpark Bayerischer Wald oder an der Küste im Schleswig-Holsteinischen Wattenmeer."[6]

In der Tat - Jagdfunktionär Graulich verbreitet nach wie vor, Naturschutzgebiete dürften „nicht sich selbst überlassen bleiben",[7] und Werner von Eichel-Schreiber, seines Zeichens Jagdreferent im Landwirtschaftsministerium, konnte „nach zähem, zweijährigem Ringen" erstreiten, daß die Jagd in Naturschutzgebieten fortan möglich sei, „allerdings mit Ausnahmen, die der Schutzzweck des jeweiligen Gebietes vorgibt".[8]

So ist auch in beiden norddeutschen Nationalparks die Jagd nur in den auf zahlreiche Kleinflächen zersplitterten wenigen Schutz- und Ruhezonen untersagt, während auf dem übrigen Areal die Wattenjägerschaft weiter fröhlich ihrem blutigen Hobby frönen darf – daß dort, in den sogenannten Zwischen- und Erholungszonen, jedoch ebenso „ornithologisch besonders sensible Bereiche“ existieren, wie der zuständige Dezernent Dr. Dethlef Hansen indirekt zugibt, scheint indes nur die Naturschützer (und die Tiere selbst) zu interessieren. Professor Reichholf beschreibt die von dem bereits mehrmals erwähnten Heribert Kalchreuter wieder und wieder als schadlos bezeichnete jagdliche Realität in einem der nunmehr 20 deutschen Wasservögelschutzgebiete von internationaler Bedeutung nämlich folgendermaßen:

> „Ein Schuß peitscht auf. Das Echo bricht sich am bayerischen Damm. Der nächste folgt, eine ganze Salve. Schuß und Echo sind kaum mehr zu unterscheiden. Mit dumpfem Brausen gehen die Entenmassen hoch. Flügel an Flügel streben sie empor – zunächst zum deutschen Ufer, dann wieder zurück. Sie können das Echo nicht mehr von den Schüssen unterscheiden. Fast zehntausend Wasservögel sind nun in der Luft. Sie fangen an, über dem Stausee herumzukreisen. Die Möven wirbeln zwischen den Enten; klagende Rufe der Goldregenpfeifer und das nasale ‚Tirr‘ der Alpenstrandläufer mischten sich unter das Klingeln der Entenflügel. Alle Arten, ob Stock-, Krick-, Schnatter-, Löffel-, Spieß-, Reiher- und Tafelente, stürzen sich in den irren Wirbel der Wasservögel, hochgerissen von ihren Rast- und Nahrungsplätzen. Mit jeder kilometerlangen Schleife, die sie fliegen, geht wertvolle Energie verloren. Sie würden diese für den kräftezehrenden Flug in die Winterquartiere benötigen. Zum ‚Auftanken‘ sind sie ins Gebiet gekommen!“[9]

Dieser Bericht deutet es bereits an – ökologisch gesehen und unter Nichtbeachtung tierschützerischer Aspekte ist nicht die Zahl der tatsächlich abge- oder erschossenen Tiere (einmal abgesehen davon, daß durch den nichtselektiven Abschuß mittels des Einsatzes streuender Schrotsalven durchaus auch Individuen bedrohter Arten zu Tode kommen können) von Relevanz, sondern vielmehr der mit der lautstarken Bejagung verbundene Stör- oder Vertreibungseffekt für die durchziehenden und rastenden Wasservögel.

„In den regelmäßig bejagten Zonen sinkt die Wasservogeldichte im Herbst auf weniger als ein Zehntel des Wertes, der sich in nicht bejagten Abschnitten ausreichender Größe einstellt“,[10]

verdeutlicht Reichholf, und die Verfasser von Berichten über die Auswirkungen des Jagdverbots im Kanton Genf in der Schweiz stützen diese Ansicht unmißverständlich. So lag die Zahl der Wasservögel auf dem Genfer See zu Neujahr im langjährigen Mittel vorher bei 10.000, nach Einführung des Jagdverbots jedoch bei 32.000. An der Rhone, die auf einer Strecke von 21 km durch den Kanton fließt, konnten gar Steigerungen um mehr als 6.500 % festgestellt werden – vor dem Jagdverbot 110, danach sage und schreibe 7.500 Wasservögel.[11] Auch die Beobachtungen Dr. Gerdes vom DBV decken sich hiermit. Es wurde nämlich festgestellt, daß sich zur Zeit der Wattenjagd nur 4 % (1983/84) bzw. 15 % (1984/85) der im Dollart beobachteten Graugänse auf deutscher Seite aufhalten, im Winterhalbjahr ohne Jagd hingegen 36,7 % bzw. 38,9 %. Ähnliche Zahlen wurden auch für die unbejagten Limikolen ermittelt.[12]

Indes stellt sich nun zweifellos die Frage, wozu diese Betrachtungen dienen oder was diese Feststellungen in der Praxis für Konsequenzen besitzen. Sieht es auf den ersten Blick auch nicht unbedingt so aus, so hat die Vertreibung von Wasservögeln aus den besagten Zonen doch nachhaltige ökologische Auswirkungen, die Teile des natürlichen Gleichgewichts zumindest vorübergehend gehörig ins Wanken bringen können. In seinem Buch „Leben und Überleben in der Natur“ verdeutlicht Reichholf diesbezüglich:

„Wenn die Wasservögel im Herbst die flachen Stauseen und die Buchten der Seen aufsuchen, verbrauchen sie einen Teil der organischen Produktion des vorausgegangenen Sommers. Sie greifen dabei unter Umständen ganz massiv in die Nährstoffkreisläufe ein. Die Bläßhühner, Schwäne und Enten können bis über 90 % der vorhandenen Biomasse abweiden. Sie setzen diese um und entnehmen dabei dem Gewässer seine Überschußproduktion. Weil es sich in aller Regel um Gewässer handelt, die durch menschliche Aktivitäten zu viele Nährstoffe abbekommen haben, die eutrophiert sind (Eutrophierung = Anreicherung von Nährstoffen in einem Lebensraum), stellt diese Nutzung einen bedeutenden Beitrag zur Verbesserung der Nährstoffverhältnisse in belasteten Gewässern dar.

Wenn nun aber die Wasservögel bejagt werden, verlassen sie zeitweise oder ganz das betreffende Gewässer und ziehen weiter. Damit fallen sie als Konsumenten in mehr oder minder großem Umfang aus. In den Innstauseen wurde dieser Vorgang näher untersucht. Bei der herbstlichen Wasservogeljagd wurde ein viel größerer Teil der Wasservögel einfach vertrieben als tatsächlich abgeschossen. Auf eine Strecke von 1200 bis 1500 erlegter Enten kamen mehr als 30.000, welche diese Stauseen verlassen hatten. Die Nutzung der organischen Produktion sank entsprechend stark ab und erreichte nur noch etwa 15 %. Der weitaus größere Teil blieb ungenutzt und fiel der Verrottung anheim. Auf den nicht bejagten Wasserflächen hingegen stieg die Nutzungsrate auf 90 % bis 95 % an. Dort funktionierten die Stoffkreisläufe, und es kam nicht zur Anhäufung von organischem Material, aus dem sich Faulschlamm bilden konnte. Der vergleichsweise geringe Effekt der Entenbejagung mit einer Abschußquote von 3 bis 5 % hatte also weitreichende Folgen für das Ökosystem."[13]

Diese Folgen sind konkret: Sauerstoffschwund durch vermehrte Zersetzung organischen Materials, Abnahme der Wasserqualität, Sterben von Fischen und anderen Organismen aufgrund des Sauerstoffmangels und dadurch wiederum die erneute Herabsetzung der Regenerationsfähigkeit des betroffenen Gewässers.[14]

Besonders kontroverse Diskussionen entzündeten sich auch am Themenbereich „Wattenjagd". Da das Recht zur Jagdausübung sich dort nicht nach dem Besitz eines Reviers, sondern vielmehr nach dem Besitz eines sogenannten „Wattenscheins" richtet, kommt es zu Jägerkonzentrationen an besonders erfolgversprechenden, also vogelreichen Stellen des Nationalparks. Fallen Schüsse, so fliegen die Tiere allesamt nahezu gleichzeitig auf, und es kommt im allgemeinen Gewirr oftmals zu gemischten Schwärmen, auf die dann mit streuender Schrotmunition geschossen wird. Das gezielte Schießen auf einzelne Tiere ist überhaupt nicht möglich, und Artenschützer geben zu bedenken, daß auch Individuen gefährdeter Spezies infolgedessen ihres Lebens nicht sicher sein können. Außerdem werden die Vogelbestände im deutschen Teil des Dollart immer lichter, während sie sich im aus Vogelschutzgründen jagdfreien niederländischen Gebiet mehr und mehr konzentrieren; die Zeitschrift GEO berichtete des weiteren, daß bis zum Jahre 1982 nur 600 Seehunde die Nachstellungen durch deutsche Jäger im Nordfriesischen Wattenmeer überlebten[15] – mit Arten- oder gar Tierschutz hat das nichts, mit pervertierter Jagdlust alles zu tun.

In Anbetracht dieser Fakten sind sich Natur-, Umwelt- und Tierschützer einig, daß insbesondere die Wattenjagd schnellstmöglich beendet werden sollte. Im April 1990 wurden dem niedersächsischen Landwirtschaftsminister Burkhard Ritz in Hannover 80.000 sich gegen die Wasservogeljagd im Nationalpark Wattenmeer richtende Unterschriften überreicht, und Wolfgang Apel, Bundesgeschäftsführer des Deutschen Tierschutzbundes, erklärte bei der Übergabe dezidiert, der Minister solle den „mittelalterlichen Spuk" der Wattenjagd beenden.

> „Es sei unverständlich, wenn Freizeitjäger ausgerechnet in einem Nationalpark Tausende von Zugvögeln zu ihrem Vergnügen töteten, tödlich verletzten oder durch Bleischrot vergiften",

so wurde Apel von der taz zitiert.[16] Und bereits 1986 konnten verschiedene Naturschutzorganisationen (wie u. a. der damalige Deutsche Bund für Vogelschutz) 18.252 Unterschriften für ein generelles Verbot der Wattenjagd im niedersächsischen Landwirtschaftsministerium einreichen. Prof. Dr. Dr. Sojka vom Komitee gegen den Vogelmord kritisierte anläßlich dieser Protestaktion, daß die niedersächsische Landesregierung „das fragwürdige Hobby" von 700 Wattenjägern über das Interesse der Naturschützer stelle.[17] Zu diesem Zeitpunkt existierten übrigens noch keinerlei ernstgemeinte politische Bestrebungen von seiten der renommierten Parteien, die Jagd im Nationalpark, in deren Verlauf Jahr für Jahr 20.000 Vögel er- oder auch nur angeschossen werden, zu unterbinden. Zumindest ansatzweise scheint sich diese der Jägerschaft entgegengebrachte kritiklose Akzeptanz inzwischen jedoch zu verflüchtigen. Die Deutsche Jagd Zeitung sprach bereits von einer „schleichenden Jägeraussperrung"[18] aus Naturschutzgebieten, und Jagdfunktionär Rudolf Graulich beanstandete im „Hessenjäger" die „in den letzten Monaten in den Verordnungen ausgesprochenen fast einheitlichen Jagdbeschränkungen und Verbote der Niederwildjagd und der Hege, die in gar keinem Verhältnis zum Schutzgegenstand oder Schutzzweck stehen".[19] Ja, es ist wirklich vollkommen unverständlich, warum in Naturschutzgebieten, deren Ausweisung gar nicht explizit zum Schutze des dortigen Niederwildes unternommen wurde, die Jagd auf diese Wildarten dennoch untersagt ist. Genaugenommen: Diese Bestimmungen sind ebenso unverständlich wie ein Verbot der Wattenjagd auf Vögel, die nicht gefährdet sind – zumindest aus jägerischer Perspektive, deren Blickfeld sich ja stets auf Arten beschränkt, welche mehr oder weniger legal einer „jagdlichen Nutzung" zugeführt werden können bzw. dürfen. Dennoch, aller Proteste und allem jägerischen Unverständnis zum Trotz, mußte die „Pirsch" selbst aus Niedersachsen Schreckliches vermelden:

„Zwei neue Naturschutzgebiete hat die Bezirksregierung Lüneburg ausgewiesen ... Das Gebiet darf außerhalb der Wege nicht betreten werden; Nutzungen, also auch die jagdliche, die zuvor bestanden, dürfen beibehalten werden.

Anders sieht das im neugeschaffenen Naturschutzgebiet ‚Waldhödener Moor' im Landkreis Cuxhaven aus. Der Schutzzweck ist der gleiche, aber hier ist es nicht gestattet, ‚wildlebenden Tieren nachzustellen, sie zu stören, zu füttern, zu fangen oder zu töten'. Damit ruht praktisch jegliche Jagdausübung!"[20]

Nein, wie schrecklich; wieder ein Gebiet, das der jagdlichen Nutzung auf politischem Wege entzogen wurde, ohne daß die Jäger dies - anders als in so manchem Fall zuvor - zu verhindern wußten. Am Ende entstehen gar eines Tages zusammenhängende jagdfreie Flächen, die groß genug sind, um die Selbstregulationsfähigkeit der Natur mit all ihren positiven Aspekten auch dem bislang unwissenden Normalbürger vor Augen zu führen, und dieser könnte dann womöglich auf die Idee kommen, eine derartige Regelung für die Fläche der gesamten Bundesrepublik zu fordern - für Jägerhirne undenkbar! Doch die Gefahr, die von einem generellen Jagdverbot in Naturschutzgebieten ausgeht, haben die Grünröcke bereits gewittert. Peter K. Pernutz von der Deutschen Jagd Zeitung dankt deshalb dem Deutschen Jagdschutz-Verband, der den Fall dieses jägerischen Rechts bislang noch zu verhindern wußte:

„Ich wette: Ohne den Verband hätten wir schon das Verbot der Jagd in Naturschutzgebieten."[21]

Dieses könnte nämlich wiederum den Einstieg ins totale Jagdverbot bedeuten, denn „Politiker können unglaublich schnell handeln und Schritt für Schritt alles zu Schutzgebieten erklären".[22]

Das ist in der Tat bedenklich - oder etwa nicht!?

9

Schrotkugeln aus Blei – klein, rund und hochtoxisch

Mehr als dreihunderttausend Füchse, knapp 1,5 Millionen Fasane, Enten, Rebhühner und Ringeltauben sowie weit über 1 Million Hasen und Wildkaninchen werden Jahr für Jahr im Zuge der Jagdausübung mittels Schrotpatronen in Deutschland vom Leben zum Tode befördert.[1] Diese Schrotpatronen enthalten je nach Korngröße – bei Fuchs und Hase 3,5 mm, bei Ente und Fasan 3 mm, bei Kaninchen, Rebhuhn, Schnepfe, Taube usw. 2,5 mm –[2] jeweils zwischen 380 und 390 Kugeln aus giftigem Blei, das sich pro Patrone zu einer Gesamtmasse von 25,5 bis 35,5 Gramm summiert.[3] Berücksichtigt man darüber hinaus, daß keineswegs jeder Schuß mit dem Tod eines „Stückes" gleichzusetzen ist, sondern daß vielmehr insbesondere bei windigem Wetter und gerade bei der Jagd auf Vögel eingesetztem kleinem Kaliber oft Dutzende von Schüssen auf ein einziges Beutestück abgegeben werden, so kann man davon ausgehen, daß für die ökotoxologische Situation durchaus bedenkliche Mengen an Bleischrot in die Umwelt gelangen. Schätzungen weisen aus, daß für die oben angeführte Jagdstrecke jährlich rund 9000 Tonnen giftigen Bleis verschossen werden[4] – eine Zahl, die zwar, zu den Schadstoffemissionen der bundesdeutschen Industrie in Relation gesetzt, recht unbedeutend erscheint, die es aber dennoch gehörig in sich hat.

Anders als der industrielle Schadstoffausstoß fällt der verschossene Bleischrot nämlich nicht gleichmäßig über die 23 Millionen Hektar deutscher Jagdreviere verteilt an, sondern sammelt sich in stark frequentierten Jagdzonen – beispielsweise dem Nationalpark Wattenmeer! – ebenso wie an Wurftaubenschießplätzen konzentriert an. Der Staatssekretär Georg Gallus, seinerzeit großer Befürworter der grausamen Fuchsvergasungsaktionen, antwortete auf die Frage eines

Bundestagsabgeordneten, ob die Bundesregierung in Anbetracht diesbezüglicher Untersuchungen aus dem Ausland das Verschießen von Blei nicht als eine ständig wachsende Gefahr für das Wattenmeer ansehe, zwar mit dem Verweis, ausländische Untersuchungen seien nicht auf die deutschen Verhältnisse übertragbar. Bei uns herrsche nämlich kein Lizenzjagdsystem, das die Konzentration von Jagdausübungsberechtigten begünstige. Doch belegt diese Aussage wiederum lediglich, daß Gallus seine Hausaufgaben nicht gemacht zu haben scheint. Ausgerechnet im Wattenmeer herrscht als einzigem deutschem Jagdgebiet nämlich ein Lizenzjagdsystem, welches auf der Ausstellung sogenannter „Wattenscheine" beruht. Und die faktische Richtigkeit Gallus' ergänzender Behauptung, die Jägerkonzentration würde durch Einweisung in bestimmte Abschnitte des Jagdbezirks vermieden,[5] darf in Anbetracht zahlloser gegenteiliger Augenzeugenberichte bezweifelt werden.

Für das Bundesgebiet liegen anders als im europäischen und amerikanischen Ausland nur wenige Studien zur Problematik der Bleibelastung in stark frequentierten Jagdgebieten vor. Doch die aus den USA, aus Frankreich, Großbritannien, Dänemark oder der Schweiz stammenden Untersuchungen legen die ökotoxikologische Bedenklichkeit der Jagd mit Schrotmunition unmißverständlich dar:

> „Wasservögel mit Bleischrot im Magen, Sterblichkeitsraten von 4-6% allein infolge von Bleivergiftungen, der Bleitod von etwa 1 Million Wasservögel in den USA nach der Jagdsaison sind heutzutage vermeidbare Nebenwirkungen der Jagd."[6]

Doch auch auf bundesrepublikanischem Gebiet mußten Wissenschaftler bereits 1984 feststellen, daß die Gehalte von toxischem Blei im untersuchten Wildbret die Richtwerte aus der Medizin überschritten,[7] und die folgenden an Entenjagdplätzen im Bereich Rheinaus-Freistett nachgewiesenen enormen (aber nicht untypischen) Bleikonzentrationen, jeweils auf 1 Quadratmeter bezogen, machen die Gefahr noch deutlicher:

1. Im Wasser in höchstens 1 m Abstand vom Ufer an der aktuellen Futterstelle: 1740 bzw. 2020 Bleikörner
2. Im Wasser in höchstens 1 m Abstand vom Ufer: 710, 380, 350
3. Im Wasser in 3-10 m Entfernung vom Ufer: 260, 530, 250, 350

4. Im fast senkrechten Uferabbruch bis in 15 cm Bodentiefe: 1020, 1760 (ein Indikator dafür, daß oft auf Enten im Wasser geschossen wird!)
5. Im Waldboden in 16 m Entfernung vom Ufer bis in 10 cm Bodentiefe: 470; in 30 m Entfernung bis 5 cm Bodentiefe: 100
6. In den Baumstämmen des gegenüberliegenden Ufers bis in 2,5 m Höhe:
   a) bis 5 m Entfernung vom Ufer: 1211, 1178, 1878, 1200, 1450, 1375, 825, 725, 2900, 1830, 1305, 1300, 2950, 2698 (Mittelwert: 1733)
   b) 5-10 m Entfernung vom Ufer: 1000, 1200, 1800, 1300, 425, 850, 1450 (Mittelwert: 1207)
   c) 10-15 m Entfernung vom Ufer (in größeren Stammhöhen teilweise größere Werte): 167, 750, 900, 375, 625, 700, 525, 400, 375, 367 (Mittelwert: 518)
   sowie ältere Einschüsse, mindestens bis in 70 m Entfernung vom Ufer.[8]

Aus derartigen Untersuchungen haben andere Länder - im Gegensatz zur Bundesrepublik - längst Konsequenzen gezogen. Dänemark verbot beispielsweise bereits 1984 die Benutzung von Bleischrot,[9] und in den USA wurde sie 1987 untersagt, nachdem dort die jährlich allein auf Wasservögel verschossenen 6000 Tonnen Blei[10] „alle Jahre wieder" 1,6-2,4 Millionen Enten durch Vergiftungserscheinungen mit Todesfolge das Leben kosteten.[11] Auch in sämtlichen skandinavischen Ländern geriet die Schrotmunition mehr und mehr in den Mittelpunkt zahlreicher Diskussionen[12] - nur eben in Deutschland konnte sich die Jägerschaft bislang unverständlicherweise davor drücken, sich derartigen Streitfragen ernsthaft zu stellen. Bleibt die Frage, wie lange ihr das noch in diesem Maße möglich sein wird.

Indes hat eine derartige mehr oder minder konzentrierte Bleibelastung natürlich nachhaltige negative Folgen für die Natur. Demonstrierte der bereits häufiger zitierte Jagdfunktionär Graf Schönburg zwar eigens für den „Spiegel", daß man „einen gehäuften Kaffeelöffel voll Bleischrot" jederzeit „schadlos essen kann",[13] so heißt dies jedoch noch lange nicht, daß tatsächlich eine vollkommene medizinische Unschädlichkeit vorliegt. Immerhin gilt Blei als toxikologisch bedenklicher Stoff, und nichtsdestoweniger - Schädlichkeit für den

Menschen hin oder her – vermögen bereits drei bis sechs verschluckte Schrotkörner eine adulte Stockente zu töten. „Bereits die Aufnahme eines einzigen Bleikorns“, so Karl Westermann, führt „mit etwa siebzigprozentiger Wahrscheinlichkeit zum Tode des Tieres und auf jeden Fall zu einer erheblichen Beeinträchtigung seiner Überlebenschancen.“[14] Und die Wahrscheinlichkeit, daß ein Bleikörnchen von einem Wasservogel aufgenommen wird, ist ausgesprochen groß – nicht nur durch die Verwechslungsgefahr mit Samen, sondern insbesondere durch die Eigenschaft vieler Wasservögel, kleine Steinchen als Verdauungshilfe aufzunehmen.[15] Da diese Verhaltensweise nicht nur „normalen“ jagdbaren Tierarten zu eigen ist, sondern auch Individuen mancher geschützter Arten, kann davon ausgegangen werden, daß auf diesem Wege ebenfalls zahlreiche Einzeltiere bedrohter Spezies zu Tode kommen.

Wer jetzt aber denkt, nur Tiere seien durch die Belastung der Mitwelt mit Bleischrot gefährdet, hat sich gründlich getäuscht; nicht nur, was den Verzehr des mit Schrot getöteten Wildes angeht, sondern auch in bezug auf alltäglichere Nahrung. Unter Sauerstoff- und Wasserstoffzufuhr reagiert Blei – Pb – leicht zu Bleihydroxid – $Pb(OH)_2$ – und wird dadurch für Pflanzen verfügbar gemacht, deren Photosyntheserate (und damit auch ihr Wachstum) infolgedessen sinkt. Die Bleiverbindung wiederum steckt nun „in den Pflanzen der Wiesen und Äcker unserer ‚Niederwild‘-Reviere und damit im Getreide und im Futter des ‚Nutzviehs‘, welches unser täglich Fleischbrot liefert“.[16] Zwar betont die Bundesregierung, die Umweltbelastung durch Bleischrot sei „nach dem gegenwärtigen Kenntnisstand als gering einzustufen“,[17] doch ist ja allgemein bekannt, daß Politiker – insbesondere wenn sie die Interessen bestimmter Lobbys u. ä. vertreten – so allerhand sagen, wenn der Tag lang ist. Wer kann überdies sicher sein, daß der „gegenwärtige Kenntnisstand“ nicht schon morgen vollkommen überholt ist?

Noch einen weiteren Aspekt des Beschießens von Tieren mit Schrotmunition möchte ich indes an dieser Stelle – obwohl er an und für sich in den zweiten Teil dieses Buches gehören würde – anführen: Der Schrotschuß ist eine besonders grausame Methode der Jagd mit dem Gewehr. Er wird nämlich in erster Linie auf flüchtende oder fliegende Tiere abgegeben und breitet sich während des Fluges trichterförmig aus, so daß die Streuung am Ziel bereits ein beträchtliches Maß erreicht hat. Werden nun - wie dies oftmals der Fall ist - beispielsweise auffliegende Vogelschwärme beschossen, so treffen die Schrote nicht nur das direkt anvisierte Tier, sondern verletzen auch die in seiner Umgebung fliegenden Individuen mehr oder weniger stark. Wie Prof. Dr. Dr. Sojka in seinem Buch „Tierschutz Tierschutz" schreibt, leben

> „die so von den ‚Randschroten' angeschossenen Tiere ... oft stunden- oder tagelang weiter und verenden dann elend irgendwo. Manche überleben als Krüppel und vegetieren dahin."[18]

Wie im vorigen Kapitel erwähnt, sind derartige aufgescheuchte Schwärme auch oftmals gemischt, d. h., es kommt vor, daß unter vielen Einzeltieren „jagdbarer" Arten ein geschütztes Individuum auffliegt und angeschossen wird.[19] Die Folge ist in den allermeisten Fällen der Tod durch Bleivergiftung.

Ein selektiver Abschuß von einzelnen Tieren ist auf größere Entfernung bei einer höheren Anzahl von Tieren auf relativ geringem Raum überhaupt nicht möglich - da helfen auch die Beteuerungen eines alten Waidmannes, der „seit 67 Jahren im Besitz einer Jagdkarte ist" und meinte, er schieße die Tiere „einzeln",[20] nichts. Am Chiemsee wurden der engagierten Tierschützerin Marianne Pietsch beispielsweise nach der Jagd Jahr für Jahr Dutzende von Wasservögeln gebracht, denen

> „ein Auge oder beide ausgeschossen wurden, denen ein Fuß fehlte oder ein Bein, Enten, die nur noch den halben Schnabel hatten oder nur einen Flügel".

Weiter weiß sie zu berichten:

> „An der Alz, am Chiemsee-Abfluß, standen einmal fast 150 Jäger und schossen auf alles, was sich bewegte. Vierzehn Tage später fand ich einen Berg Vogelleichen ..."[21]

Mordmannsheil! Nur als „kleiner Vorgeschmack" mag Sie dies auf die Widerlichkeiten vorbereiten, von denen im zweiten Teil dieses Buches berichtet werden soll.

Indes birgt auch der Schrotschuß auf Säugetiere wie Kaninchen, Hasen und Füchse extreme Grausamkeit. Zwar treten diese Tiere eher selten in Schwärmen auf, doch werden sie ebenfalls meist aus recht großer Entfernung auf der Flucht und somit in schnellem Lauf erschossen – mit stark streuender Schrotmunition. Das unvermeidbare Resultat auch hier: zerschmetterte Kiefer, zerschossene Bäuche, verkrüppelte Läufe, zerfetzte Geschlechtsteile; ein Risiko, das durch den leichteren und ungiftigen Ersatz für Bleischrot, nämlich Weicheisenschrot, noch weiter steigt.[23] Infolgedessen stellt sich die Frage: Warum wird mit Gewalt diese Form der Jagd aufrechterhalten, die ökologisch unsinnig (Füchse, Hasen, Kaninchen, Enten etc. müssen, wie bereits dargelegt wurde, keinesfalls bejagt werden, im Gegenteil, die Jagd auf sie schadet dem ökologischen Gleichgewicht eher, als daß sie ihm nützt), tierquälerisch und ökotoxikologisch bedenklich ist? Die Antwort jedoch wissen wohl nur die Jagdfunktionäre, die sich durch ihren Einfluß auf Politik und Jagdgesetzgebung dem Willen der Bürger und der Fachkompetenz der Ökologen nach wie vor erfolgreich zu widersetzen vermögen.

10

Resümee

Die einzelnen Kapitel und Teilkapitel dieses ersten Buchteils haben es in ihrer Gesamtheit, so denke ich, teils exemplarisch anhand einzelner derzeit dem Jagdrecht unterliegender Tierarten, teils mittels der Verdeutlichung biologischer Grundtatsachen eingehend und nachdrücklich deutlich gemacht: In bezug auf die allermeisten Wildarten besteht keinesfalls jene so oft von Befürwortern der Jagd zitierte „ökologische Notwendigkeit" der Bejagung, die in der Öffentlichkeit für den Großteil der Nichtjäger der einzige Grund ist, die Jagdausübung zu tolerieren. Dieses in mit ökologischer Kompetenz ausgestatteten Fachkreisen inzwischen praktisch unumstrittene Wissen wird, sobald es auch unter „Normalbürgern" weitere Verbreitung findet, letztendlich durch politischen Druck zumindest zur weitgehenden Beschränkung des Katalogs jagdbarer Tierarten führen, denn die Bejagung von Hasen, Kaninchen, sämtlichen Vögeln, Füchsen und Mardern fügt nicht nur den betroffenen Individuen selbst, sondern auch der Natur in ihrer Gesamtheit sowie dem Menschen als Naturfreund Schaden zu. Konkret müssen in einer Liste der wesentlichen ökologischen und verhaltensbiologischen Schäden und Nachteile angeführt werden:

- Jagd verändert das natürliche Verhalten und das soziale Zusammenleben von Tieren in extrem negativer Weise, was für das Individuum unnatürliche Streßsituationen nach sich zieht.
- Jagd drängt Tiere in artuntypische Verhaltensweisen (wie beispielsweise Nachtaktivität).
- Jagd setzt durch intensiven Raubwildabschuß im Zusammenwirken mit der Hege die natürliche Selektion außer Kraft, was der Gesamtkonstitution der betroffenen Beuteart abträglich ist.
- Jagd – speziell auf Füchse – begünstigt maßgeblich die Ausbreitung der Tollwut.

- Jagd macht Tiere weit über Gebühr menschenscheu.
- Jäger sind als Ersatzluchse und -wölfe untauglich, da sie - bewußt oder unbewußt - durch unnatürliche Selektions- und Regulationsmechanismen eine zwangsläufige Falschauslese betreiben.
- Jagd trägt/trug maßgeblich zur Ausrottung und/oder Gefährdung verschiedener Arten bei.

Darüber hinaus muß unter Betrachtung der Hege, des anderen maßgeblichen Bestandteils jägerischen Wirkens, kritisiert werden:

- Die Hege von Reh- und Rotwild, insbesondere Fütterungen sowie die medikamentöse Prophylaxe gegen Krankheiten und Parasiten, gefährdet durch Wildverbiß zusätzlich die Verjüngung des ohnehin angeschlagenen Waldes.
- Hege hat mit natürlichen Gegebenheiten nichts zu tun und läuft diesen vielmehr zuwider.
- Hege degradiert die Natur zur Kulisse für die künstliche Heranzucht unnatürlich hoher, menschenabhängiger Reh-, Hirsch- oder Fasanenbestände.
- Hege setzt vorsätzlich die natürliche Selektion und Regulation vieler Tierbestände außer Kraft.
- Die Hege führt aufgrund ihrer Ausrichtung auf jagdbare Spezies zur Verdrängung oder zumindest zur Verschlechterung der Lebensbedingungen nichtjagdbarer Arten.
- Hege hat bei intensivem Gebrauch die genetische Degeneration sowie die „Verhausschweinung" unmittelbar betroffener Tierarten zur Folge.
- Durch die Einbürgerung faunenfremder Arten kann es zur Verdrängung einheimischer Spezies kommen; deutlich wird dies z. B. bei der Wechselbeziehung Fasan–Birkhuhn.

Insofern stellt sich bereits aus rein ökologischer Sicht, also ohne Berücksichtigung der Interessen des Individualtierschutzes, die Frage, ob man Jagd nicht, anstatt sie weiterhin zu tolerieren, zum frühestmöglichen Zeitpunkt verbieten sollte. Sie läßt sich indes - bei Außerachtlassung verquerer jägerischer Interessen - wiederum leicht beantworten mit einem dezidierten Ja zugunsten von Natur, Tieren und wahren Naturfreunden. Sollten nämlich bei den drei „Problemwildarten" - Reh-, Rot- sowie Schwarzwild - oder beim Gamswild nach Durchsetzung des Jagdverbots aus ökologischer

Die Menschen verlangen eine friedliche Welt. Was aber bewegt die deutschen Jäger, 5 Millionen Wildtiere im Jahr oder fast 14000 täglich, und dazu nicht wenige Hunde und Katzen, durch Kugeln, Schrotgarben und Folterfallen umzubringen?

DIE GRAUSAME LUST

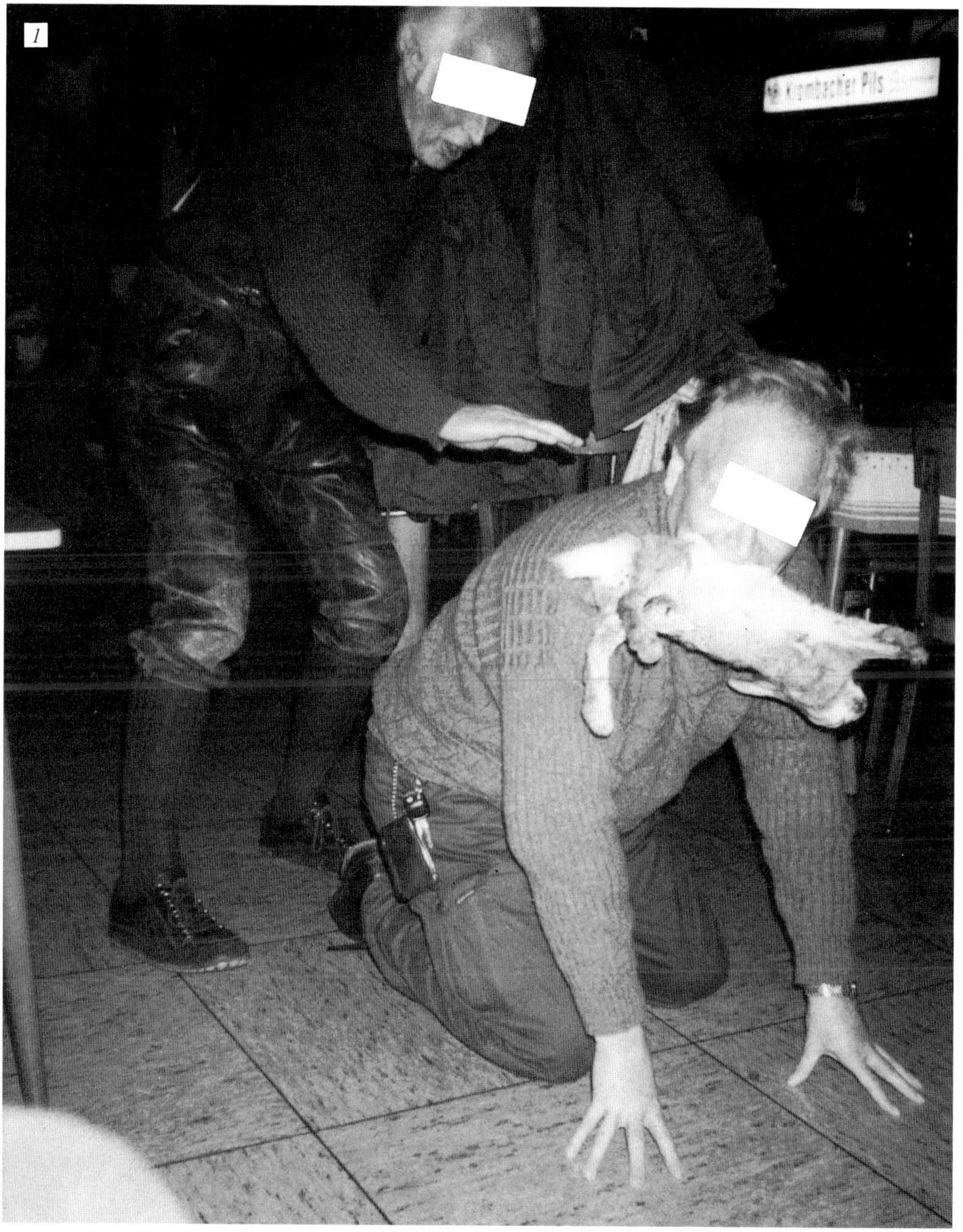

Schweißtreibender Abtransport der Jagdbeute.

Sind das die vielzitierten ‚Mühen um unser Wild', von denen die Jäger so gerne sprechen? *Foto (2): Isabelle Cezanne.*

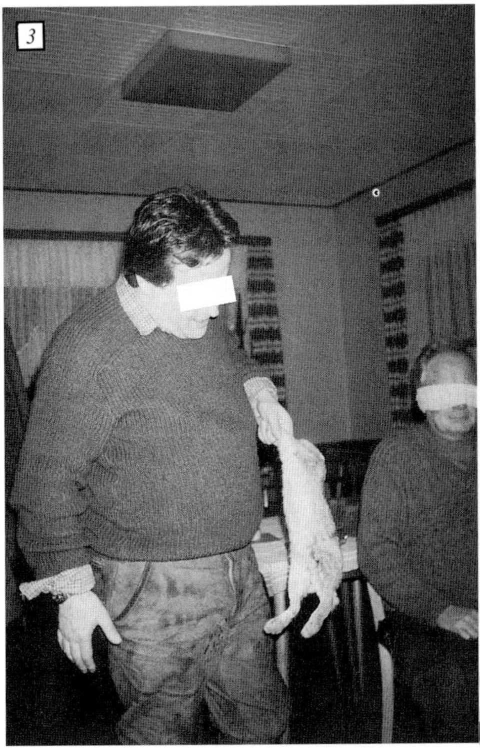

Wenn Jäger unter sich sind.

Diese Fotos *(1, 3, 4, 5)* wurden nach Gesellschaftsjagden von Aktivisten aufgenommen, die sich unbemerkt in die geschlossene Jägergesellschaft eingeschlichen hatten. So entstanden unmißverständliche Dokumente der ‚altehrwürdigen waidmännischen Traditionen' und der jägerischen ‚Tierliebe'.
Fotos: Der VOR von Aktivisten zur Verfügung gestellt.

4

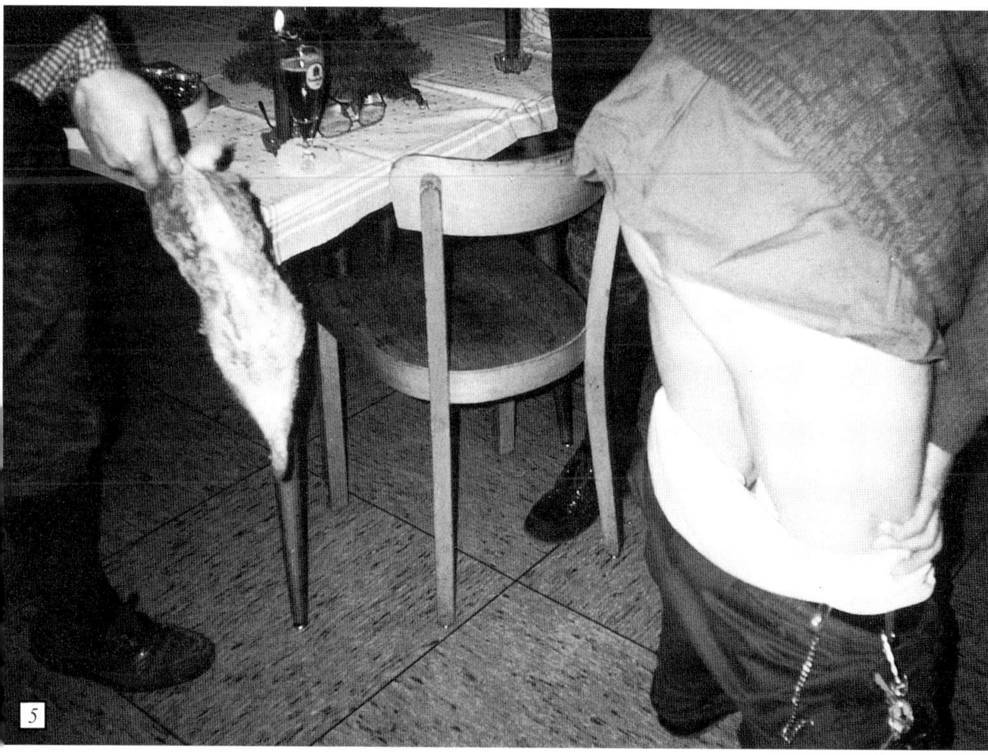

5

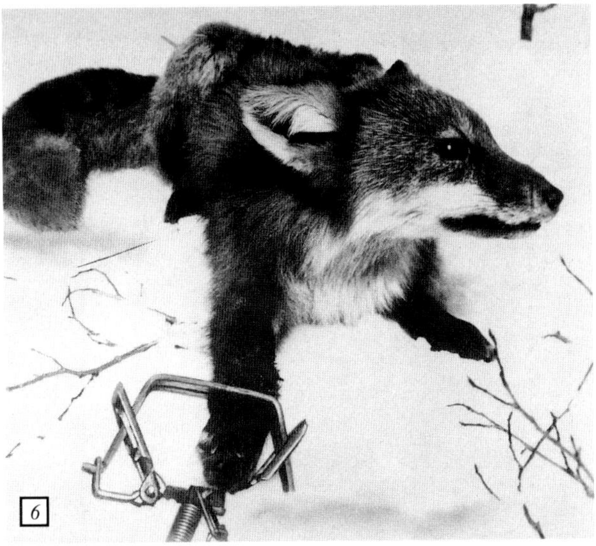

6

Festhaltefallen wie dieses Tellereisen sind in der BRD zwar verboten – doch werden sie von mancher Vertriebsfirma für Jagdartikel nach wie vor angeboten und verkauft. Außerdem kommt es auch bei noch vollkommen legalen Schlagfallen wie dem Schwanenhals nur allzu oft zu derartigen Lauffängen, die für das betroffene Tier mit ähnlichen Qualen verbunden sind.
Foto (6): PETA.

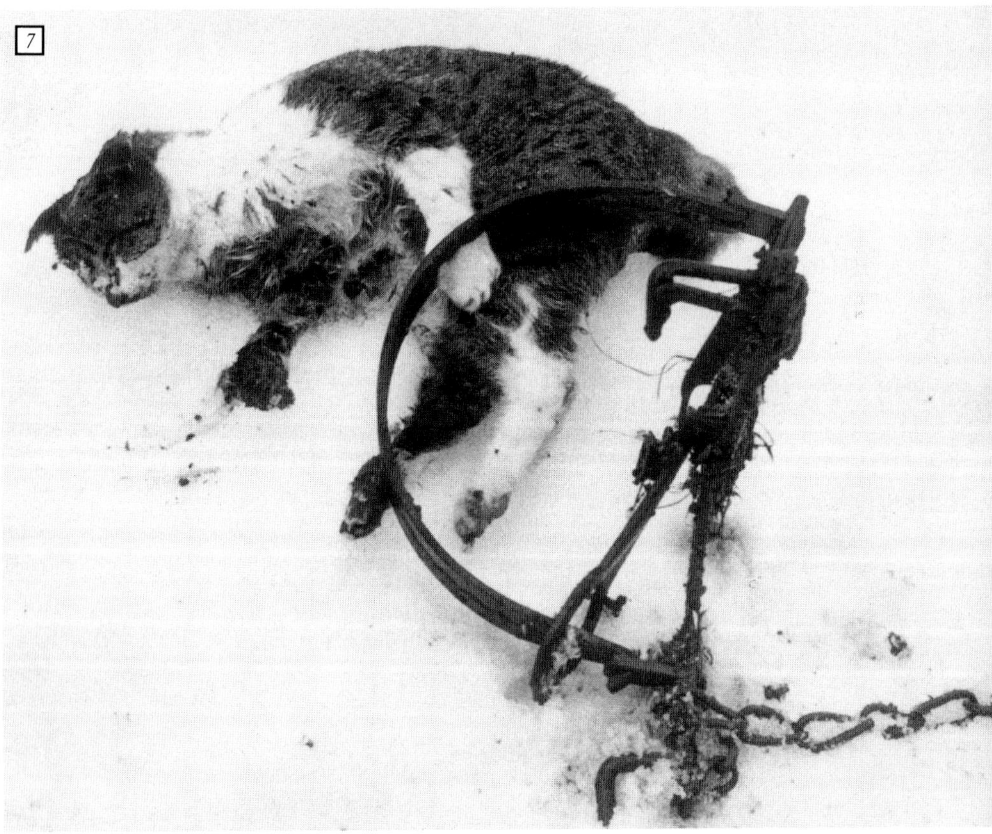

7

Fallenopfer Katze. Nur zwei von über 400.000 Haustieren, die jährlich einen zumeist gewiß nicht schmerzfreien Tod durch Jäger erleiden. Überdies wird deutlich, daß die hier abgebildeten ‚sofort tötenden' Schlagfallen in nur allzu vielen Fällen durch Lauffänge zu einem sehr qualvollen Tod des gefangenen Tieres führen. *Fotos: (7) Deutscher Tierschutzbund, (8) Theresa Lödermann.*

8

9

Verfolgt, gejagt, zu Tode gequält.

Als ‚Beutekonkurrenten' des Jägers wird den ebenso schönen wie sprichwörtlich schlauen Füchsen erbarmungslos nachgestellt. Das Feigenblatt Tollwutbekämpfung, hinter dem sich ganz andere Motive für die Fuchsjagd verbergen, ist dabei vollkommen unhaltbar.
Foto (9): Joe Heynens.

Dieses in einem von Menschen weitgehend unerschlossenen Gebiet Kanadas aufgenommene Bild dokumentiert, wie zutraulich selbst die als scheu und vorsichtig bekannten wildlebenden Füchse sein können, wenn ihnen nicht nachgestellt wird.
Foto (10): Joe Heynens.

10

11

Mit dem Trennschneider mußte der Fuchs befreit werden. Er machte sich trotz seiner Verletzung schnell aus dem Staube.

Dieser Fuchs war mit der Schnauze in die Schlagfalle geraten und eingeklemmt worden. Stundenlang quälte sich das verletzte Tier, bevor Waldarbeiter es entdeckten und befreiten.
Foto (11 und 12): du und das tier, Hsg. Deutscher Tierschutzbund.

12

Stolze Zurschaustellung der errungenen Trophäe – und letzte Herabwürdigung des erschossenen Tieres.
Foto (13): Isabelle Cezanne.

Den Jeep und seinen Besitzer kennen die Leute im Dorf. Vor dem Wirtshaus kann deshalb der Jäger gut zeigen, welch große Leistung er vollbracht hat. *Foto (14): Friedrich Beer.*

Jäger mit frisch ‚aufgebrochenem‘ Hirsch. *Foto (15): Isabelle Cezanne.*

Um gegen das sinnlose Töten von Wildtieren zu protestieren und um Jäger an ihrem abendlichen ‚Ansitz' auf Reh, Wildschwein oder Fuchs zu hindern, werfen oder sägen Aktivisten in großer Zahl Hochsitze um. *Fotos (16, 17): ANIMAL PEACE.*

17

18

Proteste vor Jagdmessen und -ausstellungen gehören mittlerweile zum Standardrepertoire der Aktionen, die von Jagdgegnern durchgeführt werden. *Fotos (18, 19, 20): ANIMAL PEACE.*

MENSCHLICHKEIT

Es liegt ein Gewehr im Wasser des Moosehead-Sees,
etwa sechzig Fuß von der Küste.
Dieses warf ich fort um der Menschlichkeit willen
vor dreißig Jahren oder mehr.
Dort war's, als ich eine trinkende Rehmutter verwundete.
Und ich war stolz, als ich sie fallen sah.
Sie erhob sich, fiel wieder und schleppte sich langsam fort.
Von ferne hörte ich einen kläglichen Lockruf.
Als ich sie erreichte, beleckte sie zärtlich ein Rehkitz –
ein winziges, furchtsames, zitterndes Wesen.
Da schien meine Seele mit einem Finger des Zornes,
wie mit einem scharfen Stachel, mein Herz zu durchbohren.
Ich nahm das Rehkitz behutsam auf, als die Mutter gestorben war
und kniete nieder an der Küste des Sees.
Ich betete und schrie mein Gelübde zum Himmel,
nie wieder ein Tierwesen zu töten oder sein Fleisch zu essen.
Ich verdammte jenes Gewehr, ich verfluchte jenen Schuß
und begrub die Rehmutter an jenem Tag.
In Tränen betete ich über dem Begräbnisort,
dann trug ich mein Rehkitz heim.

Werden auch Sie ein Anwalt der unschuldigen Mitgeschöpfe!
Arbeiten Sie mit für eine friedliche Welt –
ohne Grausamkeit, ohne Blut, ohne Mord!

Für Menschlichkeit und Frieden mit der Natur, Aufkleber, 2 Motive in jeweils 2 verschiedenen Größen: ⌀ 95 mm, ⌀ 49 mm. Wetterfest!

Fallenopfer Storch:
Linker Lauf durch Bisamfalle abgetrennt.

Sicht noch gelegentlich lokale Regulationen vonnöten sein (worüber die Wissenschaft sich jedoch nach wie vor streitet), so wäre es ohnehin allemal besser, diese von eigens dafür angestelltem qualifiziertem Personal nach streng wissenschaftlichen Gesichtspunkten durchführen zu lassen, als das Wild einmal mehr der jägerischen Willkür auszusetzen. Langfristiger gälte es dann, nach biologischen Alternativen für diese Form der Regulation zu suchen, so daß die Natur wieder ohne jeglichen gewaltsamen menschlichen Eingriff sich selbst vollkommen im Gleichgewicht halten könnte. Doch dies ist noch Zukunftsmusik, und es wird sich überhaupt erst einmal zeigen müssen, inwiefern derartige „Restregulationen" nicht auch von den derzeit gegebenen populationslimitierenden Faktoren (mit Ausnahme der Jagd, umgekehrt aber selbstverständlich auch der Hege) übernommen werden können.

Indes hat sich die Kritik an der Jagd mit den rein ökologischen Gesichtspunkten noch lange nicht erschöpft. Ein zumindest ebensowichtiger Sachverhalt soll im folgenden zweiten Teil dieses Buches zur Sprache kommen: nämlich die Bedeutung der Jagd für das tierliche Einzelindividuum, dem durch die jägerischen Nachstellungen Schmerz, Angst und Trauer zugemutet werden. Jagd hat immer den oftmals grausamen Tod fühlender Wesen zum Inhalt und sollte daher auch auf keinen Fall vom Standpunkt „Was kann getötet werden (ohne der Gesamtökologie hiermit Schaden zuzufügen)?", sondern vielmehr von der Frage „Was muß getötet werden (damit für die Gesamtökologie kein gravierender Schaden entsteht)?" aus betrachtet werden. Der Tod von Tieren sollte, wann immer dies möglich ist, ebenso wie der von Menschen vermieden werden – die Jagd hingegen spricht dieser auf Rationalität fußenden ethisch-moralischen Anschauung hohn. Die allermeisten der fünf Millionen Tiere, die menschlichen Nachstellungen Jahr für Jahr in Deutschland zum Opfer fallen, gehören nämlich jenen Arten an, bei denen auch nur der Ansatz einer ökologischen Sinnhaftigkeit schlichtweg nicht gegeben ist.

Fast alle jagdbaren Tiere sterben – strenggenommen – somit ohne das Vorhandensein eines „vernünftigen Grundes" für ihre Tötung, es sei denn, man bezeichnet die Jagdfreuden einer gesellschaftlichen Minderheit als vernünftig genug, um daraus die Rechtfertigung für das Umbringen eines leidensfähigen Wesens zu beziehen. Ich kann mir aber nicht vorstellen, daß ein Mensch, der Brutalität Tieren gegenüber nicht grundsätzlich als gut und legitim betrachtet, so denkt, denn die Fähigkeit der sogenannten höherentwickelten Arten - Vögel und Säugetiere -, mit unseren Emotionen unmittelbar vergleichbare Gefühle zu empfinden, ist schon lange kein Geheimnis mehr. Trotzdem soll im ersten Kapitel des zweiten Buchteils noch etwas näher hierauf eingegangen werden, so daß es eher möglich erscheint, sich ungefähr die Empfindungen der von den im folgenden beschriebenen Formen der Jagdausübung betroffenen Tiere auszumalen.

Man sollte sich somit immer vor Augen führen: Die Tiere, die in Fallen qualvoll dahinsiechen, denen Schrotmunition Bauch, Augen und Kiefer oder Geschlechtsteil zerfetzt, sind keine schmerzunempfindlichen Automaten, sondern empfindsame Kreaturen. In diesem Zusammenhang mag auch der Slogan, von dem amerikanische Tierschützer bei Demonstrationen gegen die Pelztierjagd Gebrauch machten, mehr als angebracht erscheinen - da stand unterhalb eines Bildes, auf dem ein mit der Vorderpfote in ein Fangeisen geratener Waschbär prangte: „Entdecken Sie das Gefühl für Pelz - klemmen Sie sich die Hand in einer Autotür ein!“ Am Rande: Der einzige Punkt, in dem dieser Vergleich hinkt, besteht darin, daß der „gefangene“ Mensch mit baldiger Befreiung rechnen kann, während der Waschbär hilf- und hoffnungslos seinem nahen Tod entgegensieht.

Indes wird von Tierschützern übrigens schon seit langem gefordert, den bereits angeführten im Gesetz vorgeschriebenen „vernünftigen“ durch einen „zwingenden“ Grund zu ersetzen. Ein Schritt, der unerläßlich erscheint, sollen die Qualen vieler Tiere - auch im Zuge der Jagdausübung - ein baldiges Ende finden. Denn „Vernunft“ ist ein dehnbarer Begriff, der die Legitimierung zum Töten auch dann erteilen kann, wenn Profitgier oder Mordlust wahre Vernunft ausschalten und sich unter dem Deckmantel „vernünftig“ scheinender Gründe selbst als Vernunft deklarieren, ohne auf ihre tatsächliche „Vernünftigkeit“ überprüft werden zu können.

Jägerei
ist eine Nebenform
menschlicher Geisteskrankheit.

Theodor Heuss

2. Teil

Jagd unter Betrachtung ethisch-moralischer Aspekte - was bleibt, ist nackte Brutalität

11

Auch Tiere wollen leben

Als maßgebliche Neuerung führte das Tierschutzgesetz von 1986, in Kraft getreten am 1.1.1987, zum ersten Mal in der Geschichte deutscher Rechtsprechung die Bezeichnung „Mitgeschöpf“ als Umschreibung für das tierische Einzelindividuum ein und hob somit - wenn auch nur formal - die juristische Einstufung von Tieren als „Sache“ auf. In §1 ist festgehalten, daß „aus der Verantwortung des Menschen für das Tier als Mitgeschöpf dessen Leben und Wohlbefinden zu schützen“ sind, was gleichsam den Zweck des TSchG definiert und somit dessen Grundlage darstellt. Ebenso wurde vom Gesetzgeber vorgeschrieben, daß zur Tötung eines Tieres ein „vernünftiger Grund“ vorzuliegen habe und daß dasselbe bei der Zufügung von „Schmerzen, Leiden oder Schäden“ der Fall zu sein habe.[1]

Ungeachtet dessen, daß diese Phrasen sich in der Realität leider als mehr oder weniger hohl entlarvt haben, beinhaltet der Wortlaut des Gesetzes die Grundannahme, Tiere seien ebenso wie der Mensch zur Empfindung subjektiver Gefühle in der Lage, und trägt damit Erkenntnissen in der vergleichenden Verhaltensforschung Rechnung. Strenggenommen gibt es jedoch keine wissenschaftliche Methode, die Leidensfähigkeit von Tieren unumstößlich zu beweisen. Schließlich ist es rein wissenschaftlich gesehen unmöglich, sich in ein anderes Wesen hineinzuversetzen; insbesondere dann, wenn dieses einer anderen Art angehört als man selbst. Somit kann an und für sich auch die Behauptung so manches Tierausbeuters und -nutzers, ebendiese subjektive Gefühlswelt des nichtmenschlichen Einzelindividuums bestünde nicht, so lange nicht widerlegt werden, wie weiterhin nur unumstößliche Beweise als wahrer Beleg für einen bestimmten Sachverhalt gelten und zahlreiche Indizien, die auf dessen Richtigkeit hindeuten, in den Wind geschlagen werden.

Viele Tierfreunde werden an dieser Stelle wohl protestierend aufgeschrien haben, sind sie doch vollkommen überzeugt, daß ihr Hund, ihr Meerschweinchen, ihre Katze oder ihr Kaninchen trauern oder sich freuen kann. Den Beweis dafür, daß diese Emotionen bei ihren Tieren tatsächlich existieren, werden sie jedoch - zumindest aus streng logischer Sicht - mit Sicherheit nicht erbringen können - genausowenig, wie sie einen sicheren Beleg dafür anführen können, daß sie selbst Gefühle empfinden. In diesem Zusammenhang kommt der Verhaltensforscher Donald R. Griffin in seinem Werk „Wie Tiere denken" zu dem Schluß, daß „die Ansicht, ich sei die einzige bewußt denkende Kreatur im All, streng logisch nicht (zu) widerlegen" ist. Er setzt jedoch hinzu: „Aber wir ignorieren diesen wunderlichen Standpunkt, weil überzeugende, wenn auch notwendigerweise auf Analogieschluß beruhende Beweise keinen vernünftigen Zweifel daran lassen, daß andere Leute gleichfalls mit Bewußtsein ausgestattete Kreaturen sind."[2]

Diese „Beweise" sind in diesem Fall Mimik, Gestik, Lautäußerungen sowie sprachliche Ausdrücke des jeweiligen Gemütszustandes, die, weil sie zu den Ausdrucksformen des Betrachters unmittelbare Ähnlichkeit aufweisen, für diesen auf die Äquivalenz auch der zu den Äußerungen führenden Empfindungen schließen lassen. Warum jedoch sollte ein derartiger zwischenmenschlicher Analogieschluß nicht auch auf die Ähnlichkeiten tierlicher Gefühlsäußerungen zu jenen von Menschen übertragbar sein, insbesondere, wenn die physiologischen Gegebenheiten (Hormone, Neurotransmitter, Gehirn etc.) sich ziemlich genau entsprechen, wie dies gerade bei Säugetieren zweifellos der Fall ist? Auch bei Tieren können nämlich Mimik, Gestik und Lautäußerungen als Indikatoren für den jeweiligen Gemütszustand oder für die momentanen Empfindungen - so man sich nicht gänzlich vor solcherlei Einsicht verschließt - herangezogen werden. Konrad Lorenz schreibt dazu folgendes:

> „Man kann ja nicht einmal die Innenseite seiner Frau und seines Freundes voll miterleben. Ich kann nicht mitvollziehen, was der Hund empfindet. Ich kann nicht mitvollziehen, was der Hund empfindet, wenn er sich ärgert oder bellt, weil ich ganz andere Organe des Mich-Ärgerns und gar keine des Bellens habe. Aber ich kann natürlich, wenn ich viele Tiere und die vielen Analogien kenne, mit großer Sicherheit sagen, daß das Tier Freud und Leid erlebt. Schon wenn es zwei allgemeine Ausdrücke für

Freude und Leid hat wie schon die Gans - von einem Hund rede ich gar nicht -, so kann ich sagen: Es hat so etwas wie ein subjektives Erleben."[3]

Und dieses subjektive Erleben - davon kann wohl ausgegangen werden - unterscheidet sich in bezug auf die unmittelbare Gefühlsebene nicht oder nur in sehr geringem Maße von der menschlichen emotionsbestimmten Empfindungswelt. Wenn also eine Füchsin mit zufriedenem Gesichtsausdruck genießerisch die Augen schließt, während ihr Partner sie an Gesicht und Bauch zärtlich beknabbert und beleckt, kann durchaus davon ausgegangen werden, daß sie dabei angenehme Gefühle verspürt. Ebenso lassen aber ein entsetzt wirkender, verzerrter Blick, weit aufgerissene Augen und das Ausstoßen markerschütternder Schreie desselben Tieres, nachdem Schrotkugeln seine Schulter zerfetzten, auf sehr unangenehme Empfindungen schließen. Analog dazu können dann auch Trauer, verschiedene Formen der Freude, Langeweile, sexuelle Begierde, Müdigkeit, Nervosität, Streß und andere Emotionen des Einzeltieres erkannt werden, die direkt mit jenen von Menschen vergleichbar sind. Von Verhaltensforschern gemachte Beobachtungen legen es überdies nahe, daß Tiere noch zu weitaus mehr Dingen fähig sind, als der Mensch ihnen in seiner „Krone-der-Schöpfung"-Arroganz bislang zutraute - allein die in Teil 1 Kapitel 2 angeführten erstaunlichen Fähigkeiten des Fuchses können als eindeutiger Beleg dafür gelten. Die Anerkennung der Existenz solcher Analogien indes sollte wiederum nachhaltige Konsequenzen für unsere ethisch-moralische Einstellung zu Tieren besitzen.

Trotz großartiger Ausführungen im ersten Abschnitt des TSchG ist die Behandlung von Tieren in unserer Gesellschaft nämlich leider noch gar nicht so bedeutend weit über jene Zeit tierausbeuterischen Selbstbewußtseins hinausgekommen, in der die Behavioristen die These von der Vergleichbarkeit des Schreiens eines gequälten Hundes mit dem mechanischen Klingeln einer Glocke verbreiteten. Profitgier, Prestigesucht und Jagdlust scheinen dementsprechend des vernünftigen Grundes genug zu sein, Tiere in die Vernichtungslager der Pelztierzuchtanstalten einzusperren, sie als biologische Meßinstrumente zu mißbrauchen oder sie nach Belieben zu jagen und zu erschießen.

Daß weite Teile der Öffentlichkeit diesen Sachverhalt inzwischen anders sehen, liegt auf der Hand, ist doch auch der Mensch durch das

Grundgesetz geschützt, weil er einen schmerzempfindlichen Körper - einen Säugetierkörper - und ein Interesse an seinem Leben besitzt; nicht etwa, weil er Gitarre spielen oder 576 mit 8332 multiplizieren kann. Insofern stellt sich die Frage, warum Tieren nicht grundsätzlich ebenfalls ein Lebensrecht eingeräumt werden sollte, das nur beim Bestehen einer konkreten Notwendigkeit angetastet werden darf. Schließlich haben auch sie ein unzweifelhaftes Interesse an ihrem Leben und an dem ihrer Artgenossen in unmittelbarem Umfeld, manifestiert in ihrem Bestreben, am Leben und unversehrt zu bleiben, sowie in der Trauer, die sie beim Verlust eines Angehörigen offensichtlich empfinden.

Infolgedessen würde die Jagd in der Bundesrepublik zumindest eine radikale Einschränkung erfahren. Ihre Durchführung ist darüber hinaus unvermeidbar mit extrem negativen Folgen für Tiere verbunden, da selbst bei der vollkommen schmerzlosen Tötung eines Individuums

a) dessen Lebensrecht angetastet wird,
b) dem Tier die Möglichkeit genommen wird, die Freude zu empfinden, die es bei einem möglichen Weiterleben noch gehabt hätte, und
c) bei sozial lebenden Tierarten den Hinterbliebenen - Kindern und Gefährten/Gefährtin des getöteten Tieres - die Empfindung intensiver Trauer zugemutet wird.

Hierbei ist aber, wie die folgenden Kapitel zeigen werden, selbst die angesprochene „schmerzlose" Tötung eines Tieres im Zuge des Waidwerks praktisch niemals der Fall. Vielmehr darf als gesichert angesehen werden, daß in den allermeisten Fällen für das unmittelbar betroffene Individuum Schmerzen bis hin zu extremen Qualen entstehen; Qualen, die - entgegen der derzeitigen Rechtsprechung - wohl keineswegs als unvermeidbar bezeichnet werden können, da ja keine Notwendigkeit der Jägerei gegeben ist.

Aus dieser ethisch-moralischen Bedenklichkeit resultiert dann zwangsläufig die Folgerung, daß die Jagdausübung auch in bezug auf tierschutzrelevante Aspekte als verwerflich anzusehen ist und somit, wann immer dies möglich ist, unterlassen werden sollte. Für jeden Bürger sollten die im folgenden aufgezeigten weiteren Aspekte der

Jagdausübung also zusätzlich Grund sein, gegen die Jagd und für ein natürliches, vom Jagddruck befreites Leben der die uns umgebenden Wälder bevölkernden Wildtiere einzutreten.

12

Die Waidgerechtigkeit oder: Die besondere Moral deutscher Jäger

Verfolgt man das unwahrscheinlich große Aufhebens, das das Gros der Jäger in Büchern wie in Zeitschriften um waidmännische Traditionen und Bräuche macht, so begegnet einem zwangsläufig der Begriff der Waidgerechtigkeit. Mit unverhohlenem Stolz verkünden die Jäger, wie human, schmerzlos und überdies auch noch „gerecht" es durch ebendiese Errungenschaft der grünen Zunft auf der Jagd doch zugehe, und nicht gerade selten tritt anläßlich dieses Schwärmens auch ein Hauch von Sentimentalität zutage. Der Jagdphilosoph Ortega y Gasset, ansonsten nicht gerade zimperlich im verbalen und nonverbalen Umgang mit Wild, streicht zum Beispiel heraus:

> „Zum guten Jäger gehört eine Unruhe im Gewissen angesichts des Todes, den er dem bezaubernden Tiere bringt."[1]

Für den Jäger und Buchautor Jürgen Schulte ist diese Aussage Beleg für „die ethische Einstellung des Jägers zum Wild",[2] was, so ist in Lehrbüchern nachzulesen, ein wesentlicher Bestandteil der Waidgerechtigkeit ist. Hans Behnke, ein zwar philosophisch weniger begabter, dafür aber jagdlich ausgesprochen erfahrener Waidmann, sieht in dem „ungeschriebenen Gesetz der Waidgerechtigkeit" sogar das Element, das „wichtiger als die Seite des geschriebenen Gesetzes" den Menschen und damit den Jäger „als wirklichen Herrscher über das Tier hinaushebt".[3]

Einmal davon abgesehen, daß in dieser Aussage der jägerische Machthunger in Form des Glaubens, Herr über Natur und Tiere zu sein, deutlich wird, fällt auf, daß von einem ungeschriebenen Gesetz die Rede ist, welches Behnke überdies noch als wichtiger denn das geschriebene Jagdgesetz erachtet. Und dies hat Gründe, wie bei näherer Betrachtung der juristischen Lage deutlich wird - §4 des Tierschutzgesetzes lautet nämlich: „... Ist die Tötung eines Wirbeltieres ohne Betäubung im Rahmen waidgerechter Ausübung der Jagd zugelassen, darf sie nur vorgenommen werden, wenn hierbei nicht mehr als unvermeidbare Schmerzen entstehen. (...)“[4]

Wer mitgedacht hat, wird wohl bereits ahnen, wo der Knackpunkt an dieser Formulierung liegt. Bis auf weiteres klammert dieser Satz nämlich die Jagd in einer Vielzahl ihrer Aspekte vom Tierschutzgesetz aus, solange sie nur waidgerecht ausgeübt wird. Am fatalsten hieran ist indes die Tatsache, daß, wie bereits erwähnt, die Forderungen der Waidgerechtigkeit nirgends genau schriftlich festgelegt sind, sondern daß die grüne Zunft in weiträumigen Grenzen selbst bestimmt, was alles noch waidgerecht ist und was nicht. Der Jagdkritiker Walter Christiansen verglich aus diesem Grund die Dehnbarkeit der Auslegungsmöglichkeiten von besagtem ungeschriebenem Gesetz mit jener von hochwertigem Gummi,[5] und der Jurist C. Demand wundert sich:

> „Daß der Gesetzgeber einen gesetzlichen Terminus nicht als Begriff schafft, sondern ‚aus dem Leben‘ übernimmt, ist wohl das Selbstverständlichste an der ganzen Legistik überhaupt ... Daß der Gesetzgeber aber andererseits bei der Normierung eines Begriffs so weitgehend auf die Auslegungs- und Vorstellungswelt einer ganz bestimmten, zahlenmäßig nicht besonders großen Gruppe zurückgreift und es sozusagen diesen Normen unterworfen überläßt, die ja durch die Festlegung von Begriffen wie ‚Waidgerechtigkeit‘ diese enger oder weiter auslegen können, ist ungewöhnlich und offenbar nur in direktem Zusammenhang mit dem politischen und finanziellen Einfluß, den die Jäger-Lobby (...) ausübt, zu sehen.“[6]

So muß sich der allzu leichtgläubige Bürger, der sich bislang aufgrund des Glaubens, auf der Jagd ginge es dank der Waidgerechtigkeit so gerecht und so wenig quälerisch wie möglich zu, der Kritik am Waidwerk enthalten hatte, eines Besseren belehren lassen. Selbst der leidenschaftlich jagende Jurist Rüsch gibt in einem DJZ-Artikel zu, daß

„die vielgepriesene deutsche Waidgerechtigkeit (...) der Volksverdummung und der Verdeckung strafbarer Handlungen (dient). Sie bemäntelt tierquälerische Jagdmethoden mit falsch verstandener Traditionspflege."

Er scheut sich ebensowenig, seine Zunftgenossen als „Heuchler im grünen Loden" - so die Überschrift des Berichtes - zu titulieren, und führt einige mögliche Definitionen von „Waidgerechtigkeit" an, die allesamt durch ihre signifikanten Divergenzen die bemerkenswerte Schwammigkeit besagten Begriffes aufzeigen.[7] Denn die Waidgerechtigkeit dient mitsamt all ihren scheinbaren Selbsteinschränkungen der Jäger, die nur der Aufrechterhaltung von Toleranz den Grünberockten gegenüber dienen, letztendlich keineswegs den Tieren - im Gegenteil! -, sondern einzig und allein dem Waidmann selbst, den sie vor der Anwendung des Tierschutzgesetzes und somit vor Strafe bewahrt. Im Falle einer Anklage bedient sich der vorsitzende Richter nämlich in Zweifelsfällen eines Sachverständigen, der in der Regel selbst ein Jäger - zumeist ein niederer Jagdfunktionär - ist.[8] Ob das das Tier, wegen dessen quälerischer Tötung die Anklage erfolgte, tatsächlich gelitten hat, steht nun überhaupt nicht mehr zur Debatte, solange der besagte „Sachverständige" die Tat als waidgerecht bezeichnet, denn der Beweis, daß dem Tier mehr Schmerzen als unbedingt nötig zugefügt wurden, kann praktisch nie erbracht werden.

Ein weiterer Punkt wird von J. Illies in dem Buch „Anthropologie des Tieres" angeschnitten. „Das komplizierte Reglement der ‚Waidgerechtigkeit'", so konstatiert der Autor, „schützt vor der unbehaglichen Einsicht, zur Freizeitbeschäftigung - und weit entfernt von jedem höheren Grad der Gerechtigkeit - ein Tiertöter zu sein."[9] Denn sie erteilt im Zweifelsfall gemeinsam mit dem Glauben, etwas Notwendiges zu tun, die Legitimation zum Schuß, wenn Jürgen Schulte in seinem Lehrbuch „Der Jäger" von einem „vom Gewissen hin- und hergerissenen Jäger, in dessen Brust zwei Seelen wohnen", spricht. Doch gerade darin will der Autor „den alleinigen Anspruch des Menschen, über Leben und Tod eines Tieres zu entscheiden",[10] sehen. Daß diese Sicht der Dinge indes jeglicher Logik entbehrt, ist bei einigermaßen kritischer Betrachtung offensichtlich. Abstrahiert man diese Vorstellung nämlich etwas, so könnte man daraus leicht schließen, daß ein Mörder, den bei der Ausführung einer Tat das Gewissen plagt, allein hierdurch die ethische Rechtfertigung für sein Handeln beziehen könnte.

In bezug auf die Eigenschaft der Waidgerechtigkeit, eine Art moralische Legitimation zum Töten leidensfähiger Geschöpfe zu erteilen, erfreut sich auch der Vergleich des Jägers mit dem Gärtner ausgesprochener Beliebtheit. Jagdfunktionär Heinemann vergleicht beispielsweise das Töten eines Tieres mit dem Pflücken einer Pflanze, bezeichnet die blutige Massenvernichtung sogenannten Raubzeugs als „Jäten" und schreibt, ohne den konkreten Hergang dieses Handelns näher zu beschreiben, von einem „Zurückstutzen" verschiedener Tiere.[11] Fritz Nüßlein treibt diesen Vergleich auf die Spitze, wenn er schreibt: „Der Mensch jagt aber nicht, weil er töten will, sondern er jagt, weil er zunächst - als eine ursprüngliche Selbstverständlichkeit - auch Wildtiere als ‚Frucht des Bodens' für seinen Lebensunterhalt nutzen will."[12] Diese Behauptung unterstellt, daß

a) eine Vergleichbarkeit von Tieren mit nervensystemlosen Früchten existiert,

b) die getöteten Tiere tatsächlich noch maßgeblich zum jägerischen Lebensunterhalt beitragen und

c) somit noch eine Vergleichbarkeit der heutigen Jagd mit der steinzeitlichen Subsistenzjagd existiert, obwohl weder ein nennenswerter Teil der erlegten Tiere der menschlichen Ernährung zugeführt wird noch die heutige Massenfreizeitbeschäftigung Jagd mit dem Handeln prähistorischer Jäger und Sammler quantitativ oder qualitativ vergleichbar ist.

Der Jäger kann sich drehen und wenden, wie er will - einer kritischen, rationalen Überprüfung hält kein Rechtfertigungsversuch der Jagd mehr stand.

Daß Waidgerechtigkeit nichts mit Tierschutz zu tun hat, wird bei einer näheren Betrachtung der gängigen Auslegungsversionen ebenfalls sofort deutlich. Zwar betont Jürgen Schulte, daß der Jäger die Kugel dem zu erlegenden Stück „sicher antragen" und ihm somit „Qualen nach schlechten Schüssen" ersparen sollte,[13] doch macht dem Jäger hier oftmals die Waidgerechtigkeit einen Strich durch die Rechnung. Sie gebietet nämlich, daß Federwild nur im Flug, alles Haarwild mit der obligatorischen Ausnahme der Jägerkonkurrenten Raubwild und Raubzeug nur im Lauf geschossen werden darf[14] und somit eine reelle Chance zum Entkommen haben muß.[15] Ein sich instinktiv ins Gras kauernder Hase könnte ebenso sicher erlegt werden wie eine schwimmende Ente, doch um der Öffentlichkeit die Illusion von der Chancengleichheit von Mensch und Tier bei der Jagd vor Augen halten zu können, müssen die Jäger diese Bedingungen künstlich erschweren. Hinzu kommen die oftmals mäßigen Sichtverhältnisse sowie ungünstige Witterungseinflüsse, z. B. Wind. Das Ergebnis: Unmengen krankgeschossener Tiere; insbesondere dort, wo mit Schrot auf laufende Hasen und fliegendes Federwild geschossen wird. Die Tierschutzinitiative „Animal Peace“ gibt das Verhältnis sofort totgeschossener zu qualvoll an Schußverletzungen verendender oder waidwund aufgefundener Tiere mit sage und schreibe 1 zu 2 an.[16] Fest steht dabei aber auf jeden Fall, daß ein Großteil der hierzulande vom Jäger getöteten Tiere nicht sofort an den Schußverletzungen stirbt, sondern erst nach dem mehr oder weniger langen Durchleiden erheblicher Qualen vom Waidmann erlöst wird. Horst Hagen malt dementsprechend ein dunkles, aber dennoch nur allzu alltägliches Bild von den Folgen der deutschen Waidgerechtigkeit:

> „Aber wer hilflose Fluchtversuche halb zerrissener Tiere, deren Eingeweide aus dem Leib hängen, gesehen hat, wer ein hinten gelähmtes, vorn noch intaktes Säugetier hat rutschen sehen, der entzaubert empört und entsetzt die Waidgerechtigkeit. Wer die Angst im vorquellenden Auge solch geschundener Kreatur bestürzt versteht, wer erlebt, wie ein angeschossener Vogel fortfliegen will und sich bei den Versuchen in Panik steigert, glaubt nicht, daß diese uns lebende Geschöpfe verbindenden Leiden dem Jäger nicht bekannt wären, daß er sie nicht ermessen kann.“[17]

Denn bei einem Hasen, der mit einer Fluchtgeschwindigkeit von 60 km/h an einem Jäger in einer Entfernung von bis zu 50 m vorbeirennt unter überdies womöglich schlechten Witterungs- und Sichtverhältnissen, ist auch - oder gerade? - mit Schrotmunition ein lebenswichtiges Organ kaum sofort zu treffen. Zwanzig Zentimeter zu weit nach rechts oder links, und die Kugeln zerfetzen statt der Brust des Tieres Geschlechtsorgane oder Unterkiefer. Einige Zentimeter zu weit nach schräg unten, und dem Hasen hängen die Eingeweide aus dem in Stücke geschossenen Bauch. Oder noch weiter nach unten, dann wird ein Lauf von der Schrotladung zerrissen. All dies sind Verletzungen, die nicht tödlich sind, nach denen das Tier (in den erstgenannten Fällen) sogar weiterflüchtet, die aber traurigerweise im Jagdbetrieb alltäglich sind. Sir Peter Scott, der nach 20 Jahren die Jagd aufgab und sich zum Naturschützer wandelte, gab zu,

„daß ein hoher Prozentsatz aller Schüsse, die ich abgeschossen hatte, weder getötet hatte noch das Ziel verfehlte“,[18]

und die Tatsache, daß jedes Lehrbuch für Jäger ein längeres Kapitel über „Zeichnen“, Nachsuche und das Töten der aufgefundenen Tiere beinhaltet, ist Indikator für die Alltäglichkeit dieses Sachverhaltes. Das macht ihn für das betroffene Tier jedoch keinesfalls angenehmer. Nüßlein betont in diesem Zusammenhang beispielsweise, daß man bei Keulenschüssen „das Wild selten zur Strecke bringt“,[19] ebenso gibt er zu, daß von Schrot getroffenes Wild insbesondere bei Einzeltreffern „erst nach längerer Zeit (verendet)“.[20] – Zum sogenannten Zeichnen, dem Verhalten des Wildes nach Treffern, finden sich in der Jagdliteratur genügend eindrucksvolle Beispiele, von denen hier einige angeführt seien:

„Der mittlere Blattschuß (...) veranlaßt das kranke Stück zu rasanter, flacher Flucht mit vorgestrecktem Haupt. (...) Beim Krellschuß werden die Dornfortsätze der Wirbelsäule getroffen. Das verletzte Stück bricht schlagartig zusammen und kommt nach kurzem Schlegeln wieder zu sich. Es wird hoch und flüchtig. (...) Beim Nierenschuß bricht das kranke Stück hinten weg und bleibt oft vorne aufrecht sitzen. Alle Wildarten klagen, Sauen besonders. Flüchtende Stücke strecken den Wedel oder Pürzel zitternd weg. (...) Der Hinterlaufschuß läßt das Stück nur dann zur verletzten Seite hin wegbrechen, wenn der Laufknochen getroffen worden ist. Andernfalls zeichnet das Stück unmerklich. (...) Der tödlich getroffene Fuchs sinkt entweder augenblicklich zusammen oder aber flüchtet mit steil nach oben stehender Standarte und tiefer Nase in gerader Richtung. Klagelaute gibt nur der kranke Fuchs von sich. Ebenso beißt dieser bisweilen nach der kranken Körperstelle. (...) Der tödlich getroffene Hase rolliert (überschlägt sich, Anm. d. Verf.), kann aber ebenso noch bis zu 100 m flüchten. (...) Bei krankgeschossenen Kaninchen besteht die Gefahr, daß sie den nächsten Bau annehmen.“[21]

Was für Folgen für das jeweilige Tier letztendlich entstehen, wenn ihm Unterkiefer, Geschlechtsorgane, Läufe oder Augen durch den waidgerechten Jäger ab-, ausgeschossen oder zerschossen wurden, kann sich indes wohl jeder Leser selbst ausmalen. Das langsame

Sterben durch Verdursten, Verbluten, Verhungern, Blutvergiftung oder anhaltende Desorientierung ist somit unter Tieren, über die der Jäger seinen „schützenden Mantel“ legt, alltäglich, denn die Forderung des Nachsuchens, die die Waidgerechtigkeit dem Jäger auferlegt, kennt - wie sollte es auch anders sein - ebenfalls Grenzen.

So beginnt die Nachsuche in den allermeisten Fällen erst einmal mit einigen Stunden des Nichtstuns, da der erfahrene Jäger empfiehlt, das „nachzusuchende Stück im Wundbett (...) krank werden (zu) lassen“. Laut Schulte sind hierfür normalerweise 2 bis 3 Stunden, bei Waidwundschüssen auf Hochwild sogar 4 Stunden zu veranschlagen,[22] wobei der Autor geflissentlich vergißt zu erwähnen, daß nur mäßig stark verletzte Tiere in dieser Zeit eine beachtliche Strecke fliehen können. Durchaus denkt er hingegen daran, die Waidgerechtigkeit nicht allzu streng auszulegen. Denn „in der Dämmerung beschossenes Wild kann erst am nächsten Morgen nachgesucht werden“,[23] wie er schreibt. Und bricht nach dem „Krankwerdenlassen“ des angeschossenen Stückes die Dämmerung ein, so meint auch der bereits mehrmals zitierte „Altmeister“ Hans Behnke, daß eine Nachsuche nur dann Sinn hat, wenn „am Anschuß (feststeht), daß sie nur kurz ist, sonst erfolgt die Nachsuche erst am nächsten Tag“.[24] Tja, und da, wie gemeinhin bekannt ist, bei Treibjagden „angeschweißtes Wild die Jagd nicht stören darf“, fällt „die Entscheidung, ob sofort oder später nachgesucht wird, (...) zumeist auf ‚später‘ ...“[25] Ganz ähnlicher Ansicht - dies allerdings nicht in bezug auf eine Gesellschaftsjagd, sondern vielmehr auf das immer wieder als so romantisch beschriebene Ansitzen, scheint auch der Schreiber folgender in der Jagdzeitschrift „Die Pirsch“ veröffentlichter Zeilen zu sein. Dort berichtete er nämlich:

„Allmächtiger, träumte ich? Links, kaum mehr als 60 Meter entfernt, wechselte soeben ein massiger Klumpen aus dem Waldschatten und begann sofort mit deutlich hörbarem Behagen Kartoffeln zu zerknatschen. Der Keiler! Unter mächtigem Herzklopfen brachte ich meine Büchse hoch. (...) Die Sau schnellte um 180 Grad herum und tauchte in den schwarzen Waldschatten hinein. Angespannt lauschte ich den Fluchtgeräuschen nach. Dort, ich hatte mich wohl nicht verhört, abruptes Verstummen der rhythmischen Fluchten, dann wirbelten schlegelnde Läufe trockenes Geäst und Fallaub hoch. Dann Ruhe. Nur der Waldkauz jammerte noch im hohen Holz. Ich verschob die Nachsuche auf den nächsten Morgen."[26]

Wenn jedoch tatsächlich sofort nachgesucht wird, das am Ende vielleicht sogar noch unter widrigen Bedingungen, und das halb totgeschossene Tier von seinen Qualen erlöst wird, so kann der heroische Jäger sich von seinesgleichen trotz des Fehlschusses durchaus feiern lassen. Nur allzuoft wird das Nachsuchen über eine dreistellige Zahl von Stunden zum Anlaß genommen, die Tapferkeit und Waidmoral des Jägers öffentlich zu glorifizieren. „Stunden- oder tagelanges Nachsuchen mit oder ohne Hund werden zum ergreifenden Epos waidgerechter Charakterstärke hochstilisiert"[27] (Hagen). Was dieser romantisierten Barbarei jedoch letztendlich zugrunde liegt - nämlich das entsetzliche Leiden eines aus Jagdlust vorsätzlich schwer verletzten und letztendlich getöteten Tieres -, findet leider nur selten durch die Gesellschaft Beachtung. Wie kreaturverachtend es dabei auch hier zugeht, zeigen abermals unzählige Beispiele aus der Jägerliteratur.

So schildert der Waidmann Spinner, wie ein zweiundachtzigjähriger Greis auf einen Bock schießt, diesen jedoch nicht voll trifft. Zwar bricht das Tier zunächst zusammen, geht danach aber „flüchtig mit schlenkerndem Hinterlauf ab". Vierhundert Meter vom Anschuß entfernt wird ein Stück der Eingeweide des beschossenen Bockes gefunden; später entdeckt der Hund noch zwei weitere Stücke, von denen eines „gut fünfzig Zentimeter"(!!!) mißt.[28] Wer jedoch meint, daß sich in Spinners Schilderung auch nur ein Hauch von Mitgefühl mit der angeschossenen Kreatur wiederfindet, hat sich getäuscht - es geht ihm einzig und allein darum, zu beschreiben, wie glücklich auch ein zweiundachtzigjähriger Waidmann noch durch die Jagd werden kann.

Ebenso kraß mutet der Bericht des Waidmannes Hartl von einer ungewöhnlich „langen Hatz" auf ein ausgesprochen zähes Wildschwein an.

> „Der Kiefer der ‚armen Sau' war zersplittert, der Lecker gespalten. Die Verletzung vom 25.2. Zwei Tage danach Gott sei Dank die Erlösung, verschwitzte Gesichter schauen sich an. Keiner hatte mehr daran geglaubt. (...)"[29]

Zwischen der erfolgreichen Nachsuche und dem endgültigen Tod des krankgeschossenen Tieres steht jedoch noch dessen „Erlösung", für die die Waidgerechtigkeit wiederum eine Anzahl unterschiedlicher Mittel zur Verfügung stellt. Am humansten, jedoch beileibe nicht immer verwendet, ist der Fangschuß, bei dem das angeschossene Tier meist schon im ersten Versuch getötet werden kann. Großer Beliebtheit erfreut sich auch das - allerdings grausame - Abfangen des aufgefundenen Stückes. Hierbei „tritt man vom Rücken an das kranke Stück heran, um nicht von den schlegelnden Läufen erfaßt zu werden", stößt „die blanke Waffe (...) hinter dem Blatt schräg nach vorn in Richtung Herz" und zieht sie drehend zurück.[30] Ähnlich wird auch das sogenannte Abnicken vollzogen mit dem Unterschied, daß hier das Rückenmark getroffen werden soll. Im Idealfall tritt dabei sofort der Tod ein, doch sind die Qualen, die das Tier unter dem Messer eines ungeübten Jägers durchmachen muß, entsetzlich - bevor hier nämlich ein lebenswichtiges Organ zerstört wird, werden beim Herumstochern im Wildkörper fast immer noch einige andere Innereien verletzt. Ähnlich grausam ist das Abstechen selbst größter Wildschweine mit Hilfe der sogenannten Saufeder, einer lanzenähnlichen Waffe, deren „30 cm lange zwei-, manchmal auch vierschneidige Klinge auf einem ungefähr 1,7 m langen Eschenschaft"[31] angebracht ist. Wenn nämlich eine vollständige Hundemeute dem „kapitalen Keiler" an der Kehle hängt, wäre jeder Versuch eines Schusses zu riskant - für die Hunde.

Kleineres Wild fordert indes auch andere Methoden, und die Waidgerechtigkeit gebietet auch hier, daß krankgeschossene Individuen einer jeden Wildart auch mit speziellen Mitteln vom Leben zum Tod befördert werden. Rebhühnern und Fasanen wird im allgemeinen mit einem kräftigen Druck des Daumens die Schädelkapsel zerquetscht[32] oder durch heftiges An-die-Brust-Pressen im wahrsten Sinne des Wortes die Luft genommen[33], während der „irdische Ackersprung"[34] halb totgeschossener Hasen laut Behnke durch das „Abschlagen" beendet werden sollte. Hierbei wird das leidende Tier an den Hinterläufen emporgehoben und mittels Handkanten- oder Stockschlag hinter die Löffel getötet[35] - was allerdings, je nach Körperkraft und Geübtheit des Jägers, oftmals nicht im ersten Versuch gelingt. Und zu Raubwild - auch zu vom Hund lebend apportiertem, denn auch das ist waidgerecht - äußert sich der Wildmeister in telegrammartigem Lapidarstil:

„Gewehr ablegen. Kräftiger Schlag mit dem Stock auf die Nasenwurzel. Wild an den Hinterbranten anheben und drei (drei!, Anm. d. Verf.) kräftige Schläge auf die Drossel geben.“[36]

Da sein Kollege Schulte jedoch meint, dem Tier entstünden hierbei „große Qualen“, empfiehlt er, dem Fuchs, Dachs oder Marder „von hinten zwischen die Gehöre zu schlagen, was zweifellos ungleich angenehmer sein muß“.[37]

All dies verursacht den erst halb totgeschossenen und nun endgültig zu tötenden Kreaturen mehr oder weniger extreme Qualen, dennoch sind aber all diese Formen des Umbringens leidensfähiger Geschöpfe durch die Waidgerechtigkeit legitimiert.

„Ein Metzger, der ein (nicht jagdbares und daher nicht von der Waidgerechtigkeit betroffenes Haus)schwein nicht richtig tötet, es blutend entkommen läßt und es nach zwei- oder dreitägiger Verfolgung endlich auffindet und (im zweiten oder dritten Versuch, Anm. d. Verf.) ganz totmacht, verliert (zumindest!, Anm. d. Verf.) seinen Beruf“,[38]

so konstatiert Hagen. Behandelt ein Jäger ein Wildschwein - oder ein beliebiges anderes jagdbares Tier - in derselben Weise, so gilt er mitunter sogar als ehrenhaft. Dieses Beispiel macht unmißverständlich deutlich, daß die Waidgerechtigkeit, so schillernd und positiv sie von den Jägern auch dargestellt wird, unter nüchterner Betrachtung rasch zu einer üblen Manifestation puren Egoismus zusammenschrumpft und für die Tiere nahezu ausschließlich Nachteile mit sich bringt.

Ebenso blasphemisch wie weltfremd mutet in diesem Zusammenhang auch die hypertrophe jägerische Selbsteinschätzung an, der zufolge der Waidmann eine besonders positive Beziehung zu Natur und Tieren, eine weit über jener des Normalbürgers stehende Ethik sowie das Recht, über Leben und Tod von ihm „Stücke“ genannter Kreaturen zu entscheiden, besitzen soll. Preisfrage: Ist das a) lächerlich, b) traurig, c) abstoßend oder d) alles zusammen?

Wer für Möglichkeit d Partei ergreift, kann die in a, b und c erfolgende Meinungsäußerung über die Waidgerechtigkeit sogleich noch um die Adjektive „schizophren“ und „diskriminierend“ erweitern.

Es wäre ja viel zu einfach, wenn die Jägerschaft eigene Interessen dahin gehend außer acht lassen würde, daß jede Wildart von der Waidgerechtigkeit auf dieselbe Weise behandelt werden würde. Schließlich kann man von keinem Jäger erwarten, das geliebte Reh- und Rotwild mit Füchsen, Mardern und ähnlichen jagdlichen Konkurrenten auf eine Stufe zu stellen. Das Ergebnis:

> Zum Beispiel schießen deutsche Jäger fernab der Heimat in Texas ungern und mit schlechtem Gewissen auf Weißwedelhirsche, wenn diese mit einem zeitgesteuerten Futterautomaten aus der Deckung gelockt werden, was keinem Texaner Skrupel zu bereiten scheint. Das liegt an der deutschen Waidgerechtigkeit, nach der es verpönt ist, Schalenwild an Fütterungen zu erlegen. Derselbe Jäger hat im anderen Fall keine Hemmung, ja er sitzt stundenlang nachts am Luderplatz und wartet frierend auf den Fuchs, den er dorthin geködert hat. Denn der Fuchs an der Fütterung ist bei der in sich widersprüchlichen Waidgerechtigkeit moralisch unbedenkliche Beute."[39]

Auf ähnliche Weise fragt sich Professor Zimen, was denn die Waidgerechtigkeit nun letztendlich mit „Gerechtigkeit" zu tun hat. Er konstatierte nämlich, daß das

> „deutsche Jagdgesetz als einzigem dem Fuchs keine Schonzeit (gönnt); ein Fall puren Beuteneids. So mußten wir bei unseren Untersuchungen über Fuchspopulationen im Saarland feststellen, daß in den Monaten Mai und Juni die Mehrzahl aller erlegten Füchse säugende Fähen waren (...). Während er (der Jäger, Anm. d. Verf.) aber nur selten daran denkt, hinterher auch die Jungen am Bau zu erlegen, sollte er diesen überhaupt kennen, schaudert's ihm bei dem Gedanken, gleiches könne einer säugenden Rehgeiß passieren, wodurch ihre Kitze langsam verhungern müßten. Waidgerechtigkeit nur gegenüber dem ‚Nützling'; für den ‚Schädling' gilt sie nicht. Doppelte Moral nennt man das in der Ethik."[40]

Derartige Gegensätze und Widersprüche durchziehen die Waidgerechtigkeit gemeinsam mit einem nur dem Jäger dienenden Pragmatismus oder - im Gegenteil - einer vollkommen übertriebenen Traditionsgebundenheit wie ein abstoßender roter Faden. Es wird Zeit, daß auch für die Öffentlichkeit Licht in den von undurchsichtigen, unklaren und auf pseudophilosophische Weise letztlich komplizierenden Aussagen verdunkelten Begriff der Waidgerechtigkeit gebracht wird und damit mit der vollkommen falschen Ansicht, Waidgerechtigkeit sei eine begrüßenswerte Errungenschaft der modernen Jägerethik, endgültig aufgeräumt wird.

13

Die Einzel- und Gesellschaftsjagd

Im folgenden sollen einige der gebräuchlichen Jagdarten mitsamt ihren Folgen für das individuelle Tier dargestellt werden. Falls nicht ausdrücklich anders erwähnt, fallen selbst die grausamsten hierbei erfolgenden Tierquälereien unter die Waidgerechtigkeit und können somit keiner gerichtlichen Würdigung zugeführt werden. Ebenso ist das Beschriebene jagdlicher Alltag und keineswegs nur Bestandteil einzelner „Auswüchse", weshalb ich den größten Teil der Informationen zu diesem Thema aus der Jagdliteratur und typischen Lehrbüchern für angehende Jäger beziehen konnte.

13.1 Ansitz, Anstand und Lockjagd

> „Häufig vergehen viele Stunden besinnlichen Schauens, aber wenn der Luderplatz geschickt angelegt worden ist, bleibt der Erfolg nicht aus, und so mancher Rotrock wird als Beute dankbar geborgen. Es kann vorkommen, daß man nicht ganz sicher ist, ob der Fuchs tödlich getroffen wurde, wenn man jedoch, was natürlich nicht bei allen Sichtverhältnissen möglich ist, erkennt, daß der Rotrock im Schnee liegt und noch ein-, zwei- oder dreimal mit der Luntenspitze zuckt, weiß man, daß er nicht wieder aufsteht."[1]

Bei dieser Form der Lockjagd macht der Jäger sich entweder den winterlichen Nahrungsengpaß oder die sexuelle Erregung der Tiere zunutze. Der „Luderplatz" ist ein unweit von einem Hochsitz gelegener Ort, an dem der Jäger über eine gewisse Zeit hinweg Fleisch deponiert, um das Raubwild an die neue Futtergelegenheit zu gewöhnen und es im Anschluß daran „aus dem Hinterhalt", sprich: vom Hochsitz, zu erschießen. Daß die Ranzzeit der entsprechenden

Tiere ebenfalls in die kalte Jahreszeit fällt – in der ja schließlich die Bälge am schönsten und dichtesten sind –, kommt dem Jäger ebenfalls gelegen. Der anziehende Geruch der „Nässe“ (des Harns) läufiger Füchsinnen kostete schon manchen paarungswilligen Fuchsrüden das Leben, da ein passionierter Nieder- oder Raubwildjäger die Blase einer erschossenen Fähe am Luderplatz „ausdrückte“. Und wie Behnke beschreibt, kann man auch anderes Raubwild mit ähnlichen Methoden „strecken“:

> „Der Jäger drückt einem gefangenen oder geschossenen Stück Raubwild der Marderarten (beide Marder, Iltis, beide Wiesel) die Moschusdrüse vor dem Abbalgen aus, indem er die Drüsen an der Wurzel der Lunte in Richtung Weidloch drückt (...).“[2]

Ein wahrhaft „todsicheres“ Mittel, Tiere zur Zeit des größten Wertes ihrer Pelze mit Hilfe ihres eigenen Geschlechtstriebes umzubringen. Schwieriger ist da mit Sicherheit schon das Reizen, bei dem das Raubwild (aber auch „wildernde Hunde und Katzen“[3]) in Schußnähe gelockt wird, indem der Jäger gekonnt den Laut eines Beutetieres nachahmt. Wie Raubwildfeind Behnke betont,

> „gewährt (es) eine große Waidmannsfreude, den oft aus weiter Entfernung und recht flott zustehenden Fuchs, ob durch Kugel oder Schrote, rollieren zu lassen“.[4]

Ob das dem hungrigen Fuchs, den der Waidmann so geschickt „rollieren läßt“, auch soviel Freude bereitet? Oder ob es für den Rothirsch genauso „spannend“ ist wie für Fritz Nüßlein, wenn der Jäger ihn mit dem „Mahnen des brunftigen Tieres“ zum „Zustehen veranlaßt“, um ihm darauf eine mehr oder weniger wohlgezielte Kugel zu verpassen[5]? Doch nach dem Interesse des freudvoll zu streckenden Stückes wird hier wohl ebensowenig gefragt wie nach dem über die Waidmannslust hinausgehenden tieferen Sinn derartigen Tuns und Trachtens.

Ähnlich geht es beim „gewöhnlichen“ Ansitz zu, bei dem üblicherweise aus einem Hochsitz in der Nähe verweilendes Wild totgeschossen wird. Wahrscheinlich gewährt auch dies „große Waidmannsfreude“, denn Nüßlein betont, daß „besonders auch an Fuchsbauen (...) Ansitzleitern nicht fehlen (sollten). Sie bieten eine der wirksamsten Möglichkeiten der Bejagung sowohl im Winter wie auch zum Wegschießen von Jungfuchs-Gehecken."[6] Doch sind Jagdkanzeln und ähnliche jagdliche Hilfsmittel nicht nur zur frühzeitigen Bekämpfung zukünftiger vierpfötiger Konkurrenten in Form von pubertierenden Jungfüchsen gut, sondern beispielsweise auch zur Entenjagd. Ein Wasservögelmassenabschuß ist da insbesondere bei der Verwendung von „einfachen Jagdschirmen (...), die nach allen Seiten freies Schußfeld haben"[7], möglich. Und wenn die zerfetzten Körper mehr oder weniger schnell sterbender Enten in rauhen Mengen vom pulverdampfverhangenen Himmel stürzen, ist das Waidmannsglück perfekt! Wer hingegen Hans Behnke nacheifern will, sollte sich schon mehr Zeit nehmen und anstatt von ausschließlich „jungdummem Wild" auch erfahrene Stücke strecken[8] - was allem Anschein nach allerdings nur für das „edlere Wild" gilt. Denn welcher Jäger zögert schon, wenn ihm der Nachwuchs von „Niederwildschädlingen" wie Fuchs oder Krähe vor die Flinte kommt?

13.2 Stöbern, Buschieren, Suchen und Brackieren

Diese Jagdarten haben gemeinsam, daß der Jagdhund - ob durch simples Aufsuchen oder durch anhaltendes Verfolgen - maßgeblich zum Strecken des verfolgten Tieres beiträgt. Die Suche wird in erster Linie auf Niederwild wie Fasan, Rebhuhn, Hase oder Kaninchen in offenem, weiträumig überschaubarem Gelände mit bis zur Perfektion abgerichteten Hunden ausgeübt.[1] Hierbei

> „sucht (der Hund) gegen den Wind oder mit halbem Wind (Seitenwind) das Gelände kreuz und quer ab und steht dabei vor, sobald er an Wind kommt (dem Jäger durch regloses Stehenbleiben anzeigen, daß er Witterung von in Deckung sitzendem Wild hat). In dieser Stellung verharrt der Hund, bis der Jäger das Wild heraustritt, um es zu erlegen (Hasen dürfen z. B. nur im Lauf erschossen werden, s. o.!, Anm. d. Verf.). Sodann hat der Hund das erlegte Stück auf Kommando zu suchen und zu bringen."[2]

Bis zum Schuß des Jägers - und womöglich sogar noch darüber hinaus - ist das „festgemachte Stück" dem Raubtier Hund Angesicht in Angesicht ausgeliefert, ohne von diesem jedoch getötet zu werden. Es kann infolgedessen davon ausgegangen werden, daß das Wild bis zu seinem durch den zwar in Sichtkontakt verweilenden, aber trotzdem nicht sofort präsenten Jäger herbeigeführten Tod extremer Todesangst ausgesetzt ist.

Das Buschieren wird auf Hasen, Kaninchen, Fasane, Waldschnepfen sowie auf Wasservögel ausgeübt.[3] Prinzipiell ist diese Jagdart mit dem Suchen identisch, doch da ihr Schauplatz allgemein unübersichtlicheres Gelände ist, in dem der Jäger den Hund nur auf kurze Distanzen sehen kann, muß der Jagdgehilfe „unter der Flinte"[4] suchen. Das bedeutet im Klartext, daß der Jagdhund innerhalb des Schrotschußbereiches des Jägers, also in 20 bis 40 Metern Entfernung, nach Wild stöbert und es „hochmacht". Ein, zwei, drei, vielleicht auch vier, fünf oder sechs Schüsse später ist das aufgeschreckte und hochflüchtige Stück dann meistens mehr oder weniger tot und kann aufgebrochen und ausgenommen werden.

Noch unübersichtlicheres Gelände erfordert letztendlich eine dritte Form des Suchens, konkret das Stöbern, bei dem es bedeutend mehr „zur Sache" geht, als dies beim einfachen Suchen oder Buschieren der Fall ist.

> „Dabei muß der Hund die Deckung selbständig mehr oder weniger weiträumig und ohne Sichtverbindung zu seinem Führer (man bemerke die Wortwahl!, Anm. d. Verf.) absuchen und gefundenes Wild aus der Deckung herausjagen",[5]

umreißt Fritz Nüßlein den Hergang einer solchen Jagd, deren Opfer im übrigen in den Reihen der Hasen, Wildschweine, Füchse und des Federwildes zu suchen sind.[6] Die Kommunikation zwischen Hund und Jäger vollzieht sich hier nicht mehr durch optische, sondern durch akustische Signale, die verraten,

> „ob und wo der Hund gefunden hat und wohin sich die Jagd wendet, oft auch (an der Klangfarbe des Lautes), welches Wild der Hund anjagt."[7]

Um die Unfairneß zu perfektionieren, sind oftmals auch mehrere Schützen oder mehrere Hunde an der fröhlichen Hatz auf ein Stück beteiligt, was im „Jagen auf Schwarzwild mit der Saumeute"[8] gipfelt. Schön bequem ist diese Form der Jagd überdies. Denn der Schießer respektive Jäger muß sich nur mit im Anschlag gehaltenem Gewehr in Geduld üben und warten, bis der oder die Hund(e) das Wild aus der Deckung hetzen, das „hochgemachte“ Tier sie mit entsetzten Augen erblickt und sein Leben im (Schrot)schuß aushaucht.

Das Brackieren stellt sich im großen und ganzen recht ähnlich dar mit dem Unterschied, daß

„der Hund nicht mehr ‚bogenrein‘ eine begrenzte Deckung absucht, sondern dem gefundenen und ‚gestochenen‘ (aufgejagten) Wild (Hase, Fuchs) ausdauernd auf der Spur folgt, mit zähem Spurwillen und erfahrener Spursicherheit alle Schleifen, Absprünge und Wiedergänge des gejagten Wildes ausarbeitet, bis dieses wieder in die Nähe seines Einstandes bzw. Lagers zurückkehrt, wo es vom Jäger erwartet wird.“[9]

Waschbären werden von „raubwildscharfen Gebrauchshunden“ (Behnke) auf Bäume gehetzt, wo sie „ohne Gefahr für Hund und Jäger mit grobem Schrot erlegt werden (können)“.[10] De facto werden die gejagten Tiere also, letztendlich nicht maßgeblich anders als bei der Fuchsjagd in England oder bei der Parforcejagd in Frankreich, im wahrsten Sinne des Wortes in den Tod gehetzt. Abermals ist klar, daß die Waidgerechtigkeit eine dermaßen mit großer Angst des Wildes verbundene Form der Jagdausübung auf Hochwild verbietet. Aber doppelte Moral war schon immer ein wesentlicher Bestandteil der sogenannten Jägerethik.

Noch eine letzte, weitläufig ebenfalls mit „Suchen“ in Zusammenhang stehende Jagdart soll an dieser Stelle Erwähnung finden: das sogenannte Ausneuen insbesondere von Mardern. Hierbei wird die sich im Neuschnee abzeichnende Spur des Tieres bis zu dessen Unterschlupf verfolgt, um dort zu jagdlichem Erfolg zu gelangen. Hans Behnke macht in seinem Buch „Jagd und Fang des Raubwildes“ folgende zum Verständnis dieser Jagdform vollkommen ausreichende Beschreibung (auszugsweise zitiert):

Häufiges Kreisen, Auf- und Abbaumen, Nässen und Lösen sind immer ein sicheres Zeichen, daß der Gesuchte nicht mehr weit ist. (...) Gut ist es, um den Stamm des Aufbaumens mit einem Radius von etwa 50 Metern einen Kreis zu schlagen. Ist der Marder innerhalb desselben nicht abgesprungen, so kann man mit ziemlicher Sicherheit annehmen, daß er in einem Raubvogelhorst, Eichkatzenkobel oder hohlen Stamm eingeschlüpft ist. Oft ist dann auf demselben Stamme oder einem der nächststehenden ein Kobel, und dann genügt ein nicht allzu heftiges Anstoßen oder noch besser Kratzen mit den Fingernägeln an der Rinde, um den nie fest Schlafenden herauslugen zu lassen. (...) Wird ein aufgebaumter Marder nicht in der nächsten Nähe gefunden, ist der Erfolg immer zweifelhaft. Doch spare man in solchen Fällen nie mit den Patronen, wir schossen in die vorgefundenen Nester der näheren Umgebung (!!!, Anm. d. Verf.) und haben auf diese Weise manch prächtigen Winterbalg erbeutet."[11]

Tja – probatum est, und im Zweifelsfall scheint das Probieren nach dem „Try-and-error-Verfahren" tatsächlich besser zu sein, als zu studieren. Und der eine oder andere mehr oder weniger geschützte Vogel fällt dabei allemal noch ab.

13.3 Die Baujagd

Unterhalten sich Jäger über verschiedene Formen der Jagdausübung insbesondere auf das sogenannte Raubwild, so kommen sie regelmäßig zu dem Ergebnis, daß die Baujagd eine der faszinierendsten Jagdarten ist. Auch mir gegenüber wurde versichert, daß das Töten von Tieren besonders reizvoll ist, wenn – wie es hierbei eben üblich ist – das Tier erst mittels raubwildscharfer Hunde aus dem für ihn sicheren Bau getrieben werden muß. Nun mag das alles, kann ich als Nichtsadist diese Freude auch nicht nachvollziehen, für den Nimrod wohl durchaus zutreffen, da ein gewisser Grad an Spannung sicherlich mit der Baujagd verbunden ist. Schließlich kann man zum einen ja nie wissen, wann der Fuchs „springt" und so durch einen (einen?) gezielten Schuß umgebracht werden kann, und zum zweiten steht ja nicht fest, wie viele der im Bau befindlichen Füchse vom Hund zum „Springen" veranlaßt werden können. Ob der Nervenkitzel und die damit verbundene Freude beim gejagten Fuchs ähnlich groß sind, ist indes eine andere Frage – von der aber in keinem Jägerlehrbuch die Rede ist. Hier lernt man vielmehr Dinge wie das folgende:

„Das Sprengen von Fuchs (besonders im Winter) gelingt nur mit scharfen Teckeln oder Terriern. Der Dachs springt nur selten und muß meist vor dem vorliegenden (verbellenden) Hund ausgegraben werden. Auch

Jungfüchse werden aus dem Heckbau gegraben. Der eingelassene Hund stellt das Wild in dem Bau und liegt lautgebend vor. In Richtung auf den Laut des Hundes wird der Einschlag gegraben. Das Wild wird mit der ‚Dachszange' lebend geholt oder mit der Pistole erlegt. Die Baujagd ist eine der wirksamsten Methoden, den Fuchs mit jagdlichen Mitteln kurzzuhalten (...)."[1]

Hans Behnke empfiehlt, die Baue besonders in der Ranzzeit, der winterlichen Paarungszeit der Füchse, zu bejagen, da zu dieser Zeit

„alle Baue von Füchsen abgesucht und besonders von der Fähe gern angenommen werden, der bald ein Rüde folgen wird. Vorbereitung und Nachruhe der hektischen Ranzzeit halten die Füchse im Bau."[2]

Außerdem verspricht es Erfolg und schöne Trophäen, daß „Ende Oktober, Anfang November das Geheck oft noch zusammen in einem Bau und der Balg des Jungfuchses schon gut (sind)"[3]. Behnke rühmt sich, in der Ranzzeit auf diese Art so viele Füchse gestreckt zu haben, daß seine Frau „mit dem Balgen nicht nachkam"; er empfiehlt jedoch, daß bei der Baujagd mit „rabiat scharfen Hunden" mehrere Schützen den „flüchtig kommenden" Füchsen auflauern. Ansonsten, so warnt der Altwildtiermörder, könnte am Ende folgende Horrorvision Realität werden:

„Es kommt vor, daß am Bau mit mehreren Ausgängen gerade dann, wenn alle Anwesenden am gegrabenen Schachte versammelt sind, um der interessanten Schlußszene beizuwohnen, der bedrängte Fuchs durch eine der unbewachten Röhren entkommt. Das soll und darf einem umsichtigen Jagdleiter nicht passieren, deshalb steht immer ein guter Schütze aufmerksam und schußbereit am Bau."[4]

Was es mit der besagten „interessanten Schlußszene" auf sich hat, dürfte wohl jedem Leser zumindest im groben klar sein, denn das Drama endet in den meisten Fällen mit dem triumphalen Erlegen des gejagten Fuchses. Behnkes Beschreibung möchte ich an dieser Stelle aufgrund seiner wenig umständlichen Deutlichkeit aber dennoch anführen. Er schreibt:

„Ist der Fuchs nicht sichtbar, so sondiert man mit einer kräftigen Gerte. Den langsam mit der Zange herausbeförderten Fuchs drückt man fest an den Boden und betäubt ihn mit kräftigem Hieb auf die Nasenwurzel, um ihn durch kräftige Schläge auf die Kehle sofort zu töten. Der Fangschuß in Nacken oder Kopf ist waidgerecht."[5]

Mit schmerzlosem Tod hat das nichts, mit Waidgerechtigkeit alles zu tun. Denn für einen Jäger ist es offensichtlich vollkommen „gerecht", mit einer schwerbewaffneten Truppe von mordbesessenen Schießern sowie Hunden einen, zwei, drei oder vielleicht auch vier hilflose, unschuldige und verängstigte Füchse erst in die Enge zu treiben, dann Angesicht zu Angesicht keineswegs schmerzfrei zu töten und das Ganze letztendlich auch noch als „frische und fröhliche" Jagdart zu bezeichnen, mit der man „ohne alle Mühe in kürzester Zeit mehrere nacheinander zur Strecke legen kann".[6] Jeder normal fühlende Mensch, der einer solchen Jagd einmal beigewohnt hat, wird mit Sicherheit sämtlichen Glauben an den „Tierfreund Jäger" zu Recht in den Wind schlagen - doch leider, so Karin Hutter,

„können sich (nur wenige) ein Bild vom Hergang einer winterlichen Baujagd auf Füchse oder Marder (‚Sprengen') mit Schliefhund und Exekutionskommando machen".[7]

Das erbärmliche Bild im Bau vom Hund „abgewürgter" und anschließend herausgebrachter Jungfüchse[8], die größtenteils eine kleine Ewigkeit lang andauernde Angst des in die Enge gedrängten oder vom Hund verfolgten Fuchses, der von entsetzlichen Qualen begleitete Tod ausgegrabener Tiere, das in Strömen fließende Blut von Füchsen, die mutig genug waren, sich mit dem Jagdhund auf einen Kampf einzulassen, oder das „Rollieren" und Sterben ohnehin chancenloser Füchse im Hagel unzähliger Schrotkugeln sind wahrlich allein schon Grund genug, die Jägerei abzulehnen. Hinzu kommt der zwar bereits zitierte, hier der Vollständigkeit halber aber noch einmal angeführte „Trauma-Effekt" bei überlebenden Tieren, deren Artgenossen einer Baujagd zum Opfer gefallen sind:

„Da etwa zur Ranzzeit meist mehrere Füchse sich im selben Bau befinden, können gewisse Tiere Augenzeugen werden, wie ihre Artgenossen vom Menschen oder deren Hunden am Bau getötet werden. Auch bei der Bejagung der Jungfüchse, bei der in der Regel selten das ganze Geheck getötet wird, erleben Füchse, wie ihre Geschwister umkommen. Gehecke, aus welchen Jungfüchse geschossen wurden, benehmen sich in der Regel weit scheuer als in Ruhe gelassene. Die davongekommenen Tiere reagieren von da weg meist auch viel lichtscheuer, während sie vor dem Abschuß ihrer Geschwister selbst gegenüber sehr hellem Scheinwerferlicht und direkter Anstrahlung keinerlei Reaktion zeigen."[9]

Diese Beobachtung zeigt unmißverständlich, daß die Baujagd eine der grausamsten derzeit in der BRD praktizierten Formen der Jagdausübung ist. Dabei schrecken Jäger auch nicht davor zurück, zugunsten ihres jagdlichen Erfolges natürliche Fuchsbaue mit Kornitol zu „verstänkern" und so die dort lebenden Füchse zum „Umzug" in künstlich angelegte, leicht bejagbare und ebenso zum „Training" noch unerfahrener Jagdhunde geeignete Kunstbaue zu veranlassen.[10] Wildtiermord - leichtgemacht!

Dieser Philosophie scheinen indes auch jene Waidmänner anzuhängen, die an einem Schützenfest-Samstag 1984 ein von einem Trecker gezogenes Gülle-Fahrzeug zu einem Fuchsbau fuhren und dort begannen, Wasser in die Behausung zu leiten. Als kurze Zeit danach das Wasser vier Jungfüchse aus der Erdwohnung drückte, wurden diese sofort gnadenlos im wahrsten Sinne des Wortes abgeknallt. Wer jedoch denkt, daß hiermit für die Beteiligten eine höhere Geldstrafe verbunden war, sieht sich getäuscht - der Sachverständige, seines Zeichens Kreisjägermeister, nahm die „Wasserwaidwerker" (Sojka) nämlich in Schutz. Er gab zwar zu, daß die Beschuldigten sich nicht ganz waidgerecht verhalten hätten, betonte jedoch, daß dieses Verhalten nicht schwer wiege - wenn Wasser in einen Fuchsbau eindringe, kämen die Füchse aus dem Bau. Füchse mit Wasser aus dem Bau zu treiben sei für die Tiere jedenfalls nicht schmerzhafter, als wenn für diesen Zweck Hunde eingesetzt würden.[11] Ganz ähnlich verhielt es sich übrigens mit jenen Füchsen, die in Schleswig-Holstein mit Hilfe von Frontladern aus ihren Bauen befördert wurden - mit dem kleinen Unterschied, daß sie in diesem Fall allesamt trockenen Fells umgebracht werden konnten.[12] Was den Tieren mit Sicherheit sehr viel angenehmer war!

Ähnlich wie die Baujagd auf Füchse verläuft im übrigen die Baujagd auf Kaninchen, wenn Verfolger und Verfolgter hier auch um eine Größenordnung kleiner sind als beim „Fuchssprengen". Das verängstigte Kaninchen flieht aus dem Bau, um dort von ihm auflauernden Jägern erschossen zu werden - oder aber, um sich in Netzen zu fangen und anschließend vom Jäger im „Nahkampf" getötet zu werden. Behnke beschreibt den Hergang einer solchen Jagd folgendermaßen:

„Das Netzen der Kaninchen, also der Lebendfang, geschieht mit den üblichen käuflich zu erwerbenden Kaninnetzen. Sie werden über die Röhre gebreitet und mit Hefteln befestigt. Das Kanin springt ein, die Heftel halten das Ende des Netzes und ziehen es so zu. Sehr schnelles Zuspringen und ganz festes Zupacken des Jägers sichern den Erfolg. Statt der Heftel kann man Bleikugeln nehmen, das Kanin rollt dann mit dem zugezogenen Netz. Abgelegene, nicht zu beschießende Röhren kann man auch bei der Jagd mit der Waffe abnetzen. Derart gefangene Kaninchen werden abgeschlagen und wie die geschossenen ausgedrückt oder im festen undurchsichtigen Sack zu zweit oder dritt lebend transportiert. Kaninchen liefern vorzügliches Wildbret, sie sind daher so pfleglich zu behandeln wie gestreckte Hasen."[13]

So weit, beim anschließenden Festmahl an die Qualen der von ihm geschundenen Kreatur zu denken oder sich beim Verkauf des Fuchspelzes an die weit aufgerissenen, Todesangst widerspiegelnden Augen des aus reiner jagdlicher Passion ermordeten Fuchses zu erinnern, reicht die Reflexionsfähigkeit des Jägers indes nicht. Sein Denken ist darauf ausgelegt, große Strecken innerhalb möglichst kurzer Zeit zu erlangen - und nicht etwa darauf, Mitleid zu zeigen oder gar Leben zu bewahren.

13.4 Treib- und Drückjagden

Ganz ähnliche Schauplätze gravierender Tierquälerei sind Gesellschaftsjagden wie die auf Niederwild ausgeübten Treib- und die zum „Strecken" von Hochwild dienenden Drückjagden. Zur Definition findet man in der einschlägigen Literatur etwa folgendes:

„Die Treibjagd ist die Jagdart, bei der das Wild mit einer stärkeren Beunruhigung durch eine Anzahl von Treibern (mit oder ohne freijagende Hunde) aufgescheucht und den Schützen zugetrieben wird. Drückjagd ist die Jagdart, bei der das Wild durch wenige Treiber ohne besondere Beunruhigung rege gemacht und veranlaßt wird, ohne Hast den Einstand zu verlassen und den Schützen zuzuwechseln."[1]

Im Klartext: Ziel beider Jagdarten ist es letztendlich, die Tiere aus der Deckung zu jagen und auf sie wartenden Schützen zuzutreiben. Auffallend ist dabei die streng hierarchische Ordnung innerhalb der Teilnehmerschaft und der fast paramilitärisch anmutende Hergang einer solchen Jagd. Schützen wie Treiber stehen bzw. laufen in einer festgelegten Formation, die so angelegt ist, daß möglichst wenige Tiere entkommen können. Da Wildschweine oft nur schwer dazu zu bewegen sind, die Deckung zu verlassen, werden sie bei Treibjagden zeitweise sogar mit scharfen Hunden aus der Deckung gehetzt.[2] Horst Stern betont dementsprechend in einem Interview:

> „Bei einer Treibjagd drücken Hunde das Wild aus dem Wald, und die Schützen stehen in wohlüberlegter Position und knallen ab, was rauskommt."[3]

Allein aus diesen rudimentären Kenntnissen vom Hergang einer solchen Gesellschaftsjagd läßt sich schließen, daß Treib- und Drückjagden keinesfalls tierfreundlichere Jagdarten sind als die bislang beschriebenen. Schließlich ist eine der wesentlichen Voraussetzungen für den Erfolg dieser Jagdarten, daß das gejagte Tier Todesangst verspürt und aus diesem Grund aus der Deckung flieht.

> „Die Füchse müssen richtig Angst kriegen", ermahnte dementsprechend der Jagdleiter Fritz Oechsler seine Treiber anläßlich einer Treibjagd nahe bei Stuttgart, „das muß für die sein, als wenn eine Dampfwalze daherkommt!"[4]

Bei derartigen „Fuchstreiben" sind auch Hunde oft an der Jagd beteiligt, denn

> „ein passionierter Hund, vor dem schon öfter Füchse auf diese Art erlegt wurden, findet den Fuchs sehr bald, und wenn alles richtig geht, erscheint der so unsanft Aufgestörte in oft ungeahnt kurzer Zeit vor den Schützen".[5]

Besonders perfide sind in diesem Zusammenhang auch die in den weiten, übersichtlichen Revieren des Flachlandes beispielsweise von Schleswig-Holstein im Winter durchgeführten großangelegten Fuchstreiben, die sich oftmals über mehrere Reviere hinziehen und, auf Hegeringebene mit anderen Jagdarten gekoppelt, ein widerliches Dahingemetzel der Rotröcke darstellen. Behnke:

„In den Revieren wird jede Deckung, die Fuchs enthalten kann, durchgedrückt. Alle Baue werden mit Jägern besetzt, wenn es irgend geht, mit Hunden gesprengt. Alle geeigneten Hochsitze sind besetzt. Wir lassen selbst schilfbesetzte Grabenränder durchgehen. Die Jagd erfordert in der Regel einen ganzen Tag."[6]

Vor dem tödlichen Schuß liegt bei derartigen großangelegten Treibjagden überdies eine noch weitaus längere Flucht, als das bei „normalen" Treibjagden der Fall ist. Nimmt man - was als naheliegend bezeichnet werden kann - kurzerhand die Fluchtstrecke eines überlebenden Tieres als Maß für die Angst, die es beim Gejagtwerden empfindet, so muß die Furcht beispielsweise eines Hasen bei einer Treibjagd erbärmlich sein. Seine Flucht erstreckt sich hierbei nämlich über ein Vielfaches der Distanz, die bei der Flucht vor Beutegreifern wie Füchsen üblich ist - konkret konnten Strecken von bis zu 9 Kilometern gemessen werden.[7]

Dementsprechend ist auch die Drückjagd unmöglich als Jagdform zu bezeichnen, die arm an „Beunruhigung" des Wildes ist. Bei der „Schweimker Drückjagd" versammelten sich beispielsweise 35 passionierte höhere und niedere Jäger Niedersachsens und gelangten letzten Endes zu einer Strecke von 15 männlichen und weiblichen Hirschen, 4 Wildschweinen, 2 Rehen und einem Fuchs. Dabei wurde so schlecht getroffen, daß noch drei Tage später waidwunde Tiere gefunden wurden; selbst einige Wochen danach fand man noch tote Tiere im bejagten Gebiet. Ein Teilnehmer wurde folgendermaßen zitiert:

„Es war grausam. Das Rotwild ist vor Angst die Bäume hochgegangen."[8]

Bezeichnend ist auch, daß eine 1984 durchgeführte „Buß-und-Bettag-Jagd", bei der nicht weniger als 100 zum Teil in Volieren aufgezogene und ausgesetzte Tiere ihr Leben ließen, von den Veranstaltern als „bewaffneter Spaziergang" bezeichnet wurde, der „der Natur gedient habe".[9] Grausame Auswüchse der Ignoranz, die aber ebenso waidgerecht wie juristisch legal sind. In dieselbe Kategorie fällt die Tatsache, daß angeschossene Tiere zum treibjagdlichen Alltag gehören. Selbst Jäger, wie hier Nowak-Nordheim, geben zu,

„daß es nicht immer ästhetisch zugeht auf Gesellschaftsjagden, wenn etwa ein Hase, der angebleit und zuckend in der Ackerfurche liegt, nicht erlöst werden kann (kann!, Anm. d. Verf.), weil noch nicht abgeblasen ist".[10]

Das kollektive Phänomen waidwunder Hasen, die bis zum Abblasen nicht angerührt werden dürfen, beruht nämlich ebenfalls auf der Waidgerechtigkeit.

„Der Schütze weiß, daß angeschweißtes Wild die Jagd nicht stören darf, die Entscheidung, ob sofort oder später nachgesucht wird, daher zumeist auf ‚später' fällt, er somit Füße und Finger vom Anschuß zu lassen hat. Der Schütze weiß, daß undiszipliniertes Verhalten der Gäste vom Jagdleiter durch die bescheidene Bitte, sofort nach Hause zu gehen, beantwortet wird."[11]

Ebenso ist in der Waidgerechtigkeit verankert, daß nur der Schütze das Wild töten darf und es letztendlich erhält, der es als letzter mit Schrot beschossen hat.[12] So trifft das wortmächtige Jagdkritikerduo Hagen/Sojka den Nagel des Hergangs alltäglicher Treibjagden vollkommen auf den Kopf, wenn es schreibt:

„Aus Gründen der Notwendigkeit wird auf einer Treibjagd ein angeschossener und vom Hund gegriffener Hase erst nach manchmal langer Zeit ganz totgemacht. So lange ist er voller Todesangst im Anblick seines Todfeindes Mensch gelähmt, von Schmerzen gepeinigt, blutüberströmt oder vielleicht blind. Am Ende wird er dann auch nicht etwa sofort erschossen. Nein, an den Hinterbeinen wird er hochgezogen, und mit einem Knüppel oder der Handkante des Waidmannes oder seiner Helfer wird ihm das Genick gebrochen. Man muß solch eine von panischer Angst geschüttelte, geschundene Kreatur einmal gesehen und durch das Johlen der Treiber hindurch ihre markerschütternden Schreie gehört haben, um ein neues Verständnis von Waidwerk und auch von Waidgerechtigkeit zu bekommen."[13]

So befürchtet der Waidmann Arnold – wenn auch in großer Überschätzung der seiner Zunft entgegengebrachten Akzeptanz –, daß

„das bei sehr vielen Mitmenschen an sich vorhandene Verständnis für die Jagd im Anblick eines auf zerschossenen Hinterläufen rutschenden

Hasen - eine unvermeidbare Erscheinung bei jeder Gesellschaftsjagd - auf das heftigste erschüttert (wird)".[14]

Zu Recht. Denn für ein Hobby, bei dessen Ausübung Tierquälerei eine „unvermeidbare Erscheinung" ist, findet sich in der modernen, vernunftorientierten Gesellschaft des Computerzeitalters kein Platz mehr. Und vernünftig ist im Zweifelsfall immer das Lebenlassen, keineswegs das Töten.

An den Schluß dieses Kapitels möchte ich noch die Beschreibung einer für Gesellschaftsjagden typischen Schlußszene stellen, die von dem 1974 für sein jagdliterarisches Gesamtschaffen mit dem Literaturpreis des Deutschen Jagdschutzverbandes ausgezeichneten Waidmann Behnke stammt. Sie stimmt Tierfreunde mit Sicherheit nachdenklich oder gar traurig - aber sie zeigt auch den primitiven, kreaturverachtenden Triumph auf, den der Jäger bei seinem Sieg über die gestreckten Stücke empfindet:

> „Das Wild hängt mit Haken schräg an Stangen, Hinterläufe auseinander, oder liegt nebeneinander auf dem Wagen. Das Geräusch hängt für sich an Stangen. Das Gescheide befindet sich in Säcken auf dem Wildwagen. Erst wenn sich das Gescheide im Sack befindet, wird der Pansen aufgeschärft. Die Säcke werden später vergraben oder am Luderplatz entleert. Das Gescheide bleibt nicht dort, wo das Wild aufgebrochen wurde, weil dies bei Drückjagden oft auf dem Wechsel der Fall ist und zum Beiroden die Zeit fehlt."[15]

14

Die Fallenjagd – von mittelalterlichen Mordinstrumenten und ihren Opfern

Der Fang von Tieren mit Hilfe von mechanischen Fallen gehört zu den am weitesten verbreiteten jagdlichen Methoden, Raubwild wie Marder, Fuchs und Dachs, aber auch Katzen und Hunde vom Leben zum Tod zu befördern. Deshalb ist sie jedoch noch lange nicht „humaner“ als andere Formen der Jagd, vielmehr ist, wie im folgenden deutlich werden wird, eher das Gegenteil der Fall. Die Fallenjagd ist lediglich in so mancher Hinsicht bequemer als der stundenlange Ansitz in winterlicher Kälte, denn die meisten der mit Fallen bejagten Tiere sind nachtaktiv. Da diese nämlich wiederum gelegentlich ein Stück Niederwild erbeuten, welches der Waidmann gerne selbst gestreckt hätte, muß der Raubwildbesatz im Revier so kurz wie möglich gehalten werden – und dies geschieht, ob aus Zeitmangel oder aus Desinteresse für andere Formen der Jagd auf Füchse oder Marder, mit Hilfe ihrem Prinzip nach größtenteils deutlich über fünfzig Jahre alten Mordinstrumenten, deren Anwendung trotz ihres Alters von der Waidgerechtigkeit durchaus erlaubt ist. Nach Jägermeinung ist die Fallenjagd übrigens „eine interessante und spannende Jagdart“, die „höchste Waidmannsfreuden beschert“, wie Graf Schönburg belehrt. Denn „das Hauptmotiv für die Marderjagd ist die Jagdpassion, dahinter rangiert der Erlös der Bälge und noch dahinter der Glaube, damit für das Niederwild eine gute Tat zu vollbringen“.[1]

Den Niederwildstrecken ist der Betrieb der Fangjagd auf Raubwild und -zeug nämlich auch dienlich, wie Hans Behnke ganz richtig feststellt. Er plädiert entschieden für den verstärkten Einsatz von Fallen zur Kurzhaltung der (für den Jäger) „überhöhten“ Raubwildbestände, wenn er sie auch nicht wie sein Kollege Jürgen Schulte für unbedingt notwendig hält[2]:

„Auf die landwirtschaftlichen Methoden und die Giftanwendung haben wir ebenfalls keinen oder nur ganz geringen Einfluß. Die Feinde des Niederwildes können wir jedoch bei einiger Mühe in Grenzen halten und damit allen Revieren (auch den Waldrevieren!) eine immer noch gute Strecke sichern. Dazu bedarf es aber mehr als bisher der Anwendung der Falle. Sie übt pausenlos, ohne zu stören, den Jagdschutz aus. Sie sitzt auf Raubwild und Raubzeug an, wozu dem Jäger heute - leider - oft Ruhe und Zeit fehlen.“[3]

Hinzu kommt die Tatsache, daß der „reife Balg“ eines Fuchses durch den Fang in einer Falle bei weitem nicht so verunstaltet wird wie durch den Beschuß mit streuender, womöglich grober Schrotmunition und dementsprechend der Erlös für den Pelz (für Schönburg immerhin der zweitwichtigste Faktor, der ihn zur Marderjagd bewegt) deutlich höher ist.

Doch in letzter Zeit haben Tier- wie Naturschützer immer lauter werdende Kritik an der Ausübung der Fallenjagd geäußert. Konkret wurde in erster Linie angeprangert, daß der Fang von Tieren mit Hilfe von Fallen dem „gejagten“ Individuum große Qualen psychischer wie physischer Natur zufügt und daß Fallen nicht selektiv, d. h. wahllos selbst in bezug auf die Art töten. Widersprüchlich ist diesbezüglich auch die Gesetzgebung. §13 des Tierschutzgesetzes besagt nämlich, daß .

„es verboten (ist), zum Fangen, Fernhalten und Verscheuchen von Wirbeltieren Vorrichtungen und Stoffe anzuwenden, wenn damit die Gefahr vermeidbarer Schmerzen, Leiden oder Schäden für Wirbeltiere verbunden ist ...“[4]

Doch muß sich der Jäger derartigen Vorschriften einmal mehr keineswegs unterordnen, denn gleich darauf heißt es:

„... dies gilt nicht für die Anwendung von Vorrichtungen oder Stoffen, die auf Grund anderer Rechtsvorschriften zugelassen sind.“

Wer mitgedacht hat, wird sich an den bereits zitierten §4 des Tierschutzgesetzes erinnern, der da alles, was unter die ungeschriebenen

Gesetze der Waidgerechtigkeit fällt, von den Grundsätzen des Tierschutzgesetzes ausklammert und somit legalisiert.

Ausdrücklich verboten sind lediglich Fangeisen wie das sogenannte „Tellereisen“, dessen Anwendung bereits im Jahre 1934 untersagt wurde. Wobei hierfür aber keineswegs die extremen Qualen der gefangenen Tiere, die sich, mit der Pfote in das Eisen geraten, oftmals den halben Lauf abbissen, um zu entkommen, ausschlaggebend waren, sondern lediglich die Erkenntnis, daß die massenweise Aufstellung derartiger Folterinstrumente in dichtbesiedelten Gebieten den Fang von nahezu ebenso vielen Menschen wie Tieren zur Folge hatte. Fast alle übrigen Fallen finden hingegen bis heute in großer Zahl Anwendung. Diese übriggebliebenen Geräte sind konkret all jene Fallentypen, die entweder „unversehrt“ oder „sofort tötend“ fangen. Doch wer hierin wie Walter Helemann, Redakteur der Zeitschrift „Die Pirsch“, bereits „das Verbot tierquälerischer Fangmethoden längst verwirklicht“ sieht[5], hat sich getäuscht. Denn Fallen sind nicht „intelligent“, können sich nicht auf ihr Opfer einstellen und erfüllen die durch ihre Bezeichnung erhobenen Forderungen allenfalls im Laborversuch. Denn, wie in den nächsten beiden Teilkapiteln deutlich werden wird, die Realität spricht eine vollkommen andere Sprache, als die passionierten Trapper unter den Jägern dies gerne sähen. Nicht umsonst meint nicht nur Weichert als Vertreter der Tierschutzbewegung, daß

> „das Aufstellen von Tellereisen zu den größten Gemeinheiten (gehört) und schleunigst verboten werden (muß)“[6],

sondern gibt auch der (allerdings unter seinesgleichen allein auf weiter Flur stehende) Jäger Gendrichs zu, daß

> „der immer noch mit brutalen Marterinstrumenten betriebene Fang des Raubwildes“

abstoßend ist.[7]

Überdies scheinen nicht einmal die offiziell in der BRD verbotenen Fallentypen vollkommen aus den Wäldern um uns herum verschwunden zu sein. Denn für wen, wenn nicht für Jäger, bietet der Waidmann Grell in seinem Katalog ausdrücklich für die Bekämpfung der „Katzenplage“ bestimmte Fangeisen oder für den Fang wildernder Hunde geeignete Tellereisen mit „eingenieteten spitzen Zähnen“ an[8]? Und warum wohl werden diese auch in den Schaufenstern einschlägiger Jagdgeschäfte angebotenen eigentlich illegalen Fanggeräte laufend dem aktuellen Preisniveau angepaßt[9], wenn nicht zum Zweck des Verkaufs? Bestimmt sind sie ausschließlich für die Deutschland laufend besuchenden russischen und kanadischen Pelztierjäger gedacht, denen der Preis für das von ihnen verwandte Mordwerkzeug in der Heimat zu hoch ist und die sich aus diesem Grund mit deutscher Qualitätsware eindecken wollen. Bleibt nur die Frage offen: Was sagt der Zoll dazu?

14.1 Lebendfallen

Die in der Bundesrepublik Deutschland erlaubten Lebendfallen sind dem Gesetz nach angeblich „unversehrt fangende“ Fallen, die das Raubwild bis zu seiner Tötung durch den Jäger bei vollkommenem Bewußtsein und ungetrübter physischer Agilität belassen. Bei uns sind im Bereich derartiger Fallentypen die sogenannten Kastenfallen die mit Abstand am weitesten verbreiteten und am häufigsten aufgestellten Fanggeräte. Werden mit Totschlagfallen allgemein auch bessere „Streckenergebnisse“ erzielt, so kommt doch eine nicht zu verachtende Zahl an Katzen, Mardern, Iltissen, Wieseln, Füchsen und Waschbären durch derartige „Lebend“fallen um; insbesondere dort, wo die Tiere durch das permanente Vorhandensein einer Vielzahl von menschlichen Gerüchen gegenüber einer schlecht „verwitterten“ Falle wenig Mißtrauen hegen. Dabei ist das Prinzip der Kastenfalle simpel: Der Jäger sucht einen typischen Paß bzw. Wechsel des Wildes aus und baut diesen „zu Zwangswechseln bzw. Zwangspässen“[1] aus, die das zu fangende Tier in jedem Fall benutzen muß. An dieser Stelle wird das jägerische Fanggerät, ein länglicher, an den Schmalseiten mit Fallbrettern versehener Kasten, installiert. Betritt der Fuchs, Iltis, Waschbär (oder ein beliebiges anderes „Stück“ Raubwild bzw. Raubzeug) nun die in manchen Fällen auch beköderte[2] Falle, so schlagen die Fallbretter nach unten, und das Tier ist bis zu seiner oftmals erst 24 Stunden später erfolgenden Tötung gefangen. Gefangen in einem Kasten, der selbst beim Fang von Fuchs, Waschbär und Katze laut Behnke nur 25 mal 30 mal 150 cm mißt[3]!

Daß hierbei entgegen allen jägerischen Beteuerungen Situationen auftreten, die für das gefangene Tier alles andere als angenehm sind, ist selbstverständlich. Der Schock, den die Kreatur beim Zufallen der an den Schmalseiten befestigten Bretter erleidet, zieht unweigerlich weitere Streßsituationen nach sich. Wie Horst Hagen zu berichten weiß, verletzen die Tiere „sich bei Fluchtversuchen auf das übelste“[4], denn „die Gefangenschaft im engen Kasten versetzt (sie) in Panik und Todesangst - der Streß führt bis zum Herzschlag“[5]. Die Ausmaße dieser Streß-Symptome sind je nach Art und individuellem Temperament verschieden und können von unablässigem Herumtoben mit den daraus resultierenden schweren physischen Schäden bis zum apathischen Fügen in die ausweglose Situation reichen. Deutlich wird aber in jedem Fall, daß schwere psychische, aber auch physische Beeinträchtigungen aus der Situation der Gefangenschaft in einer winzigen Falle resultieren.[6]

Auch die Benutzung von Blendfallen, also Fallen, die keine Sicht nach außen zulassen, ist nicht humaner. Zwar betonen Jäger, die Tiere würden in derartigen Fanggeräten geringeren Streß erleiden, doch wird diese Behauptung von zahlreichen Sachverständigen zu Recht angezweifelt. Es klingt in diesem Zusammenhang beinahe zynisch, wenn der Fachmann für Fallenbau und Fallennutzung Claussen Blendfallen mit der Argumentation, das Tier habe die ihm genommene Freiheit nicht andauernd vor Augen und hege daher kein Bestreben, aus seiner Situation zu entkommen, ausdrücklich empfiehlt. Claussens Suada gipfelt in der haarsträubenden Feststellung: „Dunkelheit beruhigt bekanntlich.“[7] Vielleicht sollte man den Fallenfachmann selbst einmal in eine der von ihm empfohlenen Fallen sperren, um von ihm auf diese Weise eine Art „empirische Verifizierung“ für seine These zu erhalten. Ob Dunkelheit ihn in einem derartigen Fall wohl auch beruhigt? Indes schreibt zwar das Gesetz den Waidmännern vor, die von ihnen aufgestellten Fallen innerhalb von 24 Stunden einmal zu kontrollieren, doch kann das „Kontrollverhalten“ des Hobbytrappers selbstverständlich sehr schlecht überprüft werden. Nur allzuoft kommt es vor, daß fängisch gestellte Kastenfallen am Nachmittag noch immer nicht kontrolliert sind, und wenn

> „höhere Gewalt dies verhindert, sind die gefangenen Tiere wehrlos Hitze und Kälte, Hunger und Durst ausgesetzt“[8]

- dies allerdings, wie betont werden muß, äußerlich vollkommen unversehrt und überdies aufgrund der gegebenen Umstände eindeutig waidgerecht.

Doch selbst wenn die Falle innerhalb der gesetzlich vorgeschriebenen Zeitdauer kontrolliert wird, steht dem in ihrem Innern gefangenen Tier das Schlimmste noch bevor: sein Tod. Diesen, so empfiehlt Behnke seinen Mitwaidmännern, sollte man in aller Regel folgendermaßen herbeiführen:

> „Neben der normalen Jagdausrüstung benötigt der Fallen-Jäger einen festen Sack. Dieser Sack wird vor die Kastenfallen gebunden, um das darin gefangene Wild hineinzutreiben. Es kann, wenn es sich im Sack befindet, durch einen festen Schlag auf den Boden getötet (...) werden. Will der Jäger das gefangene Wild durch Kleinkaliberschuß in der Falle töten, so empfiehlt sich eine Kleinkaliberpistole. (...) Schweiß, der dabei in die Falle läuft, ist günstig für weiteren Fang."[9]

Behnkes Kollege Fritz Nüßlein hat überdies noch eine weitere Mordmethode auf Lager - er meint, man könne das gefangene Tier auch beim Wegflüchten aus der Falle mit Schrotschuß „strecken".[10] Doch der Tod durch ein oder zwei mehr oder weniger saubere Kleinkaliberschüsse wird einem Stück Raubwild, das das Pech hat, einen schönen Pelz zu besitzen, „mit dem man Frauen verrückt machen kann - warm, weich und teuer"[11], nur selten gegönnt. So sterben die meisten begehrten Pelztiere unter dem Raubwild durch den von Behnke beschriebenen Schlag auf den Boden - wobei bei besonders zähen Tieren allerdings keinesfalls bereits ein einziger Schlag genügt. In einem solchen Fall splittert und bricht erst der eine oder andere Knochen, wird erst das eine oder andere Organ gequetscht, bis der endgültige Tod durch eine entsprechend schwere Verletzung eintritt. Soviel zur Lebendfalle als der „humanen Alternative"!

14.2 Totschlagfallen - von verstümmelten Füchsen und zerquetschten Mardern

Noch wesentlich mehr, als dies bei den beschriebenen Lebendfanggeräten der Fall ist, entzündeten und entzünden sich am Gebrauch der jagdlichen Totschlagfallen heftige Proteste von seiten sowohl der Tier- als auch der Naturschützer. In Fernsehsendungen und Zeitschriften gezeigte Bilder von in angeblich „sofort tötenden" Fallen langsam und qualvoll gestorbenen Füchsen und Mardern, aber auch Hunden und Katzen trugen das Ihre dazu bei, die Fangjagd insbesondere mit Totschlagfallen ins Kreuzfeuer der Kritik zu stellen. Genau dort, nämlich in offenen Diskussionen, wollen die Anhänger der „stillen Jagd" diese so „reizvolle" Jagdart aber auf keinen Fall sehen, da die hiermit verbundenen Meinungsäußerungen zwangsläufig eine schrittweise Aufklärung über die Geschehnisse bei der Jagd mit sich bringen – und so stellte man sich in der Zeitschrift „Wild und Hund" bange die Frage: „Wie kann die Fangjagd überleben?"[1] Denn der Gedanke, die Fangjagd schon in sehr naher Zukunft verboten zu sehen, ist bei der Sicht der derzeitigen Stimmung zu diesem Thema durchaus nicht verfrüht. Einer Repräsentativumfrage des Sample-Instituts in Mölln zufolge stimmten nämlich bereits 1989 84 % der Deutschen der Ansicht zu, daß die Fallenstellerei der Jäger Tierquälerei ist – und immerhin 63 % widersprachen der aufgestellten Behauptung, es gebe Fallenmodelle, in denen die Tiere sofort schmerzlos getötet würden.[2]

Daß diese Ansichten indes vollkommen gerechtfertigt sind, wird allein schon bei einer genaueren Betrachtung der Funktionsweise jagdlicher Totschlagwaffen deutlich. Die bei uns am häufigsten, jedoch fast nur für den Fang von Füchsen verwandte Totschlagfalle, der „Deutsche Schwanenhals", besteht ebenso wie die nach ihrem Erfinder benannte „Conibear-Falle" aus einem Auslösefühler und zwei gespannten Bügeln. Nach dem „Mausefallenprinzip"[3] (Behnke) wird das Mordinstrument nun am Fühler beködert – wofür der erfahrene Jäger „eine für den Fuchs unwiderstehliche Witterung", bestehend aus Maikäfern, einer Handvoll Regenwürmern und einer „Handvoll Katzenfleischstückchen mit Fell", empfiehlt.[4] Geht nun alles „gut", dann nimmt ein Tier der richtigen Größe den Köder aus der richtigen Position mit der richtigen Geschwindigkeit an, und die Falle faßt mit „ihren Schlagbügeln das Raubwild meist tödlich um den Hals oder den Brustkorb".[5] Die Conibear-Falle, deren Funktionsweise im groben analog ist, soll durch Genickbruch den Tod für das gefangene Tier herbeiführen.[6]

Wie bereits angedeutet, hängt der erfolgreiche Fang jedoch von einer Vielzahl von Faktoren ab: „Der Schlag des Bügels trifft ein großes Tier an einer anderen Körperstelle als ein kleines. Je nach Größe, Körperhaltung und Reaktionsvermögen im Moment des Zuschlagens knallt der Fallenbügel auf Schnauze, Kopf oder Rumpf, bricht Schädel und Knochen, quetscht Nerven und innere Organe, erdrosselt langsam. Das gefangene Tier liegt plattgedrückt - ähnlich wie die Maus in den sattsam bekannten und nicht weniger brutalen Mausefallen - und stirbt einen langsamen, qualvollen Tod."[7]

Denn es gibt nicht nur verschieden große Fallen, sondern auch - und das über Artgrenzen hinweg - verschieden große Tiere. Durch nichts, auch nicht durch sogenannte Fanggärten (bei denen die Falle nur auf einem bestimmten Weg zugänglich ist) kann verhindert werden, daß ein zu kleines Tier in eine zu große Falle geht (Marder in Fuchsfalle, also Schwanenhals) bzw. ein zu großes Tier in eine zu kleine Falle (Fuchs in Marderfalle, wie z. B. Eiabzugeisen). Es ist also

„durchaus geläufig und wird bei der waidgerechten Praxis des Fallenjagens in Kauf genommen, daß Tiere mit zerschlagenen Gliedern oder zerquetschten Körperteilen oft sehr lange in solchen Fallen verbleiben und einen äußerst qualvollen Tod erleiden müssen"![8]

Prof. Dr. Dr. Sojka bringt dementsprechend die grundlegendste Kritik an jeglicher Fallenstellerei folgendermaßen auf den Punkt:

„Man kann da an- und hinstellen, was man will. Die Tatsache ist nicht zu beseitigen, daß man den Tieren nicht beizubringen vermag, in welche Falle sie sich zu begeben haben, um waidgerecht Selbstmord zu verüben."[9]

Verständlich, warum Heinrich Spittler sich im „Rheinisch-Westfälischen Jäger" nicht näher darüber auslassen will, „ob die Kritik an diesen Fanggeräten aus Tierschutzgesichtspunkten zu Recht erfolgt oder nicht"![10]

Doch selbst wenn ein Tier der richtigen Größe in die „korrekte" Falle geht, ist dies noch lange kein Garant dafür, daß der Tod auch schnell und schmerzlos eintritt. Füchse beispielsweise kommen des öfteren auf die „dumme Idee", den für sie gedachten Köder mit der Pfote aus der Falle holen zu wollen[11] - das gibt selbst Hans Behnke zu, ohne es allerdings zu versäumen, herauszustellen, daß derartige Fälle seiner Meinung nach „zur Seltenheit (gehören)".[12] Seinen Kollegen empfiehlt er aber dennoch, „die Revision der Fangplätze (...) sehr früh am Morgen vor Sonnenaufgang vorzunehmen, da der unter Umständen am Lauf gefangene Fuchs mit dem Lautwerden des Tages sehr unruhig wird und von seinem Leiden erlöst werden muß".[13] Indes spricht die statistische Realität der Häufigkeit von „Lauffängen" bei Füchsen eine vollkommen andere Sprache, als Behnke dies zu tun gewohnt ist. Eine Untersuchung von 650 Füchsen - davon rund ein Viertel aus Fallenfängen - ergab, daß immerhin 7 % von ihnen alte Laufverstümmelungen aufwiesen, sie also aus Fallen entkommen sein mußten.[14] Rechnet man diese Zahlen auf die 1991 in der BRD von Jägern umgebrachten Füchse um, so kommt man zu dem bedrückenden Ergebnis, daß rund 100.000 von ihnen in Fallen gefangen wurden, 80.000 darin starben und gut 20.000 Tiere mit schweren Laufverletzungen entkamen. Als Beispiel für ein nur allzu alltägliches Einzelschicksal sei hier jener bei Garmisch-Partenkirchen in einer Schwanenhalsfalle gefangene Dachs genannt, der sich mit dem Fanggerät am Lauf Hunderte von Metern weit schleppte. Erst als ein Busfahrer den zuständigen Jäger verständigte, wurde der Dachs - inzwischen an einem Zaun hängengeblieben und heftig blutend - endgültig „erlöst".[15] Zumindest ebenso düster sieht überdies die Bilanz bei der Conibear-Falle aus, die im Labortest unter Idealbedingungen eine Tötungseffizienz von fast 100 % erreichte: Bei einer Freilandstudie wurde festgestellt, daß nur 15 % der gefangenen Tiere tatsächlich sofort tot waren.[16]

Aus naturschützerischer Sicht ist der Hauptkritikpunkt indes darin zu sehen, daß es, wie auch Fritz Nüßlein einräumt, unvermeidbar ist, in derartigen Fallen „auch geschützte Tiere (zu) fangen".[17] Insbesondere Greifvögel, die überdies den Köder immer mit den Beinen annehmen, werden häufig Opfer von eigentlich für „kurzzuhaltendes Raubzeug" aufgestellten Totschlagfallen,[18] und obwohl die Dunkelziffer in diesem Bereich sehr hoch ist, sprechen allein die bekanntgewordenen Fehlfänge für sich. 1986 veröffentlichte der Landesbund für Vogelschutz in Bayern e. V. in einer Presseinformation einen kleinen Auszug aus dem Katalog der „tödlichen Irrtümer" von Greifvögeln. So kamen 1985 allein in Bayern drei Individuen des vom Aussterben bedrohten Seeadlers in jagdlichen Fallen ums Leben; insbesondere der Schwanenhals forderte unter Adlern und Uhus seine Opfer. Über Weißstörche wußte man folgendes zu berichten:

„1975/76 - Schwarzhofen (mit in halber Höhe abgeschlagenem Lauf in Schlagfalle gefunden); 1977 - Leutershausen (ein Bein unmittelbar über den Zehen abgeschlagen); 1979 - Pfatter (ein Bein halbhoch am Lauf abgeschlagen); 1980 - Wegscheid (Bein über den Zehen abgeschlagen, wurde abgetrennt); 1982 - Schnaittenbach (Bein wurde in Tierklinik direkt unter Intertarsargelenk abgetrennt); 1983 - Fronberg (Bein dicht über den Zehen abgeschlagen, wurde tierärztlich versorgt). (...) Ferner gibt es fast jedes Jahr in Bayern Fälle von Abgängen unter nestgebundenen Altstörchen (wo also das plötzliche Fernbleiben nicht anders als durch Tod bzw. Unfall erklärbar ist) während der Brutperiode, in denen trotz teilweise intensiver Nachsuche im Bereich von Freileitungen und in offenen Schloten keine Kadaver gefunden werden und auch bei der Ernte im Herbst keine Spuren entdeckt werden (z.B. Neustadt a.D. 1981, Roding 1983, Perschen 1984, Schwarzhofen 1986). Hier liegt der Verdacht nahe, daß die Störche in eine Tierfalle geraten sind und vom Finder bzw. Fallensteller aus Angst vor Unannehmlichkeiten beseitigt worden sind."[19]

Aus dem benachbarten Ausland, in dem dieselben Fallen angewandt werden wie in der Bundesrepublik, hört man ähnliche Nachrichten. Neben regelmäßigen Bussardfängen starben allein in Niederösterreich 1980 sechs bis sieben Seeadler durch Fallen,[20] werden in Tirol jährlich fünf bis sechs Steinadler mit Fallen erbeutet und sind seit 1970 nachweislich 18 Uhus durch Fallen umgekommen.[21] Nur am Rande sei erwähnt, daß selbst im Falle einer Anzeige die Tat für den Beschuldigten fast immer ohne weitere Folgen blieb. Die Justiz machte sich nicht die Mühe, derartig „triviale" Tatbestände zu ahnden - obwohl in einigen Fällen der „Fehlfang" ganz offensichtlich absichtlich herbeigeführt wird. So ist beispielsweise mehrfach dokumentiert, daß zur Kurzhaltung angeblicher „Fischschädlinge" Fallen knapp unter der Wasseroberfläche aufgestellt wurden in der Annahme, daß ein so gefangener, aber noch lebendiger Kormoran durch sein Verhalten die Artgenossen vertreibt.[22]

Letztendlich können Totschlagfallen, deren Vielzahl ja erst den Erfolg sichert (Behnke)[23], natürlich auch Menschen oder Haustieren gefährlich werden - falls der Fang letzterer nicht ohnehin beabsichtigt ist; schließlich empfiehlt der erwähnte Wildmeister ja für den Fang von Hunden ausdrücklich die sogenannte „Scherenfalle".[24] Immer wieder berichtet die lokale Presse von Haustieren, die sich beim „Gassigehen“ oder Herumstreunen (bzw. Wildern, wie der Jäger zu sagen beliebt) in Totschlagfallen gefangen haben. Natürlich ist auch hier der Tod keinesfalls so schnell und schmerzlos, wie immer beteuert wird – einige Beispiele:

„Eine winselnde Katze fand am Sonntagnachmittag ein Bremerhavener, als er in Nordholz am Feuerweg spazierenging. Das Tier war in eine Schlagfalle geraten, die vermutlich einige hundert Meter entfernt auf freiem Feld aufgestellt worden war. Von dort schleppte die Katze mit fast durchtrenntem Bein die etwa ein Kilo schwere Eisenfalle weiter.“[25]

Oder:

„Unheil ... ahnend lief sie dem Tier nach und fand es wenig später schmerzlich jaulend mit dem Unterkiefer in den gezackten Bügeln einer Eisenfalle eingeklemmt. Das Tier war vor Schmerz und Erregung völlig unansprechbar, und für Iris gab es keinen Zweifel, daß sie ihren vierbeinigen Freund augenblicklich von dieser entsetzlichen Qual befreien mußte.

Mit verzweifeltem Mut griff sie mit bloßen Händen in die Falle und versuchte, die Bügel dieses Mordinstruments so weit auseinanderzuziehen, daß die Hündin sich befreien konnte. Nach mehreren Versuchen gelang das fast aussichtslose Unternehmen, aber während die junge Tierschützerin verzweifelt dem stark blutenden, kopflos davonrennenden Tier nachsah, schnappte die Falle erneut zu. Diesmal waren es die Hände von Iris, die in den Eisenbügeln gefangen waren.

An Hilfe war nicht zu denken, weit und breit kein Mensch zu sehen! So versuchte Iris sich selbst zu befreien. Nach endlos währenden Minuten konnte sie wenigstens eine Hand aus der Falle ziehen. Damit schaffte sie es dann, die Bodenbefestigung zu lösen und sich mitsamt ihrem mindestens vier Kilo schweren Gefängnis nach Hause zu schleppen.“[26]

Dabei sind derartige Fälle, in denen auch Menschen zu Schaden kommen, durchaus keine Seltenheit. Alle Jahre wieder findet man in Zeitschriften und Zeitungen Schlagzeilen wie „Pensionistin in Fuchsfalle gefangen“,[27] „Fangeisen schnappte zu: Bub schwer verletzt“[28] oder „Steuerberg: Vierjähriger Bub geriet in mörderisches Fangeisen“[29]. Vor allem spielende Kinder sind gefährdet, die beim Herumtollen wohl kaum auf möglicherweise in der Nähe versteckte

Fangeisen achtgeben – und diese können, so klärt uns die Zeitschrift „Jäger" mit nicht zu überbietendem Zynismus auf, unbemerkt von Spaziergängern durchaus auch an Wegkreuzungen installiert werden. Aber nicht nur eine einzelne pro Wegkreuzung, nein, gleich sieben unterschiedliche Fallentypen können auf einem Raum von ein paar Quadratmetern öffentlichen Weges eingebaut werden. Einige Auszüge aus dem „Jäger"-Bericht:

> „Als Ablenkung ist die Kanzel hervorragend geeignet. Die Blicke der Wanderer schweifen mit Sicherheit zu ihr hinauf. Der Nistkasten, der an dem Baum in der Nähe hängt, stimmt den Besucher freundlich. Wir freuen uns also, wenn die Blicke nach oben wandern – denn unten stehen unsere Fallen.
>
> Von der Scherenfalle ... ist nur der Sichtstab zu sehen. Mit Baldrian beködert, soll sie der Katze den Garaus machen. (...)
>
> Eine gut angelegte Schleppe zur Falle ist die Voraussetzung, daß er (der Fuchs, Anm. d. Verf.) diese (eine andere, Anm. d. Verf.) Naturholzfalle findet, abgesehen vom glatten Gang, der ihm da geboten wird. Das totgefahrene Kaninchen, das an der Bundesstraße aufgelesen wurde, zieht der Jäger an einer Schnur von allen Seiten auf die Falle zu. Etwas Gescheide kommt in den Ködertopf, der alte Köder wird entfernt. Die Funktionstüchtigkeit der Falle wird überprüft. Der Fuchs kann also kommen."[30]

Wohlgemerkt, das alles an einer Wegkreuzung, an der jedes Wochenende eine Unmenge von Spaziergängern vorbeikommt! Genaue Vorschriften für die Aufstellung von Fallen gibt es nämlich – einmal davon abgesehen, daß aufgestellte Fallen einen gewissen Mindestabstand zur nächsten menschlichen Behausung besitzen müssen – nicht. Vielmehr liegt die Entscheidung, wo und wie die zu installierenden Fallen letztendlich aufgestellt werden, allein „im Ermessen des Jagdausübungsberechtigten", wie die Jagdkritikerin Karin Hutter bei einem Interview mit dem Leiter der unteren Jagdbehörde ihres Landkreises feststellte.[31] Das Verdecken der jagdlichen Realität bei der Fallenstellerei, einer der grausamsten derzeit praktizierten Jagdarten, hat dementsprechend oftmals auch menschliches Leid zur Folge. Warnschilder, die auf das Vorhandensein von Fallen hindeuten und zur Vorsicht ermahnen, sind bei den meisten Jägern nicht sonderlich beliebt, denn

„sie weisen etwas zu drastisch auf die Wirklichkeit hin, bringen Ahnungslose erst zum Nachdenken und können von Kindern gar nicht gelesen werden“.[32]

Wenn sich die Zunft der Grünberockten in der Öffentlichkeit schon einmal zur Fallenstellerei äußert, wird als „Generalrechtfertigung“ stets angegeben, diese Jagdart diene nur zur „Kurzhaltung“ des sich über Gebühr vermehrenden Raubwildes und zur Bekämpfung der Tollwut. Unzählige Füchse müssen in grausamen Mordinstrumenten zu Tode gequält werden, damit der Haushund beim Gassigehen nicht einem von ihnen begegnet und dabei angesteckt wird:

> „Der Fuchs als Hauptüberträger der Tollwut darf und muß das ganze Jahr über rücksichtslos bejagt werden. Außergewöhnliche Umstände erfordern auch außergewöhnliche Maßnahmen!“[33]

Dabei ist diese These nicht nur ökologisch aus der Luft gegriffen, sondern auch sonst unlogisch - durch Fallen werden ungleich mehr Haustiere getötet, mehr Menschen verletzt als durch die Tollwut. Und zum „Kurzhaltungsargument“: Siehe oben!

Als in den siebziger Jahren in Kanada der Protest gegen die brutale Fallenstellerei laut wurde und aus diesem Grund die Absätze der Pelzindustrie zurückzugehen begannen, wurde, um die Öffentlichkeit zu beruhigen, das Komitee für humane Fangmethoden (FPCHT) gegründet. Mit Hilfe eines Etats von umgerechnet beinahe 2 Millionen DM sollte es im Laufe der Jahre 1974 bis 1979 eine „humane“ Falle entwickeln, erproben und erforschen,[34] die anstatt der bisher gebrauchten Fanggeräte eingesetzt werden sollte. Wissenschaftler ließen eine Unmenge von eigens hierfür gezüchteten Tieren - von Wieseln über Marder und Waschbären bis zu Füchsen - auf mehr oder weniger grausame Weise im Labor- und Freilandversuch sterben, um aus den 126 zur Diskussion stehenden Fallentypen die „humanste“ herauszufinden. Bis ins Detail wurde akribisch genau untersucht, wie lange bei bestimmten Tierarten in einer bestimmten Falle der Todeskampf durchschnittlich dauerte, welche äußeren und inneren Verletzungen auftraten und wie oft die betreffende Falle kontrolliert werden mußte, damit der begehrte Pelz des gefangenen Tieres keinen Schaden nahm. Da für all diese Vorhaben die angesetzten fünf Jahre nicht ausreichten, wurde die Dauer der Studie um weitere zwei Jahre verlängert und damit für etliche weitere Tiere das Todesurteil gefällt - mit dem Ergebnis, daß die Bemühungen abermals vergeblich waren. Es gelang nicht, einen „humanen" Fallentyp zu finden - und dies wird auch niemals möglich sein, denn Tierquälerei und Tierleid liegen im grundlegenden Wesen der Jagd und insbesondere in jenem der Fangjagd.

15

Jäger kontra Zuchtfasanen

Zum großen Leidwesen eines jeden passionierten Waidmannes gibt es nicht in jedem Revier ausreichend viel Wild, um „Traumstrekken“ zu erzielen. Überdies kann es durchaus der Fall sein, daß manche jagdbaren Tierarten in einigen Jagdrevieren überhaupt nicht vorkommen, obwohl der wackere Pächter nur zu gerne auch Stücke dieser Arten strecken würde. Naturgemäß müßte der betreffende Grünrock nun auf den Abschuß der von ihm begehrten Kreaturen verzichten oder ihn - im ersten Fall - sehr behutsam angehen lassen. Doch wer glaubt, daß ein passionierter Jäger sich hiermit zufriedengibt, hat weit gefehlt - denn nicht umsonst gibt es große Zuchtgehege, die Fasanen, Rebhühner und selbst Feldhasen in großen Mengen ausschließlich für Jagdzwecke „produzieren“. Insbesondere bei Fasanen ist es inzwischen gang und gäbe, die Tiere in Fasanerien zum jagdlichen „Gebrauch“ zu züchten und anschließend an Jäger zu verkaufen - denn

> „in Volieren gehaltene Hennen legen bis zu 50 Eier, wenn ihnen diese laufend weggenommen werden. Die Eier läßt man sowohl in Brutmaschinen als auch von Puten oder Haushühnern wie von den Hennen selbst ausbrüten. Aus den Fasanerien werden Eier verkauft, Jungfasanen und erwachsene Tiere in die freie Wildbahn abgegeben.“[1]

Dabei ist das Schlüpfen in derartigen „Fasanenproduktionsstätten“ für die Fasanen selbst der Beginn eines erbärmlichen und qualvollen Daseins. Bis zum Alter von drei Wochen sollten

> „die Küken so dunkel gehalten (werden), daß sie eben das Futter und Wasser sehen können“,

empfiehlt der Züchter Schulz, da hierdurch die Gefahr des „Federpickens“ und des Kannibalismus reduziert werden soll. Anschließend

> „werden sowohl der Ober- als auch der Unterschnabel mit einer Nagelzange gekürzt: der Unterschnabel nur sehr wenig, der Oberschnabel bis zum sogenannten Dorn. (...) Sollte der gekürzte Schnabel etwas bluten, hat das nichts zu sagen ...“[2]

Nein, für den Fasanenzüchter oder Jäger hat dies mit Sicherheit nichts zu sagen, da der Wert der Abschußware Fasan hierdurch nicht beeinträchtigt wird. Für das Individuum Fasan hingegen bedeutet dies, daß ihm „zu seiner Dunkelhaft und zu dem Streß der ihm unerträglichen Enge“[3] (Hagen) nun auch noch erhebliche Schmerzen zugemutet werden. Auch Schulz sollte nämlich wissen, daß dort, wo Blutgefäße vorhanden sind, stets auch eine Fülle von schmerzempfindlichen Nerven existiert. Überdies werden für das Schnabelkürzen meist Akkordlöhner eingesetzt, deren Lohn sich nach der Arbeitsgeschwindigkeit und somit nach der Anzahl der stündlich gekürzten Schnäbel richtet. Aus diesem Grund geschieht es nicht selten, daß, wie erwähnt, nicht nur die Hornspitze des Schnabels, sondern auch das weiter hinten befindliche nerven- und blutgefäßhaltige Gewebe teilweise abgetrennt wird. Und, wie Nikolaus Sojka in seinem Buch „Auch Tiere haben Rechte“ folgerichtig konstatiert, dies verursacht nicht nur körperlichen Schmerz, sondern behindert den mißhandelten Vogel auch beim zur Nahrungsaufnahme unerläßlichen Picken. Dies wiederum zieht erhebliche psychische Folgen nach sich:

> „... mindert die Mißhandlung die Eigentümlichkeit des betroffenen Tieres und beschränkt oder entzieht ihm das Selbstbewußtsein. Vögel, die durch eine auf Hochtouren laufende Kappmaschine ihre Schnabelspitzen verlieren, blicken lange wie blöd in die Welt und brauchen geraume Zeit, bis sie sich wieder gesammelt haben. Ihre Entstellung tragen sie wie ein Kainsmal mit sich umher.“[4]

Doch hiermit ist die Mißhandlung, die dem Jagdfasan in der Fasanerie zuteil wird, noch lange nicht beendet. „Nach weiteren sieben bis acht Tagen“, so Schulz, „werden den Küken Schnabelringe eingezogen“, um zu verhindern, daß die Tiere sich aufgrund in der Gefangenschaft entstehender, mit einer Neurose vergleichbarer psychischer Defekte noch gegenseitig picken. „Da der Schnabel des Fasans aber schnell nachwächst bzw. sich dem Ring anpaßt, muß alle acht bis zehn Tage der Schnabel abermals geschnitten werden", führt der Züchter seine Anweisungen weiter aus. Kritik übt er lediglich am sogenannten „Schnabelbrennen", da hier bei unsachgemäßer Anwendung das Nachwachsen des Schnabels behindert werden kann.[5] Und so etwas liegt überhaupt nicht im Interesse des Fasaneriebesitzers, da mit derartigen Defekten ausgesetzte Tiere oft verhungert sind, bevor sie einem der passionierten Jäger vor die Flinte laufen.

Mit dem Aussetzen der inzwischen handzahmen, wenn auch psychisch verkrüppelten und physisch unzureichend ausgestatteten Fasane haben die letzten Stündchen der Fasanerietiere geschlagen. Zwar ist gesetzlich vorgeschrieben, daß zwischen dem Aussetzen und Bejagen der Zuchttiere ein Zeitraum von mindestens vier Wochen liegen muß, doch halten sich die Jäger selbst an diese Frist kaum.[6] Wird nämlich unmittelbar nach dem Aussetzen wieder „geerntet", so liegt die durchschnittliche Abschußquote bei etwa 78 % (Fasanen) bzw. 75 % (Wachteln)[7], während bei einer größeren zeitlichen Distanz zwischen Freilassen und Abschießen nach Burger nur noch 50 %[8] wieder erbeutet werden können! Denn die Fasanen entschließen sich gelegentlich nicht nur dazu, abzuwandern, sondern es kommt zumindest ebensooft vor, daß die ungeschickten und für ein Leben in freier Wildbahn praktisch nicht mehr geeigneten Tiere von Füchsen oder Habichten erbeutet werden. Die jägerische Reaktion hierauf ist leicht zu erraten – so findet Z. Kuyphausen beispielsweise, daß der „seit 10 Jahren andauernde totale Greifvogelschutz, insbesondere des Habichts, zu einer unerträglichen Belastung" für die Fasanenjäger führe.[9] Besonders entlarvend ist auch der folgende Leserbrief eines Jägers, der die ökologischen Gegebenheiten in seinem Revier einfach nicht akzeptieren kann. Er erschien 1986 in der Jagdzeitschrift „Die Pirsch":

> „Das Problem Fasanen in höheren Lagen beschäftigt mich schon seit langer Zeit. Zwar hat Behnke auf die Frage, was man in Höhen über 500 m für den Fasan tun könne, gesagt: ‚Gar nichts!', doch habe ich es einige Male versucht und hoffe immer noch ...

Vor zwanzig Jahren habe ich in einer Höhenlage von ca. 600 m die ersten Versuche gemacht. Die Fasanen hielten sich erstaunlich gut. Allerdings war damals der Habicht infolge der DDT-Anwendung auf seinem Tiefstpunkt angelangt... Aber da mir trotz allem der Fasan nicht aus dem Kopf geht, habe ich es wieder versucht.

Auf 200 ha Fläche wurden in einem Jahr geschossen und gefangen 3 Dachse, 8 Füchse, ... 4 Marder, 1 Iltis, 13 Wiesel und ein paar Miezen. 4 Schütten mit Luderplatz und Wasserstellen wurden gebaut. Dann kamen sie: 8 Hähne und 30 Hennen. Die Hennen verstreuten ihre Eier und gingen auf Wanderschaft. Aus der Traum!

Zweiter Versuch: Jungfasanen, Sonntag morgen, 9 Uhr. Ich fahre vom Wald heimwärts. Die Dorfbewohner sind auf dem Weg zur Kirche. Mitten unter den Kirchgängern, ebenfalls in Richtung Kirche marschierend, sieben Fasane! Unter dem Beifall der Leute bemüht sich der Jagdpächter, seine Fasane am Kirchgang zu hindern.

Dritter Versuch: wieder legende Hennen. Voliere im Wald. Nach acht Tagen Eingewöhnung lasse ich sie frei. Nach vier Wochen kann ich einige von ihnen beobachten. Nur widmen sie sich auf keinen Fall dem Brutgeschäft.

Minuserfahrung: 1. Die Hennen zeigen absolut keinen Bruttrieb. 2. Die Fasane baumen nicht auf. 3. Der Wandertrieb ist stark ausgeprägt.

Jetzt möchte ich es noch einmal versuchen ...“[10]

So müssen Beutegreifer, natürliche Mitglieder des ökologischen Gleichgewichts, oft als „Bösewichte“ herhalten, wenn Jäger bestrebt sind, Fasane in ungeeigneten Lebensräumen einzubürgern. Der Waidmann und Biologe Vauk urteilt dementsprechend hart über die Fasanenaussetzer unter seinen Zunftgenossen:

„Wer in ungeeigneten Revieren nach wie vor versucht, Fasanen zu halten zu seinem eigenen Jagdvergnügen gegen alle Vernunft und mit Haßgesängen auf die Greifer, dem ist kaum noch zu helfen.“[11]

Die weitreichenden ökologischen Folgen der Fasanenaussetzungen habe ich indessen bereits bei meinen Ausführungen über das Birkhuhn umrissen, weswegen ich darauf verzichten möchte, sie an dieser Stelle noch einmal aufzuführen.

Mit dem Beginn der Jagd steht dann für nahezu alle ausgesetzten Tiere der Tod unmittelbar bevor. Selbst beim besten Willen hat das folgende Dahingemetzel eigentlich schon domestizierter „Wild“tiere mit Jagd im eigentlichen Sinne nichts mehr zu tun, denn die wirklich „wilden“ Tieren zu eigene gewisse Scheu und das ihnen durch die Jagd aufoktroyierte Mißtrauen sind bei den Zuchtfasanen nicht nur nicht vorhanden, sondern durch eine unglaubliche Vertrauensseligkeit ersetzt.[12] „Man stelle sich vor“, schreibt Willi Haller im Pfaffenhofener Kurier,

> „da umzingeln ein paar Dutzend Jäger und Treiber eine Schar friedlich am Waldrand herumlaufender Fasane. Sie fliegen nicht weg, weil sie vor kurzem noch in einem Gehege eingesperrt waren und an Menschen gewöhnt sind. Vielleicht glauben die Vögel sogar, daß sie gefüttert werden. Aber statt einer Handvoll Maiskörner verpassen ihnen die Jäger eine Ladung Schrot.“[13]

Da manchen Jägern dies nun doch allzu langweilig erscheint, helfen sie eben etwas nach und versuchen so, die Fasanen dem Verhalten ihrer wilden Artgenossen etwas näherzubringen. Sojka zitiert einen Augenzeugen, der in einem bekannten Musterrevier das Abknallen zutraulicher Fasanen beobachtete:

> „Im Revier befanden sich in der Voliere noch am 15. Oktober etwa 100 bis 150 Fasanen. Die Treibjagd in diesem Revier fand am 29.10. statt, so daß die Volieren-Tiere nur zwei Wochen vor der Jagd (man vergleiche dies mit den oben angeführten gesetzlichen Bestimmungen, Anm. d. Verf.) ausgesetzt worden waren. Hunde mußten sie erst in Panik bringen.“[14]

Verständlich, daß der Waidmann Anderluh kein Wort „über die Praxis, Flugwild in Volieren oder in kleineren Gefängnissen zu halten (und) es unmittelbar vor einer Jagd in die Wildbahn zu entlassen“, verlieren will![15] Der Waidmann spielt erst Produzent, dann Regulator und will dieses Verhalten, das die Natur zu einer Kulisse für die ritualisierte Schlachtung handzahmer „Wild“tiere degradiert, anschließend auch noch als Dienst an der Natur sehen! Der Jäger Freitag setzt diesem perfiden Sachverhalt die Krone auf, wenn er argumentiert: „Hege und Jagd gehören zusammen!“ und zur Erläuterung betont, es gebe in der Natur bald keine Fasanen mehr, wenn die Jäger keine aussetzen würden![16]

Längst ist das „Wildtier“ Fasan zur Abschußware degradiert worden. Da ist von Termini wie „von bester Qualität“ oder „vom passenden Fasanen-Typ“ die Rede, da wird zur Auffüllung des „abgeernteten“ Fasanenbestandes in der Fasanerie „der nötige Ersatz bestellt“, und da wird vollkommen unverhohlen von der „Fasanenproduktion“ gesprochen. In solchen Phrasen wird deutlich, was die Tiere letztendlich für den so passionierten Jägersmann sind: bloße Sachen, Objekte, die durch ihre gewaltsame Zerstörung zur Verschaffung von Waidmannsfreuden dienen! Und für die Züchter ist der „produzierte“ Fasan nichts als ein zum Verkauf stehendes Gut, an dem er lediglich materielles Interesse hat - allein eine deutsche Großbrüterei verschickt jedes Jahr gut 15.000 Rebhühner nach Süddeutschland.[17] Zum Abschuß!

„Wollen wir uns mal nicht tapferer geben, als wir sind, und so tun, als sei die Angst des Jägers vor dem Tier etwas Ehrenrühriges. Man muß sich das vorstellen: Da geht der Grünrock im Wald und auf der Heide so vor sich hin und sucht nichts als seine Freude, halli, hallo! Unversehens teilt sich vor ihm das Gesträuch, aus dem Dickicht bricht, die Augen dunkel vor Angriffslust, den Rachen verderblich aufgerissen - richtig, es ist kein anderer als der wildlebende Fasan, diese Geißel des Unterholzes. Wahllos überläßt er sich seiner Gier, ohne Unterschied reißt er sowohl die unschuldige Beere als auch die vertrauensselige Weinbergschnecke, vom wimmelnden Kerbtier ganz zu schweigen. Bei solchen Begegnungen gilt es den Kampf Mann gegen Hahn, doch wird sich kein Ehrengericht ereifern, wenn der Jäger einem menschlichen Urgefühl nachgibt und statt der Büchse das Hasenpanier ergreift.

Leute wie der SPD-Abgeordnete Hans Kolo haben dafür wahrscheinlich kein Verständnis. Wie anders wäre es sonst zu erklären, daß sie sich nun über einen weit zurückliegenden Fall giften, wo einige Jäger, um unnötige Risiken mit wilden Fasanen zu vermeiden, ihr Waidwerk mit domestizierten Tieren anstellten? Das war bei Pfaffenhofen an der Ilm gewesen, und man hatte sich die norddeutschen Zuchtfasane nicht nur aus Sicherheitsgründen kommen lassen, sondern auch deswegen, weil dort draußen kein Fasanenschwanz zu sehen war. Der Fasan geht nämlich nicht mit seinem Freund, dem Jäger; Fasanen sind Standvögel, ‚wirkliches Reisen verbietet ihnen', wie Brehm scharf beobachtet, ‚die Mangelhaftigkeit ihrer Flügel'. Diese Schwäche ist bei Zuchtfasanen naturgemäß noch krasser ausgebildet, so daß sich die Pfaffenhofener Waidmänner auf einen wenig ruhmreichen Kampf mit Laufvögeln hätten einlassen müssen, wären da nicht die Treiber gewesen, die das untüchtige Viehzeug so lange in die Luft warfen, bis das Hifthorn mit ‚Fasan tot' den Sieg der Jäger meldete.

Es verrät einiges über die Traditionsferne der SPD, daß ihr Exponent Hans Kolo nicht erkennt, wie hier recht eigentlich ein Prozeß der Demokratisierung stattgefunden hat. Einst war es Fürstlichkeiten vorbehalten, das ihnen vor die Flinte getriebene Hochwild zu erlegen; später wurde es dann Brauch, Diplomaten und sonstigen hohen Gästen allerlei Wunschtiere zuzuführen – Tiere, die an Tattrigkeit ihren Jägern ähnelten, so daß eine gewisse Chancengleichheit gegeben war. Sollte sich heute der republikanische Bürger dieses einstige Adelsrecht nicht nehmen, es nicht einbürgern dürfen? Wenn die SPD glaubt, die Fasanenjagd ohne Fasanen durchdrücken zu müssen, so tut sie zumindest den Zuchtfasanen, die schließlich auch einmal fliegen wollen, keinen guten Dienst."[18]

16

Jäger und Haustiere

Die letzten Kapitel haben es bereits angedeutet: Nicht nur Füchse und Marder, Rehe und Hirsche, Fasane und Rebhühner fallen den bundesdeutschen Jägern zum Opfer, sondern ebenfalls - und das sogar in bedeutender Anzahl - einige der vierläufigen Hausgenossen des Menschen. Jedes Jahr, so zuverlässige, auch von Jägern bestätigte Angaben, sterben etwa 400.000 Katzen[1] sowie 65.000 Hunde[2] in Fallen oder vor jägerischen Flinten, da sie waidmännischen Rechtfertigungsversuchen zufolge wildern. Die Radikalität, die der Waidmann hierbei an den Tag legt, ist wahrlich beeindruckend: Als „Geißeln der Wildbahn" muß Muschi und Bello „unbeirrt der Krieg erklärt" werden[3], wie Behnke in seiner haßtriefenden Suada allen Ernstes erklärt: „Sie werden nicht bejagt, sie werden bekämpft!"[4] Denn eine wildernde Katze „hat ihre Existenzberechtigung verloren, weil sie jene Eigenschaften abgelegt hat, die sie ehedem zum nützlichen Haustier machten"[5], und statt dessen nun „den Haushalt im Revier durcheinanderbringt"[6].

Konkret meint Behnke hiermit wohl, daß das betreffende Tier zum Konkurrenten des Jägers wird, indem es jagdbare Wildtiere - und nur um solche geht es ihm - zum Nahrungserwerb tötet. Der „Haushalt des Reviers" ist das uneingeschränkte Regiment des Jägers, welches er durch die Neuankömmlinge in Frage gestellt sieht, das aber umgehendst wiederhergestellt werden sollte. Und mit der Betonung des Wortes „nützlich" wird, wenn auch von Behnke ungewollt, klar, daß der Autor noch immer Anhänger jenes utilitaristischen Denkens ist, das den Wert und das Lebensrecht eines Tieres einzig und allein in seinem Nutzen für den Menschen begründet sieht. Die angeführte Katze jedoch fügt dem Jäger (wohlgemerkt, dem Jäger!) dahin gehend, daß die Strecken geringfügig sinken können, eher Schaden als Nutzen zu, und aus diesem Grund fühlt sich der Grünrock zum Handeln gezwungen. Infolgedessen beschließt er: Weg damit! Für das energische Vorgehen gegen die „Katzenplage“ wird in dem Lehrbuch „Fallenbau und Fallenfang“ besonders das Verwenden von Fanggeräten empfohlen. Der Verfasser des betreffenden Werkes schoß nämlich „als Revierverwalter pro Jahr an die 25 Katzen“, er betont jedoch, daß er „jährlich viel mehr“ in Fallen fing - konkret in einem besonders „ertragreichen“ Jahr 93 „Stück“.[7] Vor allem über die Wirkung der „Scherenfalle“, einer für den Fang mittelgroßen Raubwildes eingesetzten Totschlagfalle, gerät er ins Schwärmen: Sie ist seiner Meinung nach nämlich „so hervorragend, daß selbst stärkste Katzen durch deren Würgegriff umgehend verenden“.[8] Und falls alle Stricke reißen, sollte der Waidmann auf jenes bewährte supereffektive Katzentotschlagsystem zurückgreifen, welches der passionierte Raubzeugkiller (denn Katzen wie auch Hunde sind Raubzeug!) für diejenigen empfiehlt, die sich der Katzenplage mit wahrem Erfolg erwehren möchten:

> „Weil der größte Teil der wildernden Katzen aus den Dörfern kommt, ist es zweckmäßig, wenn um das Dorf herum ein Fallenring gelegt wird (geht leider nicht immer). Am besten sichert man die Haupt- und Nebenwege, die ins Revier führen und vornehmlich von den Katzen angenommen werden, mit Scherenfallen so ab, daß möglichst jede Katze, die ins Feld drängt, bereits im Fallenring gefangen wird.“[9]

Welche Formen der nächste Schritt gegen die „verhaßte, verwilderte Raubkatze“[10] (Gerhard) indes nun annehmen soll, bleibt unklar. Vielleicht großräumige Minenfelder, Selbstschußanlagen und meterhohe Stacheldrahtzäune? Oder man verwirklicht jenen Vorschlag, den Hans Behnke in seinem Buch „Jagd und Fang des Raubwildes“ allen Ernstes zur Diskussion stellt. Da die Katze nämlich „im ersten Jahr am Hause (jagt), im zweiten ums Haus und im dritten im Feld“, fordert er ein Gesetz, das

> „die Katzen mit zwei bis drei Jahren ablieferungspflichtig zur humanen Tötung werden läßt“.[11]

Sobald also nur die Möglichkeit besteht, daß eine Katze mit den Abschußinteressen des Jägers in Konflikt gerät, muß diese Behnkes Wünschen zufolge umgehend beseitigt werden. Ob die Katzenfreunde einem derartigen Vorschlag jedoch ebenso offen gegenüberstehen, bleibt wohl ausgesprochen fragwürdig.

Fragwürdig sind ebenso die Vorschriften, die für den Abschuß von Katzen gelten. Denn hierbei, so ist dem Ratgeber „Der Jäger und sein Recht" zu entnehmen,

> „kommt es nicht darauf an, ob sie gerade wildert. Entscheidend ist vielmehr allein die Entfernung zum nächsten bewohnten Haus, wobei es unerheblich ist, ob sie auch zu diesem Haus gehört, ihr Eigentümer also dort wohnt".[12]

Und diese Entfernung beträgt üblicherweise 200 Meter; lediglich in Bayern, Baden-Württemberg und Niedersachsen wurde sie auf 300 Meter erhöht.[13] Doch hierin liegt eine starke Simplifizierung bzw. Nichtberücksichtigung der Biologie von Katzen. Insbesondere männliche Katzen, die im übrigen primär Jägern zum Opfer fallen, haben naturgemäß Streifgebiete, die sich deutlich über die 500-Meter-Grenze hinaus erstrecken können. Nach van Struyvenberg liegt die unter Hauskatzen übliche Größe des Wohngebiets bei etwa drei bis zehn Hektar Fläche![14] Also liegt es nahe, daß die meisten Tiere erschossen werden, obwohl sie de facto überhaupt nicht wildern, sondern sich lediglich innerhalb des arttypischen Bewegungsradius bewegen. Die Ergebnisse einer von Biologen durchgeführten Studie decken sich mit dieser erschütternden Folgerung: Von 300 erschossenen Katzen wurden nämlich 136 in einer Entfernung von 300 bis 500 Metern zum nächstliegenden Haus getötet; weitere 114 starben in einer Distanz von 500 bis 1000 Metern, und lediglich 50 Katzen wurden in einer Entfernung zur nächsten menschlichen Behausung umgebracht, die überhaupt auf das „unkontrollierte" Herumstreunen (aber noch lange nicht „Wildern") des Tieres schließen ließ.[15]

Diese Manifestation abgrundtiefen Katzenhasses läßt schon tief blicken. Aber wer glaubt, die Widerwärtigkeit der jägerischen Einstellung dem Mitgeschöpf Haustier gegenüber hätte sich hiermit erschöpft, hat sich gravierend getäuscht – denn Waidmänner wie der Raubzeughasser Ebeling sehen sich trotz der auf 200 Meter verringerten Katzen-Kill-Distanz noch immer genötigt, sich über die viel zu eingeschränkten Rechte des Jägers bezüglich des Haustiermordes zu beklagen. Denn „wie soll sich der Jäger dieser Plage erwehren, wenn ihm 200-Meter-Grenzen gesetzt werden"? Ebenso plädiert Ebeling dafür, daß allen Katzen ein vom 1.3. bis zum 30.9. reichender Hausarrest aufgezwungen wird[16] - nur, um durchzusetzen, daß den jägerischen Waidfreuden auch ja nicht einmal der Hauch einer Einschränkung zugemutet wird. Doch die Idee mit dem Hausarrest wird so manchen seiner Waidgenossenn wohl nicht so ganz behagen - schließlich bereitet es ja auch einen gewissen Spaß, zu sehen, wie sich die Katze im Schrotkugelhagel überschlägt. Und last but not least kann man das gefangene Tierchen ja noch zu solchen erfrischend sadistischen Spielchen mißbrauchen, wie die Waidfrau Grunnow sie in der vollkommen seriösen Zeitschrift „Niedersächsischer Jäger" schildert. Von einem „Hasensilvesterscherz" ist dort die Rede, der für das betreffende Tier allerdings weniger scherzhaft als vielmehr ein Alptraum übelster Sorte gewesen sein dürfte. Als ein Jagdherr nämlich mittels einer Kastenfalle eine Katze gefangen hatte, bewahrte er diese eine Woche lang auf und steckte sie darauf in einen Hasenbalg. So sollte sie nun einem Waidgenossen - aufgrund seiner erbärmlichen Streckenergebnisse als „arm" bezeichnet - zum Abschuß zugetrieben werden.[17] Mordmannsheil!

„Einen streunenden Hund gibt es nicht. Ein freilaufender Hund ist ein wildernder Hund, ein Wolf, denn er sucht im Revier weder ein Sofakissen noch einen Schlachterladen; er sucht Wild",[18]

so lautet der Beginn von Behnkes Haßtirade Nummer zwei, die sich allerdings nicht gegen Katzen, sondern vielmehr gegen Hunde richtet. Der Ouvertüre folgen einige wahrlich entlarvende Zeilen, in denen der sonst eher dem Lapidarstil zugeneigte Waidmann in kitschige bis kitschigste Sprachhülsen abgleitet:

„Dort hinter einem Stück Rehwild, dem vor Angst der Lecker weit aus dem Äser hängt, da laut kläffend auf der Spur des vielgeplagten Meister Lampe, der schon vor einer Weile in voller Flucht unseren Weg kreuzte. Hier wieder hinter der laut warnenden, sich lahm stellenden Rebhenne eines noch nicht flüggen Hühnervolkes. Bastarde von Schäferhunden, Dorfköter aller Art, aber auch entartete Gebrauchs- und Luxushunde huldigen zum Entsetzen des Revierbetreuers mit gleichem Eifer der Jagd."[19]

Doch es liegt auf der Hand, daß Behnke derartiges Mitgefühl nur jagdbaren Arten entgegenbringt - Maulwürfe oder Mäuse sind für ihn ja in keiner Hinsicht von Interesse. So ist er der Meinung, daß „das Maus- und Maulwurfsgraben ... kein schlechtes Spiel (ist)“, daß das einzige, was hieran zu kritisieren wäre, vielmehr einzig und allein die Gefahr des „Umstiegs“ auf „Hasensätze“ ist.[20] Ebenso versagt sein Mitleid, wenn nicht der Hund, sondern der Jäger der Täter ist, vor dessen Flinte die Tiere nicht nur allzuoft sehr qualvoll, sondern auch in ungleich größerer Anzahl umkommen. Besonders überraschend ist diese Schizophrenie der Jägerschaft allgemein und Behnkes insbesondere allerdings nicht - denn wer stellt sich und sein Tun schon gerne selbst in Frage, und welcher Jäger kann überdies tolerieren, daß sich außer ihm noch andere größere Raubtiere an der Regulation des Schalenwildes beteiligen?

Ebenso ist es bemerkenswert, wie offensichtlich tierlieb Jäger in den meisten Fällen ihre eigenen Jagdhunde behandeln, wie gnadenlos und brutal sie im anderen Fall jedoch mit den Hunden anderer umgehen, zumindest, wenn diese sich außerhalb der heimischen vier Wände bewegen. Nur die allerwenigsten Nichtjäger können ein derartiges Verhalten nachvollziehen. Für sie ist Tierliebe nicht teilbar. Doch gerade dieses unlogische und in sich widersprüchliche Verhalten der Jäger Individuen ein und derselben Tierart gegenüber ist ein weiterer Beleg für das antiquierte Nutzen-Schaden-Denken, dem die Jäger „selbst in ihrer Liebe“[21] (Hagen) noch verhaftet sind. Letztendlich ist das Tier, wollen sie es öffentlich auch nicht zugeben, für die Grünberockten doch nur eine Sache, die an ihrem Wert für den Menschen gemessen wird - Behnke selbst, Träger des vom Deutschen Jagdschutz-Verband ausgeschriebenen Literaturpreises, liefert uns einen unmißverständlichen Beweis hierfür, wenn er Jagdgebrauchshunde sowie wertvolle Rassehunde von seiner „Kriegserklärung“ (Zitat!) ausschließt.[22]

Wie die Praxis zeigt, läßt die derzeitige Rechtsprechung den Jägern auch beim Hundeabschuß sehr weitreichende Freiheiten. Grob gesagt, dürfen Hunde zwar nur dann erschossen werden, wenn sie sich außerhalb des Einflußbereiches ihres „Besitzers“ befinden, doch ist es offensichtlich, daß die Definition des Begriffes „Einflußbereich“ ausgesprochen dehnbar ist. Nicht alles, was der Kenner artgemäßen hündischen Verhaltens für angebracht befindet, kann der

Jäger, der ja schließlich hochgezüchtete und auf bedingungslosen Gehorsam gedrillte Rassehunde gewöhnt ist, nämlich ebenfalls akzeptieren. Nur allzu deutlich zeigt dies der folgende Ausschnitt aus dem bereits angeführten Buch „Der Jäger und sein Recht“:

„P(rüfer): Wann befindet sich ein Hund ‚außerhalb der Einwirkung‘ seines Herrn, und wann ‚wildert‘ er?

K(andidat): Ein Hund befindet sich außerhalb der Einwirkung seines Herrn (= Aufsichtsperson), wenn er nicht mehr in Hör- und Rufweite ist oder einen Rückruf nicht alsbald befolgt. Entscheidend ist nicht so sehr die Entfernung zwischen Hund und Herrn, sondern die tatsächliche Beherrschung des Hundes: Befolgt der Hund den Befehl des Herrn nicht, so befindet er sich außerhalb dessen Einwirkungsbereichs, auch wenn er sich nicht weit von ihm entfernt hat. Ebenso ist es, wenn sich die Aufsichtsperson überhaupt nicht um den Hund kümmert, sondern sich z. B. mit einer anderen Person unterhält.“[23]

Unterschiede hierzu sind nur in den Landesjagdgesetzen Bayerns und Baden-Württembergs zu erkennen. Während im ersteren die Berechtigung des Jägers, Hunde zu töten, dahin gehend eingeschränkt wird, daß sich der Hund nicht „nach erkennbaren Umständen nur vorübergehend der Einwirkung seines Herrn entzogen“ haben darf[24], dürfen die Tiere in Baden-Württemberg nur getötet werden, „sofern sie nicht eingefangen werden können“.[25] Doch in wie vielen Fällen macht der Jäger sich schon wirklich die Mühe, diese Voraussetzungen zu überprüfen, wo ihm ein Mißbrauch des Tötungsrechts doch ohnehin praktisch nie nachgewiesen werden kann? Dementsprechend gibt es eine Unzahl von Fällen, in denen Hunde vor den Augen ihrer Herrchen tödlich getroffen in sich zusammensanken[26] – quasi als „Präventivschlag“ des Jägers, der damit ja nur das „Wildern“ des betreffenden Tieres verhindern wollte. Beispielsweise mußten in Reit im Winkl zwei Münchener Urlauber miterleben, wie ihr wenige Meter vorauslaufender Schäferhund „aus neun Metern Entfernung“ von einem örtlichen Jäger angeschossen wurde. Dem jungen Hund, so seine „Besitzerin“, sei dabei „der gesamte Bauch zerfetzt“ worden, und man habe den Jäger bitten müssen, dem verletzten Hund den Gnadenschuß zu geben – wofür wiederum zwei (zwei!!!) Schüsse notwendig waren. Die auf die Anzeige des Ehepaars erfolgten polizeilichen Messungen bestätigten zwar, daß die Distanz zwischen Hund und Herrchen tatsächlich nur 25 bis 28 Meter betrug, doch haben Hundeschießer wie der Reit im Winkler Jäger nur selten wirklich eine gerichtliche Verurteilung zu befürchten – in diesem Fall, wie die Polizei herausstrich, aufgrund des „ungünstigen Geländes".[27] Noch weitaus entlarvender ist indes jener Fall, in dem die beiden Hunde einer Aachener Musikpädagogin 1989 von einem Jäger im heimischen Garten erschossen wurden, kurz nachdem der Hund des wackeren Waidmannes bereits einen Stallhasen totgebissen hatte. Der ebenso kreaturverachtende wie phlegmatische Kommentar des Grünrockes hierzu:

> „Die Hunde trugen kein Halsband. Wertstücke waren sie ja sicher nicht."[28]

All dies legt den Verdacht nahe, daß der Hund nichts als das Ersatzaggressionsobjekt für den ausgerotteten Wolf ist. Das eingangs angeführte Zitat des Altwaidmannes Behnke, der den „wildernden", sprich: freilaufenden Hund haßerfüllt mit einem Wolf vergleicht, läßt diese These überdies nicht gerade unangebrachter erscheinen. Und es paßt ebenso gut, daß die Jägerschaft als „Schutzgemeinschaft Deutsches Wild" mit Bildern von Bambis an der Kehle hängenden Schäferhunden für Verständnis den ach so bedrohten Rehlein gegenüber wirbt, anstatt Kitze niedermähende Bauern oder Hasen plattfahrende Verkehrsrowdys anzuprangern. Denn letztere können für ihr Vergehen, so konstatiert Karin Hutter messerscharf, „schlecht bestraft, erst recht nicht standrechtlich erschossen werden".[29]

Dabei sind die ökologischen oder tierschützerischen Vorwürfe, die die Jäger so scheinheilig gegen Katze und Hund erheben, allesamt vollkommen aus der Luft gegriffen. Behnkes wenn auch vorsichtig als Frage formulierte Befürchtung, die Katze würde Singvögel wie die Lerche ausrotten, wenn man sie nicht bejagte – denn schließlich haben die Vögel ihr gegenüber ja „noch gar kein angeborenes Feindschema" –, kann keinesfalls als berechtigt angesehen werden. Denn die Hauskatze deckt dieselbe ökologische Nische ab wie die bei uns zeitweise bis an den Rand der Ausrottung gedrängte Wildkatze; ebenso sind ihre primäre Beute Nagetiere wie Mäuse und Ratten, die (ein zugegebenermaßen recht anthropozentrisches Argument) der Landwirtschaft durchaus Schaden zufügen können. Untersuchungen des Biologen Spittler zufolge beträgt der Anteil von Hasen an der

Nahrung waidmännisch totgeschossener Katzen dagegen nicht einmal 3 %; Fasanenüberreste konnten gar nur in 2 % der Katzenmägen festgestellt werden.[30] Und von 281 in der Schweiz auf ihren Mageninhalt untersuchten Katzen konnte gar „nur einer posthum ein Hasenmord nachgewiesen werden", während in puncto Fasanen ein „Freispruch mangels Beweisen" stattfand.[31] So ist die Mär vom „Niederwildschädling Katze" also in keiner Hinsicht länger haltbar und liegt wahrscheinlich ausschließlich darin begründet, daß der vom Niederwildrückgang gefrustete Jäger sich

> „in Ermangelung eines greifbaren Feindes an die vermeintlich Schuldigen (hält), an Greifvögel, besonders den Habicht, und die streunenden Katzen. Letztere läßt man dann vor die Hunde gehen – und das sogar im Wortsinne."[32]

Nicht maßgeblich anders verhält es sich mit den Hunden selbst, die – ach wie schrecklich! – Angaben des Deutschen Jagdschutz-Verbandes zufolge jedes Jahr 10.000 Rehe[33] reißen. Dabei wird nicht berücksichtigt, daß ein Großteil der angeblich von Hunden getöteten Bambis Verkehrsopfer sind und zum Zeitpunkt des „Risses" durch den Hund bereits tot waren. Ebenso ist die Erklärung, die Rehe seien auf der Flucht vor Hunden in fahrende Autos gelaufen, fadenscheinig – denn ebensogut könnte man die Frage aufwerfen, wie viele auf der Flucht vor Jägern Autos zum Opfer fallen. Rein ökologisch kann es überdies keinesfalls als falsch bezeichnet werden, wenn Hunde zur Regulierung des überhegten Rehwildbestandes beitragen, vor allem, weil die Selektion durch den Wolfersatz Hund keine bewußte Falschauslese ist (s. o.). Ebenso ist die Tötungseffizienz des Hundes aller Wahrscheinlichkeit nach größer als die des menschlichen Jägers, während die „Strecken" letzten Endes deutlich geringer sind. Für die Rehe selbst ist der Jäger Hund also als weitaus „angenehmer" zu bezeichnen denn der Jäger Mensch! Als Todesursache für die heimische Wildtierwelt kommen Hunde und Katzen allgemein so selten vor, daß sie in wildbiologische Studien überhaupt nicht als ernstzunehmender Mortalitätsfaktor einfließen. Auch in Polen, einem Land mit deutlich mehr streunenden Hunden und Katzen als Deutschland, konnte Pielowski feststellen,

> „daß Hasen, vor allem erwachsene, lediglich 6,7 % der Hundenahrung ausmachten. Zudem muß angenommen werden, daß ein Großteil der

Hasennahrung nicht eigentlich erbeutet, sondern erst aufgenommen wurde, nachdem die Hasen infolge anderer Ursachen schon umgekommen waren".[34]

Und selbst wenn ein Hund einen Hasen zu verfolgen beginnt, muß deswegen noch lange nicht der Tatbestand des Wilderns vorliegen. Der Verhaltensforscher Erik Zimen beobachtete nämlich, daß Hunden wie Wölfen bis ins hohe Alter eine spielerische Form des Jagens zu eigen bleibt, bei der es gar nicht um das Fangen der Beute geht, sondern „nur darum, einfach mal hinterherzurennen". In einem solchen Fall wird die Verfolgung nach einigen Metern wieder aufgegeben.[35] Und es ist hierbei nicht einzusehen, weshalb der womöglich den Rest der Woche in einer engen Großstadtwohnung eingesperrte Hund trotz der Harmlosigkeit seines Verhaltens sofort abgeschossen werden sollte. Selbst streunende Hunde könnten eingefangen und an Tierheime übergeben werden - doch im Zweifelsfall zieht der Jäger lieber am Abzug seines Gewehres, was mit Sicherheit deutlich weniger Mühe macht.

Nun sollte man meinen, daß all dieser Haß und diese Brutalität Haustieren gegenüber auf weitreichende Ablehnung bei der nichtjagenden Bevölkerung stößt. Dies trifft wohl auch zu - allerdings nur in solchen der 465.000 Fälle, in denen der Sachverhalt überhaupt bekannt wird. Ein Großteil der jedes Jahr in Deutschland spurlos verschwindenden Hunde und vor allem Katzen landet nämlich nicht in Versuchslabors oder stirbt unter den quietschenden (?) Reifen eines Autos, sondern endet im wahrsten Sinne des Wortes „auf der Strecke". Für die Behandlung von getöteten fremden Haustieren im Revier hat Hans Behnke nämlich Tips wie den folgenden parat:

„Der erste und wichtigste Grundsatz des letzten Mittels heißt: Getötetes Raubzeug gehört unter die Erde."[36]

Ebenso empfiehlt er, nahe eines Dorfes beim treibjagdlichen Streckelegen mit Katzen vorsichtig zu sein;[37] schließlich ist negative Publicity das Letzte, was die Jägerschaft in der heutigen Zeit stetig wachsender Kritik gebrauchen kann. Und die folgenden Zeilen sollten sich nach Behnke alle Jäger für den Fall, daß doch einmal etwas von ihrer heimlichen Katzenkill-Leidenschaft an die Öffentlichkeit dringt, sehr gut merken:

„Hat man die Jagd gepachtet, gehe man mit aller Schärfe vor! Entschließt man sich zur Schärfe erst im letzten Jahr der Pacht, so wird man die Jagd nicht wieder bekommen. Richtig ist, man versuche mit allen Mitteln, den Besitzer eines wildernden Hundes oder einer wildernden Katze festzustellen. Sobald man einen Zeugen hat, wird der Besitzer angezeigt und nach der Bestrafung im Wege einer Zivilklage auf Schadenersatz für mehrere Stücke Wild verklagt. Der Besitzer der Tiere ist schadenersatzpflichtig (Lieferung lebenden Wildes verlangen). (...) Der Jäger hat die Jagd gepachtet. Wer ihn an der Nutzung dieser bezahlten Pachtung hindert, schädigt ihn.

Wer mit dem Töten im Dorfkrug protzt, darf sich nicht wundern, wenn er kein beliebter Pächter ist. Der Jäger weigere sich nie, Hunde und Katzen zu töten, die man ihm zum Erschießen bringt! Er töte solche Tiere aber immer ohne jeden Zuschauer."[38]

17

Jagd als Mittel zur Euthanasie?

Es liegt in Anbetracht all der geschilderten vom Jäger verursachten Grausamkeiten alles andere als nahe, die Waidmänner noch so einzuschätzen, wie sie selbst dies gerne sähen. Die Mär vom Jäger als Tier- und Naturschützer wirkt allein dann schon unglaubwürdig, wenn man einen Blick in die verbreitete Jägerpresse wirft, in der neben einer Vielzahl von widerlichsten Schießtourismus-Angeboten die Redaktionen in kreaturverachtender Manier über jegliche von Tier- und Naturschützern vertretene Meinung herziehen. Dennoch will die grüne Zunft ihr Image als Gemeinschaft von Tierfreunden nicht aufgeben. Pseudoökologischen Schwachsinn verbreitende Falt- und Flugblätter werden in der Öffentlichkeit verteilt, die Notwendigkeit der Jagd propagiert, die Hege als Akt scheinbarer Tierfreundlichkeit in den Vordergrund gerückt, während das letztendliche Ziel der Jagd - das lustbetonte Töten von Wild - selten oder gar nicht erwähnt wird. Dieselbe abgedroschene Argumentation, wenn sich ein interessierter, aber nicht allzu kritischer Nichtjäger mit einem Waidmann persönlich über die Jagd unterhält: Man tue den Tieren doch nur Gutes, schieße ab, was zuviel ist, bewahre das Wild vor den ach so grausamen Unbilden der winterlichen Witterung und erlöse vor allem kranke, schwache und alte Tiere von ihrem erbärmlichen Leiden. Die trauerumflorte Stimme, der sich der Waidmann hierbei in aller Regel bedient, scheinen seine Glaubwürdigkeit ebenso zu unterstreichen wie die offensichtliche jägerische Liebe zum regungslos bei Fuß stehenden Jagdhund. Doch die Argumentation ist scheinheilig - denn wie viele Rehe muß der Jäger nur von Parasitenkrankheiten oder Seuchen erlösen, weil er im Winter zu viele durchgefüttert und so zusätzlich zu einer stärkeren Vermehrung animiert hat? Und wie viele Füchse muß er von Tollwut erlösen, weil er sich nicht dazu durchringen kann, endlich vom fröhlichen

Fuchs-Killing Abstand zu nehmen? Und vor allem: Wie viele Tiere muß er erlösen, weil er selbst sie krankgeschossen hat?

Um den kritisch denkenden Normalbürger von der tierschützerischen Verträglichkeit der Jagd zu überzeugen, muß sich der Waidmann also einer nicht ganz so leicht durchschaubaren Argumentation bedienen. So fällt ihm schließlich die Sache mit dem schöneren Tod ein - der vom Jäger künstlich herbeigeführte Tod ist schlicht und ergreifend schöner, „angenehmer", schneller, würdiger und daher weniger qualvoll als das natürliche Sterben. Beispiele sind sofort zur Hand. Angefangen bei jenem alten lahmenden Hirsch, der den Anschluß an sein Rudel verpaßt hat, keine Nahrung mehr findet und daher verhungern muß, über in Wintern erfrierende Tiere bis hin zu qualvoll an Krankheiten sterbenden oder an landwirtschaftlich angewandten Giften zugrunde gehenden Kreaturen gibt es genug „Horrorvisionen", die die erbarmungslose Grausamkeit der Natur offenbaren. Den Vorstellungen der Jäger zufolge müßte ja wohl jeder einsehen, daß der waidgerechte Gnadenschuß allemal humaner ist, als das betreffende Tier seinem Schicksal zu überlassen - wobei einfach einmal davon ausgegangen wird, daß bereits der erste Schuß tödlich trifft.

Doch selbst wenn dies der Fall ist, stellt sich noch immer die Frage, ob das mit geringer Schmerzzufügung erfolgende Getötetwerden tatsächlich für das Tier „würdiger" ist als das Sterben eines eigentlich natürlichen Todes. In der vom Menschen unberührten Natur ist das Verhungern und Verdursten ebenso natürlich wie der Tod durch Krankheiten oder Parasiten; das vorherige Erlöstwerden erfolgt nur dann, wenn ein Raubtier der kranken Kreatur gewahr wird. Strebt man also eine größtmögliche Selbständigkeit und Natürlichkeit der Wildtierpopulationen auch in den menschenbeherrschten Wäldern Deutschlands an, so sollte man in jedem Fall den Finger vom Abzug lassen. Stört man sich hingegen nicht daran, daß ehemals ebenso wie ihre Artgenossen in weitgehend menschenleeren Gebieten lebende Tiere hierzulande zuerst in die Abhängigkeit vom Menschen gedrängt und anschließend auch noch wie Haustiere behandelt werden, so könnte man unter Umständen - aus Gründen angeblicher Humanität - ja wohl doch zur Euthanasie raten. Oder etwa nicht?

An dieser Stelle treten signifikante ethische Probleme auf, die für viele Menschen wohl noch deutlicher werden, wenn man die betreffende Situation auf das Leid eines schwerkranken Menschen bezieht. Die endlose Diskussion über Sterbehilfe in derartigen Fällen hat gezeigt, daß die Seite der Befürworter sich Argumenten der Humanität bedient, während die Gegner auf dem Standpunkt stehen, niemand dürfe den Tod eines Menschen bewußt herbeiführen - dies solle allein Gott vorbehalten bleiben.

Wenn man davon ausgeht, daß die Jäger für die Tiere tatsächlich nur das Beste wollen und ihre ethische Gesinnung - in dem festen Glauben, daß auch Tiere eine Seele haben - ebenfalls auf Tiere beziehen, so lassen sich in der Sterbehilfe-Dikussion angeführte Argumente auch auf die jagdliche Euthanasie übertragen mit der Einschränkung, daß Tiere uns (zumindest auf verbalem Wege) nicht ihren eigenen Willen mitteilen können.

Dem natürlichen Sterben, so stellt der Arzt Dr. Horst Hagen indes heraus, „haftet viel mehr Ruhe und Würde an, als allgemeinhin angenommen wird“.[1] Und niemand vermag überdies zu sagen, ob der Tod durch Schrot- oder Kugelschüsse tatsächlich so human ist, ob ihn das Tier tatsächlich als so würdig empfindet, wie er für den Jäger vielleicht erscheinen mag. So ist wenigstens der Waidmann Mitchell ehrlich. Er bekennt, daß es für den Jäger kaum möglich ist, in solchen Fällen nur im Interesse des Tieres zu handeln.[2]

Auch Argumente der Humanität können indes nicht darüber hinwegtäuschen, daß der mit Abstand größte Teil aller Tiere keineswegs im Zuge jägerischer „Sterbehilfe“ umgebracht wird. Wenn kerngesunde junge Tiere von Jägern abgeschossen werden, so hat das mit Euthanasie ja wohl nicht das geringste zu tun - so sollte man wenigstens meinen. Aber den waidmännischen Wortführern gelingt selbst dieser verbale Brückenschlag. „Sie sterben, ob gejagt wird oder nicht“[3], bringt Heribert Kalchreuter all seine Kreaturverachtung auf den Punkt und spricht damit gleichzeitig eine Blankorechtfertigung für jegliche Form des Tötens aus. Die Waidgenossen des passionierten Krähenjägers mit Amerikaerfahrung hingegen nehmen diese Worte mit Begeisterung auf. Denn tatsächlich: Was ersparen sie den armen Tieren alles, wenn sie sie schon in jungen Jahren abschießen! Kalte Wintertage, gelegentliches Hungern und vielleicht sogar sexuelle Frustration in der Paarungszeit, gar nicht zu sprechen vom grausamen natürlichen Tod am Ende des Lebens. Der Hirsch auf der Höhe seiner Kraft muß nicht miterleben, wie sein hoher Rang innerhalb des Rudels in einigen Jahren von jüngeren Tieren übernommen wird - und der rechtzeitig am Bau erlegte Jungfuchs „hat es insofern gut, als ihm die Problematik seiner Pubertät mit Rangordnungskämpfen in der Familie erspart bleibt".[4] In diesem Zusammenhang wird auch endlich klar, weshalb die Jäger die Liste jagdbarer Tierarten ständig vergrößern wollen: Sie sind bestrebt, derartige „Ersparungen" möglichst vielen Tieren zuteil werden zu lassen und sie vom grausamen Laster des natürlichen Todes zu befreien! Und selbst wenn diese präventive Erlösung erst durch den zweiten, dritten, vierten oder zehnten Schuß erfolgt, ist die jeweilige Kreatur durch genau diejenigen Dinge, die zu erleben ihr erspart bleiben, dafür doch mehr als entschädigt!

Aber der größte Vorteil, den der Tod durch des Jägers Flinte für ein Tier mit sich bringt, dürften wohl unangefochtenerweise die Ehren sein, zu denen das Stück nach seinem Tod gelangt; vorausgesetzt, es gehört bestimmten Arten an. Es ist nämlich Bruch (waidmännisch für Brauch), dem erlegten Hirsch einen letzten Bissen zu gewähren (Winterfütterung posthum?), indem ihm ein Zweiglein zwischen die - wie Hagen spitz bemerkt, nach dem Erlegen hoffentlich noch heilen - Lippen gesteckt wird. Auch in das Einschußloch wird ein frisch abgebrochenes Ästchen gesteckt, und dann folgt die - je nach Zeitplan des Waidmannes mehr oder weniger lange - Totenwache, bei der der Erleger mit der „von ihm erzeugten Leiche" Zwiesprache hält. Vor allem aber wird dem Tier (oder zumindest Teilen von ihm) die Ehre zuteil, nach dem „Aufbrechen" die heimische Wohnzimmerwand des Jägers zu schmücken und so - das meinen zumindest die stolzen Erleger - auf gewisse Weise „unsterblich" zu werden. Ist das nicht herrlich, und wäre es nicht undenkbar schlimm, wenn dem betreffenden Individuum all diese „Brüche" nur aufgrund der Widrigkeit eines natürlichen Todes nicht zuteil werden könnten?

Es ist offensichtlich, daß all dieses überholte esoterische Getue, all dieses um den Leichnam des getöteten Tieres veranstaltete Brimborium nur einen Zweck hat: die Ablenkung vom real geflossenen Blut. Psychologen meinen darin ein unterbewußtes Überbleibsel aus Zeiten erkennen zu können, in denen der mythische Glaube die

Menschen dazu zwang, den Geist des von ihnen getöteten Tieres milde zu stimmen und ihn so von der Rache an seinen Erlegern abzubringen. Ebenso fällt auf, daß alle diese Rituale nur bei bestimmten Tierarten praktiziert werden und daß sie in ihrer Intensität und Prägung von der Art des jeweils getöteten Individuums und dessen jeweiligem jagdlichen Wert abhängen. Eines steht indes fest: Dem Tier selbst kann es vollkommen egal sein, ob es an der Wand eines jägerischen Wohnheimes oder im Magen eines hungrigen Beutegreifers endet. Im Zweifelsfall müßte man letzteres sogar noch als weitaus sinnvoller betrachten, denn die Überreste des gestorbenen Tieres werden dem Kreislauf der Natur auf diese Weise wieder zugeführt.

Noch einige letzte Worte zum Thema der angesprochenen „Euthanasie": Der Schuß des Jägers, also das vorsätzliche Getötetwerden, kann keine „sinnvolle" Vorwegnahme des natürlichen Todes, also des Sterbens, beinhalten. Die Grenzen zwischen Getötetwerden und Sterben werden von Jägern nur allzu gerne verbal verwischt, um von der jagdlichen Realität, vom eigentlichen Ziel jagdlichen Tuns abzulenken. Doch das Sterben in der Natur, eingeschlossen das Getötetwerden durch hungrige Raubtiere, erfährt eine andere ethisch-moralische Wertung als das vorsätzliche Töten eines Jägers, der mit dieser Handlung nur seine eigene Freude fördern und seine Trophäensammlung vergrößern will.

18

Ersatzwolf Jäger - aus der Sicht seiner Beutetiere

Der Jäger maßt sich nicht nur an, die von ihm ausgerotteten großen Raubtiere wie Wolf und Luchs ohne weiteres ersetzen zu können - oder dies sogar zu müssen -, nein, er sieht die Tatsache, daß auch tierliche Jäger töten, oftmals geradezu als Generalrechtfertigung für sein gesamtes jagdliches Treiben in Wald und Flur an. Der Tod ist elementarer Bestandteil der Natur, ebenso normal wie das Leben, und in der Wildnis wird täglich tausendfach von ihm Gebrauch gemacht (wenn auch nicht im Zuge gewisser mitleidtriefender Euthanasiebemühungen). Was also sollte daran verwerflich sein, wenn auch der Jäger, dem Beispiel seiner ebenso verhaßten wie bewunderten „Vorbilder“ folgend, auch aus der Natur „erntet“, wenn er die Bestände seiner Beutetiere „nützt“? Und vor allem: Warum sollte der Jäger sich im Umgang mit Reh und Hase humaner gebärden, als dies ein Wolf, ein Luchs oder ein Fuchs im anderen Fall wohl tun würde?

Derartige jägerische Ausführungen treiben die Offensichtlichkeit und Dreistigkeit waidmännischer Scheinheiligkeit wohl auf die Spitze. Die heutzutage durch die kultivierten Wälder der Industrienationen schleichenden und halbdomestizierten, aber trophäenmäßig rekordverdächtigen Bambis nachstellenden Grünröcke haben nämlich mit ihren auf die Subsistenzjagd angewiesenen Vorvätern aus der Steinzeit ebenso wenig zu tun wie ein moderner Großcomputer mit dem alten chinesischen Rechenschieber Abakus. Befanden sich die erwähnten steinzeitlichen Subsistenzjäger noch auf einer ökologischen Stufe mit den anderen Beutegreifern um sie herum, wurde ihre eigene Anzahl zumindest in gewissen Grenzen noch von der verfügbaren Nahrungsmenge bestimmt und beschränkte sich ihre Beute noch auf das, was sie unabdingbar zum Überleben brauchten, so sind diese Grenzen schon seit geraumer Zeit gesprengt. Und damit ist auch der Vergleich zwischen natürlichen Beutegreifern und dem „Freizeitbeutegreifer“ Mensch unmöglich.

Denn im Gegensatz zu Wölfen oder Luchsen besteht für den Menschen schon seit langem keine zwingende Notwendigkeit mehr, selbst auf die Jagd zu gehen. Ein Jäger, der heutzutage noch angibt, nur des Fleisches wegen Wild zu jagen, klingt so lange unglaubwürdig, wie er auch Marder oder Füchse umbringt, Tiere also, die nicht dem menschlichen Verzehr zugeführt werden können. Einem Wolf würde niemals einfallen, zur Sicherung der eigenen Beute seinen kleineren Nahrungskonkurrenten gezielt nachzustellen; allein schon deshalb, weil dies einen viel zu großen unrentablen Energieaufwand bedeuten würde. Außerdem tötet der Jäger Mensch selbst unter „eßbaren“ Arten weitaus mehr Tiere, als er zur Deckung seiner Nahrungsbedürfnisse eigentlich bräuchte; die Zahl der Grünberockten ist überdies in keiner Hinsicht von jener seiner Beutetiere abhängig und steigt ebenso konstant an, wie die Zahl der Tiere sinkt. Wölfe sind nicht auf riesige Trophäen aus, regen ihre Beute nicht bewußt zu einer stärkeren Vermehrung an und füttern sie auch nicht durch den Winter, um im Frühjahr mehr Beutetiere reißen zu können. Von Luchsen ist nicht bekannt, daß sie zur Erlangung eines höheren sozialen Status möglichst kapitale und vor allem möglichst viele Beutetiere töten. Ebensowenig wendet ein Fuchs Hochtechnologie wie Zielfernrohre, mehrläufige Schußwaffen oder Nachtsichtgeräte an, um seinen Hunger zu stillen - im wirklich fairen Kampf mit seiner Beute muß er sich seiner scharfen Sinne bedienen, um die mit anderen Vorzügen - wie der Fähigkeit zur raschen Flucht - ausgestattete Beute zu erjagen. Auf beiden Seiten liegen real existierende Chancen, solange eines der Tiere nicht todkrank oder stark geschwächt ist, und für den hungrigen Jäger kann der Preis des Verlierens ebenso hoch sein wie für den Gejagten. Sollte der Fuchs seine Beute nun erwischen, so tötet er sie in fast allen Fällen; entkommt das gejagte Tier, so bleibt es zwangsläufig unversehrt - anders als in jenen Situationen, in denen der Jäger nicht ein Fuchs, sondern ein Mensch ist.

Denn nach Bernhard Grzimek „lassen die modernen Waffen dem Wild überhaupt keine Chance mehr, wenn der Jäger sich nicht töricht anstellt oder wenn er nicht betrunken ist“[1]. Selbst der Jäger Poole scheint es zu mißbilligen, wenn „ein Jäger aus dem warmen Bett kommt, sich vorgewärmte, kälteisolierende Kleidung und elektrisch gewärmte Socken anzieht und mit einem vierradgetriebenen Fahrzeug bis zur Suche von Wild braust“[2], was heutzutage in der Tat fast schon jagdlicher Alltag ist. Das verfolgte Tier hat, wenn sein Jäger der Art Mensch zugehörig ist, praktisch keine Chance, völlig unversehrt zu entkommen. Entweder es wird sofort mit einem „sauberen Schuß gestreckt“, oder aber es entkommt stark blutend und halb besinnungslos vor Schmerz, um irgendwo im Dickicht zu sterben oder - auch das kommt gelegentlich vor - vom nachsuchenden Jäger erlöst zu werden. Tatsächliches Danebenschießen kommt hingegen insbesondere bei Schrotmunition sehr selten vor. Und selbst wenn dem Grünberockten das Waidmannsglück einmal nicht treu sein sollte, braucht er keinerlei Angst zu haben, deswegen zu verhungern - schließlich ist der im prächtigen Eigenheim stehende Kühlschrank voll mit Dingen, die ohnehin gesünder sind als der mit Blei vollgepumpte Hasenrücken oder die radioaktiv belastete Rehkeule.

Der Jäger Mensch kann die naturgegebene Tatsache, daß Lebewesen andere Lebewesen töten müssen, um überleben zu können, nicht als Rechtfertigung für sein eigenes aus bloßer Lust erfolgendes Töten ansehen. Der Mensch kann sich nicht auf der einen Seite stolz auf seine angeblich so große Vernunft berufen, alle Vorzüge und Bequemlichkeiten des Computerzeitalters genießen und sich selbst dem Kreislauf der Natur gegenüber vollkommen isolieren, andererseits aber wieder Raubtier spielen und die Natur beherrschen wollen. Ohnehin ist diese Herrschaft des menschlichen Jägers und des Menschen überhaupt über Natur und Tiere eine grausame Gewaltherrschaft, eine Diktatur, die mit Moral und Ethik nichts, mit Brutalität, Rücksichtslosigkeit und Ausbeutung hingegen alles zu tun hat. Wenn Behnke gerade die nur dem Jäger Vorteile bringende Waidgerechtigkeit als jenes moralische Element bezeichnet, welches „den Menschen erst zum heutigen Jäger macht und als wirklichen Herrscher über das Tier hinaushebt“, wenn er Waidgerechtigkeit als Anwendung des menschlichen Verstandes dort, „wo der Unverstand des Tieres dieses eigentlich nicht notwendig erscheinen ließe“[3], bezeichnet, wird die gesamte selbstgefällige, kreaturverachtende, sich selbst glorifizierende Einstellung des Jägers dem Tier gegenüber deutlich. Wie rational und moralisch hochstehend Behnke dabei in Wirklichkeit denkt, macht er in seinem Buch selbst deutlich

– die in den letzten Kapiteln angeführten Zitate vermögen dies hinreichend zu belegen!

Tatsächlich ist nämlich, wenn keine zwanghafte Notwendigkeit zum Töten besteht, stets das Lebenlassen das „vernünftig“, nicht das Töten. Wer dies anzweifelt, sollte sich das unvorstellbare grausame Chaos vorstellen, das herrschen würde, wenn man die Maxime „Töten ist vernünftiger als Lebenlassen“ auf das menschliche Zusammenleben beziehen und in der modernen Gesellschaft als Grundsatz verwirklichen würde! Im Gegensatz zum Raubtier, das zur Erhaltung seines eigenen Lebens jagen muß, betreibt der menschliche Jäger das Waidwerk schon seit geraumer Zeit als zum Lustgewinn dienende Beschäftigung, welche tieferen psychischen Motive den Waidmann auch immer letztendlich zur Ausübung der Jagd bewegen. Somit handelt der Jäger in aller Regel vollkommen unvernünftig – denn er tötet, obwohl er ebensogut leben lassen könnte. Der Einblick in Moral und Ethik sowie die damit erfolgende Humanisierung der Gesellschaft sollte jeden Menschen – vor allem jedoch die Jäger – dahin gehend zum Nachdenken bewegen, daß man auch das Verursachen von tierlichem Leid als Unrecht ansieht. Es wäre nur allzu vernünftig, sich zum Vorsatz zu nehmen, sowohl bei Menschen als auch bei Tieren ein möglichst geringes Maß an Leid zu verursachen. Ein Leitspruch des Dalai-Lama verdeutlicht dies: „Wenn wir den Tieren nicht helfen können – müssen wir versuchen, ihnen nicht zu schaden.“

19

Die Ausbildung von Jagdhunden an lebenden Tieren

Nur wenige Aspekte des Waidwerks sind in den vergangenen Jahren so sehr zum Objekt kontroversester Diskussionen geworden wie die ebenso waidgerechte wie übliche Praxis, Jagdhunde im Rahmen ihrer Ausbildung auf lebende Tiere zu hetzen. Einzelne Fälle erfuhren in den letzten Jahren selbst gerichtliche Würdigung, obschon die Jagdhundausbildung unter Verwendung lebender Enten, Füchse, Dachse oder Katzen im großen und ganzen durchaus unter den weitreichenden Begriff der Waidgerechtigkeit fällt. Dennoch herrschen unter Juristen nach wie vor unterschiedliche Meinungen bezüglich dieses mehr als nur fragwürdigen „Trainings". Während die allgemeine juristische Akzeptanz der Verwendung von lebenden Tieren bei der Jagdhundausbildung noch relativ groß ist, hält der Jurist und Journalist Prof. Dr. Dr. Sojka sie für rechtlich zumindest bedenklich[1] - und das erscheint durchaus verständlich, wenn man § 3 Abs. 7 des Tierschutzgesetzes von 1986 ins Auge faßt. Dort steht nämlich schwarz auf weiß:

> „Es ist verboten, ein Tier an einem anderen lebenden Tier auf Schärfe abzurichten oder zu prüfen."[2]

Diese Formulierung ist - so sollte man zumindest meinen - eindeutig und schiebt den Anliegen der Verfechter tierquälerischer Jagdhundausbildungen von vorneherein einen juristischen Riegel vor. Doch wer blauäugig genug ist, dem Gesetz in dieser Hinsicht zu vertrauen, wird herb enttäuscht, wenn er einen flüchtigen Blick auf die (oftmals grausame) Realität wirft. „Für den Jäger" werden nämlich „unter dem Schutze der Waidgerechtigkeit Ausnahmen gemacht",[3] wie Dr. Horst Hagen in seinem Artikel „Waidwerk und Tierschutz" diagnostiziert. Die Folge sind - wie so oft - namenlose, aber vom Gesetz legalisierte Tierqualen.

So stellt der Jagdkritiker Walter Christiansen verbittert fest, daß es durchaus waidgerecht und dementsprechend gebräuchlich ist, junge Jagdhunde an bewegungsunfähigen Katzen auszubilden.[4] In der Praxis wird dies so gehandhabt, daß

> „eine Katze mit geringer oder keiner Fluchtmöglichkeit oder zur Gegenwehr zu verschüchtert dem Auszubildenden (Jagdhund) präsentiert wird. Ist der Hund gut geübt, kann er der Katze schnell den Garaus machen. Aber das ist er im allgemeinen nicht. Denn er soll es ja noch lernen - an Katzen."[5]

Verständlich, daß Hagen/Sojka sich hierauf fragen, woher der Jäger die betreffenden in diesem Fall ja Schmerz und Leid empfindenden „Ausbildungshilfsmittel" wohl besorgt hat. Und die hierauf gegebene mögliche Antwort erscheint durchaus plausibel: Womöglich aus den zahllosen Kastenfallen, die er in seinem Revier aufgestellt hat und die er erbittert gegen jedwede Art von Kritik verteidigt. Das ist billig, und die Katze kann noch einen waidgerechten Zweck erfüllen, bis sie einen zwar qualvollen, dafür aber selbstverständlich ebenso waidgerechten Tod zwischen den Zähnen eines Jagdhundes stirbt.

Sinn und Zweck einer derartigen Ausbildung an Katzen ist es übrigens, den betreffenden Jagdhund „zur Schärfe zu erziehen". Über ebendiesen Begriff der Schärfe klärt Hans-Dieter Willkomm, Experte in bezug auf die waidmännische Fachsprache und deren etymologischen Hintergrund, uns auf:

> „Der Hund, der mutig auf Raubwild und Raubzeug losgeht, es würgt und abwürgt und Rehwild an der Drossel niederzieht, hat Schärfe, ist scharf."[6]

Und Fritz Nüßlein definiert „ausreichende Schärfe" dahin gehend, daß der Hund rabiat genug sein muß,

> „um noch lebendes Wild entweder abzuwürgen oder - je nach Wildart - so anhaltend zu stellen, daß der Fangschuß angebracht werden kann ..."[7]

Schließlich muß ein sog. „Erdhund" im jagdlichen Alltag ja selbst ausgewachsenen Füchsen so viel Furcht einflößen, daß sie aus dem Bau vor des Jägers Flinte flüchten, muß ihnen im Notfall Paroli bieten und - teilweise vor den Augen der entsetzten Eltern - einen Wurf wenige Wochen alter Jungfüchse „abwürgen" können.[8] Die geltende Rechtsprechung entlarvt sich als Farce, wenn man einen Blick auf das für jagdliche Sachverhalte vollkommen belanglose Tierschutzgesetz wirft. Hier steht: „Es ist verboten, ein Tier auf ein anderes Tier zu hetzen" - allerdings mit dem obligatorischen Zusatz: *„soweit dies nicht die Grundsätze waidgerechter Jagdausübung erfordern"*[9] (vom Verfasser in kursiver Schrift gesetzt).

Eine andere Ausbildung erfordert wiederum die Wasserjagd (der Leser erinnert sich dumpf: das reihenweise Abknallen vom Meer oder See aus auffliegender Wasservögel durch am Ufer postierte Schießer respektive Jäger). Weniger grausam ist aber auch dieses Mittel, brauchbare Jagdhunde zu fabrizieren, in keiner Hinsicht.

> „Bei der Jagd soll er halbtote oder tote, jagdbare oder versehentlich vom Jäger geschossene tote Vögel aus dem Wasser holen. Um das zu lernen, wird er an willkürlich flügellahm gemachten Enten (im Jägerjargon wird dies als ‚geflügelt' bezeichnet, Anm. d. Verf.) ‚ausgebildet'. Diese beklagenswerten Enten können nicht, wenn sich ihnen der auszubildende Hund nähert, artgemäß auffliegen. Sie versuchen es, die Panik wird größer. Sie begreifen nicht, daß die vom Menschen gestutzten, amputierten oder sehnendurchtrennten Flügel ihren Dienst versagen. Der Hund kommt näher, die Angst steigert sich zur Todespein."[10]

Wie im Hamburger Abendblatt zu lesen war, wird nach Angaben der Jägerschaft jede dritte der meist aus Zuchtanstalten stammenden Enten lebend gegriffen und zerbissen, schwer verletzt oder ertränkt.[11] Doch all diese offensichtliche grausame Tierquälerei ist vollkommen waidgerecht. Die ungeschriebene Pseudoethik der Jäger (= Waidgerechtigkeit) gebietet zwar, daß der Ente jenes grausame Erlebnis, bei vollem Bewußtsein von den mächtigen Kiefern eines Jagdhundes gegriffen und dabei mehr oder weniger schwer verletzt zu werden, pro Tag nur einmal zugemutet werden kann,[12] doch der nächste Morgen kommt bestimmt(?). Und dann kann es weitergehen.

In der vom Südwestfunk ausgestrahlten Fernsehsendung „Igel" wurden 1991 grausame Bilder gezeigt, die die Erbarmungslosigkeit der „Entenarbeit" (abermals Jägerjargon) unmißverständlich dokumentierten. Am Ende des Ausbildungsvorganges wurde der Ente dann der jägerische Gnadenschuß gegeben – nachdem sie zäh genug gewesen war, nicht dem Schocktod durch das ihr mehrmals zugemutete schlimme Erlebnis zu erliegen.

Ein weiterer Bestandteil der unterschiedlichen Versionen von Jagdhundausbildungen ist das sogenannte Schliefen. Terrier und Dackel – respektive Teckel – werden im Rahmen dieses „Trainings" auf Füchse (in seltenen Fällen auch Dachse) gehetzt, die in künstlich angelegten Bauen als sogenannte „Schliefenfüchse" gehalten werden. Die erbärmliche Angst der verfolgten Füchse spielt keine Rolle, wenn es darum geht, auch dieser Form der Jagdhundausbildung an lebenden Tieren das Prädikat „waidgerecht" zu verleihen. Aus diesem Grund – der Tatsache, daß auch dieser Schauplatz extremer Tierquälerei als Bestandteil der Waidgerechtigkeit angesehen wird – wurden dementsprechend auch schon zahlreiche Ermittlungsverfahren gegen den Deutschen Teckelclub (DTK) eingestellt (StA Oldenburg, Az. 613-102 Js 22103/87, StA Münster, Az. 48 Js 750/87, StA Lüneburg, Az. 20 Js 16837/87, StA Berlin, Az. 65 Js 1252/87). Die hinzugezogenen Tierärzte bestätigten nämlich, daß die gehaltenen Tiere (wohlgemerkt physisch!) gesund waren und daß die notwendigen Impfungen stets stattgefunden hatten. Kein Wort hingegen von der psychischen Belastung, die den Füchsen zugemutet wird – doch aus genau diesem Grund werten zwei Wissenschaftler das Schliefen als tierschutzwidrig:

> „Meiner Meinung nach ist das Schliefen von Füchsen ein Verstoß gegen das Tierschutzgesetz (§1), denn es gibt keinen vernünftigen Grund dafür, Füchse dem Streß des Verfolgtwerdens durch Jagdhunde auszusetzen. (…) Außerdem berufe ich mich auf §3,7, der besagt, daß es verboten ist, ein Tier an einem anderen lebenden Tier auf Schärfe abzurichten oder zu prüfen. Zwar werden die Füchse bei dieser Bauhundprüfung nicht getötet, jedoch stellt der Streß des Verfolgtwerdens eine erhebliche psychische Beeinträchtigung des Wohlbefindens dar. Füchse sind als Wildtiere scheu und schreckhaft und ‚gewöhnen' sich auch nicht an die Tortur."[13] (Dr. Dorit Feddersen-Petersen, Uni Kiel)

„(...) Aus diesem Grunde ist ein Training von Teckeln zur Fuchsjagd im allgemeinen nicht mehr angebracht. Selbst bei Training für eine Auswahl von Teckeln für Jagdzwecke würde es genügen, mit Attrappen zu arbeiten. Die Verwendung lebender Füchse in Übungsbauten ist schlicht tierschutzwidrig.“[14] (Prof. Dr. Dr. Herre)

Der DTK als unmittelbar unter dem Einfluß verschiedenster jägerischer Gruppierungen stehende Organisation stört sich an den Qualen von Füchsen oder Dachsen freilich nicht. Dementsprechend wurde auch auf einen Antrag verschiedener Mitglieder, „Ausbildungen und Prüfungen für Bau- bzw. Erdhundarbeiten sowie für Wasserarbeit sofort, für Stöbern in absehbarer Zeit“ abzuschaffen, nicht näher eingegangen. Offensichtlich war der Vorstand im Gegensatz zu den Verfassern besagter Petition nicht der Ansicht, die besagten Jagd- und Ausbildungsmethoden seien

„mit den Zielen des Deutschen Teckelklubs und seinem Verständnis über den Umgang mit Tieren als Mitgeschöpfen unvereinbar“[15].

Doch wie eingangs angeführt, ist der Boden rechtlicher Sicherheit, auf dem sich die Jäger innerhalb dieses Themengebietes befinden, keineswegs gesichert. Denn auch unter Staatsanwälten und Richtern findet, wenn auch offensichtlich langsamer als bei der übrigen Bevölkerung, ein Wandel in bezug auf allgemeine ethisch-moralische Normen und somit auch auf die Jagd im speziellen statt.

Vor allem bei der ins Gerede gekommenen „Entenarbeit“ sind aus tierschützerischer Sicht Fortschritte zu melden: Das Hamburger Abendblatt verkündete 1989 beispielsweise, Jäger würden nun auch vom rein juristischen Standpunkt aus Tierquälerei begehen,

„wenn sie ihre Hunde zu Ausbildungszwecken auf Enten mit gestutzten Flügeln hetzen. (...) Darauf hat gestern die Celler Generalstaatsanwaltschaft aufmerksam gemacht. Am Sonnabend hatte das Hamburger Abendblatt über die nach Ansicht von Tierschützern ‚barbarische‘ Ausbildungsmethode berichtet. Ein Staatsanwaltssprecher sagte dazu, inzwischen habe sich juristisch die Auffassung durchgesetzt, daß ein ‚vernünftiger Grund für die Zufügung von Schmerzen nicht vorliege‘. Es sei nicht einzusehen, warum Hunde an lebenden Enten ausgebildet werden müßten.“[16]

Derselben Ansicht war wohl auch das Nordrhein-Westfälische Ministerium für Umwelt, Raumordnung und Landwirtschaft, als es am 14. Mai 1992 das Verbot der Verwendung flugunfähig gemachter Enten bei der Jagdhundausbildung verkündete. Umweltminister Matthiesen hatte sich bereits im März zu diesem Schritt entschieden, weil der Jagdgebrauchshundeverband (JGHV) sich nicht freiwillig zum Verzicht auf die Entenquälerei durchringen konnte. Und das Entsetzen unter Jägern und Hundeführern wuchs zu Erschrekken beinahe apokalyptischen Ausmaßes heran, als sich zu allem Überfluß auch Brandenburg, Hamburg, Rheinland-Pfalz und das Saarland (der Leser bemerkt, welche Partei hier regiert) entschlossen, dem von Nordrhein-Westfalen statuierten Exempel zu folgen und so den in den Wäldern fröhlich lustmordenden Grünröcken eine weitere Bastion waidmännischer Selbstverständlichkeit zu rauben. Nur für einen kurzen Moment war ich indes erstaunt, in der Tageszeitung zu lesen, auch der DJV habe sich für die Durchsetzung einer Alternativmethode stark gemacht – denn das Dementi folgte (wenn auch jägerintern) auf dem Fuße. So stellte der DJV-Pressesprecher Thomas Brüssel in der Zeitschrift ‚Wild und Hund' klar:

> „Es ist nicht wahr, was das MURL (besagtes Ministerium, Anm. d. Verf.) schreibt. Der DJV hat keine Zustimmung gegeben, sondern lediglich mit dem LJV NRW zusammen empfohlen, den Alternativ-Vorschlag des MURL als Versuch über eine gewisse Zeit zuzulassen. Ferner trifft es nicht zu, daß die bisherige Arbeit hinter der lebenden Ente ‚tierschutzwidrig' ist, wie der Minister schreibt."[17]

Und der Präsident des Jagdgebrauchshundeverbandes, Christoph Frucht, setzte noch einen drauf, indem er zum einen herausstellte, daß er das Verbot „zutiefst bedauere", und zum anderen die Meinung äußerte, der Minister stehe „mit der Behauptung, daß die Arbeit hinter der lebenden Ente ‚tierschutzwidrig' sei", allein da.[18] Vielleicht sollte Frucht sich einmal auf die Straße begeben und dort rundfragen, wer sich alles gegen die Verwendung große Qualen erleidender Tiere bei der Ausbildung von Jagdhunden zu Zwecken neuerlicher jagdlicher Tierquälereien ausspricht. Es wäre mehr als nur denkbar, daß ein vielleicht heilsamer Schock den JGHV-Präsidenten auf den Boden der Tatsachen zurückholt.

Ähnlich wie bei der „Entenarbeit" liegen die Dinge inzwischen auch bei der Abrichtung von Jagdhunden an Katzen, wie ein in der Hessisch-Niedersächsischen Allgemeinen am 30.6.1988 erschienener Bericht zeigt. Der passioniert jagende Pfarrer (!) Karl-Martin Bock, zu diesem Zeitpunkt 48 Jahre alt, wurde vom Amtsgericht Gießen wegen Tierquälerei zu einer Geldstrafe von 3000 DM verurteilt, da er gemeinsam mit einem Wetzlarer Jagdberechtigten eine Katze durch einen Hund zu Tode gehetzt hatte.

„Die schlimme Geschichte war durch einen ‚stern'-Bericht publik geworden. Zwei Reporter hatten per Fachblatt-Inserat einen raubzeugscharfen Jagdhund gesucht und waren dadurch an den jagenden Pfarrer im Edergau geraten. Dieser bildet seit langem junge Hunde aus, um sie dann zu verkaufen. Im Frühjahr '87 kam es dann im Gießener Raum zur Hunde-Vorführung. Dabei entstanden schreckliche Bilder. Man sah, wie eine schreiende, um ihr Leben kämpfende Katze von einem Jagdhund gepackt und schließlich totgebissen wurde. Auch die beiden unkenntlich gemachten späteren Angeklagten sowie der Geländewagen des Pfarrers waren abgebildet."[19]

Macht euch die Erde untertan! – Es ist blanke Ironie, daß eine der perversesten Interpretationen dieses mißverständlichen Satzes ausgerechnet von einem Pfarrer geliefert wurde. Doch damit nicht genug – im folgenden bekam Bock nämlich selbst von der EKD, der Evangelischen Kirche in Deutschland, Rückendeckung. Sie verschickte innerhalb des gesamten Bundesgebietes Mitteilungen, denen zufolge der gesamte Sachverhalt nur ein „Mißgeschick bei einer Gehorsamkeitsprüfung" gewesen sei. Ein Mißgeschick, bei dem ein fühlendes Wesen, das übrigens bei einem Bauern aus Fritzlar-Lohne besorgt worden war, auf grausame Weise ums Leben kam. Wäre es nach der EKD gegangen, so wäre der passionierte grünberockte Katzenkiller Bock freigesprochen oder gar nicht erst angezeigt worden. Der zweithöchste protestantische Kirchenfunktionär Deutschlands, Bischof Dr. Hans-Gernot Jung, seines Zeichens ebenfalls passionierter Freizeittierkiller, nahm sich der Sache seines Untergebenen selbst an, indem er den Journalisten einen „unverantwortlichen Mißbrauch mit der moralischen Sensibilität einer breiten Leserschaft" vorwarf. Doch zum Glück zeigte sich die Bevölkerung von religiösen Obmännern und den von ihnen verbreiteten kreaturverachtenden Ansichten gänzlich unbeeindruckt – ein gutes Dutzend Anzeigen wegen Tierquälerei trugen das Ihre zur Verurteilung des katzenschlachtenden „Gottesmannes“ bei. Ähnlich verhielt es sich übrigens auch mit einem aus Mannheim publik gewordenen Fall, bei dem ein Jäger seinen Jagdhund anläßlich vergleichbarer Ausbildungsmaßnahmen im Heizungskeller zwei Katzen hatte zerfleischen lassen. Der erstaunte Kommentar des Waidmannes auf die von Tierschützern gestellte Anzeige („Ich muß doch meinen Hund erziehen!“) blieb unberücksichtigt – er wurde zu 30 Tagessätzen à 40 Mark verurteilt.[20]

Es gibt kein Argument, daß auch nur das kleinste Anzeichen von Tierquälerei bei der Ausbildung von Jagdhunden rechtfertigen könnte. Wer sich wie der Jagdausbilder Eberle „nicht vorstellen (kann), wann der Zeitpunkt ist, bei dem die Ente Schmerzen haben soll“, kann nur angesichts seiner psychischen und moralischen Abgestumpftheit bemitleidet oder aber bezichtigt werden, absichtlich selbst offensichtlichste Fakten zu verneinen. Im nächsten Satz jedoch verrät der im Umgang mit Worten eher träge Waidmann sich selbst:

> „Selbstverständlich würde der Jäger liebend gerne auf die lebende Ente bei der Ausbildung verzichten (aha!, Anm. d. Verf.). Aber niemand konnte bis jetzt eine Alternative aufzeigen.“[21]

Soso – aber was, bitte sehr, macht denn das ganze Brimborium dieser tierschinderischen Ausbildung erst notwendig, und welcher Verwendung sollen die an einer Unzahl mehr oder weniger psychisch wie physisch verletzter Tiere ausgebildeten Hunde denn letztendlich zugeführt werden? Und vor allem: Wie „notwendig“ ist wiederum dieser Zweck? Ist es nicht verurteilenswert, daß Tierquälerei erst durch die Erfordernisse eines weiteren Schauplatzes unnötiger Tierquälerei nötig wird, oder konkreter formuliert: Wenn Jagd nicht notwendig ist, kann dann die Jagdhundausbildung notwendig sein?

Fragen über Fragen, mit deren Beantwortung die Jäger ganz offensichtlich überfordert sind. Fragen, die früher oder später die Realität in bezug auf das gesamte Waidwerk für jeden sichtbar zutage fördern werden. Fragen, die ihren Teil zum Untergang der Jägerei beitragen werden.

20

Ein kurzer Einblick in die jägerische Psyche

Die besondere psychische Situation des Jägers ist ein Themenbereich, der im Rahmen dieses Buches wohl kaum in erschöpfender Weise behandelt werden kann. Es existiert eine Unzahl von wissenschaftlichen Studien gigantischer Ausmaße, die sich mit nichts anderem als dem psychologischen Phänomen der modernen Hobbyjagd beschäftigen. Ich habe mich aber dennoch dazu durchgerungen, dieser Thematik innerhalb des vorliegenden Buches zumindest ein Kapitel zu widmen und in diesem die grundlegensten Ergebnisse besagter Studien kurz - und somit auch etwas vereinfacht - darzulegen. Für das Verständnis dessen, was den Jäger letztendlich zum Jäger macht, warum er bei der Jagd so handelt, wie es in den vorhergehenden Kapiteln beschrieben wurde, und wie es sich mit der von ihm geheuchelten Tierliebe verhält, ist es nämlich nützlich, zu wissen, wie die Waidmänner von Psychologen eingeschätzt werden. Manche Aspekte des Auftretens von Jägern anderen Menschen gegenüber werden auf diese Weise vielleicht auch deutlicher - andere hingegen, das sei ausdrücklich erwähnt, zumindest bei oberflächlicher Betrachtung wohl eher noch unklarer, als sie zuvor ohnehin schon waren. Denn die jägerische Psyche, dessen sind sich eigentlich alle sich eingehender mit diesem Thema beschäftigenden Psychologen einig, ist keineswegs einfach zu verstehen. Da mischt sich ein gewisser Grad an Naturverbundenheit mit einer enormen Tendenz zu aggressiven Verhaltensweisen, da existiert der Wunsch, wieder ein Teil der Natur zu sein, parallel zu einer destruktiven Form der Liebe, die sich nur an der Zerstörung des geliebten Objektes erfüllen kann.

Über all dies sollte man außerdem nicht vergessen, daß auch Jäger Individuen sind, die zueinander oftmals recht verschieden sind. Vom einfachen Landwirt bis zum promovierten Ingenieur, vom passionierten Berufskiller bis zum revierlosen Gelegenheitsschießer, vom traditionsbewußten bayerischen Bergjäger bis zum reinen Schießtouristen umfaßt der Begriff Jäger praktisch alle Menschen, die innerhalb ihres Berufes oder Hobbys wildlebende Tiere töten. Insofern mag es unangebracht scheinen, sie alle über einen Kamm scheren zu wollen. Doch obwohl es zweifellos psychologische Unterschiede zwischen ihnen gibt, haben sie alle das Ziel ihres jagdlichen Handelns gemeinsam - nämlich das Töten von Tieren. Gewisse psychische Voraussetzungen müssen gegeben sein, um dies wiederum nicht nur ohne Beeinträchtigung des Gewissens, sondern überdies noch mit der Empfindung von Freude tun zu können (was praktisch alle Jäger zugeben). Hierin liegt bereits der erste gemeinsame Nenner der jägerischen Psychen. Und wenn man betrachtet, wie geschlossen Jäger verschiedenster Couleur in der Öffentlichkeit zusammenstehen, sobald auch nur der Hauch von Kritik an der Jagd anklingt, wird vollends deutlich, daß die ideologischen, ethischen und psychologischen Unterschiede so groß nicht sein können. Es mag Jäger geben, die sich gegen die Fallenjagd wenden - doch auch sie zögern nicht, Marder und Füchse mit der Flinte zu töten, obwohl die ökologische Unnötigkeit dieses Handelns erwiesen ist. Somit stehen sie in keiner Weise moralisch über jenen Jägern, die von vornherein selbst brutalste Jagdmethoden gutheißen. Der einzige Unterschied mag sein, daß das Freudsche Über-Ich sich beim erstgenannten Jäger ab einem gewissen Grad der Gemeinheit doch noch einschaltet - oder aber, daß dem besagten Waidmann die Fallenjagd ohnehin keinen Spaß macht und er sie aus diesem Grund als Angriffspunkt insistierender Kritik am Waidwerk gerne verboten sähe.

Indes werde ich im folgenden ebensowenig einen Unterschied zwischen Jägern und Jägerinnen machen, obwohl auch hier zum Teil bemerkenswerte psychologische Divergenzen vorhanden sind. Insbesondere schwangere oder vor kurzer Zeit Mutter gewordene Frauen, die noch wenige Wochen zuvor ohne jegliche Bedenken das Wild dahergeschossen haben, bekommen ganz plötzlich moralische Zweifel an der Richtigkeit ihres Tuns - wie beispielsweise die Jägerin Neumann, die während der eigenen Schwangerschaft feststellte: „Du kannst doch nicht gleichzeitig Leben schenken und Leben nehmen!“[1], oder wie Waidfrau von Dieckhoff, die ein Stück Rotwild, das von ihrem kleinen Sohn „mit großen Augen ... ganz glücklich" angeschaut wurde, nicht über den Haufen schießen konnte.[2] Dennoch soll hierauf nicht näher eingegangen werden. Zum einen stellen nämlich weibliche Jäger nur einen winzigen Prozentsatz der gesamten Jägerschaft, und zum anderen ist für sie in den meisten Fällen nur „die Anpassung an männliche Ideale"[3] wie Aggressivität und Herrschsucht (Hagen) Triebfeder zur Jägerei. Mit Emanzipation hat das nichts, mit fehlgeleiteten ethisch-moralischen Vorstellungen alles zu tun.

20.1 Der typische Jäger und seine Aggressivität

Eine Feststellung beinhalten sämtliche mir vorliegenden Untersuchungen, nämlich die, daß beim modernen Freizeitjäger eine höhere Grundtendenz zu aggressiven Verhaltensweisen vorliegt, als dies beim durchschnittlichen Nichtjäger der Fall ist. Einer Studie des Psychologen Mantell zufolge befinden sich unter Soldaten, die besonders bedenken- und teilnahmslos ihre Feinde töten, besonders viele Jäger, die bereits von Kindesbeinen an den Umgang mit Waffen und dem Töten gewohnt sind. Soldaten bestätigten die Vermutung, daß für sie zahlreiche Parallelen zwischen der Hobbyjagd und der Jagd auf feindliche Menschen bestehen.[1] Kalmar stellt dementsprechend fest, daß

> „das Recht, Tiere töten zu dürfen, ... eine Einladung für gewisse Menschen (ist), unter allen möglichen Umständen auch Menschen zu töten"[2],

und Prof. Carlo Consiglio, Vorsitzender des Europäischen Bundes gegen die Jagd (EFAH), führt aus:

> „Die Jagd ist die Schule der Gewalt, durch welche Gefühle des Mitleids unterdrückt werden, die normalerweise der Anblick eines getöteten oder verletzten Tieres hervorruft."[3]

Der Jäger Denney weist anläßlich der 4. Big Hunter's Game and Fishermen's Conference in San Antonio darauf hin, daß zahlreichen Psychologen zufolge Jäger ein größeres Machtstreben aufweisen als Nichtjäger, daß sie überdies aggressiver und sadistischer sind und vor allem ihre Aggressionen auf anderen Wegen ausleben als Nichtjäger.[4] Madsons Ausführungen laufen auf dasselbe Ergebnis hinaus[5], und der Tierschutzfunktionär Apel vermutet, daß

> „Lust am Töten aus nichtbefriedigtem Sexual- oder Machtstreben ... zur Massentötung als makabrem Hobby (führt)".[6]

Der Psychologe Daniel letztendlich sieht in den Jagdmethoden einen unmißverständlichen Spiegel für die Psyche und somit letztendlich auch für die Aggressivität des Jägers. Er stellt klar:

> „Es ist eine unvorstellbare Brutalität und in jedem Falle kein Zeichen von Gerechtigkeitssinn und Fairneß, wenn sich unsere Jäger hoch auf dem Anstand mit einer schweren Waffe einem wehrlosen Reh gegenüber betätigen."[7]

Eine ganze Reihe von Psychologen geht sogar noch weiter. Sie stufen die Jäger als psychotisch ein[8] (Toker), halten sie für psychopathologisch[9] (Daniel) oder sind der Meinung, daß Jäger die Jagd benötigen, um ihre Gefühle von Unsicherheit, Frustration und mangelndem Selbstbewußtsein durch die Herrschaft über und das Töten von Tieren zu sublimieren (Kellert).[10] Wie der amerikanische Neurologe und Neurochirurg Saper konstatiert, haben

> „jene Menschen, die Freude verspüren am Töten, die da glauben, Prestige zu gewinnen durch eine Trophäe aus Fleisch (...), weder moralische noch intellektuelle Reife erlangt, um die Primitivität ihres Handelns zu erkennen".

Er äußert sich weiterhin:

> „Jemand, der bejaht, daß Tiere schmerzvoll und aus launenhafter Freude vernichtet werden ..., offenbart sowohl intellektuelle und moralische, wahrscheinlich auch psychische Primitivität. Dieses Töten ist kein sportlicher Akt, sondern ein Handeln, welches auf tiefe, ja sogar psychosexuelle Unzulänglichkeiten schließen läßt, die wahrscheinlich ihre Ursache in einem unbewußten, verzweifelten Bedürfnis nach Befriedigung haben."[11]

Diese Liste von Psychologen, die den Jägern mehr oder weniger gravierende psychische Defekte unterstellen, ließe sich noch über eine Unzahl von Seiten weiterführen. Um so erstaunlicher sind derartige Ergebnisse jedoch wahrscheinlich für diejenigen, die einige Jäger persönlich kennen und bei ihnen keine schwerwiegenderen Anzeichen von erhöhter Brutalität oder übergroßem Machtstreben feststellen konnten. Eine in 15 Staaten der USA in Auftrag gegebene Untersuchung kam ebenfalls zu dem Ergebnis, daß Jäger keineswegs mehr Gewalttaten verüben als Nichtjäger - doch ist dies eigentlich nicht unbedingt verwunderlich. Der Jäger entledigt sich schließlich auf der Jagd seiner angestauten Aggressionen, reagiert sich also an Tieren ab, um wieder weitgehend frei von Aggressionsdrang nach Hause zurückkehren zu können. Daß dieser Abbau von Aggressionen jedoch auch auf andere Weise erfolgen könnte - ohne daß dabei Tiere leiden und sterben müssen -, findet hingegen keine Beachtung. Längst gibt es Automaten und Computerprogramme, bei denen realitätsnah dargestellte Objekte - von der Ente über den feindlichen Soldaten bis hin zu kompletten Städten - in ihre Einzelteile zerlegt werden können, ohne daß dafür auch nur ein fühlendes Wesen leiden muß. Es ist nicht einzusehen, daß die Jagd als legitimes Werkzeug zur Sublimation einer Tendenz zu aggressiven Verhaltensweisen angesehen wird. Aus demselben Grund macht auch Daniel den sehr diskutablen Vorschlag, Spielautomaten speziell für Jäger herzustellen, an denen diese ihre „Jagd- und Mordlust“ abreagieren können.[12]

Ebenso betonen Psychologen immer wieder sexuelle Teilaspekte des Jagens. Laufend werden von Jägern selbst Parallelen zwischen Jagd und Sexualität gezogen, wobei als Beispiel hier nur ein von Mitchell angeführter Vergleich erwähnt werden soll:

> „Dir etwas über das Jagen zu erzählen“, sagt dort ein Jäger zu einem Nichtjäger, „ist so gut, wie einem Eunuchen etwas über Sex zu erzählen.“[13]

Hepp stellt heraus, daß

> „die Jagd (...) im Einzelfall aufgrund sexueller Störungen als Ersatzhandlung ausgeübt werden (soll). Das Eindringen des Geschosses in den Tierkörper soll als Vollzug des Geschlechtsaktes empfunden werden.“[14]

In diesen Zusammenhang paßt es auch, daß die Geschlechtsorgane bestimmter Tiere sich als Trophäen besonderer Beliebtheit erfreuen, wie dies beispielsweise beim Hodensack des Muffelwidders oder beim Penisknochen von Marder oder Bär der Fall ist. Und Gotthard Freiherr von Bischoffshausen entlarvt sich in der Jagdzeitschrift „Jäger“ erfolgreich selbst, indem er, die Existenz eines speziellen Jagdtriebes verneinend, schreibt:

„Es gibt nur einen Trieb, und das ist der Geschlechtstrieb.“[15]

Als kleine Andeutung möchte ich diese Zeilen so für sich stehen lassen - sie sprechen für sich selbst, und insgesamt ist der Themenkomplex Jagd und Sexualität ohnehin so kompliziert und weitreichend, daß er im Rahmen dieses Buches auf keinen Fall erschöpfend ausgeführt werden kann.

Indes begab sich der Psychologe Kellert vor einiger Zeit auf die Suche nach dem typischen Jäger. In langjährigen Studien arbeitete er je nach besonderer Veranlassung zur Jagd reine Typen von Jägern heraus und konstatierte schließlich, daß die verschiedenen Beweggründe und Motivationen zur Jagd miteinander vermischt, aber unterschiedlich gewichtet sind. Die Lust am Töten, so stellte er fest, ist mit der Gier nach Trophäen sehr unmittelbar verflochten, ebenso, wie die Freude an der Selbstbestätigung, Tiere zu überlisten, mit der Lust am gekonnten Schießen gekoppelt ist. Auf jeden Fall nimmt diesen Studien zufolge jedoch die Lust am Töten eine ganz zentrale Rolle ein und damit auch zwangsläufig die oftmals mit Sadismus einhergehende Aggressivität.[16] Die Kontrolle durch eine höhere psychische Instanz wie das Gewissen ist hingegen weitgehend ausgeschaltet. Bettmann spricht vom Recht des Jägers, schießen zu dürfen, „wenn das Jägerherz es für richtig hält“,[17] und der vielzitierte Jagdfunktionär von Eggeling kommt „bei freudvoller Ernte“ gar nicht auf die Idee, „auch nur in schwächster Form ihr Warum zu bedenken“.[18] Das mag zum einen damit zusammenhängen, daß nach Lorenz unsere tieferen gefühlsmäßigen Schichten es gar nicht zur Kenntnis nehmen, wenn ein durch die Krümmung des Zeigefingers ausgelöster Schuß einem fühlenden Wesen die Eingeweide zerfetzt (im Gegensatz zu den Umständen, die herrschen würden, wenn der Jäger das Wild mit Zähnen und Fingernägeln umbringen müßte), zum anderen aber auch damit, daß die Jäger, wie oben angeführt, aggressiver und sadistischer sind als Nichtjäger. Überdies wird zur moralischen Entlastung des tötenden Waidmannes immer gerade jener Teil der Tiere dem natürlichen Überfluß zugeordnet, der gerade als Beute gewünscht wird. Der Jäger selbst verdrängt dies bewußt oder unbewußt, um sich die Einsicht in sein eigenes Handeln und letztendlich auch in seinen eigenen Charakter zu ersparen. Wenn dann auf irgendwelchen unergründlichen Ebenen der Verbindung zwischen Bewußtsein und Unterbewußtsein doch einmal ein Hauch von Einsicht in die eigene Psyche in den Vordergrund dringt, wird diese kurzzeitige Erkenntnis nach Horst Stern sofort dadurch niedergeschrien, daß die Kritik am Waidwerk besonders aggressiv und polemisch zurückgewiesen wird.[19] Ebendiese ist es nämlich letztendlich, die den Jäger - ob er will oder nicht - gelegentlich an der Richtigkeit seines Handelns zweifeln läßt und ihm so einen Einblick in seinen eigenen Charakter gewährt. Da der Waidmann dies möglichst verhindern will, ist er stets bestrebt, keinerlei Kritik an der Jagd zuzulassen.

„(...) Immer heftiger werden die Diskussionen zwischen Tierschützern und Freizeitjägern, die sich beide als Umweltschützer fühlen. Jagdgegner können die Gründe für ein derartiges Hobby nicht verstehen. Die Verfechter der Jagd wiederum führen die Renaissance des Naturgefühls, des Begreifens der eigenen Naturhaftigkeit und der Anerkennung der Natur als umfassendes Medium, in dem der Mensch lebt, als Grund für die zunehmende Anzahl der Hobbyjäger an. Es antworteten 483 Frauen und 335 Männer aus der Gruppe der Nichtjäger. Aus der Gruppe der Jäger antworteten nur 9 Frauen und 800 männliche Hobbyjäger. Es ist anzunehmen, daß das Alter, das Bildungsniveau und das Einkommen der Versuchspersonen mit von Bedeutung sind, ob die Jagd als Freizeitgestaltung ausgeübt wird oder nicht. Um einen sinnvollen Vergleich durchführen zu können, wurde für jeden ausgefüllten Nichtjägerfragebogen ein entsprechender Partner aus den Jägerfragebogen gesucht, und somit konnten Paare gebildet werden, die in diesen Merkmalen genau übereinstimmten. (...) Höher gebildete Versuchspersonen geben weniger häufig die Jagd als liebstes Hobby an als weniger gebildete Probanden. Mit der Ausübung der Jagd als liebstes Hobby steigt die Jagdleidenschaft deutlich an. Dies läßt die Annahme zu, daß speziell die Jagdleidenschaft ein wichtiges Motiv für die Ausübung der Jagd ist. Andere Motive für die Ausübung der Jagd - das Interesse an der Hege, die Freude an der Natur, die Jagdtradition in der Familie und Geselligkeit - ergaben keine Unterschiede hinsichtlich der Wichtigkeit der Jagd. Diese Gründe scheinen in keinem Zusammenhang mit der Beliebtheit der Jagd zu stehen. Es

zeigte sich, daß die Jagdleidenschaft nicht von der Naturverbundenheit abhängt.

Hobbyjäger, die sich selbst als hoch aggressiv beurteilen, geben wesentlich häufiger an, daß die Jagdleidenschaft der Grund für die Ausübung der Jagd ist. Aus den Vergleichen der Gruppen Nichtjäger und Hobbyjäger ergab sich, daß Hobbyjäger sich generell als aggressiver beurteilen als Nichtjäger. Sie unterscheiden sich jedoch nicht in ihrer Naturverbundenheit. Es liegt daher der Schluß nahe, daß die Jagdleidenschaft mit einer höheren Tendenz zu aggressiven Verhaltensweisen verbunden ist. (...) Versuchspersonen, die sich als hoch aggressiv beurteilen und der Jagdleidenschaft große Bedeutung für die Ausübung der Jagd beimessen, schießen eindeutig mehr Tiere als Versuchspersonen, die geringere Aggressivität zeigen. Es besteht allerdings kein Zusammenhang zwischen der Naturverbundenheit und der Anzahl der Abschüsse, ebensowenig mit der Bevorzugung einer Einzelpirsch und der Anzahl der geschossenen Tiere.

Mit gesteigerter Aggressivität steigt die Häufigkeit der Aussage an, daß riskiert wird, Tieren starke Schmerzen zuzufügen. Mit steigender Jagdleidenschaft erhöht sich ebenfalls die Bereitschaft, dem Wild unter Umständen starke Schmerzen zuzufügen. Dieses Ergebnis unterstützt abermals die Annahme, daß die Jagdleidenschaft eine Manifestation aggressiver Verhaltenstendenzen ist. Auch die Anzahl der Abschüsse steigt mit wachsender Bereitschaft, dem Wild starke Schmerzen zuzufügen. (...) Mit steigender Jagdleidenschaft werden vermehrt Gams- oder Hirschbärte getragen, während mit steigender Naturverbundenheit dieses Verhalten abnimmt.

Primär wurde die Annahme bestätigt, daß Hobbyjäger sich selbst eindeutig als aggressiver beurteilen als Nichtjäger. Es ist daher anzunehmen, daß Hobbyjäger mit den geschmälerten Möglichkeiten der Lebensentfaltung unserer Zeit nur schwer zu Rande kommen und die auftretenden Spannungen und Aggressionen mit derart drastischen Methoden zu sublimieren versuchen. Laut Fromm (1971) steht die Summe der zerstörerischen Tendenzen im direkten Verhältnis zur Einschränkung der Möglichkeit expansiven Verhaltens. Durch die überspannten Forderungen der Gesellschaft zur Verdrängung schon vom Kindesalter an ist es vielen Menschen nicht möglich, ihre triebhaften Aggressionen in ziel- und sachgerechte Aktivitäten umzuwandeln.

Es ist wahrscheinlich, daß Hobbyjäger die Jagd – und damit aggressive Verhaltensweisen – im Laufe ihrer persönlichen gesellschaftlichen Einordnung positiv erleben. Durch die Freude über den Abschuß und die Anerkennung und Achtung durch andere Gleichgesinnte wird das aggressive Verhalten als lustbetont erlebt. (...)

Auch während der Jagdausbildung können vermehrt Aggressionen entstehen. Der Ausbildende lehrt als Modell aggressive Verhaltensweisen, die ohne vitalen Bedürfniszwang sozusagen als Erholung gelernt und empfunden werden. (...)

Es ist zu erwähnen, daß 93 Prozent der Hobbyjäger angeben, Trophäen zu Hause hängen zu haben. Trophäen sind Waffen des Wildes im Kampf gegen Nebenbuhler, bei einigen Wildarten auch gegen Raubwild. Das ursprünglich griechische Wort bedeutet Siegeszeichen. Sie werden zum Sinnbild der Überlegenheit des Jägers über das Erlegte. Das Haupt des Wildes, vor allem dessen Zähne, Hörner und das Geweih, sind als Zeichen des Sieges für den Jäger besonders interessant.

Im Zusammenhang mit der großen Faszination, die die Waffen auf diese Personen ausüben, liegt eine sehr interessante Hypothese von Horst E. Richter (1984) vor. Er versteht die Faszination der Waffen als eine Sublimierung präpubertärer Omnipotenzwünsche und als Ausdruck von ästhetisch verklärten phallischen Größenphantasien. Das Gefühl, daß man eine Waffe in der Hand hat, die, dem kleinsten Befehl gehorchend, mit minimalem Aufwand große Resultate zu erzielen vermag, kann offensichtlich als ersatzweise Erfüllung alter phallischer Größenträume erlebt werden. Es scheint eine rauschhafte Beglückung zu sein, die alle je erlebten phallischen Kränkungen aus der Kindheit momentan tilgt."

(U. Grohs, Psychologisch-Soziologische Unterschiede zwischen Hobbyjägern und Nichtjägern, Graz 1985, zit. in: Nationalpark, Ausg. 2/1986, S. 13f)

20.2 Warum der Jäger jagt – psychologische Beweggründe zur Jagdausübung

„Uns Jägern erscheint die Jagd als etwas tief Erregendes, innerlich Packendes, als Teil unseres Seins, als Weg nicht nur zur Freude und Erholung, sondern mehr: zur Selbstbesinnung, Höherentwicklung, Vervollkommnung, zur Steigerung unserer seelischen und charakterlichen Kräfte ... (die Jagd) macht uns sogar zu einem besseren Menschen ... daran ändert nichts die Tatsache, daß wir töten ... wir tun es mit Widerstreben. Wir müssen es tun ...“[1]

Um aus diesen Aussagen des Jägers von Forell nicht schlau zu werden, muß man mit Sicherheit nicht begriffsstutzig sein. Bis zu einem gewissen Grad kann der Nichtjäger wohl noch nachvollziehen - wenn auch nicht nachfühlen -, daß die Jagd dem Jäger Freude macht, ihn gefühlsmäßig ergreift und innerlich packt. Betrachtet man jedoch von Forells These, die Jagd mache den Jäger zu einem besseren Menschen, so wird rasch klar, daß seine Äußerungen wahre Beweggründe zur Jagdausübung kaschieren sollen. Von Forell bleibt dementsprechend auch eine plausible Erklärung dieser hypertroph-arroganten Ansicht schuldig, während durch seine gekonnte sprachliche Glorifizierung der Jagd unverkennbar eine ansatzweise Offenbarung der jägerischen Psyche schimmert - wer mitgedacht hat, wird sich mit Sicherheit der Aussage, der Jäger müsse töten, gewahr geworden sein. Er muß, wie im vorhergegangenen Kapitel angedeutet, töten, um seinen ihm auch von Psychologen bescheinigten Drang zu aggressiven Verhaltensweisen zu befriedigen - doch hört sich diese Tatsache so häßlich an, daß niemand, der es gut mit Jagd und Jägern meint, sie so formulieren würde. Niemand läßt sich schließlich gerne vor Augen halten, ein mehr oder minder willenloser Sklave seiner eigenen Aggressivität, seines eigenen Sadismus zu sein. Und um dieser Gefahr des Outings zu entgehen, ersann man flugs die Theorie von der Existenz jenes archaischen Triebes, die den Drang zum Jagen und Töten in der evolutionären Verwandtschaft des Menschen zu diversen Raubtieren begründet sieht[2] und ihn somit als nicht unterdrückbares angeborenes Instinktverhalten definiert. „Jagen ist, was es immer war“, führen Madson und Kozicky aus, „ein angeborener Instinkt, der weitgehend emotional überlagert ist.“[3] Nach dem Amerikaner Washburn verspürt der Mensch ein angeborenes Vergnügen, zu töten und zu quälen, das weit in seine Vergangenheit als Jäger zurückreicht,[4] dessen Definition aber gleichzeitig in nüchternen Worten ziemlich genau das umschreibt, was für den modernen Jäger die besagte archaische Passion darstellt. Wenn Hans Schulze, gern zitierter Tutor waidmännischer Tugenden und Bräuche, Vergleichbares formuliert, hört sich das hingegen vollkommen anders an. Beispielsweise meint er zu wissen, daß dem modernen Jäger „eine bestimmte Triebgruppe intakt geblieben oder wieder erwachsen“[5] ist, deren Vorhandensein ihn nun dazu zwingt, als zweibeiniges Raubtier wieder ein Teil der Natur zu werden.

Da ist es nur schade, daß diese These biologisch vollkommen absurd und für jeden, der die Vererbungslehre im Biologieunterricht einigermaßen aufmerksam verfolgt hat, leicht zu entlarven ist. Wie Blüchel nämlich ausführt, stehen den im Laufe der Menschheitsgeschichte auf der Erde lebenden 50000 Generationen von Jägern und Sammlern gerade 10 Generationen neuzeitlicher Zivilisationsmenschen gegenüber.[6] In dieser vergleichsweise kurzen Zeit können im Erbgut jedoch keine so bemerkenswerten Veränderungen vonstatten gehen, wie dies Schulzes These bezüglich des Vorhandenseins einer besonderen jägerischen Triebgruppe erfordern würde. Ergo ist bei allen derzeit auf der Erde lebenden Menschen jener Jagdtrieb - so er denn existiert - in gleicher Weise vorhanden; mit dem Unterschied, daß Nichtjäger ihn ganz offensichtlich besser zu kanalisieren verstehen. Es kann also weniger von der Existenz eines speziellen, nur bei Waidmännern bestehenden Jagdtriebes gesprochen werden als vielmehr abermals von der übergroßen Tendenz des typischen Jägers zu aggressiven Verhaltensweisen und dem stark ausgeprägten Wunsch zur Ausübung von Macht. Daß die Gesellschaft noch immer das ungestörte Ausleben derartiger primitiver Verhaltensweisen auf Kosten fühlender Geschöpfe gestattet, ist unverständlich; insbesondere dann, wenn man betrachtet, daß sie auch in anderen Bereichen das Unterkontrollehalten diverser (unbestrittenerweise existierender) Triebe verlangt. Unter diesen Vorzeichen erscheint die gesamte Theorie von der auf Jäger beschränkten Existenz einer bestimmten Triebgruppe mitsamt dem um sie gemachten Brimborium schon bei weitem nicht mehr so ruhmreich, wie das ursprünglich wohl einmal beabsichtigt war. Ganz offensichtlich ist, daß eine mündiger werdende Gesellschaft das Ausleben primitiver Triebe nicht mehr lange gestatten wird, wenn dafür unsere tierlichen Mitgeschöpfe - von Kaninchen über Füchse bis hin zu Hirschen - auf der Strecke bleiben müssen. Der Biologe Bezzel konstatiert dementsprechend ganz richtig, daß durch die Offenlegung des jägerischen Trieblebens der Waidmänner „Image in der Öffentlichkeit stark gelitten“ hat,[7] und der Jäger Huey fordert seine Waidgenossen auf, ihre Freude am Töten und am Trophäengewinn zu verschweigen[8] - zugunsten des gern gezeigten Futtersacks sowie der (scheinheiligen) Argumentation bezüglich der hinreichend diskutierten Notwendigkeit des Waidwerks. Indes sind es nicht nur Psychologen und Jagdgegner, die beim Jäger Lust am Töten als Hauptgrund zur Ausübung der Jagd diagnostizieren. Vielmehr werden die meisten derartige Thesen belegenden Aussprüche von Jägern selbst getätigt, wenn sie sich von den kritischen Augen der Öffentlichkeit unbeobachtet wähnen und in ihren Publikationen in Schrift und Bild von der unglaublichen Herrlichkeit und Fröhlichkeit des Jagens schwärmen. Dies beginnt mit Artikeln in Zeitschriften wie dem Rheinisch-Westfälischen Jäger, in denen von einem „Hochgefühl" die Rede ist,

> „wenn der Feldhase mit steil aufgerichteten Löffeln geradewegs auf den eigenen Stand zustrebt und dann mit einem letzten Satz in die Schrotgarbe springt",[9]

und endet mit den noch heute verbreiteten Jagdliedern, in denen die aus dem Töten von Tieren - respektive dem Einherschießen von Wild - bezogene Freude besungen und die gesamte Barbarei des Jagens zu Unrecht glorifiziert und romantisiert werden. Eine kleine Auswahl dieser zynisch-makabren geistigen Ergüsse präsentierte die Zeitschrift „Känguruh" zu Anfang des Jahres 1992. So singt der erfolgreiche Jäger anläßlich des Abschusses einer Gemse beispielsweise:

> „Jo-ho, hol-de-ri-o! Jo-ho, Gamsbock ist tot! In wilder Flucht durch Fels und Schlucht, so stürmte er tödlich getroffen dahin. Nun ward sein Bart, von selt'ner Art, mir herrlicher, köstlicher Waidmannsgewinn. Ha-la-li!" Hat es ein Reh erwischt, so lautet der Text: „Bock ist tot! Reh ist tot! Einen Bock, den schieß ich gern, sechs Enden trägt sein Gehörn. Ha-la-li! Ha-la-li!" Und wenn Meister Lampe mittels streuender Munition durchlöchert wurde, singt der fröhliche Waidmann: „Der Has' ist tot, ist mausetot. Er hat den ganzen Balg voll Schrot. Der Has' ist tot, der Has' ist tot."[10]

Betrachtet man derartige Zeilen, die ja nicht gerade Mitgefühl mit der soeben umgebrachten Kreatur widerspiegeln, so wird einem rasch die Bedeutung der Worte Ortega y Gassets, eines der bedeutendsten Jagdphilosophen, klar, wenn dieser feststellt, daß das Töten nur bei der Jagd zum Vergnügen wird.[11] Überhaupt bekennen sich erstaunlich viele Jäger zur Freude an der Jagd und am Töten, gehen aber selbstverständlich niemals so weit, dies in der Öffentlichkeit als ausschlaggebend für die Jagdausübung darzustellen. Dabei wäre dieser Schritt bei nüchterner Betrachtung nur klein - denn wenn Jagen und Töten Freude machen, ist in diesem Eingeständnis bereits das Vorhandensein einer zumindest teilweise an einem solchen Lustgewinn orientierten Motivation impliziert.

Nichtsdestoweniger gibt es in der Tat eine gewisse Zahl von Jägern, die ehrlich genug sind, die Lust am Töten selbst als Motivation zur Jagdausübung zuzugeben. Der Journalist und Redakteur Humme legt ein solches Bekenntnis ab, indem er schreibt:

„Wir Jäger - damit meine ich uns Erholungs- und Hegejäger oder auch uns Trophäenjäger, die wir doch allesamt nicht des Wildbrets wegen die Jägerprüfung machen, hohe und höchste Pachtpreise in Kauf nehmen und dergleichen unliebsame Dinge mehr -, wir drehen und wir wenden uns, wenn wir aufs Töten hin befragt werden. Da sprechen wir feige von selektiver Jagd, von notwendigen Abschüssen kranker Stücke usw. Von Freuden, Waismannslust, die ein Nichtjäger eben nicht nachempfinden kann, ist da nirgends die Rede."[12]

Gerade darin, daß der Nichtjäger die (perverse) Freude der Jäger am Töten nicht nachvollziehen kann, liegt nämlich die größte Gefährdung für die Toleranz, die weite Kreise der Öffentlichkeit der Jägerei derzeit noch entgegenbringen. Aus jägerischer Sicht erscheint somit Ehrlichkeit in bezug auf die Motivationen zur Jagd gänzlich unangebracht. Dennoch nehmen manche Jäger diesbezüglich kaum ein Blatt vor den Mund und geben aufrichtig zu, daß sie gerne „mit warmem rotem Blut, mit Sterben und Töten" umgehen, daß sie „Freude empfinden können, nicht obwohl, sondern da ein Individuum stirbt, eine Kreatur ihr Ende findet",[13] daß sie sich das „Töten als Lebensbezug" wünschen,[14] und vor allem, daß sie das alles für vollkommen normal halten. Ganz ähnlich seinen Mitwaidmännern räumt Jäger Hope ein:

„Der Zweck des Jagens ist, etwas zu töten."[15]

Wie sonst ist es denn auch beispielsweise zu erklären, daß reine Schießtourismus-Angebote, die auch und gerade in Deutschland auf große Resonanz stoßen und in den verbreiteten Jagdzeitschriften einen riesigen Raum innerhalb des Anzeigenteils einnehmen, nicht das geringste mit Naturverbundenheit oder Hege zu tun, sondern einzig und allein den Abschuß selbst von seltenem Großwild zum Inhalt haben?

Unterdessen gehen auch prominentere Jäger sowie die großen Jagdverbände dazu über, eine gewisse Freude an der Jagd zuzugeben. Wenn auch bei solchen Aussagen der nichtjagenden Bevölkerung gegenüber stets noch im selben Atemzug auf die Alibibehauptung der ökologischen Erfordernisse hingewiesen wird, so wird doch klar, daß die Lust am Jagen und Töten eine zentrale Triebfeder zur Jagdausübung ist. Bauernpräsident Constantin Heeremann von Zuydtwyck bekennt sich beispielsweise offen zu seinem Spaß am Töten:

> „Warum eigentlich nicht? Das gehört mit dazu. Wenn Sie mit einem sauberen Schuß ein Stück erlegen, dann ist das schon ein Erlebnis."[16]

Konform dazu, aber noch eindeutiger konstatiert die Jagdzeitschrift „Die Pirsch" im August 1986:

> „Die urtümliche Lust an Beute und Strecke, das Begehren nach dem reifen starken Hirsch auf der Höhe seiner Kraft lassen sich nicht unter dem Mäntelchen des Samariters verbergen ..."[17]

Unmißverständliche Zeilen! Und der Deutsche Jagdschutz-Verband, Dachorganisation zahlreicher deutscher Jäger, räumt in seinem offiziellen Propagandafaltblatt „Wild, Jagd und Jäger" in der Bundesrepublik Deutschland ein, daß der Jäger „Freude an der Jagd" empfindet, wozu „auch das Erlegen von Wild" gehört, distanziert sich aber von der „Lust am Töten". Der Jäger verspüre die besagte Freude vielmehr bei der Pirsch.[18] Der Verfasser bleibt jedoch eine wichtige Erklärung schuldig – und zwar, wo denn letztendlich der so gravierende Unterschied zwischen der Lust am Töten und der Freude an der Pirsch (welche ja letztendlich das Töten zum Ziel hat) liegt. Die haarspalterischen sprachlichen Umschreibungen legen den Verdacht nahe, daß dieser Unterschied letztlich faktisch keiner ist – sondern schlicht und ergreifend zwei sich nur verbal unterscheidende Definitionen für ein und denselben Sachverhalt gegeben wurden.

Ähnlich mag es sich mit den Jägern Heinemann und Helemann verhalten, denen der Begriff Lust (am Töten) ganz offensichtlich zu negativ, zu primitiv und zu wenig hochentwickelt klingt, als daß sie ihn in ihren Publikationen verwenden könnten. Helemann beschreibt die Jagd als Vergnügen, nicht aber als Lust,[19] während Heinemann für „die herrlichste Sache unserer Zeit“ (gemeint ist die Jägerei) die Bezeichnung Freude als angemessen ansieht und sich ebenfalls von der Lust distanziert.[20] Auch hier liegt eindeutig eine verbale Beschönigung der Jagd- und Tötungslust vor. Weder Germanisten noch sonstige Sprachwissenschaftler konnten nämlich recht klären, worin denn letztendlich der Unterschied zwischen Lust, Freude und Vergnügen besteht, wohingegen die Gemeinsamkeiten dieser Begriffe ausgesprochen weitreichend sind.

Zieht man die Bilanz aus den gewonnenen Erkenntnissen, so wird man mit Sicherheit feststellen, daß die Jagdlust, auch als Lust am Töten zu umschreiben, für die allermeisten Jäger die Haupttriebfeder zur Jagdausübung ist. Sie nimmt innerhalb der gesamten Waidwerkerei die zentralste Rolle ein, und wer sich einmal in der prosaischen Jagdliteratur umschaut, wird rasch bemerken, daß der mit Abstand größte Teil der Texte sich mit der Freude am Nachstellen, am Pirschen und vor allem am Töten von Wild beschäftigt. Unumwunden wird heroisiert, romantisiert und glorifiziert, was in der Realität ein ebenso unfaires wie brutales ritualisiertes Abschlachten unschuldiger Geschöpfe ist. Hier tritt praktisch jeglicher rationale Rechtfertigungsversuch in den Hintergrund, ist für den (jagenden) Leser nicht mehr von Belang und macht bloßer, wenn auch als Naturerlebnis kaschierter Mordlust Platz. Insofern scheint die von dem erwähnten Waidautor Helemann aufgeworfene (rhetorische) Frage, ob denn „viele Jäger (eine) wissenschaftlich verbrämte Rechtfertigung“ nicht nur zum Deckmantel nähmen, „um ihrem Jagdvergnügen aus ganz anderen Motiven nachzugehen“,[21] mehr als gerechtfertigt. Derjenige Jäger, der tatsächlich nur aus ökologischer Unwissenheit und dem Irrglauben, Jagd sei notwendig, heraus handelt und beim Töten von Tieren keinerlei Freude verspürt, hätte die Flinte im wahrsten Sinne des Wortes schon lange ins Korn werfen müssen. Daß Jagd der Natur deutlich mehr schadet als nützt, ist nämlich bereits seit längerer Zeit kein sonderliches Geheimnis mehr.

Indes scheinen noch einige andere wichtige Motivationen zur Jagdausübung zu bestehen, die aus Platzgründen allerdings nur am Rande angeführt werden sollen. Viele Jäger bezeichnen den Naturgenuß, die Möglichkeit zur Selbstbesinnung, den (allerdings keineswegs fairen) Wettkampf mit dem Tier oder auch die Möglichkeit, Aggressionen abzubauen, als wichtige Gründe für die Jagd. Der Waidfrau Neuhaus gefällt es nach eigenem Bekunden, „Herr (und nicht Herrin!, Anm. d. Verf.) (zu) sein über Leben und Tod",[22] und Goldschmidt-Rothschild interpretiert die Jagd als eine Passion, die mit dem Briefmarkensammeln zu vergleichen ist (!).[23] Jäger Green empfindet in jenem Moment, in dem der von ihm in der Luft getroffene wehrlose Vogel sich aus einem lebendigen, fühlenden Geschöpf in ein blutiges, leblos vom Himmel taumelndes Etwas aus Fleisch, Federn und gesplitterten Knochen verwandelt, eine ähnliche Inspiration, wie dies beim Anhören eines musikalischen oder poetischen Meisterstücks der Fall ist,[24] während der Jagdphilosoph Ortega y Gasset von dem in Strömen fließenden Blut seiner Opfer berauscht wird.[25] Wer nun als Nichtjäger derartige Zeilen liest, wird mit Sicherheit keine positive Einstellung der Jagd gegenüber mehr haben – und genau das beklagt Graf Schönburg, indem er schreibt, daß Nichtjäger einfach nicht verstehen könnten, wenn

> „Jäger Freude empfinden können, nicht obwohl, sondern da ein Individuum stirbt, eine Kreatur ein Ende findet."[26]

Wohl aus ebendiesem Grund sind sich Tier- und Naturschützer in ihren Ansichten bezüglich der jägerischen Motivation zum Töten weitgehend einig und können geschlossen keinerlei Anzeichen von Tierfreundlichkeit dahinter entdecken. Der Ökologe und publizistische Jagdkritiker Prof. Dr. Wolfgang Erz vermutet, daß der (mißglückte) Versuch der Jägerschaft, das Waidwerk mittels der Verwendung biologischer Termini verwissenschaftlichen zu wollen, nur der Verdeckung „sportlicher und emotionaler Motivationen für die Jagd" dient,[27] und Maerth bezeichnet in einer erschütternden Rede am Grabe Franz von Assisis die Jägerei als „gewöhnlichen Lustmord, den Homo sapiens Sport nennt".[28] Eine große Anzahl von Aussprüchen aus Jägermund liefert uns der von Horst Hagen vielfach zitierte Jäger Liepmann – quasi in Form eines repräsentativen Querschnitts sollen hier einige Begründungen des Jagens wiedergegeben werden. Einem Patienten verordnete der Arzt viel Bewegung im Freien, worauf dieser sich bei seinem ersten Skilaufversuch gleich einen Knöchel brach - und statt dessen Jäger wurde, denn „das ist weniger gefährlich". Ein anderer Hobbyjäger führte an, daß sein Abteilungsleiter ein Sadist und er selbst sehr introvertiert sei.

> „Aber wenn ich den Hut mit den vielen Abzeichen aufsetze und das Gewehr auf die Schulter nehme, dann bin ich ein ganzer Mann."

Freizeitjäger Nummer drei - ganz offensichtlich ein Manager - stellt überdies heraus, daß sich

> „besser als in einem unpersönlichen Büro oder in einem zu lauten Lokal (...) günstige Geschäftsabschlüsse auf einem Hochsitz besprechen" lassen, „wenn man dem zukünftigen Partner einen leidlichen Bock freigegeben hat"

- Tiere als Schmiergeld.[29] Und ein weiterer Jäger, ebenfalls wohlhabend, begründet die Tatsache, daß er zur Jagd geht, schlicht und ergreifend mit Gegebenheiten seines sozialen Status:

> „Wissen Sie, ich bin geschäftlich sehr erfolgreich und besitze ziemlich alles, was man sich wünschen kann: eine komfortable Wohnung hier in der Stadt mit der dazu passenden Gattin und das Sommerhaus in Spanien. Die zünftige Jagdhütte war die naheliegende Abrundung."[30]

20.3 Des Jägers Tier- und Naturliebe

Allein in Anbetracht der Motivationen, die den Großteil der Jäger zur Jagdausübung bewegen, erscheint es paradox, wenn dieselben Grünberockten, die eben noch von der Freude am Jagen, Nachstellen und Töten von Tieren sprachen, auf einmal beteuern, daß sie das von ihnen verfolgte Wildtier lieben. Die angewandten Jagdmethoden machen derartige Aussagen ebensowenig glaubwürdiger wie die Art, mit der sie unter ihresgleichen über gestreckte Stücke reden, der enthusiastische Jubel, wenn sie durch das Umbringen einer möglichst großen Anzahl von Tieren Jagdkönige geworden sind, oder ihre „leuchtenden Augen"[1], wenn sie nach dem Abschuß eines Fuchses auf einer Gesellschaftsjagd Tannenreisig an den grünen Hut gesteckt bekommen. Dennoch treten die Jagdverbände und ihre

Mitglieder immer wieder mit der Behauptung an die Öffentlichkeit, daß der Jäger das Wild in seinem Revier liebe, obwohl er es gelegentlich (!) töten müsse.

Nach Fromm existieren zwei sich in signifikanter Weise unterscheidende Formen der Liebe. Zum einen ist dies die Liebe im Seinsmodus, die sich allein am Dasein des geliebten Objekts oder Subjekts erfüllt und keinen Anspruch auf dessen vollkommenen Besitz erhebt, zum anderen gibt es die Liebe im Habensmodus, die den bedingungslosen Besitz des geliebten Wesens oder Dinges zum Ziel hat. Während erstere eine „produktive Aktivität" ist, „die es impliziert, für jemanden (oder etwas) zu sorgen, ihn zu kennen, auf ihn einzugehen, ihn zu bestätigen, sich an ihm zu erfreuen - sei es ein Mensch, ein Baum, ein Bild, eine Idee", bedeutet die Liebe im Habensmodus „Besitzansprüche, Kontrollierenwollen; sie ist erwürgend, lähmend, erstickend, tötend statt belebend". Überdies streicht Fromm heraus, daß bei dieser Form der Liebe genau das, „was als Liebe bezeichnet wird, (...) meist ein Mißbrauch des Wortes (ist), um die Wahrheit des Nichtliebens zu verbergen".[2]

Der Verdacht liegt mehr als nahe, daß die Jäger die von ihnen gejagten Tiere genau auf jene von Fromm als Habensmodus bezeichnete Weise lieben. Belege dafür gibt es abermals aus Jägermund oder -feder zuhauf. Beispielsweise stieß Kellert bei seinen Nachforschungen, die zahlreiche Gespräche mit Jägern beinhalteten, auf das Phänomen, daß der Jäger das, was er liebt, töten muß, um Befriedigung zu erlangen.[3] Offensichtlich kann er sich nicht einfach am Dasein der von ihm geliebten Tiere erfreuen; er muß sie erst überwältigen, sprich: umbringen, um seine Liebe zu ihnen zum Ausdruck zu bringen. Im Bejagen praktizieren die Jäger der Meinung Rensbergers zufolge „ihre Verehrung" für das Tier, die im Akt des Tötens zu ihrem höchsten Ausdruck kommt,[4] und Eggeling bezeichnet das Jagen als „jubelnde Freude am endlich gestreckten Stück".[5] Ganz ähnliches bringt Niedl zum Ausdruck, indem er in einem Atemzug von den „herrlichen Geschöpfen, die Gott in seiner heitersten, besten Laune erschuf", und dem „Quell der Freude", den das Töten ebendieser Geschöpfe birgt, spricht.[6] Bezeichnend ist als Ausdruck des jägerischen Besitzanspruches der Kreatur gegenüber auch, daß innerhalb des nach dem Jagdverbot auf Krähen ausgebrochenen Sturmes von Entrüstung zahlreiche Jäger von Enteignung sprachen[7] und somit deutlich machten, daß sie die in ihrem Revier lebenden Wildtiere als Besitz ansehen. Als eindeutiger Beleg der waidmännischen Bestrebungen, die Wahrheit des Nichtliebens mit Ausdrücken aus dem Bereich wahrer Liebe zu kaschieren, ist wiederum die sprachliche Entgleisung einer bekannten Jagdzeitschrift anzusehen, die den Klagelaut einer angeschossenen, tödlich verwundeten Schnepfe mit einem Kuß vergleicht.[8] Allgemein können gerade in der teils faschistoid, teils vulgär, aber stets anachronistisch anmutenden Jägersprache Belege für die besondere Form jägerlicher Tier- und Naturliebe gefunden werden. Das Tier wird hierin zum würde- und rechtlosen Stück, das man nicht umbringt oder gar ermordet, sondern streckt oder erlegt - das Lebewesen wird zum Ding gemacht, dessen Inbesitznahme die Jagd zum Ziel hat. Trotz der biologisch identischen Vorgänge wird in der Jägersprache beispielsweise eine Füchsin keineswegs schwanger; sie geht vielmehr dick, und sie ißt nicht, sondern sie ludert sich voll.[9] Wird ein von Hunden in die Enge getriebenes Stück Schwarzwild aus unmittelbarer Nähe erschossen, so schießt der Jäger auf den Ball, und Pelztiere wie Marder oder Füchse werden auf den Wert ihres Fells reduziert, indem der Jäger ihren Abschuß danach plant, ob der Balg schon reif ist.

Auch die jagdliche Realität spricht in bezug auf die Tierliebe eine deutliche Sprache. Wenn die Treiber anläßlich einer Treibjagd dazu aufgefordert werden, den Füchsen „richtig Angst“ einzujagen,[10] wenn Jäger nach dem erfolgreichen Massenabschuß von Hirschen von einer Waidmannsgaudi sprechen,[11] wenn sie die Tierliebe (wie Liepmann) nach Beutegewicht einteilen, wenn sie stolz von Rekordjagden und -strecken sprechen,[12] und wenn man betrachtet, was im jagdlichen Alltag mit den Tieren so alles geschieht (s. o.), führt auch die allzuoft vorgetäuschte Trauer beim Abschuß eines Tieres nicht an der Erkenntnis vorbei, daß beim Verhältnis Jäger–Tier keineswegs die Liebe im Seinsmodus, sondern vielmehr ausschließlich die Liebe im Habensmodus vorliegt. Die Tatsache, daß die Jägerschaft in der Öffentlichkeit nur allzuoft Gewehr und Flinte zugunsten des Futtersacks in den Hintergrund rückt, belegt dabei, daß sie sich durchaus über die Unterschiede zwischen Jägern und Nichtjägern in puncto Tierliebe im klaren ist. Tierliebende Nichtjäger lieben die Tiere nämlich im Seinsmodus; sie töten sie nicht, sondern sie leben mit ihnen zusammen und versorgen sie oder erfreuen sich (bei wildlebenden Tieren) an ihrer Beobachtung. Genau hierauf - auf die unterschiedliche Form der jeweiligen Tierliebe – ist es auch zurückzuführen, daß die Frage, ob das Töten mit Liebe überhaupt zu vereinbaren sei, von Jägern und Nichtjägern „so unterschiedlich beantwortet (wird), daß sich daran die Kluft zwischen den beiden Lagern messen läßt“[13] (Hagen). Allein schon aus Fairneß denjenigen gegenüber, die Haus- und Wildtiere wirklich lieben – ihnen also die Liebe im Seinsmodus entgegenbringen –, sollten die Jäger von ihrer Behauptung, sie liebten das von ihnen verfolgte Wild, Abstand nehmen. Der Jäger Bubenik beweist zumindest Ehrlichkeit, indem er klarstellt:

> „Es ist meine persönliche Ansicht, daß wir als Jäger die Maske des wildliebenden Menschen ablegen sollten.“[14]

Auch Nikolaus Sojka – immerhin ein ehemaliger Jäger, der sich zum Kämpfer für die Rechte der Tiere bekehren ließ – ist der Meinung, daß diejenigen Menschen, die „im interplanetarischen Zeitalter noch immer aus dem Hinterhalt mit donnernden Feuerwaffen auf wehrlose Wildtiere“ schießen, „verletzte Kreaturen mit Hunden zu Tode hetzen (...), in Jagdzeitschriften angebotene Giftköder freier Natur“ überantworten und überdies „Folter-Fallen“ verwenden, sich zu ihren Taten bekennen und nicht „den Versuch wagen sollten, sich als Tier- und Naturfreund(e) hinzustellen“.[15] Denn in allem, was die Jäger tun, und in jeder ihrer letztendlich blutigen Handlungen den freilebenden Tieren gegenüber manifestiert sich doch die Tatsache, daß hier keine wirkliche Liebe zu Tier und Natur vorliegt – sondern die typische Liebe im Habensmodus, gepaart mit einer gehörigen Portion Eigenliebe. Und man kann sich der Feststellung der Zeitschrift „Recht für Tiere“ nicht so ganz entziehen, wenn diese am Ende eines Berichtes über Jägerei konstatiert:

> „Der Jäger liebt Natur und Tiere wie der Vergewaltiger sein Opfer.“[16]

Vor genau dieser destruktiven Form angeblicher Liebe müssen die Wildtiere jedoch geschützt werden.

Bezüglich der jägerischen Tierliebe bleibt indes nur eine Frage offen: Mit der Liebe im Habensmodus ist nicht zu erklären, weshalb jene Jäger, die 1992 zu zwölft mit einer Meute von Hunden auf die Fuchsjagd gingen und möglichst viele dieser ebenso schönen wie intelligenten Wildtiere dahinzumetzeln beabsichtigten, drei Tage lang mit Preßlufthammer und Bagger einen Fuchsbau bearbeiteten, um einen darin verschollenen Hund namens Purzel zu retten.[17] Eine vollkommen rationale Erklärung hierfür ist wohl kaum zu finden – aber dennoch können unterschiedliche Interpretationen dieses Phänomens hier angeführt werden. Zum einen ist es möglich, daß für einen Jäger Tierliebe teilbar ist, er seinen Hund also wirklich im Seinsmodus, Wildtiere (wie in diesem speziellen Fall Füchse) hingegen im destruktiven Habensmodus liebt. Besondere Brisanz gewinnt dieses Thema, wenn das vom Jäger verfolgte und umgebrachte Tier ein angeblich wildernder Hund ist. Zurückzuführen ist all dies unter anderem wohl auch auf die mangelnde oder unterdrückte Abstraktionsfähigkeit des Jägers selbst, der nicht einmal die Ähnlichkeiten seines Jagdhundes mit dem (den hundeartigen Raubtieren zuzurechnenden) Fuchs bzw. sogar einem anderen Hund in Konsequenzen für sein Verhalten umzusetzen imstande ist. Dabei steht es außer Frage, daß letztere ebenso wie der besagte Jagdhund Schmerzen, Trauer u. ä. empfinden können.

Eine andere Möglichkeit, das Phänomen jägerischer Liebe zum Jagdhund aufzuklären, liegt darin, das angeblich so kameradschaftliche Verhältnis von Jäger und Hund zu hinterfragen. Dieses ist mitsamt der Bezeichnung Kameradschaft allein schon insofern irreführend und unglaubwürdig, als daß ein gravierendes Gefälle zwischen Herr und Hund liegt. Letzterer, auf bedingungslosen Gehorsam gedrillt, muß dem Willen des Jägers Folge leisten, will er nicht in Ungnade fallen, und somit selbst seinen natürlichen Instinkten widerstehen. Wenn er naturgemäß das fliehende Tier hetzen würde, muß er stocksteif stehenbleiben und warten, bis sein Herr den Schuß angebracht hat; wenn er unter anderen Umständen die Beute sofort verzehren würde, muß er sich bezähmen und statt dessen das Wild gehorsam bei seinem Herrn abliefern; den Knall des Gewehrs muß er, ohne zu mucksen, ertragen. Dem Hund, der diese Bedingungen nicht erfüllt, drohen nach Horst Hagen

> „Stachel- oder Würgehalsband, Schläge mit Peitschen oder elektrische Stromstöße an Spezialhalsbändern“[18].

Oder es wird mit ihm verfahren, wie dies zwei Waidmänner nach einer Treibjagd, bei der ihnen ihr Hund Alf den Spott der Waidgenossen eingetragen hatte, praktizierten - Alf wurden kurzerhand mit einem Messer die Hoden abgeschnitten, obwohl das betäubungslose Kastrieren von Jagdhunden in keiner Hinsicht unter die Belange der Waidgerechtigkeit fällt.[19] Wie die betreffenden Grünröcke wohl erst Raubwild und Raubzeug behandeln mögen?

Somit kann festgestellt werden, daß die waidmännische Liebe zum Hund bei Mißfallen bzw. Versagen erkaltet und somit allein beim Funktionieren des geliebten Objektes existiert. Dies legt wiederum die Vermutung nahe, daß das Verhältnis Jäger-Hund dem Verhältnis Jäger-Waffe überaus ähnlich ist, daß Hund und Waffe einen ähnlichen Zweck erfüllen und aus ähnlichen Gründen sorgfältig gepflegt werden. Denn auch zu seiner Jagdwaffe steht der Durchschnittsjäger in einer besonderen Beziehung, wenn man so will auch in einer Art Liebesbeziehung. Folgende von Karin Hutter zusammengetragenen Zeilen aus der Jägerpresse, in denen für die genaue Waffenbezeichnung entweder das Wort Frau, Mädchen oder ein Frauenname eingesetzt wurde, zeigen dies auf verblüffende Weise:

> „- Eine Frau kann ein wahres Schmuckstück sein: fein, zierlich, elegant, zum Verlieben - sauber, preiswert und ein bißchen hübsch, so wünschen sich Jäger ihre Frau. Somit ist sie gerade für den Freund eleganter Frauen eine ideale Begleiterin."

> „- Als sie mir dann fast zierlich und ungewöhnlich leicht am Anschußtisch lehnte, war mir nicht ganz wohl in meiner Haut, denn die Anna hatte ich schon als Luder kennengelernt. Mir persönlich gefällt die Berta nach wie vor besser. Für viele Waidgenossen ist die Anna jedoch eine Liebe auf den ersten Blick."

> „- Liebe macht blind. Auch bei Christa mag dieser Spruch zutreffen. Wer sich dann frisch verliebt, kann sein blaues Wunder erleben, allerdings erst später. Die Freude über das zierliche Mädchen verhindert das rechtzeitige Erkennen grober Macken. Die Christa wird trotz aller Mängel freilich nicht verkauft. Wer gibt schon eine liebgewonnene Braut weg? (...)"[20]

Für viele, wenn nicht alle Jäger ist die Waffe ein Zeichen ihrer Macht, die unter anderem zur Einschüchterung von Spaziergängern im Revier dient. Sie muß dazu nicht einmal berührt werden, ihre bloße Präsenz genügt. Der knurrende Hund hat indes denselben

Effekt; er trägt dazu bei, dem Jäger den Status einer Autoritätsperson zu verleihen. Hinzu kommt die Faszination, daß beide, sowohl die Waffe als auch der perfekt gedrillte Hund, dem kleinsten Befehl ihres Herrn gehorchen und so den Eindruck jägerischer Macht bestärken. Beide sind infolgedessen Instrumente zur Machtausübung im Revier, gleich, ob gegenüber Tier oder Mensch. Somit kann konstatiert werden, daß ganz offensichtlich beeindruckende Parallelen zwischen der Funktion der Jagdwaffe und der des Hundes für den Jäger existieren, daß beide auf eine bestimmte Weise zwar vielleicht geliebt werden, daß diese Liebe jedoch keineswegs eine reine Liebe im Seinsmodus, sondern vielmehr von eigennützigen Gedanken durchzogen ist. Man könnte sie als utilitaristische Liebe bezeichnen. Denn diese Liebe besteht, solange das geliebte Objekt die Funktionen erfüllt, die der Liebende von ihm erwartet, kann jedoch in kurzer Zeit erkalten, wenn dies nicht mehr der Fall ist.

21

Resümee - aus ethischer Sicht

Der romantische, glorreiche Schleier einer Förster-vom-Silberwald-Idylle, die das tierliebe Handeln und Denken der Grünberockten implizierte, verschwindet heutzutage rasch, wenn man einen Blick auf den jagdlichen Alltag wirft. Da werden Hasen erst auf grausame Weise mit Schrotmunition angeschossen, bis zum Ende der Jagd in unvorstellbaren Qualen, überströmt von ihrem eigenen Blut, in panischer Angst ihrem Todfeind Mensch Angesicht in Angesicht gegenüber liegengelassen, nach einer unbestimmten Anzahl von Minuten oder gar Stunden von einem grinsenden Jäger auf entwürdigende Weise an den Hinterläufen emporgehoben und schließlich per Genickschlag umgebracht. Da werden vermeintliche Konkurrenten des Jägers, wie Füchse, mit Hunden aus ihrem Bau gehetzt, gepackt und ebenso feige wie grausam ermordet - ungeachtet der Tatsache, daß diesen Tieren nahestehende Artgenossen dadurch auch für ihr Leben gezeichnet sind. Da werden Rehe über den Winter gefüttert, gezielt auf große Geweihe selektiert und in der darauffolgenden Jagdzeit mit dem scheinheiligen Argument, es gebe nun zu viele davon, zu Zwecken des Trophäengewinns abgeschossen. Da werden Füchse und Marder in angeblich sofort tötenden Schlagfallen gefangen, gequetscht und müssen, gepeinigt von inneren Verletzungen, Knochenbrüchen und klaffenden Wunden, in nahezu bewegungsunfähigem Zustand viele Stunden auf die ebenfalls grausame „Erlösung“ durch den grünberockten Trapper warten. Da werden Vögel mit streuender Munition beschossen mit dem Ergebnis grausamer Verletzungen, Bleivergiftungen und unerträglicher Schmerzen für das Einzeltier. Da werden Katzen, Enten, Füchse und Dachse in großer Anzahl und vor allem unter Zufügung namenloser Qualen „verbraucht“, um das „Funktionieren“ des teuren Jagdhundes in dessen späterem Sklavendasein zu garantieren. Da werden zutrauliche, für das Leben in freier Wildbahn vollkommen ungeeignete Fasanen ausgesetzt und bereits Wochen oder gar Tage später von mordgierigen Schießern erbarmungslos niedergemetzelt. Da werden Eltern von ganzjährig jagdbaren Tieren - wie dem Haßobjekt Fuchs - erschossen mit dem Ergebnis, daß die noch unselbständigen Jungfüchslein erbärmlich verhungern und verdursten müssen, oder die Jungtiere werden - oft vor den Augen der entsetzten Eltern - abgeknallt oder von Jagdhunden im Bau zerrissen. Da werden Familiengemeinschaften und Tiergruppen zerstört, Individuen gequält, Qualen und Trauer verursacht, Lebensrechte und -willen mißachtet, blutige Metzeleien veranstaltet - und das alles, wie Psychologen bestätigen, nur aufgrund einer Tendenz des Jägers zu aggressiven und sadistischen Verhaltensweisen, die sich dann in Form erbarmungsloser Mordlust manifestieren. Es kann gar nicht oft genug wiederholt werden: Jägerei ist durch kein Argument zu rechtfertigen; eine ökologische Notwendigkeit ist ebensowenig gegeben wie eine eventuelle Rechtfertigungsmöglichkeit aus tierschützerischer Sicht.

Mit mehr als fünf Millionen vor ihrem Tod mehr oder minder stark gequälten Opfern jährlich allein in der BRD stellt die Jagd einen der größten Schauplätze vom Gesetz legalisierter Tierquälerei dar. Es stellt sich die Frage, wie lange eine auf immer breiterer Front aufgeklärte Gesellschaft diesen ritualisierten Tiermord noch dulden wird; insbesondere, wenn man betrachtet, daß die Jagd vollkommen überflüssig ist, daß kein rationaler Grund zu ihrer Beibehaltung existiert, am wenigsten in ihrer jetzigen Form. Ich bin der Meinung, daß das Ende der Jagd nur noch eine Frage der Zeit ist - wobei wir uns allerdings stets vor Augen führen sollten, daß strenggenommen jeder Tag, den wir zu handeln zögern, einer zuviel ist. Denn jeden Tag sterben unzählige unschuldige Geschöpfe vor den Flinten selbsternannter grünberockter Naturschützer, die ihre als Tierliebe kaschierte Freude am Töten ungehemmt ausleben können.

Ebenso sollte man sich überdies deutlich machen, daß Jagd nicht nur einer der größten und alltäglichsten, sondern auch einer der unsinnigsten Ursprünge von Tierquälerei ist. Solange nämlich toleriert wird, daß eine Unmenge von Tieren allein der Bedürfnisbefriedigung einer gesellschaftlichen Minderheit geopfert wird, muß es doch erst recht legitim erscheinen, Tiere im Tierversuch sterben zu lassen, sie in Massentierhaltungen zur Fleischproduktion zu kasernieren und sogar, sie zur Produktion eigentlich vollkommen unnötiger Luxusgüter wie Pelze zu töten. Insofern wird der Tierschutz allgemein nach Abschaffung der Jagd einen weitaus günstigeren Standpunkt erlangen, als dies derzeit der Fall ist.

Die Jägerei ist, wie die letzten Kapitel gezeigt haben, nicht mit einer Ethik, die dem tierlichen Mitgeschöpf auch nur einen Hauch von Rechten zugesteht, vereinbar. Viele Menschen haben dies bereits erkannt und unterstützen aktiv wie passiv den Kampf gegen die Jagd, der auf zahlreichen unterschiedlichen Ebenen gefochten wird. Dieser Kampf, in dessen bisherigem Verlauf die Jäger aus einer übermächtig scheinenden Position bereits in die Defensive gedrängt wurden und sich nun unvermittelt in der Rolle wiederfinden, sich und ihr Tun gegenüber kritischen Fragen rechtfertigen zu müssen, soll der Inhalt des folgenden dritten und letzten Buchteiles werden. Ich möchte beleuchten, welche „Überlebensstrategien" die Jäger anwenden, um die Erlaubnis zur Jagd weiterhin aufrechtzuerhalten, und wie sie auf die wachsende Kritik reagieren. Aber ebenso sollen die verschiedenen Formen des aktiven (verbalen wie nonverbalen) Kampfes gegen die Jagd mitsamt ihren Verfechtern, vom Ökologen bis zum autonomen Tierrechtler, Erwähnung finden, wobei ich schon jetzt deutlich machen möchte, daß ich auch über die „ungesetzlichen" Methoden der Jagdbekämpfung so sachlich wie möglich berichten möchte. Denn wie ich aus persönlicher Erfahrung weiß, sind die autonomen Jagdgegner keineswegs jene destruktiven Chaoten, als die sie von weiten Teilen der Jägerschaft sowie der Presse ständig dargestellt werden. Vielmehr sind sie Menschen, denen das grausame Schicksal der vielen unschuldigen tierlichen Jagdopfer mehr unter die Haut geht als anderen und denen es aus diesem Grund nicht ausreicht, einfach mit Worten zu protestieren. Sie wollen durch direkte – aber von Gewalt gegen Personen freie – Aktionen Tiere unmittelbar vor einem grausamen Tod durch grünbemäntelte Naturnutzer bewahren.

3. Teil

Jäger und Antijäger – die Konfrontation hat begonnen

22

Jägerische Öffentlichkeitsarbeit - von der Nachrichtensperre an der Jägerfront

Zum Glück für die Natur und vor allem die im Zuge der Jagdausübung auf mannigfaltige Weise sterbenden Tiere kann man wohl sagen, daß zumindest die mittelfristige Zukunft für den Fortbestand der Jägerei in der Bundesrepublik Deutschland nicht gerade rosig aussieht. Die Argumente für eine Fortführung des Waidwerks haben sich durch Erkenntnisse im Bereich der Ökologie als unhaltbar erwiesen, während mit jedem vorübergehenden Tag, jedem durch jägerische Hand sterbenden Mitgeschöpf mehr dagegen spricht, lebende und vor allem fühlende Wesen der grausamen Willkür einer gesellschaftlichen Minderheit unterstellt zu lassen. Doch ebenso lassen die Nimrode mitsamt ihrer einflußreichen Lobby bereits seit geraumer Zeit erkennen, daß sie dem Niedergang ihrer bevorzugten Freizeitbeschäftigung - dem freudvollen Töten lebendiger Wesen - nicht tatenlos zusehen werden, daß sie diese vielmehr mit allen ihnen zur Verfügung stehenden Mitteln gegen jedweden Angriff zu verteidigen beabsichtigen. Es ist dabei beeindruckend, zu sehen, wie sehr selbst Jäger unterschiedlichster Färbung geschlossen zusammenstehen, wenn es um die Verteidigung der Jagd geht. Obschon der Experte und Waidmann Bruno Hespeler bei der heutigen Jägerschaft einen „inneren Zerfall“, begründet vor allem im finanziellen Konkurrenzkampf um Wild und Revier, diagnostiziert,[1] steht sie in der Öffentlichkeit stets wie ein Mann zusammen, um jegliche aufkeimende Kritik bereits in ihren Anfängen zu ersticken. Der Grund hierfür ist klar: In sich gespaltene Interessengruppen sind bei weitem nicht so schlagkräftig wie geschlossen eine Ansicht vertretende, und getreu dem Motto, man solle schlafende Hunde nicht wecken, soll dem Nichtjäger offensichtlich gar nicht erst vermittelt werden, daß Kritik vor allem an bestimmten Formen der Jagdausübung besteht.

Diese Taktik der Grünberockten scheint - wenigstens bis zum Jahre 1988 - von Erfolg gekrönt zu sein, wie eine vom Deutschen Jagdschutz-Verband in Auftrag gegebene Umfrage dokumentiert. Ihr zufolge beantworteten noch 74% der 2006 Befragten die Frage „Halten Sie Jäger und Jagdausübung in unserem Land für erforderlich?“ mit Ja, während auf die Frage, ob man sich denn über die Arbeit der Jäger in unserem Lande informiert fühle, nur 4% ein Ja und den Zusatz „sehr gut“ erwiderten. 36% gaben zu Protokoll, man sei nur „einigermaßen“ informiert, und 59% antworteten gar mit der Feststellung, daß man „schlecht“ bis „gar nicht“ über die jagdliche Realität aufgeklärt sei.[2] Trotz des nach außen hin vorgegebenen Jubels, der in Schlagzeilen wie „Die Bevölkerung steht hinter den Jägern“, „EMNID straft Jagdgegner Lügen“ oder „Bevölkerung für die Jagd“ Ausdruck fand, war man hinter den lodengrünen Kulissen aber wohl eher nachdenklich geworden. Die Unterstützung einer Öffentlichkeit, die eigentlich gar nicht recht weiß, was sie denn jetzt unterstützt, ist nämlich zwangsläufig recht zweifelhaft und kann rasch in Ablehnung umschlagen, wenn die Bürger sich auf einmal eines Besseren belehrt fühlen. Nicht ohne Grund hält Tennison die modernen Massenmedien, vor allem das Fernsehen, für „das Schrecklichste, was sich je für die Jagd ereignete“.[3] Und da gerade in der Folgezeit besagter EMNID-Umfrage die Jagdgegnerschaft auf breiterer Front als je zuvor über die wahren Geschehnisse an der Waidwerkerfront aufzuklären begann, was überdies einen Einbruch des prozentualen Anteils für die Jägerei sprechender Bevölkerungsteile zur Folge hatte (s. Vorwort), wurde man sich in Kreisen der Jägerschaft rasch über die Notwendigkeit zur Änderung diverser Strategien einig. Auf einmal sah man sich unter einem zwingenden Rechtfertigungsdruck, wollte man nicht auch die letzte Herrlichkeit jagdlicher Realität in absehbarer Zeit dahinschwinden sehen. Dermaßen in die Defensive gedrängt, begannen Deutschlands Nimrode letztendlich damit, die Öffentlichkeit in ihrem Sinne und unter ausschließlicher Erwähnung für die Jagd sprechender Thesen zu informieren, da aufgrund der weitreichenden Indifferenz der meisten Bürger gegenüber dem Waidwerk die Öffentlichkeit noch leicht zu beeinflussen war (und nach wie vor ist).

Als grundlegende Mittel der Einflußnahme auf die Meinung nichtjagender Einzelpersonen kristallisierten sich schnell einige einfache Formen publizistischer Meinungsmache heraus. Angefangen vom Aufkleber, der in schlagwortartiger Manier propagandistische Halb- oder Unwahrheiten wie „Jäger = Heger“ oder „Jagd ist angewandter Naturschutz“ verbreitet, über PR-Erklärungen, deren Inhalt dieselben Thesen in ähnlich flacher, dafür aber weniger kurz angebundener Weise zugrunde liegen hat, war und ist bis hin zu aufwendigen Vierfarb-Falt- und -Flugblättern, die die Schönheit der heimischen Natur vor Augen führen, dabei aber gleichzeitig betonen sollen, daß all dies nur durch den Jäger aufrechterhalten wird, alles zu finden, was zur Verbreitung grün verschleierter Plattheiten dienen kann. Die zuletzt erwähnten Hochglanzbroschüren werden dabei vor allem Kindern vorgesetzt. Mit einer Reihe von „Stundenplan-Infos“, die an verschiedensten Grundschulen auslagen, wurden Tiere - respektive Wild - unter Betrachtung ihrer Lebensweise vorgestellt, ohne jedoch die lobende Erwähnung des Jägers und die unbedingte Notwendigkeit der Jägerei außer acht zu lassen. Dr. Horst Hagen berichtet überdies von einer Broschüre des DJV, die „in einer Geschichte von wildwachsenden Früchten und wildlebenden Tieren sehr lustig und harmlos“ davon erzählt, daß die Jagd und das damit einhergehende Töten von Tieren mit dem Pflücken von Beeren, Kräutern oder Pilzen gleichzusetzen sind.[4] Dieselbe Zielgruppe sprechen jährlich stattfindende Führungen von ganzen Schulklassen über sogenannte Wildlehrpfade an,[5] während der gemeinsame Ansitz eines Jägers mit einem Journalisten der lokalen Presse einen jägerfreundlichen Artikel in der Tageszeitung im Gefolge haben kann und somit womöglich die Eltern der besagten Schulkinder in ihrer Meinung beeinflußt.[6] Eine solche Strategie, die eher im Kleinen ansetzt, sich aber dennoch auf das „Große“ auswirken kann, hat auch der Präsident des Deutschen Jagdschutz-Verbandes sowie der FACE, der Organisation und Interessenvertretung der europäischen Schießer, Schläger und Fänger, im Kopf. Er konstatiert: „Wenn von ‚den Jägern‘ die Rede ist, denkt der Nichtjäger an die ihm bekannten Jäger, und ihr Verhalten prägt das Bild vom Jäger.“ Ergo: „Wir alle sind gefordert, um das Vertrauen unserer Mitbürger zu ringen ...“[7]

Wenn also der einzelne Waidmann „einfach ein netter Mensch (ist), immer dabei (ist), wo es gilt, Nachbarschaften und Abhängigkeiten zu pflegen, Karten zu dreschen und allerhand kleine Dienste zu leisten"[8] (Hutter), kann dies maßgeblich dazu beitragen, über die (grausame) jagdliche Realität hinwegzutäuschen und „die Neutralität (der Masse der Menschen) zu erhalten".[9] Wie der Chefredakteur der Deutschen Jagd Zeitung nämlich feststellt, findet die Meinungsbildung „- auch und vor allem über uns Jäger - ... nicht in den Intelligenzija-Retorten der großen Verlags- und Fernsehhäuser" statt, sondern vielmehr „auf dem platten Land. Also dort, wo wir jagen und zum Teil auch leben."[10]

Ebenso wie derartiges Handeln im Kleinen finden im Rahmen jägerischer Meinungsbildungsmaßnahmen auch aufwendige Ausstellungen statt. Oftmals unter das Motto „Jagd = angewandter Naturschutz" gestellt, sollen sie die verschiedensten Aspekte angeblicher jägerischer Verdienste um Natur und Tiere deutlich machen. Als Paradebeispiel für eine derartige Ausstellung im großen Rahmen kann die 1987 in Nürnberg veranstaltete Auftaktaktion für eine zukünftige Vorwärtsverteidigung der Jägerschaft unter dem Namen „Wildtier und Umwelt" gelten. Dieses von den Jagdverbänden eigens zum Zwecke, „das Wirken der Jäger vor allem der nichtjagenden Bevölkerung vor Augen zu führen", initiierte „Ereignis" war jedoch - zumindest für die organisierenden Funktionäre - eine herbe Enttäuschung, da die erwarteten Massen von Nichtjägern ausblieben und infolgedessen „überwiegend Jäger die Hallen und Freiluftbereiche"[11] der Ausstellung bevölkerten.

Die Gefahr, daß die letztendlichen Adressaten derartiger Aktionen von der zu verbreitenden „Message" gar nicht erreicht werden, ist bei Ausstellungen dementsprechend sehr groß. Um aber dennoch auf ihre eigene Opferbereitschaft und das damit einhergehende Pflegen von Natur und Tieren in aller Deutlichkeit hinweisen zu können, ersann man in Jägerkreisen eine geeignetere Methode, sich selbst durch Taten in Wald und Feld unter Beisein der lokalen und bundesweiten Presse als engagierte Naturschützer zu präsentieren. Die von Horst Stern gemachte Feststellung, daß das Gewehr als Symbol für die Jagd gegenüber dem Futtersack als Zeichen der Hege nur allzuoft in den Hintergrund gerückt wird, trifft dabei den Nagel auf den Kopf. So ist es aus Imagegründen beispielsweise

> „sehr empfehlenswert, wenn sich die Jägerschaft zusammentut, um an einem schönen Samstag um Ostern Frühjahrsputz zu halten im vergewal-

tigten Naherholungsgebiet, dort eben, wo gewissenlose Spaziergänger immer wieder Papierchen und Cola-Dosen fallen lassen oder eine ausgediente Matratze entsorgen".[12]

Ganz ähnlichen Sinn, Zweck und Inhalt haben auch publizistisch an die berühmte große Glocke gehängte Aktionen wie die Aufforstung von Böschungen, das Anlegen von Wildäckern (der Leser erinnert sich: Wild = jagdbare Tiere - ein angenehmer Nebeneffekt!) oder das Bestücken des Reviers mit Nistkästen für Vögel und Insekten, wie dies ein Jagdpächter in Holstein exerzierte.[13] Gleichsam werden sogenannte Biotopverbesserungen Reportern und Journalisten gegenüber niemals verschwiegen, obwohl die Schädlichkeit derartiger Manipulationsmaßnahmen von Ökologen belegt wurde – denn der von ökologischen Vorkenntnissen weitgehend „unbelasteten" Öffentlichkeit ist es problemlos nahezubringen, daß solcherlei Aktionen nur der Natur dienen und vom Jäger ein hohes Maß an Opferbereitschaft erfordern. Auf denselben Punkt zielen Behauptungen ab, die den Jäger in seiner Eigenschaft als Fuchsvertilger zur Aufrechterhaltung der Volksgesundheit als notwendig bezeichnen. Und wie selbstlos er den ach so bedrohten Rehlein über den Winter hilft, wie opferbereit er die in unserer Fauna fremden und deswegen so hilflosen Fasanen beschützt, indem er Fuchs für Fuchs, Marder für Marder mittels Falle und Flinte in die ewigen Jagdgründe schickt, wie er unter Inkaufnahme selbst größter Strapazen kranke Tiere sucht und erlöst! Das alles wird dem Nichtjäger zum Zwecke dessen Beeinflussung mit Hilfe der modernen Massenmedien eindringlich vor Augen geführt. Ob derartige romantisierende Vexierbilder jedoch tatsächlich der Realität entsprechen, kann der Nichtjäger nur selten überprüfen, da zum einen kein Jäger das Risiko der Tierquälerei eingehen wird, wenn er sich beobachtet weiß, und da (mit Ausnahme bestimmter Jagdarten) zum anderen praktisch keine auf Zelluloid gebannten Zeugnisse vom wirklichen jagdlichen Alltag zu haben sind. Das hat Gründe, wie Walter Christiansen aus eigener Erfahrung zu berichten weiß:

„Fotoagenturen, Vereinigungen von Tier- und Naturfotografen oder Einzelpersonen verweigern für alle nicht jagdfreundlichen Veröffentlichungen die Herausgabe von Bildern. Sie haben Angst, es mit den Jägern zu verderben. Eine Bildagentur, eine Vereinigung von Tierfotografen und selbst einzelne Naturfotografen sind abhängig von den Jägern. Den

Agenturen würde nichts mehr abgekauft, die Naturfotografen würden aus den Revieren vertrieben, Einzelpersonen würden wegen verbotener Störung des Wildes angeklagt und vom selbst jagenden Richter auch verurteilt."[14]

Wie der Rechtsanwalt Wolf-Dieter Laiblin seine Mitwaidwerker überdies in der Deutschen Jagd Zeitung aufklärt, bestehen gegen die Veröffentlichung von Bildern der jagdlichen Realität

„Abwehrrechte nach §22 des Kunsturhebergesetzes, wonach die Veröffentlichung der Bilder untersagt werden kann".

Und die Redaktion setzt hinzu:

„Wie der DJZ bekannt wurde, verurteilte der 21. Zivilsenat des Oberlandesgerichts Frankfurt in einem ähnlichen Fall einen Videofilmer zur Zahlung von 3000 Mark Schmerzensgeld."[15]

Auf diese Weise gelingt es den Jägern, die von Mitjäger Huey erhobene Forderung, in der Öffentlichkeit möglichst wenig Anlaß zu kritischen Feststellungen über die Jagd zu geben,[16] in die Tat umzusetzen. Aus demselben Grund empfiehlt die Zeitschrift „Jäger" ihren Lesern auch, vom Abschuß von Schwänen in öffentlichen Parkanlagen Abstand zu nehmen, nämlich „um der Konfrontation mit der Bevölkerung aus dem Wege zu gehen"[17]. Hans Behnke äußert sich - wie sollte es auch anders sein - in ähnlicher Form, indem er den Jungjägern zum einen rät, beim treibjagdlichen Streckelegen mit Katzen im Dorf vorsichtig zu sein,[18] und ihnen zum anderen ans Herz legt, gestrecktes Raubzeug (in Form von Katzen und Hunden) unter der Erde verschwinden zu lassen.[19] Denn daß es die Nichtjägerschaft zumindest zum kritischen Nachdenken über Jagd und Jäger animieren würde, wenn derartige Bilder - oder auch nur die von ihnen vermittelte Botschaft - publik würden, steht wohl außer Frage.

Ein weiteres von Jägern wieder und wieder ins Feld geführtes Argument gründet sich auf den kulturellen und traditionellen Aspekt der Jägerei. Ganz offensichtlich wird hiermit beabsichtigt, Menschen, die sich selbst nicht als Kulturbanausen dargestellt wissen wollen, durch die Deklaration der Jagd als „Kulturgut" zwangsweise an die Jägerei anzunähern. Nicht nur das Jagdhornblasen, das

„zwar grundsätzlich ein positiver Beitrag im Rahmen der Öffentlichkeitsarbeit (ist)“, aber auf keinen Fall „als ... sich verselbständigender Musikzirkus entarten“ sollte,[20] ist hierzu zu zählen, sondern ebenso das Waidwerk als solches einschließlich des Fangens und Tötens von Tieren. So war in der Abschlußerklärung der Internationalen Jagdkonferenz 1986 zu hören:

> „Die Anfänge kultureller, insbesondere künstlerischer Äußerungen waren jagdlich motiviert“, und als zwangsläufige Ergänzung: „Auch heute hat die Jagd kulturelle Bedeutung.“[21]

Der langjährige Pressereferent einer großen deutschen Jägerorganisation rechtfertigte mit Hilfe des Traditionsaspektes der Jagd selbst die grausamen Vogelmorde, die jedes Jahr in Italien stattfinden[22] – allein dies sollte die sich auf die kulturelle Verwurzelung der Jagd beziehenden Argumente ad absurdum führen. Doch mittels eines Vergleiches wird die Unhaltbarkeit einer solchen Ansicht noch deutlicher. Zweifellos haben nämlich auch Krieg, Folter, Kinderarbeit, Polygamie und andere perverse menschliche Errungenschaften langjährige Tradition, ebenso, wie sie in Schrift und Bild kulturellen Ausdruck fanden. Kein vernünftiger Mensch würde hierin jedoch eine ausreichende Rechtfertigung für den Fortbestand derartiger kultureller oder traditioneller Güter sehen, da allein die Tatsache, daß sie eine langjährige Tradition besitzen und über Jahre hinweg kulturellen Ausdruck in aufwendigen Bildern oder Schriftstücken fanden, ihre ethisch-moralische Verwerflichkeit nicht zu kaschieren vermag. In manchen Ländern hat man einige dieser Traditionen, wie beispielsweise die Folter, schon vor geraumer Zeit in Museen verbannt. Und warum sollte dies nicht auch mit anderen zwar traditionsreichen, aber dennoch verwerflichen Errungenschaften – wie beispielsweise der Jagd – geschehen?

Doch die jagdliche Tradition dient der Jägerschaft noch in einem anderen Bereich ihrer Öffentlichkeitsarbeit und ihres publizistischen Fleißes: Die Waidmannssprache, die etwa 3000 bis 4000 nicht im gebräuchlichen bürgerlichen Vokabular enthaltene Wörter umfaßt, kann nicht nur zur gezielten Abgrenzung des Jägers vom nichtjagenden Volk verwandt werden, sondern ebenso zur Verharmlosung oder gar zur vollkommenen Verdeckung grausamer Handlungsweisen auf der Jagd. Rein subjektiv hört sich „Schweiß“ mitsamt der hiermit assoziierten Vorstellung wesentlich harmloser an als Blut, „waidwund“ klingt weniger grausam als halbtot, schwerverletzt, verstümmelt oder angeschossen, „im Wundbett (zu) liegen“ scheint nicht so brutal zu sein wie, inmitten einer Lache seines eigenen Blutes erbärmlich dahinzusiechen. Gleichsam ist das „Strecken“ oder gar „Ernten“ eines „Stückes“ für den Nichtjäger weniger emotional vorbelastet als das Erschießen eines Tieres, scheint es für ihn weniger schlimm, wenn ein Fuchs oder Hase „rolliert“, anstatt sich im Kugelhagel zu überschlagen. In der Jägersprache beißt sich ein mit der Pfote in eine „sofort tötende“ Schlagfalle geratener Fuchs nicht den halben Lauf ab, um zu entkommen, sondern er „schneidet aus“; ebensowenig spricht man von durch die Zertrümmerung der Flügelknochen flugunfähig gemachten Vögeln als vielmehr von „geflügeltem Federwild“. Andersherum heißt ein Vogel, dem per Schrotschuß die Beine zerfetzt wurden, geständert. Beispiele für derartige Verharmlosungen oder Verschleierungen durch die Waidmannssprache gibt es in unvorstellbaren Mengen, und wer sich näher mit dem besonderen Vokabular dieser teilweise faschistoid-vulgären, überaus altmodischen „Sprache“ auseinandersetzt, wird in einschlägigen Lexika und Jägerzeitschriften diesbezüglich alles finden, was sein Herz begehrt.

Doch die jägerischen Strategien in puncto Öffentlichkeitsarbeit umfassen auch die traditionelle Vorwärtsverteidigung. So empfiehlt die Jagdzeitschrift „Die Pirsch“ ihren Lesern, sich offen zur Jagd zu bekennen, ohne falsche Scham zu ihr zu stehen und nicht auf Angriffe von seiten der Jagdgegnerschaft zu reagieren.

> „Die urtümliche Lust an Beute und Strecke, das Begehren nach dem reifen, starken Hirsch oder Bock auf der Höhe seiner Kraft“, schreibt sie, „lassen sich nicht unter dem Mäntelchen des Samariters verbergen.“

Und einige Zeilen später wird die (rhetorische?) Frage aufgeworfen:

> „Haben wir es wirklich nötig, die beiden kräftigsten Antriebe unseres Tuns, nämlich die alte Jagdlust und die neue, freudig übernommene Hegepflicht, ängstlich zu bemänteln?“[23]

In ganz ähnlicher Weise bemerkt auch der ARD-Korrespondent Wolf Hanke, daß derjenige, der „dagegen ist, (ja) nicht auf die Jagd zu gehen" braucht – soll man daraus folgern, daß jeder, der gegen Folter, Krieg und Rassismus ist, sich damit begnügen soll, von einer persönlichen Beteiligung bei derartigen Ungerechtigkeiten Abstand zu nehmen? Genau hieran krankt aber unsere Gesellschaft. Es ist zu wenig persönliches Engagement vorhanden, aber viel zuviel Gleichgültigkeit und Ausrichtung auf das eigene Wohl, während letztendlich die Befürworter von Folter, Rassismus und nicht zuletzt der Jagd davon profitieren. Teilweise richten diese Gruppen ihre Öffentlichkeitsarbeit auch gezielt darauf aus, die Öffentlichkeit von einer Beteiligung an der Diskussion um das zur Debatte stehende Thema abzuhalten. Bei den Jägern geschieht dies in letzter Zeit immer insistierender durch die Forderung, es mögen sich doch bitte nur noch diejenigen zur Jägerei äußern, die das „grüne Abitur" haben. Gemeint ist mit diesem derart hochtrabenden Begriff nichts anderes als die Jägerprüfung, die ja im allgemeinen nur von Menschen abgelegt wird, die der Jagd eher positiv gegenüberstehen. Insofern wird rasch klar, was Sinn und Zweck dieser vor allem vom Bauernpräsidenten C. Heeremann von Zuydtwyck verfochtenen Forderung ist – wo die Jäger unter sich sind, wird niemand auf die Idee kommen, auch nur einen Hauch von Kritik am Waidwerk zu üben. Dabei ist allein der Gedanke an eine solche Ansicht haarsträubend, betrachtet man, daß wirklich kompetente Menschen wie Ökologen oder Biologen sich ihr zufolge der Diskussion enthalten sollen, während die in eigenem Interesse handelnden und überdies biologisch weitgehend unwissenden Grünröcke die Belange der Jägerei allein unter sich ausmachen – eine Horrorvision! Als der Stern-Reporter Werner Schmitz sich nämlich in die geschlossene Jägergesellschaft einschlich und die Jägerprüfung ablegte, stellte er fest, daß hierbei anstatt von ökologischen Fakten vielmehr in erster Linie jagdliches Wissen vermittelt wird – Beispiel: „Woran erkennt man, ob der Fuchs tot ist?" Antwort: „Wenn das Arsch..., Pardon, Weidloch offensteht."[24] Hypertroph erscheint die Bezeichnung „Abitur" bereits in Anbetracht des simplen schriftlichen Tests, bei dem dem Prüfling 90 Fragen vorgelegt werden, bei denen er nach dem bekannten Multiple-Choice-Verfahren aus drei möglichen Antworten die richtige heraussuchen muß. Und Einhard Bezzel, selbst Jagdscheininhaber, diagnostiziert in der Zeitschrift „Nationalpark", daß „keine 10 Prozent der bundesdeutschen Jagdscheininhaber auch nur die bekanntesten Tiere unserer Heimat (kennen), bestenfalls dem Namen nach aus einem kurzgefaßten Lehrbuch oder vom Strafpräparat".[25]

Er führt die folgenden, überaus bezeichnenden Beispiele dafür an:

„Ein älterer Waidmann schießt in seinem Revier zwei Gänsesäger, die seit vielen Jahren ganzjährig geschützt sind. Bei der Gerichtsverhandlung wird strafmindernd festgehalten, daß der Beschuldigte bereits 40 Jagdscheine gehabt und in dieser Zeit in seinem Revier vorbildlich gejagt habe. Die fast gänsegroßen Schwimmvögel sind ihm in all dieser langen Zeit offenbar nie aufgefallen. Auch von anderer Seite wurden Gänsesäger (und dazu Männchen im auffallenden Prachtkleid) wiederholt im Abschuß mit Enten verwechselt – einmal sogar von einem Kreisjagdberater!

Überhaupt die Wasserwildjagd! Im Morgengrauen wird in einer oberbayerischen Gemeinde eine Graugans angeschossen. Entschuldigung: Man habe sie mit einer Stockente verwechselt. Im Herbst wird auf einer Treibjagd eine der letzten großen Rohrdommeln erlegt. Natürlich ebenfalls eine Verwechslung. Von einem Jagdscheininhaber wird uns im Dezember ein junger Reiher angekündigt. Schon am Telefon macht man ihn aufgrund seiner kurzen Beschreibung aufmerksam, daß es sich mit Sicherheit nicht um einen Reiher, sondern um einen Taucher handelt. Große Entrüstung und scharfe Reaktion: Er sei sich seiner Sache ganz sicher. Am nächsten Tag wird der Vogel zur fachkundigen Identifizierung überbracht. Der geschossene ‚Reiher' ist zu einem knapp faustgroßen Zwergtaucher geschrumpft.

Zwei Jagdscheininhaber bezeichnen eine geschwächt aufgegriffene Eule als nicht ‚eindeutig identifizierbare Waldohreule oder Schleiereule'. (‚Schleiereulen kommen im Revier häufig vor', berichten sie. Dort konnten aber von Ornithologen in 20jähriger intensiver Nachsuche nie welche nachgewiesen werden.) Abgeliefert wird dann ein ausgewachsener Uhu! Auch ein weiterer Uhu wird als Waldohreule bezeichnet und ein telefonischer Zweifel mit dem Hinweis auf langjährige Jagdscheinpraxis abgetan. Außerdem legt der Anrufer das Gewicht seiner Stellung als Sachbearbeiter für Jagd an der zuständigen Polizeidienststelle und die Bestätigung des Tierarztes – auch ein Jäger – in die Waagschale. Keiner erkannte den Uhu!"

So können sich die Jäger drehen und wenden, wie sie wollen: Es wird ihnen nicht mehr lange gelingen, die immer insistierender werdende Kritik am Waidwerk einfach zu ignorieren oder sie mit Polemik und Scheinargumenten abzuschmettern. Die „Grüne Allianz“, wie die Jagdzeitschrift „Die Pirsch“ die Jägerschaft bezeichnet, wird von außen argumentativ durchlöchert und zerfällt gleichzeitig von innen heraus. So kommt es, daß selbst die Zahl der Jäger, die ihrer eigenen bevorzugten Freizeitbeschäftigung keine rosige Zukunft voraussagen, stetig wächst. So meint Kujawski beispielsweise:

> „Die Weichen stehen ungünstig für den Bundesbürger im grünen Rock.“[26]

Und der passionierte Jäger Teer gibt zu:

> „Wenn unsere Zeit noch nicht endgültig vorüber ist, so ist das Ende aber schon abzusehen. Wir sind in Schwierigkeiten, weil wir in unserer passionierten Inbrunst für das Jagen ... geduldet haben, daß die Welt ihre Maßstäbe geändert hat, mit denen wir gemessen werden.“[27]

23

Die Jagdgegner formieren sich – von der Schlacht um den Fortbestand des Waidwerks

Die Bandbreite derjenigen Gruppierungen und Einzelpersonen, die sich inzwischen nachhaltig für eine Abschaffung der Jagd einsetzen, reicht vom promovierten und habilitierten Ökologen bis hin zu autonomen Tierrechtlern, die durch direkte Aktionen gegen Jagd und Jäger Tiere retten und auf die Problematik des Waidwerks hinweisen wollen. Für die einen sind rein ökologisch-wissenschaftliche Gründe ausschlaggebend, gegen die Jägerei anzutreten, den anderen geht es vor allem um das durch die Jagdausübung leidende Einzelindividuum, dritte wiederum legen ihr Augenmerk auf beide angesprochenen Problembereiche des Waidwerks, doch letztendlich vereint all diese Gruppen eines: Die (mehr oder weniger vehemente) Ablehnung der Jagd, der von der – gerade diesbezüglich oftmals polemisierenden – Jägerschaft mit vollkommener Einhelligkeit entgegengetreten wird. So konstatiert der Ökologe Prof. Dr. Wolfgang Erz ganz richtig:

> „Der Werbespruch ‚Ohne Jäger kein Wild!‘ wird zur Farce. Würde man sachlich und historisch belegbar richtig formulieren: ‚Ohne Jäger mehr Wild!‘, würde man – wie gehabt – als ‚Naturschutzfanatiker‘ und ‚Extremist‘ verschrien sein.“[1]

Denn mit diffamierenden und beleidigenden Bezeichnungen für die Gegner des lustvollen Erschießens werhroser Tiere sparen die Waidmänner weder in ihren Publikationen noch in öffentlichen Stellungnahmen. Bereits der durchschnittliche nichtjagende Bürger wird, wagt er es, die Frage nach der ethischen Rechtfertigung für das jägerische Treiben zu stellen, als „weitgehend degeneriert und domestiziert“[2] bezeichnet, da ihm ja die vielzitierte archaische Passion des Jagens mitsamt einer ebenso vielzitierten Triebgruppe im Laufe der Evolution abhanden gekommen ist. Noch deutlicher wird Joachim Graf Schönburg, der als Jagdfunktionär feststellt, „daß wir uns in einer Gesellschaft bewegen, die uns für unnormal hält, während wir sie für unnormal halten“, und im Folgenden seinen Gesinnungsgenossen eine ausführliche Anleitung zum Gespräch mit den Nichtjägern gibt, in dessen Verlauf er zu dem Ergebnis kommt:

> „Unter Perversen muß man sich halt der Sprache der Perversen bedienen.“[3]

Solche Phrasen sind dermaßen entlarvend, daß sie eines weiteren Kommentars überhaupt nicht bedürfen. Ganz offensichtlich sind die Jäger im allgemeinen vollkommen unfähig, Kritik anzunehmen – bleibt die Frage, ob dies auf die Tatsache zurückzuführen ist, daß sie keine geeigneten Argumente mehr finden können.

Noch weitaus krasser stellen sich indes jene Bezeichnungen dar, die der deutsche Jägersmann so für den ‚passionierten Jagdgegner‘, sprich: den Tierschützer, Naturschützer oder Ökologen, auf Lager hat. Von der Diagnose „geistiger Sodomie“[4] über den Vorwurf, ein „halbgarer Tier- und Jagdpazifist“[5] zu sein, finden sich bis hin zur Feststellung, Jagdgegner seien „die Besserwisser, die Abschaffer, die Ablehner, Verneiner und Verbieter“[6], allerlei von Polemik und Unsachlichkeit nur so strotzende Bemerkungen in der üblichen Jägerpresse. Von Ökologen (die zum allergrößten Teil Jagdgegner sind) wird nur in Anführungszeichen als „Ökorillas“ oder „Ökospinnern“ gesprochen. Waidmann Krieg bezeichnet die Jagdgegner überdies pauschal als „dumm oder hysterisch oder feige“ und fährt fort:

> „Schaut euch die Weiberfeinde, die Vegetarier, die Antialkoholiker, Nichtraucher, Sektierer und heftigen Jagdfeinde näher an, und ihr werdet finden, daß ihr Verhalten von Angst und Urteilsschwäche oder Geltungsbedürfnis oder Enttäuschung oder schlechtem Gewissen oder ganz einfach von abnormer Veranlagung oder böser Erfahrung bedingt ist.“[7]

Auch ich kann aus eigener Erfahrung über derartige sprachliche Entgleisungen von Vertretern der grünen Zunft berichten. Allein die Tatsache, daß mir beim Verteilen von gegen das Waidwerk gerichteten Flugblättern vor einer Jagdausstellung zuerst mit rechtlichen Konsequenzen, als dies jedoch keinen Erfolg zeigte, auch mit körperlicher Gewalt gedroht wurde („Ich schlag' dir gleich zwei grüne Augen!"), läßt tief blicken. Hinzu kommen diverse primitive Beleidigungen, die ich an dieser Stelle nicht näher erwähnen möchte, da sie ziemlich genau in das oben angeführte Schema „Jagdgegner = Geistesgestörter" passen. Ein sprichwörtlicher Schuß in den Ofen seitens eines Waidmannes war auch jene (schriftliche) Äußerung, die dieser wenige Wochen vor besagter Ausstellung als Antwort auf einen von mir verfaßten Leserbrief tätigte. Hierin bezichtigte mich besagter - sprachlich wohl weniger gewandte - Jäger, Anhänger einer „glupschäugigen Bambimentalität" zu sein. Was er damit gemeint hat, weiß ich bis heute nicht - allerdings liegt es in Anbetracht der gegebenen Umstände nahe, diesen Terminus in Richtung einer „blauäugigen Sentimentalität" zu korrigieren, ohne auf den Gehalt einer solchen Aussage näher eingehen zu wollen.

Nur sehr wenige Vertreter der Jägerschaft versuchen indes zu argumentieren, wenn sie sich - im allgemeinen arrogant und selbstherrlich - über die Gegner des Waidwerkes äußern. Doch auch hier vermögen sie eine gewisse Unsachlichkeit und Polemik nicht vollkommen zu vermeiden. So läßt sich Bernd Stegmaier, Chefredakteur der Jagdzeitschrift „Die Pirsch", über angeblich fleisch- und fischverzehrende Tierschützer aus, denen zufolge „,Halbgötter in Grün' selbstherrlich" über das Leben von tierlichen Mitgeschöpfen entscheiden. Ganz offensichtlich fehlt diesem Waidmann zum einen jede Kenntnis der Tierschutzszene, denn wenigstens 90 % der deutschen Tierschützer sind längst Vegetarier, während sich zum anderen vor allem die Frage stellt, was Stegmaier mit einer derartigen Argumentation zu belegen beabsichtigt. Rechtfertigt die Tatsache, daß es „Tierschützer" gibt, die noch immer Fleisch essen, etwa den grausamen Massentiermord bei der Ausübung der Jagd? Und außerdem: Mag ein Tierschützer auch inkonsequent sein, wenn er Fleisch und Fisch konsumiert, so heißt dies noch lange nicht, daß er die Jagd nicht ablehnen darf. Wenn man überhaupt davon sprechen kann, ist die „Produktion" eines Nahrungsmittels noch immer ein weitaus „vernünftigerer" Grund, Tiere zu töten, als die überdies der Natur schadende triebhafte Befriedigung eines nicht mehr in die heutige Zeit passenden Bedürfnisses von einzelnen. Insofern ist Stegmaiers Stellungnahme - wenn sie auch im Gegensatz zu den allermeisten anderen jägerischen Statements diesbezüglich zumindest den Versuch einer Argumentation impliziert - in dieselbe Ecke zu stellen wie jener unter der geistreichen Überschrift „Warum unternehmen Tierschützer nichts gegen Fliegenfänger?" im „Niedersächsischen Jäger" veröffentlichte Artikel, der der Tierschützerschaft schlicht und ergreifend unterstellt, nur aus Geltungssucht gegen die Jagd einzutreten.[8] Stets wird dieselbe Leier aufgegriffen, und ebenso regelmäßig greifen die Jäger in Ermangelung geeigneter Argumente zu nackter, deswegen aber noch lange nicht überzeugend wirkender Polemik.

Indes finden die Jäger ihre konsequentesten und gerade aus diesem Grund von ihnen am meisten gefürchteten Gegner in den Reihen der in Deutschland noch relativ jungen Tierrechtsbewegung. Ihre Wurzeln haben diese radikalen Strömungen der internationalen Tierschutzszene in England und den USA, wo der Begriff des „Animal Rights Movement" (in Anlehnung an das „Civil Rights Movement" Martin Luther Kings) praktisch jedermann geläufig ist. Das grundlegende Ziel derartiger Organisationen und Initiativen liegt darin, auf politischer Ebene die Durchsetzung eines prinzipiellen Rechts auf Leben und Unversehrtheit auch für das tierliche Einzelindividuum und somit die „Befreiung der Tiere" zu erreichen. Kurz gesagt, geht es den Tierrechtlern um eine vollkommene und möglichst sofortige Erlösung der Tiere von ihrem Unterdrücker Mensch - auch und gerade, was die Jägerei betrifft, die in Großbritannien das erste Ziel von Aktionen der Tierrechtsaktivisten war. Von den beiden unterschiedlichen Sektionen innerhalb der Tierrechtsbewegung - den reinen Theoretikern und Vorkämpfern auf intellektueller Basis sowie den Aktivisten - sind unter den Jägern die letzteren noch weitaus mehr gefürchtet als die ersteren, da sie ihren Protest nicht nur verbal äußern, sondern den Tieren auch aktiv zur Seite stehen wollen. Schon so mancher passionierte Jäger hat seinen Hochsitz, säuberlich zu Kleinholz verarbeitet, in einen „Tiefsitz" verwandelt aufgefunden, als er zum abendlichen Ansitz auf Sau, Hirsch oder Fuchs hinaufsteigen wollte, und so mancher Hase, so mancher Fuchs und so manches Kaninchen verdankt sein Leben einem Trupp von Jagdsaboteuren, die den beabsichtigten Freilandmassenmord an

Tieren in Form einer Treibjagd unterbanden, indem sie sich mutig zwischen Jäger und Gejagte stellten. Ganz richtig stellte der überaus jägerfreundliche Jagdgebrauchshundeverband im Heft 6/92 der Zeitschrift „Die Pirsch“ bange fest:

„Die Angriffe des organisierten Tierschutzes gegen Jagd und Jäger verschärfen sich zusehends.“[9]

So ist denn auch die Liste der Aktionen autonomer Tierschützer in den letzten Jahren ebenso lang wie spektakulär. Ob in Bad Camberg, Idstein, Siegen oder im Westerwald[10], im Taunus[11], in Seeheim, Dieburg oder Offenbach, in Wittmund, Siegburg oder Düren[12], Homburg[13], Saarlouis oder Uetersen[14] - überall wurden in der letzten Zeit zwei- bis dreistellige Zahlen von Hochsitzen durch Tierrechtsaktivisten zerstört.

„Nach Hochrechnungen schätzen Eingeweihte“, so die Zeitschrift ‚Recht für Tiere‘ im November 1990, „daß in den letzten fünf Jahren mehrere tausend Hochsitze (...) von Tierrechtlern zerstört wurden.“[15]

Eine andere Form von „Direkthilfe“ für Tiere praktizierten Unbekannte in Cramberg bei Diez. Dort

„zerstörten (sie) eine Schliefanlage (was sich hinter dieser Bezeichnung verbirgt, wurde bereits erläutert, Anm. d. Verf.) und befreiten fünf Füchse, die dort zur Ausbildung von Jagdhunden gehalten wurden“,[16]

wie sich die Redaktion der „Pirsch“ in Ausgabe 2/1991 empörte. Ähnlich wie dies bei der Befreiung von neun Füchsen aus derselben Anlage wenige Monate zuvor der Fall gewesen war, wurden auch diese Tiere unter Aufsicht eines erfahrenen Biologen vor der Freilassung an das Leben in der Natur gewöhnt. Wie eine infantile Trotzreaktion auf die Feststellung, die Täter könnten nach Angaben der Polizei nicht ermittelt werden, mutet in diesem Zusammenhang die biologisch haltlose Behauptung der „Pirsch“ an, daß die Füchse „auch nach einer angeblichen Auswilderungsphase nicht in der freien Natur überleben“ könnten. Beobachtungen von Verhaltensforschern und Biologen sprechen ebenso wie die Erfahrungen eines mir bekannten dänischen Ehepaares dagegen, das einen verwaisten Fuchswelpen aufzog und im Alter von drei Jahren aufgrund seiner wachsenden Menschenscheu freiließ. Zum Zeitpunkt des Verfassens dieser Zeilen ist das Tier sieben Jahre alt und, obschon vollkommen auf sich gestellt, kerngesund und putzmunter, wie Beobachtungen bei den häufigen Begegnungen zwischen „Foxy" und dem erwähnten Ehepaar zeigen.[17]

Besonderer Beliebtheit erfreuten sich in den vergangenen Jahren auch immer wieder Aktionen gegen sogenannte Hubertusmessen, die die Jägerschaft gemeinsam mit der katholischen Kirche in vollkommener Verdrehung der historischen und religiösen Tatsachen veranstaltet. (St. Hubertus entsagte nämlich der Jägerei, als er durch einen das Zeichen des Kreuzes zwischen den Stangen seines Geweihs tragenden Hirsch die Erkenntnis gewann, daß auch Tiere der Schöpfung Gottes angehören und somit ein Recht auf Leben haben!) So wurde beispielsweise in Uetersen ein solcher „Gottesdienst" durch das Entrollen von Transparenten mit der Aufschrift „Töten als Hobby – Mordmannsheil", das Verteilen von Flugblättern und das Werfen von „Blutbeuteln" empfindlich gestört.[18] Die darauf folgenden Reaktionen der Jäger zeugten von ähnlicher Entrüstung, wie dies wenige Wochen später bei einer Sabotage der Senatsjagd in Hamburg der Fall war, bei der ein Trupp von zwei Dutzend Aktivisten und Aktivistinnen erfolgreich das Niedermetzeln einer größeren Anzahl von Tieren verhindern konnte.[19] Auch bei größeren Jagdausstellungen und -messen fehlen Tierrechtler niemals. Mit Spruchbändern wie „Neco, ergo sum" und „Hallo, Jäger – heute schon getötet?" wurde im Eingangsbereich der Messe „Jagd und Hund" ebenso demonstriert wie mit dem symbolischen Verbrennen einer Jägerpuppe, während etwa vierzig Aktivisten ihren Protest in den Hallen der Ausstellung lautstark kundtaten.[20]

In den Verfechtern eines solchen Tierschutzes, der den gequälten Kreaturen auch aktiv zur Seite steht, scheinen die Jäger die Gegner schlechthin gefunden zu haben. „Militante Tierpazifisten" und „subversive Staatsgegner"[21] sehen sie am Werk, halten die Tierrechtler für „fanatisch" und „ideologisch fehlgeleitet",[22] sprechen gar von „blankem Terrorismus"[23] und wünschen sich teilweise die „gute alte Zeit" zurück, in der

> „vor 50 Jahren der Reichsjägermeister auch preußischer Polizeiminister war", der es „notfalls mit einer SA-Kohorte, die mit Dachlatten bewaffnet war, schon regeln" konnte.[24]

Doch auch so liegt der Vorteil in bezug auf Polizei und Rechtsprechung ohnehin bei der Jägerschaft: Auf Anregung des Exgeneralbundesanwaltes Rebmann werden organisierte Tierrechtler seit einigen Jahren als „terroristische Vereinigung" eingestuft, und als solche werden sie entsprechend hart verfolgt. Dabei wurde von deutschen Tierrechtlern bislang noch kein einziger Mensch getötet (was man von der Jägerschaft in Anbetracht der zunehmenden Zahl von Jagdunfällen ja nicht gerade sagen kann), und dies liegt, wie Markus Schaak, ein Sprecher der Autonomen, betont, auch nicht in ihrer Absicht:

> „Wir vermeiden alles, was Personen gefährden könnte. Gewalt gegen Sachen aber ist legitim."[25]

Vorwürfe von seiten der Jägerschaft, denen zufolge die Sprossen von Hochsitzleitern nur angesägt worden sein sollen, weist er dezidiert zurück, wie „Recht für Tiere" berichtet: „Die Absicht der Tierrechtler/innen ist es, Mitgeschöpfen zu helfen, nicht aber Menschenleben zu gefährden, zumal es in solchen Fällen auch an der Jagd Unbeteiligte sein können."[26] Insofern greift auch der Vorwurf des Blattes „Wild und Hund" nicht mehr, das die in einem Flugblatt der Tierrechtler aufgestellte Gleichung „Schuß mit Gewaltverherrlichung – die Jagd verbieten" als schizophren bezeichnet.[27] Grundsätzlich erfährt Gewalt gegen Sachen den in der Bevölkerung vorherrschenden ethisch-moralischen Vorstellungen zufolge eine andere Wertung als Gewalt gegen Lebewesen - auch gegen Tiere. Fraglich bleibt nur, warum derartige Grundvorstellungen der meisten Menschen nicht schon lange einen Niederschlag in den einschlägigen Gesetzbüchern der verschiedenen Nationen gefunden haben.

Indes genügt es den Jägern nicht, daß die Beeinträchtigung der Jagdausübung pauschal als gesetzeswidrig gilt[28], daß überdies beim Einspruch der betroffenen Jäger nicht einmal die Publikation von Bildern des als so edel titulierten Waidwerkes legal ist, wie der Rechtsanwalt Wolf-Dieter Laiblin die DJZ-Leser 1987 aufklärt.[29] Auch mit dem Aussetzen von Belohnungen auf die Ergreifung von Jagdsaboteuren und Hochsitzjägern sowie die Erhebung von Strafanzeigen selbst wegen so harmlosen Dingen wie einem Plakat mit der Aufschrift „Jäger sind Mörder" - einer Aussage, die objektiv nicht anzufechten ist – begnügt die Jägerschaft sich nicht mehr, nein, vielmehr beginnt sie zunehmend, den Tierrechtlern im bewaffneten Alleingang entgegenzutreten. Die „Pirsch" liefert hierzu die juristische Grundlage, indem sie ihre Leser aufklärt:

„Der Revierinhaber braucht dem Treiben der sog. Tierbefreier nicht tatenlos zuzusehen. Sollte er den oder die Täter auf frischer Tat ertappen, kann er sich als Besitzer und Eigentümer der Jagdeinrichtung gegen die rechtswidrige Besitzstörung mit angemessener Gewalt wehren (Selbsthilfe des Besitzers, §859 BGB)."[30]

Noch deutlicher bezüglich der Frage, wie man Tierrechtler rechtlich korrekt „beseitigen" kann, wird der von Mark G. v. Pückler veröffentlichte „Fünf-Stufen-Plan", in dem es heißt:

„1. Stufe: Beruhigend auf die Täter einwirken ... 2. Stufe: Ernsthafte und nachdrückliche Androhung des Waffengebrauchs ... 3. Stufe: Warnschuß in den Boden ... 4. Stufe: Fuß-, Bein- oder Armschuß ... 5. Stufe: Körperschuß ..."[31]

Und in Münster/Telgte äußerte sich ein Jäger folgendermaßen zur Jagdsabotage:

„Bewaffnete Jäger haben diese Typen laufenlassen, statt sie mit der Flinte daran zu hindern!"[32]

Ganz im Gegensatz zu ihren Widersachern, den Hochsitzsägern und Jagdsaboteuren, deren Ziel das Bewahren von Leben ist, scheint die Jägerschaft also auch vor dem Leben von Menschen keinen Respekt zu haben. Daß die angeführten Zitate nicht einfach nur hohle Phrasen sind, wird rasch deutlich, wenn man einen Blick auf das Handeln der Jäger gegenüber (oftmals vermeintlichen) Jagdsaboteuren wirft. So begannen Grünröcke in der Nähe von Idstein eine filmreife Verfolgungsjagd nach drei Freunden, die in der Nähe eines zerstörten Hochsitzes gepicknickt hatten. Der grüne Polo der Verfolgten wurde dabei durch Schüsse stark beschädigt, und es stellt sich die Frage, wie die als überaus cholerisch beschriebenen Jäger gehandelt hätten, wenn es ihnen gelungen wäre, die harmlosen Picknicker zu stellen. Zum Glück gelang es ihnen nicht, obwohl einer der Hinterreifen des VW-Polo von einem der Schießwütigen im Verlauf der Verfolgungsjagd zerstört worden war.[33] In einem anderen Fall im November 1992 wurde ein 24jähriger Motorradfahrer in einem Steinbruch angeschossen, weil ein vorüberfahrender Jäger sich durch ihn „gestört fühlte“.[34] Bundesweite Berühmtheit erlangte der sogenannte „Petersilienfall“, bei dem ein Niederwildschießer einen Spaziergänger „erlegte“, weil dieser seiner Aufforderung, das Pflücken von Petersilie auf einem Feld zu unterlassen, nicht Folge leistete.[35] Hierbei blieb der Täter aufgrund des angeblichen Vorhandenseins einer Bedrohung durch den Erschossenen ebenso straffrei wie bei einer ähnlichen Situation in Traunstein:

> „Jäger nimmt Schwammerlsucher aufs Korn. Verfahren wegen gefährlicher Körperverletzung eingestellt, weil sich der Schütze angeblich bedroht fühlte.“[36]

Und in Brest bei Hamburg wurde ein junger Tierschützer von einem Jäger schwer verletzt, da dessen vollkommen harmlose Hunde nicht angeleint waren:

> „Grund des Zwischenfalls war, daß Frank A. – er leitet eine Initiative für Hundehilfe in Brest – seine 10 Findelhunde nicht an die Leine nehmen wollte. Schon Wochen vorher, erklärten er und sein Freund Michael Ackermann (22), hätten die Jäger auf ihn und seine allesamt harmlosen Hunde Hatz gemacht. Wiederholt versuchten diese, mit ihren Autos die Hunde auf dem schmalen Ortsweg anzufahren. Anzeigen bei der Polizei wurden dort nur mit einem Lächeln und einer spöttischen Bemerkung beantwortet ... An besagtem Tage fuhren die Jägersleut gleich mit gezückter und entsicherter Waffe auf die Tierfreunde zu und hielten mit dem Wagen neben den Freunden und ihren Hunden. Tamke (einer der Jäger, Anm. d. Verf.) richtete aus dem Wagen mit laufendem Motor heraus auf Frank die Pistole und forderte diesen ultimativ auf, die Hunde an die Leine zu nehmen. Franks Freund Michael, der sich knapp in der Schußlinie befand, versuchte in seiner Angst, dem Jäger die Waffe aus der Hand zu schlagen. Doch darauf wartete Tamke nur. Bevor es Michael gelang, Tamke die Waffe zu entreißen, schoß dieser, wie er zu Polizeiprotokoll gab, ‚mit einem gezielten Schuß‘ auf Frank, der daraufhin zusammenbrach. Die Jäger, die daraufhin sofort flohen, erfanden eine abenteuerliche Geschichte, bei der angeblich Michael mit einer Pistole diese bedroht haben solle und Tamke aus Selbstverteidigung heraus auf Frank schoß. Kripokommissar Kuhlmann, bei dem sie den Roman zu Protokoll

gaben, schien der Geschichte mehr Glauben schenken zu wollen als den Aussagen der Tierschützer und ließ daraufhin, als gerade der Notarzt sich bemühte, Frank die Kugel herauszuoperieren, die Wohnung des Schwerverletzten von Kripobeamten durchsuchen. Stolz wurde daraufhin erklärt, daß als Beweismittel eine Sylvesterpistole mit Leuchtraketen gefunden worden sei. Für Kuhlmann scheinbar das überzeugende Indiz gegen Frank. Auf Frage der APPA an Kommissar Kuhlmann, wie der Schwerverletzte die Pistole nach Hause hätte schaffen können, wurde entgegnet, dies hätte auch sein Freund Michael vermocht."[37]

Resultat: Freispruch!

Derartige Aktionen von seiten der Jäger deuten allesamt auf eines hin: argumentative Hilflosigkeit. Nur so ist es zu erklären, daß in einem solchen Ausmaße polemisiert, beleidigt und selbst Gewalt angewandt wird. Wären die Tierschützer und Tierrechtler das, als was die Jägerschaft sie in der Öffentlichkeit nur allzuoft bezeichnet, nämlich geisteskranke Irre, so würden die Grünröcke ihren Protest bei weitem nicht so ernst nehmen, wie dies in der Realität der Fall ist. Tatsächlich liegt ein immenser argumentativer Vorteil auf seiten der Jagdgegner - die Jäger sind sich hierüber im klaren und beginnen mehr und mehr zu polemisieren. Und nach einem Verein geisteskranker Fanatiker hört sich die folgende Erklärung der Tierrechtler von der „Veganen Offensive Ruhrgebiet" beileibe nicht an:

„Wir sind eine Gruppe von JagdsaboteurInnen. Als VegetarierInnen und VeganerInnen kämpfen wir prinzipiell gegen jede Art der Ausbeutung von Tieren und Menschen.

Sowohl Menschen als auch Tiere sind, so sehr sie sich auch unterscheiden, empfindende Wesen mit dem Recht auf ein selbstbestimmtes Leben. Unabhängig davon, wie nützlich wir für andere sein mögen, hat unser Leben in all seinen Dimensionen - Vergnügen, Schmerz, Befriedigung, Enttäuschung, Freude, Leiden ... - für uns eine persönliche Bedeutung, und zwar so, wie es von uns als Individuen erlebt und erfahren wird. Wer uns - nochmals: Menschen und Tiere - in unserer Würde, unserer Wesensintegrität angreift, wie z.B. indem er/sie uns umbringt (unser vorzeitiger Tod) und dadurch unser Leben beeinträchtigt, hat damit zu rechnen, daß wir uns zur Wehr setzen. Das ist unabhängig davon, ob es um unser eigenes Leben geht oder um das unserer Mitmenschen und/ oder der Tiere.

Deswegen sind JägerInnen als MörderInnen zu bezeichnen und zu bekämpfen. Sie mißachten das Recht der Tiere auf ein selbstbestimmtes Leben. JagdsaboteurInnen versuchen, das Töten von Tieren zu verhindern."[38]

24

Keine Kompromisse!?

Insbesondere in jüngerer Vergangenheit wurden von konservativ eingestellten Naturschützern immer häufiger Kompromißvorschläge an die Jägerschaft gerichtet. In weiterem Sinne haben diese stets die Forderung zum Inhalt, einige (wenige) Aspekte jägerischen Treibens dahin gehend einzuschränken, daß der Fortbestand derzeit bedrohter Arten sowie das natürliche Gleichgewicht in der uns umgebenden Restnatur gesichert werden. Unter Verwerfung „irrationaler Glaubenssätze“[1] - womit Maximen des Tierschutzes gemeint sind - wird mit Ausnahme der wenigen artenschützerischen Kritikpunkte das Waidwerk mit all seinen verwerflichen ethischen und moralischen Punkten toleriert. Das Schicksal des Einzeltieres findet bei derartigen Betrachtungen „pragmatischer“ Natur- und Artenschützer als unwesentliche Nebensache keine weitere Betrachtung; ihr Ziel, ihre Interessen und ihre Aktionen beschränken sich vielmehr ausschließlich darauf, den Fortbestand der gesamten Spezies zu sichern. Dementsprechend antwortet der Waidmann Sullivan innerhalb eines Referates auf die Frage, ob ein Jäger gleichzeitig begeisterter Anhänger der grausamen Jagdmethoden und Naturschützer sein kann, mit den Worten: „Ich denke, heute ist es deutlich, daß die Antwort nur ja sein kann.“[2] Einer großen Zahl von ausschließlichen Artenschützern, die die emotionale Argumentation von Tierschützern nie so richtig verstehen konnten, dürfte er damit aus der Seele gesprochen haben. Es ist erschreckend und traurig zugleich, festzustellen, wie viele der namhaften Naturschutzorganisationen eine derart einseitige Sicht der Dinge vertreten. Fast geschlossen halten die „etablierten“ Vereine - vom WWF über den NABU (ehemals DBV) bis hin zum BUND - an einem unverständlich jägerfreundlichen Kurs fest, der nur dort vorübergehend unterbrochen wird, wo Diskussionen über die Frage Artenschutz und Jagd aufflackern - und all das, obwohl die Schmähreden der Jägerschaft auch gegen noch so konservative Naturschützer eher zu- als abgenommen haben.

Paradebeispiel einer jägerfreundlichen Organisation ist der World Wildlife Fund - kurz WWF. Durch den von Jägern stark durchsetzten Vorstand - Mitte der siebziger Jahre war der Präsident des DJV beispielsweise Kurator des WWF Deutschland - wird Kritik insbesondere der eigenen Mitglieder an der Jägerschaft in keiner Hinsicht geduldet. Wie Horst Hagen zu berichten weiß, wurde einem kritischen Buch des Schriftstellers Blüchel zunächst das Prädikat des WWF International verliehen, besonders empfehlenswert zu sein. Als später jedoch handfeste Argumente gegen Jagd und Jäger darin gefunden wurden, beeilte man sich, besagtem Buch die Berechtigung, das WWF-Emblem weiterhin zu tragen, wieder abzuerkennen. Ein von Hagen selbst verfaßter Artikel in der „Welt der Tiere" erlitt ein ähnliches Schicksal: „Prompt wurde aufgrund dieses Aufsatzes der Schriftleitung dieser Zeitschrift eine Vorhaltung gemacht, unter dem bis dahin auf der Titelseite geführten Pandasymbol etwas veröffentlicht zu haben, was den Waidwerkern nicht recht war."[3] Welche Meinung der - in einem einschlägigen Dokument des kanadischen Außenministeriums als „Bündnispartner gegen die Tierschützer" bezeichnete[4] - WWF bezüglich des Individualtierschutzes vertritt, wird indes in einer Ansprache anläßlich der „Dene Nation Pan-Northern Conference on Fur Trapping" deutlich. O'Sullivan von der World Society for the Protection of Animals zitiert einen maßgeblichen Funktionär des WWF Kanada folgendermaßen:

> „Zunächst will ich Ihnen etwas über die Organisation erzählen, die ich vertrete. Der World Wildlife Fund gerät häufig unter Druck, Position gegen die Jagd und gegen das Töten wildlebender Tiere, z. B. gegen die Robbenjagd, zu beziehen. Wir sind aber weder eine Tierschutz- oder Tierbefreiungsorganisation noch ein Wohlfahrtsverein. Wir wenden uns nicht gegen die Jagd und Nutzung von Wildtieren, vorausgesetzt, die Schwelle zur Übernutzung wird nicht überschritten. Anders gesagt: Wir sind überzeugt, diese Nutzung muß auf einer Ebene weitergehen, die den genutzten Populationen nicht abträglich ist."

Überdies setzt er aufgrund der Tatsache, daß die meisten seiner Zuhörer kanadische „native people" sind, hinzu:

„Ein letzter Gedanke. Mancher unter Ihnen fragt sich vermutlich, ob der ganze Tierschutzrummel nicht ausschließlich ein Problem der Weißen sei, das Ihnen gleichgültig sein kann. Ich verüble Ihnen das nicht, denn auch ich glaube, daß Tierschutz eine Marotte der Weißen ist. Aber wie die Pocken vor zweihundert Jahren breitet sich diese Marotte im gesamten Norden aus, und sie verschwindet nicht, wenn man sie einfach ignoriert."[5]

Nicht wesentlich besser gebärdet sich der NABU, ehemals DBV, in bezug auf seine Einstellung zum Tierschutz bzw. zur Jagd. Trotz der immer wieder aufflammenden Forderung der Jägerschaft, selbst seltene Greifvögel wieder in die Liste der jagdbaren Tiere aufzunehmen, hält diese sich schwerpunktmäßig um den Vogelschutz kümmernde Organisation an einem konstant jägerfreundlichen Kurs fest. Beispielsweise wurde durch König als Präsident des damaligen DBV die Publikation eines Beitrags über Naturschutz und Jagd verhindert, in dem er jägerfeindliche Tendenzen entdeckt zu haben glaubte.[6] Daß derartige Handlungen von konsequenteren Naturschützern oftmals scharf kritisiert werden, scheint den DBV-/NABU-Vorstand wenig zu stören – ebensowenig wie jenen des BUND, dessen Vorsitzende zwar einer Einladung des Hessischen Ministers für Landwirtschaft, Forsten und Naturschutz zu einer Gesellschaftsjagd nicht Folge leisteten, statt dessen aber eine Delegation von acht forstlich auszubildenden Studenten zur Teilnahme an der „Ansitz-Drückjagd" sandten.[7]

In den grundlegenden Anschauungen all dieser Organisationen findet das Einzeltier mitsamt seinen Rechten nicht einmal am Rande Beachtung. Das Existenzrecht des tierlichen Einzelindividuums wird von ihnen vollkommen verneint, und bei der Begründung derartiger Ansichten versteifen sich die Arten- und „pragmatischen" Naturschützer immer wieder auf Argumente angeblicher „Rationalität", während sie den Individualtierschutz als sentimentale Gefühlsduselei abtun. Besonders logisch ist diese Begründung bei näherer Betrachtung jedoch keineswegs. Zum einen ist der abstrakte, empirisch nicht zu verifizierende menschliche Sammelbegriff „Art" in seiner Eigenschaft als solcher nicht in der Lage, eigene Interessen, geschweige denn eigene Rechte zu besitzen, wohl aber jedes der betreffenden Spezies nach unseren Kategorien zuzuordnende Individuum. Zum anderen setzt sich die Art aus Einzeltieren zusammen – wie kann ich also ihr Rechte zubilligen, wenn ich jedes ihrer Glieder als rechtlos bezeichne? Zugegebenermaßen würde ich jemandem, der argumentiert, das Wohl der Art stünde in seiner Wertigkeit und Priorität vor dem des Individuums, recht geben; allerdings nur, weil das Unheil für die Art auch nachhaltige Konsequenzen für jedes ihr angehörende Einzeltier nach sich zieht.

Überdies beinhaltet der „reine“ Artenschutz, wie er vom WWF praktiziert wird, ein gehöriges Maß an Speziezismus (dem auf die Art übertragenen logischen Pendant des Rassismus). Die Individuen bedrohter und nichtbedrohter Arten werden vollkommen unterschiedlich behandelt; der Tod eines Einzeltieres, das einer bedrohten Art angehört, scheint eine vollkommen andere ethisch-moralische Wertung zu erfahren als der Tod des Individuums einer nichtbedrohten Art. Dabei leiden alle Tiere gleich. Einzelwesen gefährdeter und ungefährdeter Arten empfinden denselben Schmerz, wenn sie gequält und getötet werden, besitzen dasselbe Interesse an und Recht auf ihr Leben. Ein Marder, der in einer nicht für seine Größe gedachten Totschlagfalle langsam zu Tode gequetscht wird, empfindet seine Situation mit Sicherheit nicht als angenehmer als ein geschützter Greifvogel, dem eine Falle desselben Typs beide Beine abgeschlagen hat. Dennoch kümmert der Artenschutz sich nur um das letztere Tier - und die Begründung hierfür ist einfach: Sein Standpunkt ist anthropozentrisch, d. h., er schützt Tiere (und Pflanzen) lediglich im Interesse des Menschen. Klaus Sojka schreibt dazu in seinem Buch „Auch Tiere haben Rechte“:

> „Hier fällt auf, daß die Menschheitsbezogenheit als Richtschnur des Wollens und Handelns ausschlaggebend ist. Die noch vorhandenen Wildtiere und Wildpflanzen sollen dem Menschen und seinen Nachkommen erhalten bleiben, weil sie für seinen Schönheitssinn, seine Wissenschaft und Kultur sowie im Hinblick auf seine Erholung und Wirtschaft in dem Maße an Bedeutung zunehmen, wie sie selbst vom Verschwinden betroffen sind. Diese eigensüchtige, egoistische Einstellung wird im Tier- und Naturschutz dann als anthropozentrisch bezeichnet, wenn sie den Menschen als alleinigen oder wichtigsten Bewohner der Erde oder gar des Kosmos hinstellt. Eine solche Betrachtungsweise ist sicher verfehlt; denn der Mensch kann sich nur als Teil der Gesamtheit empfinden und muß sich danach richten.“[8]

So ist Artenschutz allein für unsere Mitgeschöpfe vollkommen unzureichend. Die Füchsin, die sich, von der Fürsorge um ihren Nachwuchs getrieben, unter unglaublichen Qualen die in das „sofort tötende" Schwanenhalseisen geratene Pfote abbeißt, hat vom Naturschutz Marke WWF ebenso wenig wie die langsam an einer Bleivergiftung zugrunde gehende Ente, der eine schlecht gezielte, dafür aber um so weiter streuende Schrotgarbe zum Verhängnis wird. Ganz richtig stellt Fischer dementsprechend fest:

> „Der Naturschutz geht über die Jäger hinaus und kann in ihrem Anschauungskreis nicht wurzeln ... Der Naturschutz, wenn er irgend erfolgreich sein will, darf keine Interessen der Jäger anerkennen."[9]

Denn Naturschutz sollte nicht nur den „reinen Artenschutz", sondern auch Aspekte des Individualtierschutzes umfassen. Seit geraumer Zeit wird dies beispielsweise von der „Aktionsgemeinschaft Artenschutz" praktiziert, die auf eindrucksvolle Weise demonstriert, wie Artenschutz mit effektivem und engagiertem Tierschutz gekoppelt werden kann.

Indes sollten vor allem längerfristig keinerlei Kompromisse bezüglich der Abschaffung der Jagd eingegangen werden. Kompromisse sind faire Übereinkünfte eigentlich auf unterschiedlichen Standpunkten stehender Partner, die letztendlich jedem von ihnen dienen. Mit der Jägerei verhält es sich anders - würde hier ein Kompromiß stattfinden, so ginge diese Übereinkunft auf Kosten Dritter - nämlich der Tiere, die die in einem solchen Fall wahren Leidtragenden wären. Das Töten würde fortgeführt werden, und selbst wenn einige besonders grausame Jagdmethoden bei besagtem Kompromiß auf der Strecke blieben, so würden doch weiterhin sehr viele Tiere im Zuge der eigentlich sinnlosen Jagdausübung umkommen. Eine wirklich „humane" Jagd kann es (aus in Kap 11 beschriebenen Gründen) nicht geben, da ein wesentlicher Bestandteil der Jägerei das Töten ist. Auch „Ökojäger", die unter Beachtung einiger „naturschützerischer" Punkte ihrem blutigen Hobby oder Beruf frönen, besitzen keine Daseinsberechtigung mehr, da sie Tieren Leid zufügen, obwohl keine höhere Rechtfertigung hierfür existiert. Ähnlich verhält es sich mit Berufsjägern: Die Tatsache, daß das Waidwerk hauptberuflich ausgeübt wird, verringert den Grad der Verwerflichkeit dieses Tuns nicht im geringsten. Und daß auch sie das lustbetonte Ermorden unschuldiger Geschöpfe lieben, offenbaren sie in ihren Publikationen nur allzu oft - wie beispielsweise Gert Loss, der in der Deutschen Jagd Zeitung unter der Überschrift „Eines Berufsjägers Alltag“ folgende Zeilen schrieb:

> „Der begehrte Fuchs setzt sich eilig in Richtung Kanzel in Bewegung. Dreißig Meter vor dem Hochsitz warfen die Dreieinhalb-Millimeter-Schrote den Roten in den Schnee. ... Am frühen Abend lockt erneut der Ansitz auf Meister Reineke. Diesmal war das Waidmannsheil besonders kräftig. Gleich drei Rotröcke liefen mir innerhalb zweier Stunden vor die Flinte.“[10]

Beispiele wie diese gibt es zu Hunderten - abstoßende Beschreibungen romantisch und glorifizierend verklärter Brutalität, verfaßt von Menschen, die das Töten von Tieren aus bloßer Lust zu ihrem Hauptberuf gemacht haben. Es reicht nicht, wenn einige Teilaspekte der Jagd auf der Strecke bleiben, denn auch dann würden Tiere noch unnötig im Zuge eines ebenso grausamen wie sinnlosen Handwerks umgebracht werden. Das Waidwerk muß so schnell wie möglich und so vollständig wie möglich beseitigt werden.

25

Das Ende der Jagd - Anachronismen haben keine Zukunft!

„Wir sollten es nicht für selbstverständlich halten, daß wir noch jagen können!“[1]

ermahnt der Jäger Meyer seine Waidgenossen furchtsam, und immer häufiger wird auch in den Zeitschriften und Zeitungen der Jägerschaft die bange Frage nach der Zukunft des Waidwerks gestellt. Ganz offensichtlich spürt man, daß die wachsende Antipathie weiter Bevölkerungskreise gegen Jagd und Jäger inzwischen ein Maß erreicht hat, das zu einer wahren Gefahr für den Fortbestand des blutigen jägerischen Treibens in Wald und Flur werden kann. Zum einen haben sich nämlich die allgemeinen ethisch-moralischen Normen der Gesellschaft und die Einstellung zum Leben schlechthin in den letzten fünfzig Jahren maßgeblich verändert, während zum anderen ein Wandel der Einstufung unserer tierlichen Mitgeschöpfe stattgefunden hat. Im Gegensatz zu früheren Zeiten werden diese heutzutage vom Großteil der Menschen als mit Rechten ausgestattete Lebewesen angesehen, deren vorsätzliche und grundlose Tötung ethisch hochgradig verwerflich ist. Neben diesem grundlegenden Wandel vorherrschender Normen spielt die Entwicklung der maßgeblich an der Meinungsbildung mitwirkenden Massenmedien eine für den Jäger höchst unangenehme Rolle. In Zeitungen, Zeitschriften, Fernsehen und Rundfunk werden - wenn auch in noch viel zu geringem Maße - ökologische und ethische Grundtatsachen in bezug auf die Jagdausübung publik gemacht, und als Konsequenz dessen bläst der Jägerschaft in nahezu ganz Europa ein immer schärfer werdender Wind entgegen.

Tier-, Natur- und Umweltschutzorganisationen aus zehn Ländern - Belgien, Frankreich, Griechenland, Italien, Luxemburg, den Niederlanden, Österreich, Spanien, der Schweiz und der BRD – haben vor wenigen Jahren den „Europäischen Bund gegen die Jagd" (European Federation against Hunting – EFAH) als schlagkräftigen Verband der Jagdgegnerschaft gegründet. Sein Ziel als Antithese gegen den Zusammenschluß der europäischen Fänger und Schießer, den FACE, ist es, der Jagd in Europa ein möglichst baldiges Ende zu bereiten. Und damit sieht es, bezogen auf die Stimmung innerhalb der Bevölkerung, gar nicht einmal schlecht aus. Wie bereits erwähnt, liegt die Anzahl derjenigen, die sich für eine vollkommene Abschaffung der Jagd aussprechen, in Frankreich bei deutlich über 70 % und in Italien bei mehr als 65 % (das allerdings bereits 1980).[2] Während auch in England die Jagdgegner innerhalb der Bevölkerung eine „überwältigende Mehrheit"[3] darstellen, ist in Deutschland die dem Waidwerk entgegengebrachte Toleranz noch recht groß, da die Zahl der Jäger hierzulande relativ zur Gesamtbevölkerung weitaus geringer ist als in anderen Ländern und somit auch ihre Machenschaften weniger offensichtlich sind. Doch selbst in einem traditionsbewußten, eher konservativen Land wie der BRD wird inzwischen – wenn auch nicht in jenen Dimensionen anderer Länder – „in politischem Auftrag vieles in Frage gestellt, was Jahrzehnte als unangefochtene und gesicherte jagdliche Bastion galt"[4] (Schröder). Bleibt nur die Frage, warum sich die Jägerei auch in Ländern, in denen die Majorität des Volkes das Waidwerk beendet sehen will, nach wie vor halten kann.

Zweifellos liegt das unter anderem an dem europaweiten bedingungslosen Zusammenhalten jeglicher Fänger und Schießer, die trotz aller Differenzen wie ein Mann zusammenstehen, wenn auch nur ein Hauch von Kritik am Waidwerk ausgesprochen wird. Gezielte verbale und nonverbale Angriffe gegen Aktivisten und publizistische Jagdgegner (den innerhalb dieses Buches des öfteren zitierten Autoren Karin Hutter, Horst Hagen und Klaus Sojka wurden selbst Morddrohungen „zugedacht"[5]) tragen das Ihre zu der aggressiven Vorwärtsverteidigung der Jagd bei. Vor allem aber ist die Erklärung für die Aufrechterhaltung der Jagd gegen den Willen der Bevölkerung darin zu sehen, daß der jägerische Einfluß auf die politische und wirtschaftliche Macht in nahezu allen Staaten enorm groß ist. Durch Kapitalkraft werden manche Aspekte jägerischer Herrlichkeit gerettet, die andernfalls der ethisch-moralischen Selektion unumgänglich zum Opfer fallen würden, und in zahlreichen Schlüsselpositionen von Wirtschaft und Politik sitzen Hobbyjäger (Jagd als das traditionelle Vergnügen der „High Society“), die vehement für ihre geliebte blutige Freizeitbeschäftigung eintreten. So befindet sich auch in jedem Landtag der Bundesrepublik Deutschland eine gewisse Zahl an Jägern, die jegliche von einem anderen MdL in den Plenarsaal gestreute Kritik am Waidwerk sofort lauthals niederschreien. Nicht zuletzt aus diesem Grund sind Politiker unter den Jägern besonders gern gesehen, denn ohne ihre Fürsprache im Bundes- oder Landtag wäre es um die Jägerei sehr rasch geschehen.

Als letzter wichtiger Punkt wäre in diesem Zusammenhang die Eigenschaft der Jägerlobby, ein wichtiger Wirtschaftsfaktor zu sein, anzuführen. Die von den Grünberockten alljährlich gezahlten hohen Jagdpachten sind dabei nur ein Teil der von ihnen für Fiskus und Konjunktur geleisteten Ausgaben - schließlich kaufen sie zahllose Jagdwaffen (und nicht etwa nur eine pro Jäger), Nachtsichtgeräte, Patronen, zumeist allradgetriebene Geländewagen nicht gerade preiswerter Marken und letztendlich sogar Jagd„häuschen“ mitten im Grünen, die finanziell ebenfalls mit (wenigstens) sechsstelligen Summen zu Buche schlagen. Hinzu kommen unzählige Tonnen von Futtermitteln zur Winterfütterung, die ihnen zugesetzten, selbstverständlich tierversuchsgetesteten Pharmaka, flaschengrüne Lodenkleidung in jedweder nur denkbaren Größe, Ferngläser sowie - last but not least - Jagdreisen in ferne Länder, auf denen der biedere deutsche Geschäftsmann auch einmal „seinen“ Löwen, „sein“ Nashorn, „seinen“ Elefanten, „seinen“ Büffel, „seinen“ Leoparden oder „seinen“ Bären erlegen darf. Mit Sicherheit kommt der Jägerschaft als derartigem Wirtschaftsfaktor eine gewisse Machtstellung zu, da die betreffenden Waffen-, Munitions-, Textil- oder Arzneimittelfabrikanten ebenso wie die Anbieter von Jagdreisen aus der Existenz der Grünberockten nicht nur Nutzen ziehen, sondern in ökonomischer Hinsicht ganz und gar von ihr abhängig sind. Doch die Tatsache, daß dieser Grundpfeiler der Jägerlobby offensichtliche Standfestigkeit besitzt, darf nicht darüber hinwegtäuschen, daß sich auch Menschen und Institutionen mit wirtschaftlicher Macht auf Dauer nicht gegen den Willen der Bevölkerung durchsetzen können.

„... Sklavenhalter und Industrielle, die ihren Reichtum z. T. der Kinderarbeit verdanken, religiöse Fanatiker, die Hexen verbrennen ließen, und viele andere Barbaren, die durch eine starke Lobby gestützt waren, scheiterten, sobald die Mehrheit des Volkes ihnen das Wasser abgrub",

schreibt der Jagdkritiker Walter Christiansen und fährt fort:

„Prozesse dieser Art vollziehen sich langsam, nur selten schafft ein Coup bei Nacht und Nebel den Sturz einer Lobby."[6]

Längerfristig hat die Jagd mit Sicherheit keine Zukunft mehr – aber es ist wichtig, ihr besser heute als morgen ein Ende zu setzen. Denn jeder Tag, der vergeht, bevor das Jagdverbot Realität wird, bedeutet für fühlende Mitgeschöpfe Qual, Leid und Tod, ohne daß dies irgendwie zu rechtfertigen wäre.

Die Stimmen gegen die Jagd – aus welchen Gründen auch immer sie laut werden – nehmen jedenfalls zu. Für die USA urteilte die Outdoor Recreation Research Revue Commission (ORRRC) bereits 1962, daß man „in der modernen Gesellschaft die Fortsetzung der Jagd weder rechtfertigen noch ihre Motive für ihre soziale Begünstigung ins Feld führen" könne, indem „man sie als atavistische Verhaltensweise bezeichnet",[7] und Darius Weber konstatiert – für die BRD –, daß es vollkommen absurd ist, „das fragwürdige Privileg" einer Minderheit, „Tiere töten zu dürfen, auf Kosten der Bevölkerungsmehrheit" weiterhin aufrechtzuerhalten.[8] Konform dazu urteilt Briggs, der das Jagen für einen den Killerinstinkt des Menschen hervorrufenden Trieb hält: „Die Zivilisation braucht das nicht länger, noch kann sie es sich länger leisten."[9] Auch Weichert, Funktionär des Welttierschutzbundes, hat soziologische Bedenken bezüglich der Jägerei, da diese „in erheblichem Maße der menschlichen Würde und Verantwortung" widerspricht und aus diesem Grunde „verboten werden" sollte.[10] Und F. Rosenzweig erhob in einer an das Europaparlament gerichteten Petition bereits in den siebziger Jahren die Forderung, die Jagd nur in Fällen zu erlauben, in denen wissenschaftlich erwiesen ist, daß sie wirksam (und notwendig) ist, es keine Alternative gibt und überdies keine schädlichen Nebenwirkungen zu erwarten stehen.[11]

Wird es indes zu einem Jagdstopp kommen, so würde dies eine Reihe von nahezu ausschließlich positiven Effekten nach sich ziehen, von denen als Beispiele an dieser Stelle einige angeführt seien. So würde es mit Sicherheit zu einem Absinken der Bestandsdichte derzeit vollkommen überhegter Wildarten kommen, während infolgedessen die Kopfstärke zuvor benachteiligter nichtjagdbarer Arten ansteigen dürfte. Für Naturbeobachter würden sich aber dennoch sehr viel mehr Möglichkeiten bieten, auch Individuen ersterer Arten zu begegnen, da diese im Laufe der Jahre ihre ihnen durch die Jagd aufoktroyierte übergroße Menschenscheu wieder ablegen würden. Die zuvor stark bejagten Arten würden wieder zu ihren ursprünglichen Verhaltensweisen - wie bei Füchsen dem in jagdfreien Gebieten zu beobachtenden Spiel der Eltern mit ihren Kindern, einem natürlichen Fortpflanzungsverhalten oder auch der Tagaktivität - zurückfinden, und das soziale Zusammenleben könnte wieder in geregelteren Bahnen verlaufen. Überdies würde sich wieder ein natürliches Gleichgewicht entwickeln, bei dem die quantitativen Verhältnisse der einzelnen Tierarten zueinander den Gegebenheiten ihrer Umgebung angepaßt sind, und mit der Jägerei würde ein zur Gefährdung von Arten beitragender Faktor verschwinden. Keine Jagdkanzeln, Hochsitze und Futterkrippen würden mehr den Blick auf die Schönheiten der Natur stören. Vor allem aber würden die in den Wäldern und Fluren lebenden ehemals jagdbaren tierlichen Einzelindividuen wieder ein Leben führen können, das frei von der Angst, jeden Moment wie aus heiterem Himmel einem menschlichen Jäger zum Opfer fallen zu können, ist.

Dementsprechend ist der Konsens im Kanton Genf, wo die Jagd 1974 auf plebiszitärem Wege abgeschafft wurde, einhellig - alles klappt prima. Zehn Jahre nach Durchsetzung des Jagdverbots konnte verzeichnet werden, daß die Wasservögel auf dem Genfer See sich von 10.000 auf 32.000 vermehrt hatten, auf der Rhone gar von 110 auf 7.500. Überdies stellte man fest:

> „Auf der Aktivseite des Jagdverbots steht die Tatsache, daß die Tierwelt im Kanton Genf seit 1974 eine Bereicherung erfahren hat. Es sei hier an die Wasservögel erinnert. Ebenfalls zur Aktivseite zählt, daß wir das peinliche Schauspiel, welches das Massaker an gezüchteten, kurz vor der Jagderöffnung ausgesetzten Tieren bot, nicht mehr mit ansehen müssen. Außerdem ist es wahrscheinlich, wenn nicht sogar sicher, daß die Genfer Bürger ein engeres Verhältnis zur Natur gewonnen haben, ein Verhältnis, das uns im Laufe unserer industriellen Zivilisation zwangsläufig abhanden gekommen ist.“[12]

Lediglich die Schalenwildarten (Rehe, Hirsche und Wildschweine) werden von den staatlichen Organen zum Schutze der

Landwirtschaft kontrolliert. Es ist in Anbetracht all dieser Tatsachen überaus verständlich, daß der Jägerschaft viel daran liegt, die Ausweisung größerer jagdfreier Flächen in der Bundesrepublik zu verhindern.

„Man fürchtet Beispiele“, schreibt Hans Bibelriether hierzu, „die zeigen würden, daß es für den naturbegeisterten Mitbürger ohne Jagd leichter möglich ist, freilebende Wildtiere zu beobachten. Man fürchtet auch Beispiele, die zeigen könnten, daß die notwendige Regulation bei den wenigen größeren Schalenwildarten weniger störend, rascher, effektiver und noch dazu ‚humaner‘ geschehen könnte, als dies durch manche herkömmliche Jagdmethode möglich ist. Und vielleicht scheut man auch den Nachweis, daß, abgesehen von den wenigen großen Schalenwildarten wie Hirsch, Reh und Wildschwein, in unserem Land überhaupt keine einzige der jagdbaren Tierarten reguliert werden muß!“[13]

Dabei ist es fraglich, ob denn überhaupt zu einer weiteren Regulation des besagten Schalenwildes gegriffen werden muß, wenn die Fütterung eingestellt und somit der Winter wieder zum „Flaschenhals“ für die Population wird. In der ersten Zeit nach dem Jagdverbot aufgrund der noch immer zu hohen Dichte vermehrt auftretender Verbiß könnte finanziell durch Spendenaktionen von Tier- und Naturschutzorganisationen aufgefangen werden, oder es könnten bis zum Absinken der Population für wenige Jahre andere Maßnahmen – beispielsweise die Errichtung von Zäunen – ins Auge gefaßt werden. Sollte danach noch – aus welchem Grunde auch immer – eine Regulation des Schalenwildes vonnöten sein, so könnte dies auch mit biologischen, tierfreundlicheren Methoden erledigt werden. Der Biologe Felix Labhardt hält beispielsweise eine „Antibabypille“ in diesem Zusammenhang für die humanste Methode,[14] mit deren Entwicklung die Wissenschaft keinesfalls vor einem unlösbaren Problem stehen dürfte.

Was also spricht dagegen, der Jägerschaft jetzt sofort und möglichst überall die Flinten und Fallen aus der Hand zu reißen und die Rechtsprechung wieder den vorherrschenden ethisch-moralischen Anschauungen anzupassen, indem der Jagd ein Ende gesetzt wird?

Wenn dieser Forderung – der Forderung nach einem umgehenden Jagdverbot – Folge geleistet wird, so besteht die Möglichkeit, daß die von Huber geäußerte Vision eines Tages Realität wird:

„Wenn es evolutiv glatt weitergeht, dürfte der Mensch künftiger Jahrtausende ... auch ein von atavistischen Instinkten weniger abhängiges, weltoffeneres, geistig höherstehendes und liebenswerteres Wesen geworden sein als der Mensch der letzten historischen Jahrtausende.“[15] Denn „die Abschaffung der Jagd ist eine Frage der menschlichen Kultur. Spätere Generationen werden ihre jagenden Vorfahren als Barbaren ansehen, so wie wir unsere Urahnen der Barbarei bezichtigen, weil sie Sklaverei betrieben haben.“[16]

Wichtig ist dabei eher, daß die verschiedenen Tier- und Naturschutzorganisationen sich nicht länger darin verzetteln, auf akribisch genaue Weise die zwischen ihnen herrschenden Differenzen herauszuarbeiten, um sich anschließend aufs heftigste zu bekriegen. Mich würde freuen, wenn einerseits manche Naturschützer einmal einen Blick auf den Wert des Einzelindividuums Tier werfen und auch ihm Rechte zuerkennen würden, wenn andererseits aber auch manche Tierschützer sich in Bereichen wie der Ökologie fortbilden würden. Man kann nur voneinander lernen. Und statt der Betonung der Unterschiede sollte man die viel weitreichenderen Gemeinsamkeiten der Absichten dazu benutzen, gemeinsam – also mit ungleich größerer Schlagkraft – die in vielen Punkten identischen Ziele durchzusetzen. Gegen die Jagd gibt es eine Unzahl sowohl naturschützerischer wie auch tierschützerischer Argumente, die in ihrem Zusammenspiel zu einer Forderung verschmelzen – der Forderung nach der Abschaffung der Jagd.

Abschaffung der Jagd.

... und was kann ich tun?

Wer dieses Buch gelesen hat und währenddessen zu dem Ergebnis gekommen ist, selbst etwas gegen Jagd und Jäger tun zu wollen, wird mit Sicherheit rasch erkennen, daß dies allgemein einfacher gesagt als getan ist. Andererseits reicht es jedoch lange nicht aus, die Jagd zwar im Geiste zu verurteilen, aktiv jedoch nichts gegen sie zu unternehmen, da den gepeinigten und umgebrachten Tieren hierdurch nicht im geringsten geholfen wird. Aus diesem Grund möchte ich einige gesetzeskonforme Handlungsmöglichkeiten aufzeigen, die der Absicht dienen können, derartige Vorhaben in die Tat umzusetzen.

Zum einen ist es möglich, Unterschriften gegen die Jägerei zu sammeln und diese an Zeitschriften, vor allem aber die zuständigen Behörden und verantwortlichen Politiker zu senden, um diesen klarzumachen, daß der Wunsch nach Abschaffung der Jagd in der Öffentlichkeit breite Unterstützung erfährt. Briefe an Politiker haben insbesondere dann Effekt, wenn sie in größerer Zahl auftreten und überdies noch kurz vor der nächsten Wahl mit dem Boykott der betreffenden Partei drohen. Den betreffenden Volksvertretern muß unbedingt klargemacht werden, daß die Befürwortung oder gar Ausübung der Jägerei durchaus für den Wähler Grund genug sein kann, seine Stimme einer anderen Partei zuteil werden zu lassen.

In der Presse, sowohl in Tageszeitungen wie auch in wöchentlich oder monatlich erscheinenden Magazinen, werden stets Leserzuschriften abgedruckt. Auch diese können eine willkommene Möglichkeit darstellen, nicht nur seine Meinung kundzutun und damit andere Menschen eventuell zu überzeugen, sondern auch den jeweiligen Zeitschriften deutlich zu machen, daß Jägerei und ihre

Ablehnung Themen sind, die auf Interesse stoßen. Als Ergebnis dessen wird möglicherweise in einer der nächsten Redaktionssitzungen darüber diskutiert, einen Beitrag über dieses Thema zu veröffentlichen - mit dem Resultat, daß abermals Menschen von der grausamen Realität der Jägerei erfahren und sie infolgedessen abzulehnen beginnen. Allgemein haben die Medien, die mit ihren schriftlichen, bildlichen oder audiovisuellen Berichten maßgeblichen meinungsbildenden Einfluß auf die Bevölkerung besitzen, alle Möglichkeiten, die Jägerei in der Öffentlichkeit weitestgehend ihres propagandistischen Unschuldsschleiers zu berauben. Da die Medien wiederum auf ihre Leser bzw. Zuschauer angewiesen sind, werden Zuschriften der „Konsumenten" zumeist sehr ernst genommen - auch hier läßt sich ein wichtiger Ansatzpunkt für Menschen, die Tieren helfen wollen, erkennen.

Sehr wichtig ist es überdies, im Kleinen zu wirken und seine Bekannten und Verwandten über die jagdliche Realität aufzuklären. Im Rahmen der letzten Kapitel wurde ein Jäger mit der Aussage zietiert, die Meinungsbildung finde zu einem wesentlichen Teil im Kleinen, also in direkten Konversationen und Diskussionen der Menschen untereinander statt. Da dies mit Sicherheit (wenigstens bis zu einem gewissen Grad) richtig ist, sollten sich Jagdgegner ebenso wie die Jäger selbst um die direkte Aufklärung ihrer Mitmenschen kümmern und den Grünberockten auf diese Weise das Wasser bereits an der Basis abgraben.

Des weiteren besteht im Zusammenspiel mit den bereits genannten Handlungen die Möglichkeit, Vereine wie die EFAH oder auch die politische Tierrechtsinitiative ANIMAL PEACE zu unterstützen, die sich aktiv **gegen** die Jagd einsetzen (im Zweifelsfall Briefe an den Vorstand schreiben und nachfragen); ebenso ist es sinnvoll, Organisationen wie dem NABU, dem WWF oder dem BUND mitzuteilen, daß der Kurs des „ausschließlichen" Artenschutzes bei Ihnen auf Ablehnung stößt. Jeder Verein braucht Anregungen von außen, unter Umständen sogar Druck zum Umdenken; allenfalls die Stornierung des monatlichen Mitgliedsbeitrags kann, wie ich feststellen mußte, hier die Verantwortlichen zum Handeln bewegen.

Insbesondere aber sollte man Produkte wie (die überdies meist in grausamer Intensivhaltung entstandenen) Pelze und Wildfleisch unbedingt meiden - denn mit dem Kauf derartiger Güter werden Jagd und Jäger unmittelbar unterstützt, was man auf jeden Fall umgehen sollte. Wie nämlich nicht schwer zu erraten ist, können die Jäger mit dem hieraus gewonnenen Erlös neue Waffen, neue Patronen, neue die Herrlichkeit der Jägerei propagierende Flugblätter, neue Reviere und neue Futtermittel mit Medikamentenzusatz finanzieren - und die Qualen finden für unzählige Tiere Fortsetzung.

Hier die Adressen der genannten Vereine:

EFAH (keine deutsche Adresse!):
Via Magenta, 5
I-00185 Roma RM

Animal Peace, Im Hahmich 1, 51570 Windeck-Sieg,
Tel. 02292-40016

NABU, Naturschutzbund Deutschland, Herbert-Rabius-Str. 26,
53225 Bonn, oder: Naturschutz heute (Verbandszeitschrift),
Postfach 301054, 53225 Bonn, Tel. 0228-97561

WWF, Hedderichstr. 110, 60596 Frankfurt/Main, Tel. 069-6050030

BUND, Im Rheingarten 7, 53225 Bonn, Tel. 0228-400970.

ANHANG

Bekenntnis eines Bekehrten

(nach einem 1992 von der Zeitschrift „Känguruh“
mit einem ehemaligen Jäger geführten Interview; die Fragen wurden
aufgrund von üblichen Argumenten der Jägerschaft gestellt.)

Känguruh: Finden Sie, daß es eine ökologische Rechtfertigung für die Jagd gibt?

Ehemaliger Jäger: Nein, die Jäger rechtfertigen ihr Waidwerk damit, daß viele natürliche Feinde für viele Wildarten nicht mehr existieren, die ansonsten bestandsregulierend wären. Jäger meinen, sie müßten hier regulierend eingreifen. Tatsache ist jedoch, daß selbst noch vorhandene natürliche Feinde wie Fuchs, Dachs, Marder, Wiesel, Iltis bejagt werden. Würden in unseren Wäldern wieder Wolf, Luchs, Bär angesiedelt werden, könnte die Jagd ganz entfallen.

Känguruh: Dann müßten doch aber Spaziergänger befürchten, von diesen Tieren angefallen zu werden?

Ehemaliger Jäger: Das ist Unsinn. Bären, Wölfe und Luchse sind von Natur aus sehr scheue Tiere und würden sicherlich nur in großer Bedrängnis angreifen. Außerdem gibt es in unseren Wäldern auch noch das Wildschwein. Hiervor hat man anscheinend keine Angst, obgleich diese Tierart nicht weniger „gefährlich“ ist. Auch Wildschweine greifen nur in Gefahrensituationen an.

Känguruh: Meinen Sie, daß ein natürliches Gleichgewicht unserer Tierbestände auch in unserer Kulturlandschaft möglich ist?

Ehemaliger Jäger: Es würden sich wohl andere natürliche Gleichgewichte einstellen. In von Menschen bewohnten und bearbeiteten Landschaften, z. B. Ackerlandschaften, betonierten Wegen, trockengelegten Feuchtgebieten herrscht natürlich ein anderes Gleichgewicht als in Landschaften, die ohne menschliches Zutun bestehen. Es ist auf keinen Fall nötig, eine Regulierung von Tierbeständen durch die Jagd durchzuführen. Denn der große Tierbestand (Wild) wird ja durch die Jäger forciert. Somit ist eine natürliche Auslese nicht möglich.

Känguruh: Gäbe es überhaupt noch einen Wildbestand ohne Jäger?

Ehemaliger Jäger: Ja. Die Jäger päppeln ihr Wild „künstlich" hoch, indem sie Winterfütterungen durchführen, jedoch wird das nur aus Eigeninteresse getan. Eben um genügend Wild zum Schießen zu haben. Ohne das Hochpäppeln der Wildbestände würde der Wildbestand wieder ein normales Gleichgewicht erlangen, d.h., die Quantität des Wildbestandes wäre keinesfalls gefährdet.
Känguruh: Nun wird stets behauptet, daß ohne die Jagd keine Baumjungpflanzen im Wald gedeihen können. Wie sehen Sie das?
Ehemaliger Jäger: Es ist ja so, daß unser wirtschaftlich genutzter Wald meist nur flächenweise gerodet und später auch wieder flächenweise neu angepflanzt wird. Diese Neupflanzungen können eingezäunt werden. Dies bietet so lange Schutz vor Rehverbiß, bis die Baumspitzen außer Reichweite für die Rehe gewachsen sind. Danach kann der Zaun wieder entfernt werden. Das Argument der Jäger, die Tierzahl zu dezimieren, um einen Jungpflanzenverbiß zu vermeiden, ist unlogisch, da auch eine reduzierte Anzahl von Wild die Bäume verbeißen kann. Somit müßte in jedem Fall eingezäunt werden.
Känguruh: Ist die Jagd eine Nahrungsquelle für den Menschen?
Ehemaliger Jäger: In den zehn Geboten für die Waidgerechtigkeit (in jedem Jagdschein abgedruckt) heißt es schon: „Du sollst die Jagd als Erholung und als Erlebnis und nicht als Fleisch- oder Geldquelle betrachten!" Diese Frage beantwortet sich somit selbst.
Känguruh: Gemäß Ihrer letzten Antwort sind Tiere dann doch nur lebende Zielscheiben?
Ehemaliger Jäger: Das könnte man so sehen. Wie ich die Jäger in meiner noch aktiven Zeit erlebt habe, ist der einzige Grund für die Jagd „die Lust am Töten". Das Tier, das getötet wird, muß eine schöne Trophäe haben, damit der Jäger etwas zum Vorzeigen hat, um damit Anerkennung zu ernten. Zwischenzeitlich frage ich mich, was hier anerkennenswert ist. Aus dem Hinterhalt ein Tier zu töten, das keine Ahnung von der drohenden Gefahr hat? Oder vielleicht das „Rausschleppen" eines schweren geschossenen Keilers aus dem Wald? Die Waidgerechtigkeit sagt aus, daß Hasen nur während des Fliehens, Flugenten nur während des Fluges geschossen werden dürfen. Wo liegt hier der Unterschied in der Gerechtigkeit, ob zum Beispiel der Hase im Sitzen oder im Laufen geschossen wird? Es ist zwar schwieriger, den Hasen im Laufen zu schießen, und somit eine bessere Schützenleistung erforderlich. Die Gefahr eines schlechten Schusses bei einem „aktiven" Hasen ist jedoch größer und somit

auch die Quälerei für das Tier. Das Argument, ein Hase kann ja noch fliehen, ist fadenscheinig und unfair. Welche Chance hat ein Tier mit einer Geschwindigkeit von 50 km/h gegenüber einer Kugel mit einer Geschwindigkeit von mehr als 2000 km/h? Ich habe erlebt, daß als krönender Abschluß einer Gesellschaftsjagd ca. 50 Enten (auf einem Teich schwimmend) niedergemetzelt wurden, nachdem zuvor vergeblich versucht wurde, mit Hunden und Schüssen in die Luft die Enten zum Fliegen zu bringen. Die Jäger „übermannte" die „Mordlust", und sie ballerten auf die friedlich dahinschwimmenden Enten. Dieses und noch einige andere Erlebnisse, die gegen die Waidgerechtigkeit und den Tierschutz verstießen, bewogen mich dazu, die Jagd aufzugeben. Es ist einfach viel schöner und natürlicher, die Tiere lebend zu beobachten, als sie abzuknallen.

Känguruh: Warum hört man so oft über das Töten von Haustieren durch Jäger?

Ehemaliger Jäger: Katzen oder Hunde wildern manchmal in der freien Natur. Der Jäger hat dabei große Angst um seinen Wildbestand, da er die Tiere, die ein Hund oder eine Katze reißt, nicht mehr zu seiner Verfügung hat, sprich: **er** kann sie nicht abschießen. Das Haustier wird Konkurrent für den Jäger, und Konkurrenten stören. Hinzu kommt, daß diese Tiere (Hunde, Katzen) sich „illegal" in des Jägers Revier bewegen und daher ein willkommenes Opfer darstellen. Es findet sich also eine Berechtigung für das Töten eines Haustieres. Schließlich hat dieses „böse" Tier ja gewildert, und das ist ja viel schlimmer als das vorsätzliche Dahinstrecken eines Wildes durch eine Waffe. Soweit mir bekannt ist, sind es in der BRD ca. 30.000 Hunde und ca. 300.000 Katzen, die das „Waidmannseigentum" (Wild) nicht achten und deswegen abgeschossen werden. Wobei die Dunkelziffer für abgeschossene Hunde wesentlich höher liegt.

Känguruh: Warum ist es nicht möglich, die Natur ohne Waffen zu genießen?

Ehemaliger Jäger: Ich glaube, daß viele Jäger es genießen, mit einer Waffe in der „freien Natur" herumzulaufen. Es gibt ihnen ein erhebendes Gefühl der Macht. Was mich betrifft, so kam ich mir ziemlich dämlich vor, nach Erwerb meines Waffenscheins mit einem um die Schulter hängenden Gewehr an unbewaffneten Spaziergängern vorbeizugehen.

Känguruh: Hat die Hege Auswirkungen auf das natürliche Gleichgewicht?

Ehemaliger Jäger: Auf jeden Fall. Dafür allein spricht schon der große Jungpflanzenverbiß. Aber abgesehen davon bewirkt die Hege eine hohe Population. Was mit der Hege gemacht wird, ist ein massiver Eingriff in die natürlichen ökologischen Regelsysteme. Denn der Jäger hegt schließlich nicht uneigennützig. Nur das für seine Interessen wichtige Wild wird gehegt, alle anderen Tiere bis hin zu Kleinstlebewesen, die für ein ökologisches Gleichgewicht sehr wichtig sind, sind für den Jäger bedeutungslos, uninteressant. In der Hege wird das Wild wie in einer Zuchtstation hochgepäppelt, damit die von den Jagdbehörden festgesetzten Abschußzahlen erfüllt werden können. Und nicht zuletzt sollen später repräsentative Geweihe in des Jägers Heim Platz finden. Schließlich muß es einen Sinn gehabt haben, daß man Luchs, Bär und Wolf ausgerottet hat und die Reglementierung durch das „Waidwerk" ausgeführt wird.
Känguruh: Läßt sich die Jagd mit dem Tierschutz vereinbaren?
Ehemaliger Jäger: Aus rechtlicher Sicht ist das zu bejahen. So ist im Tierschutzgesetz die „Tötung eines Wirbeltieres ohne Betäubung" im Rahmen waidgerechter Ausübung der Jagd erlaubt. „Die Tötung darf nur vorgenommen werden, wenn hierbei nicht mehr als unvermeidbare Schmerzen entstehen." Die Jäger verstehen es vorzüglich, diesen „Gummiparagraphen" in ihrem Sinne anzuwenden. Wenn ein Jäger ein Reh schießt und der Schuß schlecht sitzt, läuft dieses Tier noch Hunderte von Metern weiter, bis es sich in das sogenannte „Wundbett" legt. Der Jäger ist verpflichtet, das Tier zu suchen, doch dieser Verpflichtung wird abends nicht nachgegangen, da die Dunkelheit die Nachsuche erschwert. In der Regel wird erst am nächsten Morgen nachgesucht. Das angeschossene Tier muß unsägliche Qualen erdulden, bis es dann eventuell am nächsten Morgen vom Jäger gefunden und mit einem Fangschuß erlöst wird. Ich habe in meiner Jagdausbildungszeit erlebt, wie ein Jäger anstatt der Schußwaffe das leidende Tier erstochen hat, d. h., ihm wurde ein langes Messer in den Brustkorb gerammt. Das Tier ist durch Ersticken verendet. Diese Praktiken sprechen für sich. Solche Taten würde ein praktizierender Jäger nicht zugeben, aber es stellt sich die Frage, ob diese Handlungen mit Natur- und Tierliebe zu vereinbaren sind. Ich möchte nicht unerwähnt lassen, daß das Töten mit blanken Waffen, d. h. lange Messer oder Speere, auch als Saufedern bekannt, zum Töten von Tieren angewandt wird. Wenn zum Beispiel eine Meute von Jagdhunden ein starkes, evtl. verletztes Wildschwein festhält, ist die Abgabe eines Schusses für die Hunde zu gefährlich, da in dieser

ganzen Szene sehr viel Bewegung drinliegt. In diesem Falle soll das Wildschwein mit der „Saufeder“ getötet werden, indem die ca. 30 Zentimeter lange Klinge in den Herz-Lungen-Raum des Wildschweins gerammt wird. In Jägerkreisen wird ein Waidmann, der je auf diese „Weise“ ein Tier erlegen „durfte“, als besonders glücklich eingeschätzt. Es ist schon sehr erstaunlich, daß es in unserer hochzivilisierten und kultivierten Gesellschaft noch so etwas geben darf.

Känguruh: Wo sehen Sie das „Fröhliche“ am Jagen?

Ehemaliger Jäger: Im Vordergrund der Fröhlichkeit stehen das Beisammensein mit Gleichgesinnten, das gegenseitige Bewundern, einen Jagdkönig zu feiern beim alkoholischen Umtrunk bis zum Besäufnis. Man sollte sich jedoch vergegenwärtigen, daß der Anlaß dieser Fröhlichkeit auf dem Rücken von leidensfähigen Geschöpfen ausgetragen wird. Diese unschuldigen Geschöpfe müssen den Preis dieser Fröhlichkeit mit ihrem Leiden und ihrem Leben zahlen. Die Jäger belustigen sich daran, wenn ein Jagdgenosse ein paar Hasen weniger geschossen hat, und man findet es äußerst witzig, wenn ein Waidmann erst mit dem fünften Handkantenschlag einen angeschossenen Hasen zur Strecke gebracht hat. Zu fortgeschrittener Stunde werden traditionelle Jagdlieder gesungen, die vom lustvollen Töten handeln. Auf mich wirkten diese grotesken Feierlichkeiten zumeist abstoßend, und ich vermied es häufig, dabei anwesend zu sein.

Känguruh: Warum werden von den Jägern die wahren Geschehnisse bei der Jagd verheimlicht?

Ehemaliger Jäger: Zum einen ist es wohl das schlechte Gewissen über ihr Handeln, denn sie wissen ja, was sie (vorsätzlich) tun. Zum anderen ist es sicherlich die Angst vor der Öffentlichkeit, die ihr Handeln verurteilen könnte und würde.

Känguruh: Warum benutzen die Jäger „Waidmannssprache“?

Ehemaliger Jäger: Sie wird benutzt, um sich vom üblichen nichtjagenden Volk abzuheben - denn schließlich ist Jagd ein Privileg. Ferner dient sie zur Verniedlichung von Grausamkeiten. Es hört sich weniger grausam an, austretendes Blut mit „Schweiß“ zu bezeichnen. Oder wenn ein zum Krüppel geschossenes Tier als „waidwund“ bezeichnet wird. Selbst vielen Jägern ist bei Anwendung dieser „Fachausdrücke“ nicht bewußt, welches Leid ein Tier ertragen muß, wenn es zum Beispiel „geständert“ ist, d. h., die Beine wurden durch einen Schuß zertrümmert. Auch „geflügelt“ hört sich wesentlich harmloser an als die Tatsache, daß die Flügelknochen zertrümmert wurden.

Känguruh: Wie hoch schätzen Sie die Macht der „Jägerlobby" ein?
Ehemaliger Jäger: Die Lobby der Jäger ist nicht unerheblich, da zumeist nur kapitalkräftige Herrschaften die Pächter von Jagden sind. Hinzu kommt, daß von der Jagd ganze Industriezweige leben, wie zum Beispiel Waffenfabriken, Munitionsfabriken, Textilbranchen für Jagdbekleidung, Lederindustrie, Pharmazie für Tierarzneimittel, Verlage von Jagdzeitschriften und -büchern u. v. m. Nicht zuletzt ist die Macht der Jägerlobby so groß, da auch viele Politiker und andere Herrschaften in gehobenen Positionen das Waidwerk ausüben. Ich habe leider immer wieder die Erfahrung gemacht, daß Kritik von den Jägern nicht angenommen wird. Die Waidmänner lassen keine Kritik, auch wenn sie sachlich ist, an der Jagd zu. Ich muß Ihnen daher auch meine Bewunderung aussprechen, daß Sie den Mut finden, dieses „Tabuthema" in der Öffentlichkeit anzubringen. Leute, die es bislang wagten, das „Waidwerk" zu kritisieren, gerieten in nicht unerheblichem Maße in Schwierigkeiten, verursacht durch die Jäger.
Känguruh: Welche Bedeutung hätte es für die Natur, wenn die Jagd abgeschafft würde?
Ehemaliger Jäger: Durch die Abschaffung der Jagd könnte die Natur sich endlich unbeeinflußt entwickeln und fortbestehen. Selbst nichtjagdbare Tiere leiden unter der Jagd. Durch die Angst, Panik und Fluchtverhalten der „Gejagten" werden sie in ihrem gesamten Lebensbereich empfindlich gestört. In der Aufzuchtszeit der Jungen kann dies dazu führen, daß verängstigte Tiere ihre Kinder verlassen und diese verhungern. Der gesamte natürliche Ablauf der Tiere wie Fortpflanzungsverhalten, Nahrungsaufnahme und Aufzucht der Jungtiere wird durch die Jagd beeinflußt. Auch seltene Pflanzen, die durch die Überhegung von jagdbaren Tieren verschwunden sind, könnten sich wieder ansiedeln. Die Populationsdichte der bislang jagdbaren Tiere würde sich auf ein Minimum reduzieren. Auch natürliche Einflüsse wie lange, kalte Winter, lange Dürreperioden würden eine natürliche Auslese der stärksten Wildtiere treffen. In den siebziger Jahren wurde im Kanton Genf in der Schweiz per Volksentscheid die Jagd verboten. Die Tier- und Pflanzenwelt hat seitdem eine enorme Bereicherung erfahren. Gemäß Herrn Streckeisen, Direktor der Genfer Landwirtschaftskammer (1985), hat der Genfer Bürger dadurch ein engeres Verhältnis zur Natur gewonnen, welches vielen im Laufe der industriellen Zivilisation zwangsläufig abhanden gekommen ist. Es wäre erstrebenswert und für mich eine große

Freude, wenn ein Jagdverbot in unserem Lande durchgesetzt werden könnte.

Känguruh: Zur Zeit ist es doch so, daß die Jagdpächter für die vom Wild verursachten land- und forstwirtschaftlichen Schäden aufkommen. Wer würde für diese Schäden nach Abschaffung der Jagd aufkommen?

Ehemaliger Jäger: Wie ich bereits vorhin schon sagte, würde sich die Anzahl der jagdbaren Tiere bei Abschaffung der Jagd dezimieren. Somit wäre die Gefahr von Wildschäden von Natur aus weitaus geringer. Es ist ja im Moment so, daß die vom Jäger gehegten Tiere den Wildschaden anrichten, und so ist es auch legitim, daß die Jäger dafür aufkommen. Bei einer natürlichen Bestandsverminderung der Wildtiere können diese wieder auf landwirtschaftlich ungenutzte Flächen ausweichen, da dort wieder genügend Futterpflanzen wachsen könnten infolge der geringeren Wildbestände. Zweifelsohne gäbe es dennoch Wildschäden, wenn auch geringere. Ich bin der Meinung, daß sich sicherlich eine für die Wildtiere humanere Lösung zur Vermeidung von Wildschäden finden wird, wenn man die Jagd abschaffen würde. Hierzu gehören zum Beispiel Elektrozäune oder Abschreckungsgeräte, die sich auch umweltverträglich integrieren ließen. Die Kosten der Wildschäden könnten durch entsprechende Versicherungen gedeckt werden. Diese Kosten könnte der Staat übernehmen. Hierbei darf nicht vergessen werden, daß die bisherigen Kosten für die waidmännischen Tätigkeiten nicht unbeachtlich sind. Die Wildschäden, die durch die hohe Zahl des überhegten Wildes entstehen, zahlt der Steuerzahler. Durch die hohe Population der Wildtiere entstehen viele Unfälle im Straßenverkehr. Die bislang aufgebrachten Mittel, wie Zäune, Warnschilder, Reflektoren usw., könnten reduziert werden. Auch hier würde der Steuerzahler entlastet. Der gesamte Kostenapparat, der durch das Waidwerk entsteht, könnte vermindert werden. Es sollte jedem Bürger auch etwas wert sein, die Natur unmanipuliert erleben zu dürfen. Und viele Menschen bräuchten sich nicht mehr zu ängstigen, ihren Hund oder ihre Katze durch das Eingreifen von Jägern zu verlieren (wobei jeder Bürger darauf achten muß, daß sein Hund nicht herumstreunt - zum Schutze des Wildes). Die Erlangung einer nicht „waidmännischen“ Natur sowie die Achtung vor den in der Natur lebenden Tieren sollten Bestreben und Wunsch der Menschen sein. Dies nicht zuletzt im eigenen Interesse.

(Känguruh, Ausgabe 1/1992, S. 3 ff)

Quellennachweise

Vorwort

1. G. P. Murdock, The current status of the world's gathering and hunting peoples, in: Man the Hunter, Herausgeber R. B. Lee und I. DeVore, Chicago 1968, S. 13.
2. M. Harris, Cannibals and Kings, London 1978, S. 9 ff.
3. J. Serpell, Das Tier und wir, Zürich 1990, S. 12.
4. Siehe Anmerkung 3.
5. Siehe Anmerkung 3, S. 14.
6. W. Bittermann/F. J. Plank, Zeitbombe Tierleid, München 1987, S. 160.
7. J. Reichholf, Feld und Flur - Ökologie des Kulturlandes, München 1989, S. 32.
8. U. Grohs, Psychologisch-soziologische Unterschiede zwischen Hobbyjägern und Nichtjägern, Dissertation, Graz 1985.
9. Siehe Anmerkung 6.
10. W. Christiansen, Die Jagd ist nicht mehr zeitgemäß, Göttingen 1990.
11. K. Hutter, Ein Reh hat Augen wie ein sechzehnjähriges Mädchen - das Antijagdbuch, Freiburg 1988.
12. Siehe Anmerkung 7.
13. Siehe Anmerkung 10, S. 10 f.
14. Umfrage des Samples-Instituts, Mölln, 1989.
15. Natur, Ausg. 11/1990, S. 8 ff.
16. C. Consiglio, in: Siehe Anmerkung 10, S. 7 f.

1. Teil: Jagd und Ökologie

1 Die Ökologie des Waidmannes

1. K. Blüchel, Naturwunder Deutschland, München 1979, S. 115 ff.
2. J. Reichholf, Leben und Überleben in der Natur, München 1988, S. 209.
3. E. Bezzel, Wie darf ich Sie „ansprechen“ - Graugans oder Stockente? In: Nationalpark, Ausg. 2/1986, S. 23 ff.

2 Der Fuchs - Porträt eines Delinquenten

1. A. Bourgasser, Le Renard, Cannes 1973, S. 18.
2. H. Stern, Rettet die Wildtiere, München 1982, S. 106.
3. K. Hutter, Ein Reh hat Augen wie ein sechzehnjähriges Mädchen - das Antijagdbuch, Freiburg 1988, S. 134.
4. Siehe Anmerkung 3, S. 83.
5. E. Zimen, Wildwege: Der Fuchs, Dokumentarfilm.

6. F. Labhardt, Der Rotfuchs, Hamburg/Berlin 1990, S. 113.
7. H. Sielmann, Expeditionen ins Tierreich, München 1980, S. 93.

2.1 Verhalten

1. H. Stern, Rettet die Wildtiere, München 1982, S. 106.
2. Das Tier/Tierwelt, Ausg. 8/1982, S. 22.
3. A. Bourgasser, Le Renard, Cannes 1973, S. 4.
4. Siehe Anmerkung 3, S. 20.
5. F. Labhardt, Der Rotfuchs, Hamburg/Berlin 1990, S. 114.
6. H. W. Smolik, Weltreich der Tiere, München 1982, S. 165.
7. Siehe Anmerkung 1.
8. Ethos, Ausg. 10/1988, S. 37.
9. V. B. Dröscher, Mit den Wölfen muß man heulen, Düsseldorf 1978, S. 59.
10. V. B. Dröscher, Wiedergeburt - Leben und Zukunft bedrohter Tiere, München 1988, S. 208 f.
11. Stundenplan-Info 3, Faltblatt des Landesjagdverbandes Baden-Württemberg, Stuttgart 1989.
12. Siehe Anmerkung 2, S. 107.
13. E. Zimen, Der Wolf - Mythos und Verhalten, München 1978.
14. Siehe Anmerkung 9, S. 209.
15. Siehe Anmerkung 5.
16. E. Möhn (Hrsg.), Der große Natur- und Landschaftsführer, 1979.
17. Siehe Anmerkung 5.
18. Quick, Faszination Tierwelt, Ausg. 14/1991, S. 54.
19. J. Reichholf, Feld und Flur - Ökologie des Kulturlandes, München 1989.
20. Siehe Anmerkung 8, S. 58.
21. Siehe Anmerkung 19.
22. Siehe Anmerkung 2, S. 24.

2.2 Populationsdynamik

1. V. B. Dröscher, Wiedergeburt - Leben und Zukunft bedrohter Tiere, München 1988.
2. V. B. Dröscher, Wiedergeburt - Leben und Zukunft bedrohter Tiere, München 1988, S. 210.
3. H. Stern, Rettet die Wildtiere, München 1982, S. 107.
4. E. Zimen, Der Wolf - Mythos und Verhalten, München 1978, S. 173.
5. Siehe Anmerkung 2, S. 210 (zit.).
6. H. Kalchreuter, Die Sache mit der Jagd. Grundlagen, Erkenntnisse, Perspektiven. Neuausgabe, München/Wien/Zürich 1984.
7. H. Knodel/H. Bayrhuber, Linder Biologie, 19., neubearbeitete Auflage, Stuttgart 1983.
8. F. Labhardt, Der Rotfuchs, Hamburg/Berlin 1990, S. 103.
9. Siehe Anmerkung 2, S. 210.
10. Siehe Anmerkung 8, S. 34.
11. Siehe Anmerkung 4, S. 201 ff.
12. Zit. nach W. Christiansen, Die Jagd ist nicht mehr zeitgemäß, Göttingen 1990, S. 15.

13. Wie kann die Fangjagd überleben? In: Wild und Hund, Ausg. 12/1992, S. 22 ff.
14. J. Reichholf, Feld und Flur - Ökologie des Kulturlandes, München 1989, S. 88.
15. D.W. McDonald, Social factors affecting reproduction in red foxes (vulpes vulpes), in: E. Zimen, The red fox. Biogeographica, 18, S. 123 ff.
16. Siehe Anmerkung 8, S. 102 f.
17. J. Reichholf, Leben und Überleben in der Natur, München 1988, S. 43.
18. Stundenplan-Info 3, Faltblatt des Landesjagdverbandes Baden-Württemberg, 1989.
19. Siehe Anmerkung 8, S. 106; A. Schürmann, Stadt voller Tiere, in: Kosmos, Ausg. 1/1993, S. 28 ff.
20. Das Tier/Tierwelt, Ausg. 8/1982, S. 22.

2.3 Der Fuchs als Niederwildschädling - wer reguliert wen?!

1. Stundenplan-Info 3, Faltblatt des Landesjagdverbandes Baden-Württemberg, Stuttgart 1989.
2. F. Labhardt, Der Rotfuchs, Hamburg/Berlin 1990, S. 31.
3. Das Tier/Tierwelt, Ausg. 8/1982, S. 25 f.
4. Siehe Anmerkung 2, S. 44 f.
5. J. Reichholf, Feld und Flur - Ökologie des Kulturlandes, München 1989, S. 53 f.
6. Siehe Anmerkung 2, S. 45.
7. J. Reichholf, Leben und Überleben in der Natur, München 1988, S. 199.
8. Stundenplan-Info 3, Faltblatt des Landesjagdverbandes Baden-Württemberg, Stuttgart 1989.
9. Siehe Anmerkung 3, S. 76.
10. Naturschutzbund Deutschland, zit. in: Nürtinger Zeitung, 22.12.1992.
11. Siehe Anmerkung 4, S. 57 f.
12. Siehe Anmerkung 2, S. 40.
13. V. B. Dröscher, Die Rehabilitierung des Fuchses, in: Bunte, Ausg. 18/1992, S. 83 ff.

2.4 Jagd und Tollwut - oder: Das Bumerang-Prinzip

1. H. Hagen, Wie edel ist das Waidwerk? Berlin/Wien 1984.
2. F. Kurt, Wildtiere in der Kulturlandschaft, Erlenbach/Zürich 1977.
3. H. Stern, Rettet die Wildtiere, München 1982, S. 108.
4. H. Gossow/J. Dieberger, Jagdbare Tiere, in: Umweltbericht Tierwelt, Eigenverlag des Österr. Bundesinstituts für Gesundheitswesen 1989, S. 80.
5. Verordnung zum Schutz gegen die Tollwut vom 11.3.1977.
6. V. B. Dröscher, Wiedergeburt - Leben und Zukunft bedrohter Tiere, München 1988, S. 208 ff.
7. Siehe Anmerkung 5.
8. Johnston, zit. in: R. Burrows/K. Matzen, Der Fuchs, München/Wien/Zürich 1972, S. 179.
9. F. Kurt, zit. in: K. Hutter, Ein Reh hat Augen wie ein sechzehnjähriges Mädchen - das Antijagdbuch, Freiburg 1988, S. 130.

10. Das Tier, Ausg. 11/1991, S. 12.
11. Siehe Anmerkung 5.
12. Siehe Anmerkung 5, S. 213.
13. Wild und Hund, Ausg. 12/1992, S. 22 f.
14. Siehe Anmerkung 5, S. 217 f.
15. Straubinger Tagblatt v. 16.10.1986.
16. F. Labhardt, Der Rotfuchs, Hamburg/Berlin 1990, S. 126 f.
17. Das Revier im Februar, Deutsche Jagd Zeitung, Ausg. 2/1987.
18. G. Loss, Eines Berufsjägers Alltag, Deutsche Jagd Zeitung 1/1987
19. H. Behnke, Jagd und Fang des Raubwildes, Hamburg/Berlin 1982, S. 19.
20. E. Riedel, Reizvolles Jagen auf Ranzzeitfüchse am Tage, in: Wild und Hund, Ausg. 8/1992, S. 59.
21. Siehe Anmerkung 1.

3 Rot- und Rehwild - gemästet bis zum Abschuß

3.1 Des Jägers liebstes Kind - warum es so viele „Bambis" gibt

1. DJV-Handbuch 1987, S. 102.
2 DJV-Handbuch 1987, S. 142 f. und 130 f.
3. K. Blüchel, Naturwunder Deutschland, München 1979, S. 217.
4. F. Kurt, Wildtiere in der Kulturlandschaft, Erlenbach/Zürich 1977, S. 78.
5. U. Scherping, Waidwerk zwischen den Zeiten, Hamburg/Berlin 1950.
6. W. Schröder, Rehwild und Rotwild in der Bundesrepublik Deutschland, in: Wald und Wild, Ausg. 27/1977 der Schriftenreihe des Deutschen Rates für Landespflege, S. 447-451.
7. H. Stern, Rettet die Wildtiere, München 1982, S. 85.
8. H. Hagen/N. Sojka, Auf der Strecke geblieben, Göttingen 1987, S. 11.
9. Siehe Anmerkung 8, S. 12.
10. W. Christiansen, Die Jagd ist nicht mehr zeitgemäß, Göttingen 1990, S. 51.
11. Siehe Anmerkung 9.
12. F.-C. von Berg, Zur Notzeit und Fütterung des Schalenwildes, in: Allgemeine Forst Zeitschrift, Nr. 22 vom 1. Juni 1985, Sonderdruck.
13. U. Wotschikowsky, Der Notparagraph muß fallen, in: Nationalpark, Ausg. 2/1986, S. 43.
14. H.-J. Fröhlich, Waldschäden und Schalenwildbewirtschaftung - Möglichkeiten und Lösungsfindung, in: Allgemeine Forst Zeitschrift, Jg. 1984, S. 542.
15. K. Hutter, Ein Reh hat Augen wie ein sechzehnjähriges Mädchen - das Antijagdbuch, Freiburg 1988, S. 72.
16. Siehe Anmerkung 13, S. 41 f.
17. Siehe Anmerkung 7, S. 101.
18. Stundenplan-Info 3, Faltblatt des Landesjagdverbandes Baden-Württemberg, Stuttgart 1989.
19. W. Pflug/H. Wedeck, Zur tragbaren Wilddichte aus landschaftsökologischer und waldbaulicher Sicht, in: Wald und Wild, Heft 27/1977 der Schriftenreihe des Deutschen Rates für Landespflege, S. 457-460.
20. J. Reichholf, Feld und Flur - Ökologie des Kulturlandes, München 1989, S. 64.

21. Siehe Anmerkung 10, S. 49.
22. Siehe Anmerkung 15, S. 73.
23. Siehe Anmerkung 13, S. 41.
24. J.J. Christian, The Pathology of Overpopulation, Military Medicine S.128, 571 ff., 1963.
25. Siehe Anmerkung 7, S. 85.
26. Die Pirsch, Ausg. 10/1984.
27. Siehe Anmerkung 13, S. 41 ff.

3.2 Verbißschäden - Waldsterben auf vier Beinen?

1. G. Meister, zit. in: ZEITmagazin, Ausg. 5/1988, S. 42.
2. Nationalpark, Ausg. 2/1986, S. 45.
3. J. Reichholf, Leben und Überleben in der Natur, München 1988, S. 133.
4. F. Kurt, Mehr Blattgrün durch Blattschuß, in: natur, Ausg. 12/1981, S.44 ff.
5. H. Stern, Rettet die Wildtiere, München 1982, S. 102.
6. U. Wotschikowsky, Der „Notparagraph" muß fallen, in: Nationalpark, Ausg. 2/1986, S. 41 ff.
7. R.R. Hofmann, Angriff und Abwehr. Selbsthilfe der Pflanzen. Der beste Schutz vor forstlichen Wildschäden ist ökologisch geschickter Waldbau, in: Deutsche Jagd Zeitung, Ausg. 2/1986, S. 4.
8. G. Meister/C. Schütze/G. Sperber, Die Lage des Waldes, Hamburg 1984, S. 106.
9. E.-D. Schulze, Waldschäden, in: Mannheimer Forum 91/92 (Studienreihe Boehringer Mannheim), München 1992, S. 148.
10. R. Plochmann, Weil sein muß, was nicht sein kann - die Jagdwissenschaft des Herrn von Eggeling, in: Nationalpark, Ausg. 2/1986, S. 47 ff.
11. H. Gossow, Wildökologie. Begriffe - Methoden - Ergebnisse - Konsequenzen, München 1976, S. 213.
12. J. Reichholf, Feld und Flur - Ökologie des Kulturlandes, München 1989, S. 64.
13. T. Schauer, Wieviel Äsung braucht das Wild, in: Die Pirsch, Jg.1973, S.349 ff.
14. Siehe Anmerkung 11, S. 106.
15. Siehe Anmerkung 12, S. 63.

4 Die Hege - Deckmantel für egozentrische Abschußgedanken

1. Wild, Jagd und Jäger in der Bundesrepublik Deutschland, Faltblatt des Deutschen Jagdschutz-Verbandes e.V., Bonn 1991.
2. N. Sojka/H. Hagen, Auf der Strecke geblieben, Göttingen 1987, S.14 f.
3. W. Erz, zit. nach: Nationalpark, Ausg. 2/1986, S. 20.
4. T. Neiss, Die Fähigkeit der Vernunft, Feinbilder zu überwinden, in: Wild und Hund, Ausg. 12/1992, S. 4 ff.

4.1 Biotop„verbesserungen"

1. Wild, Jagd und Jäger in der Bundesrepublik Deutschland, Faltblatt des Deutschen Jagdschutz-Verbandes e.V., Bonn 1991.
2. N. Sojka/H. Hagen, Auf der Strecke geblieben, Göttingen 1987, S. 11.

3. Siehe Anmerkung 2.
4. W. Christiansen, Die Jagd ist nicht mehr zeitgemäß, Göttingen 1990, S.38.
5. Siehe Anmerkung 2.
6. Siehe Anmerkung 4, S. 47.

4.2 Die Einseitigkeit der Hege

1. W. Erz, Zwischen Hochmut und Hege, in: Nationalpark, Ausg. 2/1986, S. 6.
2. Wild, Jagd und Jäger in der Bundesrepublik Deutschland, Faltblatt des Deutschen Jagdschutz-Verbandes e. V., Bonn 1991.
3. Deutsche Jagd Zeitung, Ausg. 8/1986, S. 3.
4. Deutsche Jagd Zeitung, Ausg. 11/1986, S. 4.
5. Siehe Anmerkung 1.
6. H. Bibelriether, Ist Jagd angewandter Naturschutz? In: Jagd und Naturschutz, Wiesenfelder Reihe, Heft 3, Februar 1985.
7. Siehe Anmerkung 2.
8. Traunsteiner Wochenblatt, Ausg. unbek.
9. W. Scherzinger, Der Truthahn als Kanonenfutter, in: Nationalpark, Ausg. 2/1986, S. 26.

4.3 Hegefolgen für jagdbare Arten

1. N. Sojka/H. Hagen, Auf der Strecke geblieben, Göttingen 1987, S. 14.
2. Siehe Anmerkung 1.
3. G. Reichelt, Naturschutz und Jagd, Faltblatt.

4.4 Die Hege mit Büchse und Falle

1. W. Christiansen, Die Jagd ist nicht mehr zeitgemäß, Göttingen 1990, S.43.
2. N. Sojka/H. Hagen, Auf der Strecke geblieben, Göttingen 1987, S. 21.
3. Siehe Anmerkung 1, S. 44.
4. Siehe Anmerkung 1, S. 44.
5. E. Zimen, in: G. Schumann, Mein Jahr mit den Füchsen, Fulda 1992, S. 6.
6. H. Behnke, Jagd und Fang des Raubwildes, Hamburg/Berlin 1982, S. 10.
7. Siehe Anmerkung 5.
8. K. Thiele, Die Jagd stört - gefährdet - verfremdet die Natur, in: Nationalpark, Ausg. 2/1986, S. 20.

4.5 Folgen der Hege für das ökologische Gleichgewicht

1. Defenders of Wildlife, Changing US-Trapping Policy. A Handbook For Activists, Washington D. C. 1984, S. 11.
2. N. Sojka/H. Hagen, Auf der Strecke geblieben, Göttingen 1987, S. 15.
3. Bundesjagdgesetz in der Fassung der Bekanntmachung vom 29. September 1976 (BGBl. I, S. 2849): §1 Abs. 2.
4. W. Erz, Zwischen Hochmut und Hege, in: Nationalpark, Ausg. 2/1986, S. 6.
5. B. Kroymann/W. Epple, Memorandum zum Schutz der Rabenvögel, Hrsg.: Deutscher Bund für Vogelschutz, Landesverband Baden-Württemberg, Stuttgart 1987, S. 16.

6. F. G. Winkler, in: Die Pirsch, Ausg. 5/1987, S. 13.
7. G. Sperber, Hegeziele in Schutzgebieten aus wild- und naturschutzökologischer Sicht, in: Probleme der Jagd in Schutzgebieten, Jahrbuch für Natur- und Landschaftspflege, Greven 1987.

5 Verhaltensänderungen durch Jagd und Hege

5.1 Jagd macht Tiere scheu!

1. Das Wild braucht seine Ruhe, in: Nürtinger Zeitung, 15.4.1991.
2. Nehmt Rücksicht aufs Wild! Faltblatt des Deutschen Jagdschutz-Verbandes e.V., Bonn.
3. D. Weber, Ohne Jäger nicht wild. Warum Tiere und Erholungsbetrieb einander nicht vertragen, in: Nationalpark, Ausg. 4/1982, S. 7 ff.
4. E. Zimen, in: G. Schumann, Mein Jahr mit den Füchsen, Fulda 1992, S. 6.
5. K. Hutter, Ein Reh hat Augen wie ein sechzehnjähriges Mädchen - das Antijagdbuch, Freiburg 1988, S. 113.
6. Feindbild Mensch. Stellungnahmen und Kritiken zu „Ohne Jäger nicht wild“, in: Nationalpark, Ausg. 2/1983.
7. Siehe Anmerkung 3, S. 8.
8. Siehe Anmerkung 3, S. 8.
9. W. Christiansen, Die Jagd ist nicht mehr zeitgemäß, Göttingen 1990, S. 64.
10. Siehe Anmerkung 4.
11. Töten üben und leben lassen, in: GEO, Ausg. 3/1987, S. 100 ff.
12. J. Reichholf, Leben und Überleben in der Natur, München 1988, S. 206.
13. Siehe Anmerkung 6.
14. Siehe Anmerkung 9, S. 63.
15. H. Bibelriether, Die Angst des Wildes vor dem jagenden Menschen, in: Nationalpark, Ausg. 2/1986, S. 32 ff.
16. K. Thiele, Die Jagd stört - gefährdet - verfremdet die Natur, in: Nationalpark, Ausg. 2/1986, S. 19 ff.
17. Siehe Anmerkung 16, S. 20.
18. Siehe Anmerkung 17.
19. F. Labhardt, Der Rotfuchs, Hamburg/Berlin 1990, S. 13.
20. Siehe Anmerkung 4.
21. J. D. Henry, Red Fox. The Catlike Canine, Washington 1986.
22. Siehe Anmerkung 19, S. 126.

5.2 Einflüsse auf das Sozialverhalten des Wildes

1. N. Sojka/H. Hagen, Auf der Strecke geblieben, Göttingen 1987, S. 11 f.
2. Siehe Anmerkung 1, S. 12 f.
3. Siehe Anmerkung 1, S. 14.
4. K. Hutter, Ein Reh hat Augen wie ein sechzehnjähriges Mädchen - das Antijagdbuch, Freiburg 1988, S. 115.
5. J. Reichholf, Feld und Flur - Ökologie des Kulturlandes, München 1989, S. 122.
6. F. Labhardt, Füchse auf Sendung, in: Das Tier/Tierwelt, Ausg. 8/1982, S. 27.

7. E. Zimen, Vorwort zu: G. Schumann, Mein Jahr mit den Füchsen, Fulda 1992, S. 7.
8. H. Stern, Rettet die Wildtiere, München 1982, S. 107.
9. Das Wild braucht seine Ruhe, in: Nürtinger Zeitung, 15.4.1991.

6 Jäger als Ersatzwölfe und Jagd als Wolfersatz!?

1. Wild, Jagd und Jäger in der Bundesrepublik Deutschland. Faltblatt des Deutschen Jagdschutz-Verbandes e. V., Bonn 1987.
2. N. Sojka/H. Hagen, Auf der Strecke geblieben, Göttingen 1987, S. 13.
3. E. T. Hall, Die Sprache des Raumes, Düsseldorf 1970.
4. J. Reichholf, Feld und Flur - Ökologie des Kulturlandes, München 1989, S. 53 f.
5. Stundenplan-Info 3, Faltblatt des Landesjagdverbandes Baden-Württemberg, Stuttgart 1989.
6. V. Ziswiler, Bedrohte und ausgerottete Tiere, Berlin/Heidelberg 1965.
7. U. Wotschikowsky, Rot- und Rehwild im Nationalpark Bayerischer Wald, Heft 7 der Reihe Nationalpark Bayerischer Wald, 1981, S. 102.
8. Nationalpark, Ausg. 2/1986, S. 36.
9. E. Zimen, Der Wolf - Mythos und Verhalten, Wien/München 1978, S. 206.
10. W. Christiansen, Die Jagd ist nicht mehr zeitgemäß, Göttingen 1990, S. 53 ff.
11. Siehe Anmerkung 10, S. 55.
12. J. Reichholf, Leben und Überleben in der Natur, München 1988, S. 57.

7 „Fried-“ und „Raubwild“ - von der prozeßlosen Verurteilung Unschuldiger

1. H. Behnke, Jagd und Fang des Raubwildes, Hamburg/Berlin 1982.
2. H. Spittler, Fuchsjagd tut not, in: Rheinisch-Westfälischer Jäger, Ausg. 12/1991, S. 37.
3. H. Kalchreuter, zit. in: Nationalpark, Ausg. 2/1986, S. 36.
4. Siehe Anmerkung 1, S. 3.
5. W. Erz, Tödliche Liebe zur Natur, in: GEO, Ausg. 2/1988, S. 156 f.
6. J. Reichholf, Leben und Überleben in der Natur, München 1988, S. 57.
7. Siehe Anmerkung 5, S. 59.
8. Siehe Anmerkung 1, S. 12.
9. J. Gepp, Gefährdete Vielfalt, in: Umweltreport Österreich, 1986, S. 212 ff.
10. W. Scherzinger, Der Truthahn als Kanonenfutter - Wildersatz und Ersatzwild für den Selbstbetrug der Jäger, in: Nationalpark, Ausg. 2/1986, S. 26 ff.
11. K. Hutter, Ein Reh hat Augen wie ein sechzehnjähriges Mädchen - das Antijagdbuch, Freiburg 1988, S. 94.
12. H. Spittler, Fasanenhege aus gegenwärtiger Sicht, in: Deutsche Jagd Zeitung, Ausg. 10/1986, S. 6.
13. H. Kalchreuter, Artgerechte Hegemaßnahmen aus der Sicht eines Wildbiologen, in: Niedersächsischer Jäger, Ausg. 9/1986, S. 483.
14. V. Döring/R. Helferich, Zur Ökologie einer Rebhuhnpopulation (Perdix perdix, Linné, 1758) im Unteren Naheland (Rheinland-Pfalz; Bundesrepublik Deutschland), Heft 15 der Schriften des Arbeitskreises für

Wildbiologie und Jagdwissenschaft an der Justus-Liebig-Universität Gießen; Stuttgart 1986, S. 246.
15. P. Müller, Wie kann die Fangjagd überleben? In: Wild und Hund, Ausg. 12/1992, S. 22 ff.
16. Siehe Anmerkung 1, S. 13.
17. N. Orsjanikow, Fuchs, du hast die Gans geschützt, in: Natur, Ausg. 11/1988, S. 36 ff.

7.1 Die Sache mit dem Feldhasen

1. V. B. Dröscher, Wiedergeburt - Leben und Zukunft bedrohter Tiere, München 1988, S. 187.
2. J. Reichholf, Feld und Flur - Ökologie des Kulturlandes, München 1989, S. 58.
3. Siehe Anmerkung 1, S. 178.
4. J. Reichholf, Leben und Überleben in der Natur, München 1988, S. 199.
5. Siehe Anmerkung 1, S. 182.
6. H. Behnke, Jagd und Fang des Raubwildes, Hamburg/Berlin 1982, S. 17.
7. P. Müller, Wie kann die Fangjagd überleben, in: Wild und Hund, Ausg. 12/1992, S. 22 ff.
8. F. Labhardt, Der Rotfuchs, Hamburg/Berlin 1990, S. 32.
9. M. Pegel, Ist der Feldhase in der Bundesrepublik bestandsgefährdet? In: DJV-Nachrichten, Ausg. 1/1987, S. 12.
10. R. Klotz, In Hülle und Fülle, in: Jäger, Ausg. 5/1987, S. 37.
11. H. Kalchreuter, Die Sache mit der Jagd. Grundlagen - Erkenntnisse - Perspektiven, Neuausgabe, München/Wien/Zürich 1984, S. 91.
12. Siehe Anmerkung 11.
13. Siehe Anmerkung 8.
14. P.K. Pernutz in: Deutsche Jagd Zeitung, Ausg. 1/1986, S. 17.
15. U. Scherping, Waidwerk zwischen den Zeiten, Hamburg/Berlin 1950.
16. V. Döring/R. Helferich, Zur Ökologie einer Rebhuhnpopulation (Perdix perdix, Linné, 1758) im Unteren Naheland (Rheinland-Pfalz; Bundesrepublik Deutschland), Heft 15 der Schriften des Arbeitskreises für Wildbiologie und Jagdwissenschaft an der Justus-Liebig-Universität Gießen; Stuttgart 1986, S. 218 ff.
17. F. Kurt, Ausgehoppelt? In: Natur, Ausg. 4/1984, S. 45 ff.
18. Siehe Anmerkung 2, S. 56.
19. H. Stern, Rettet die Wildtiere, München 1982, S. 29.
20. Siehe Anmerkung 1, S. 186.
21. Deutsche Jagd Zeitung, Ausg. 3/1986, S. 24.
22. K. Thiele, Die Jagd stört - gefährdet - verfremdet die Natur, in: Nationalpark, Ausg. 2/1986, S. 19 ff.
23. Siehe Anmerkung 1, S. 178 ff.

7.2 Von schwindenden Jagdfreuden und abnehmenden Rebhuhnbeständen

1. J. Reichholf, Leben und Überleben in der Natur, München 1988, S. 199.
2. W. Scherzinger, Der Truthahn als Kanonenfutter, in: Nationalpark, Ausg. 2/1986, S. 27.
3. H. Behnke, Jagd und Fang des Raubwildes, Hamburg/Berlin 1982, S. 44.

4. Siehe Anmerkung 3, S. 46.
5. F. Labhardt, Der Rotfuchs, Hamburg/Berlin 1990, S. 47.
6. H. Matejka/P. Roeben/E. Schroeder, Zur Ernährung des Rotfuchses (Vulpes vulpes, Linné, 1758) im offenen Kulturland, in: Säugetierkunde, Ausg. 42, 1977, S. 347 ff.
7. J. Goszcynski, Studies on the food of foxes, in: Acta theriol., Ausg. 19/1974, S. 1 ff.
8. P. Reynolds, Preliminary observations on the food of the Fox in the Camargue, with special reference to Rabbit (Oryctolagus cuniculus) predation, in: Mammalia, Ausg. 43/1979, S. 295 ff.
9. V. Döring/R. Helferich, Zur Ökologie einer Rebhuhnpopulation (Perdix perdix, Linné, 1758) im Unteren Naheland (Rheinland-Pfalz; Bundesrepublik Deutschland), Heft 15 der Schriften des Arbeitskreises für Wildbiologie und Jagdwissenschaft an der Justus-Liebig-Universität Gießen; Stuttgart 1986, S. 218 ff.
10. Siehe Anmerkung 5, S. 246.
11. U. Scherping, Waidwerk zwischen den Zeiten, Hamburg/Berlin 1950.
12. K. Hutter, Ein Reh hat Augen wie ein sechzehnjähriges Mädchen - das Antijagdbuch, Freiburg 1988, S. 94.
13. J. Reichholf, Feld und Flur - Ökologie des Kulturlandes, München 1989, S. 95.
14. Z. Pielowski, Weiser für Umweltveränderungen - europaweit geht der Rebhuhnbesatz zurück, in: Deutsche Jagd Zeitung, Ausg. 8/1986, S. 5.
15. H. Hintermeier, Der Rückgang des Rebhuhns - Tatsachen, Ursachen, Maßnahmen, in: Naturwissenschaften im Unterricht, Ausg. 1/1981, S. 9 ff.
16. Siehe Anmerkung 5, S. 213.
17. Siehe Anmerkung 11.
18. Siehe Anmerkung 1, S. 198.
19. Siehe Anmerkung 9, S. 98.
20. Siehe Anmerkung 10.

7.3 Vom Niedergang des Birkhuhns

1. W. Dietzen, Birkwildschutz auf dem Prüfstand, in: Berichte der Deutschen Sektion des Internationalen Rates für Vogelschutz, Band 25, 1985, S. 111.
2. H. Kalchreuter, Die Sache mit der Jagd. Grundlagen - Erkenntnisse - Perspektiven, Neuausgabe, München/Wien/Zürich 1984, S. 95/96.
3. J. Reichholf, Feld und Flur - Ökologie des Kulturlandes, München 1989, S. 37.
4. Siehe Anmerkung 2.
5. R. Witt, Friß, Vogel, oder stirb! In: Natur, Ausg. 9/1986, S. 62 ff.
6. Zit. nach R. Witt, siehe Anmerkung 5, S. 69.
7. Siehe Anmerkung 1.
8. W. Schröder/W. Dietzen/U. Glänzer, Das Birkhuhn in Bayern, Schriftenreihe Naturschutz und Landschaftspflege, Heft 13, Hrsg.: Bayerisches Landesamt für Umweltschutz; München/Wien 1981, S. 52 und 62/63.

9. J. Reichholf, Leben und Überleben in der Natur, München 1988, S. 57 f.
10. Siehe Anmerkung 5.
11. Siehe Anmerkung 2, S. 275.
12. Siehe Anmerkung 5, S. 68.
13. Zit. nach R. Witt, siehe Anmerkung 5, S. 69.
14. H. Heckenroth, Unterschiedliche Ergebnisse von Bestandsaufnahmen des Birkhuhns durch Faunisten und Jagdrevierinhaber, in: Berichte der Deutschen Sektion des Internationalen Rates für Vogelschutz, Band 15, 1975, S. 64 ff.
15. R. Berndt/W. Winkel, Vogelwelt und Jagd, in: Berichte der Deutschen Sektion des Internationalen Rates für Vogelschutz, Nr. 16 (1976), S. 82 ff.
16. Siehe Anmerkung 3, S. 99.
17. DJV-Handbuch Jagd 1987, S. 154/155.
18. Siehe Anmerkung 9, S. 49.
19. K. Hutter, Ein Reh hat Augen wie ein sechzehnjähriges Mädchen - das Antijagdbuch, Freiburg 1988, S. 49.
20. J. Reichholf, Verdrängte der Fasan Phasianus colchicus das Birkhuhn Tetrao tetrix? In: Anzeiger der Ornithologischen Gesellschaft in Bayern, Band 21, 1982, Nr. 1/2, S. 3 ff.
21. Siehe Anmerkung 20, S. 17 f.
22. C. König, Gefährdete Vogelarten in Baden-Württemberg, Sonderdruck aus Heft 33 der Veröffentlichung der Landesstelle für Naturschutz und Landschaftspflege Baden-Württemberg, Ludwigsburg 1965, S. 238.
23. B. Hauser, Das teuerste Habichtsfutter der Welt, in: Frankfurter Allgemeine Zeitung vom 15.7.1986.
24. Siehe Anmerkung 2, S. 277.
25. Siehe Anmerkung 3, S. 99.
26. Siehe Anmerkung 22.
27. Siehe Anmerkung 18, S. 53.

7.4 Feindbild Krähe - die Schreckenstaten des „schwarzen Gesindels“

1. J. Reichholf, Feld und Flur - Ökologie des Kulturlandes, München 1989, S. 121.
2. DJV-Handbuch Jagd 1987, S. 107 ff.
3. K. Hutter, Ein Reh hat Augen wie ein sechzehnjähriges Mädchen - das Antijagdbuch, Freiburg 1988, S. 93.
4. H. Behnke, Jagd und Fang des Raubwildes, Hamburg/Berlin 1982.
5. Siehe Anmerkung 4, S. 60.
6. Siehe Anmerkung 4, S. 59.
7. W. Erz, Tödliche Liebe zur Natur, in: GEO, Ausg. 2/1988, S. 156 f.
8. J. Rauwolf, Leserbrief, in: Die Pirsch, Ausg. 4/1987, S. 50.
9. Deutsche Jagd Zeitung, Ausg. 3/1987, S. 52.
10. Siehe Anmerkung 7.
11. Frankfurter Rundschau, 20.8.1988.
12. „Beutegreifer werden zu Götzen gemacht ...“ („Die Pirsch“ befragt Dr. Heribert Kalchreuter), in: Die Pirsch, Ausg. 4/1987, S. 30.
13. Siehe Anmerkung 12.
14. Siehe Anmerkung 12.

15. B. Kroymann/W. Epple, Memorandum zum Schutz der Rabenvögel, Deutscher Bund für Vogelschutz (DBV), Landesverband Baden-Württemberg e.V., Stuttgart 1987.
16. W. Kosack, Leserbrief, in: Die Pirsch, Ausg. 5/1987, S. 13.
17. L. Eicke, Leserbrief, in: Die Pirsch, Ausg. 5/1987, S. 14.
18. J. Schönburg, in: Die Pirsch, Ausg. 16/1986, S. 114.
19. H. Oelke, Leserbrief, in: GEO, Ausg. 4/1988, S. 9.
20. H. Hagen/N. Sojka, Auf der Strecke geblieben, Göttingen 1987, S. 35.
21. Siehe Anmerkung 7.
22. Siehe Anmerkung 7.
23. Siehe Anmerkung 1, S. 123.
24. Siehe Anmerkung 1, S. 120.
25. Siehe Anmerkung 1, S. 122.
26. Siehe Anmerkung 7.
27. Siehe Anmerkung 7.
28. Wild und Hund, Ausg. 12/1992, S. 10.

7.5 Der Umgang der Jägerschaft mit geschützten Arten

1. K. Gluth, Leserbrief, in: Naturschutz heute, Ausg. 1/1992, S. 21.
2. H. Behnke, Jagd und Fang des Raubwildes, Hamburg/Berlin 1982, S. 22.
3. K. Hutter/M. Hutter/G. Peter, Pelz macht kalt - vom Ausverkauf der wildlebenden Pelztiere, Göttingen 1989, S. 31.
4. H. Sojka, Die Fallenjagd muß aufgegeben werden - notfalls mit Hilfe des Staatsanwaltes, in: Deutsche Jagd Zeitung, 1988 (Ausg. unbek.), S. 54 f.
5. K. Hutter, Ein Reh hat Augen wie ein sechzehnjähriges Mädchen - das Antijagdbuch, Freiburg 1988, S. 143.
6. H. Behnke, Jagdbetriebslehre, Hamburg/Berlin 1983 (überarbeitete Auflage).
7. V. B. Dröscher, Wiedergeburt - Leben und Zukunft bedrohter Tiere, München 1988, S. 84.
8. Siehe Anmerkung 7, S. 85.
9. Siehe Anmerkung 7.
10. Süddeutsche Zeitung, 11.5.1984.
11. Elmshorner Nachrichten, 16.4.1984.
12. Dithmarscher Rundschau, 28.2.1984.
13. Schleswig-Holsteinische Landeszeitung, 21.1.1984.
14. Neue Presse, 12.8.1986.
15. Schwarzwälder Bote, 21.2.1987.
16. Norddeutsche Rundschau, 8.8.1986.
17. Jäger heute, Faltblatt des Deutschen Jagdschutz-Verbandes e.V., 1974.
18. Westfälische Rundschau, 11.10.1985.
19. Landesbund für Vogelschutz in Bayern e.V., Presseinformation 32/1986.

8 Jagd in Naturschutzgebieten

1. Bundesforschungsanstalt für Naturschutz und Landschaftsökologie, Bonn-Bad Godesberg 1986.
2. §13 Absatz 1 Bundesnaturschutzgesetz.

3. §13 Absatz 2 Bundesnaturschutzgesetz.
4. Das Unding in den Alpen, in: GEO, Ausg. 5/1986, S. 140 ff.
5. Deutsche Jagd Zeitung, Ausg. 1/1987, S. 1.
6. H. Bibelriether, Die Angst des Wildes vor dem jagenden Menschen, in: Nationalpark, Ausg. 2/1986, S. 32 f.
7. W. Petersen, zit. in: Sylter Rundschau, 12.9.1986.
8. Deutsche Jagd Zeitung, Ausg. 1/1987, S. 2.
9. J. Reichholf, Die Innstauseen. Naturschutzbilanz nach zehn Jahren, in: Nationalpark, Ausg. 4/1982, S. 11 ff.
10. Siehe Anmerkung 9, S. 14.
11. Schweizer Naturschutz, Ausg. 2/1986.
12. Zit. in: K. Sojka, Auch Tiere haben Rechte, Düsseldorf 1987, S. 224.
13. J. Reichholf, Leben und Überleben in der Natur, München 1988, S. 199 f.
14. Siehe Anmerkung 9, S. 14.
15. Bedrohte Paradiese, in: GEO, Ausg. 6/1982, S. 14.
16. taz, 26.4.1990.
17. Weser-Kurier, 27.8.1986.
18. Siehe Anmerkung 5.
19. R. Graulich, in: Hessenjäger, Ausg. 5/1986.
20. Die Pirsch, Ausg. 16/1986, S. 1140.
21. P.K. Pernutz, in: Deutsche Jagd Zeitung, Ausg. 10/1986.
22. Siehe Anmerkung 5.

9 Schrotkugeln aus Blei - klein, rund und hochtoxisch

1. H. Hagen/N. Sojka, Auf der Strecke geblieben, Göttingen 1987, S. 22.
2. H. Behnke, Jagdbetriebslehre, Hamburg/Berlin 1983 (4., überarbeitete Auflage), S. 47.
3 R. Blase/F. Pettinger, Die Jägerprüfung in Frage und Antwort, Melsungen 1985, S. 62.
4. Siehe Anmerkung 1, S. 23.
5. Zit. in: DJV-Nachrichten, Ausg. 3/1986, S. 11.
6. Siehe Anmerkung 1, S. 23.
7. Siehe Anmerkung 1, S. 23.
8. Anlage zum Schreiben der Fachzeitschrift Ornithologie Südlicher Oberrhein im Deutschen Bund für Vogelschutz an das Ministerium für Ernährung, Landwirtschaft, Umwelt und Forsten Baden-Württemberg, 1986.
9. Siehe Anmerkung 1, S. 23.
10. A. W. Boback, Der Einfluß der Bejagung auf den Entenbestand und das Problem der Abschußplanung, Beiträge zur Jagd und Wildtierforschung 7/1973, S. 243 ff.
11. G.J. Thomas, Lead poisoning in waterfowl, in: D.A. Scott, Managing wetlands and their birds, IWRB Special Publication, 1982, S. 260 f.
12. K. Thiele, Die Jagd stört - gefährdet - verfremdet die Natur, in: Nationalpark, Ausg. 2/1986, S. 19 ff.
13. Zit. in: Der Spiegel, Ausg. 25/1986, S. 198.
14. K. Westermann, Massenabschuß von Enten in Rheinau-Freistett, Ortenaukreis, in: Berichte der Deutschen Sektion des Internationalen Rates für Vogelschutz, Nr. 25, 1985, S. 77 ff.

15. K. Hutter, Ein Reh hat Augen wie ein sechzehnjähriges Mädchen - das Antijagdbuch, Freiburg 1988, S. 126.
16. Siehe Anmerkung 15.
17. Zit. in: Süddeutsche Zeitung, 11.5.1984.
18. N. Sojka, Tierschutz, Tierschutz, Hamburg 1985, S. 42.
19. Siehe Anmerkung 15, S. 111.
20. S. Schaber, zit. in: H.F. Frank, Tiere - geliebt, gequält, gefoltert, Salzburg 1987, S. 102.
21. M. Pietsch, zit. in: H.F. Frank, Tiere - geliebt, gequält, gefoltert, Salzburg, 1987, S. 97.
22. K. Sojka/U. Schulz-Kühnel, Das neue Tierschutz-Buch, München 1991, S. 74.
23. W. Bittermann/F. J. Plank, Zeitbombe Tierleid, München 1988, S. 169.

2. Teil: Jagd unter Betrachtung ethisch-moralischer Aspekte - was bleibt, ist nackte Brutalität

11 Auch Tiere wollen leben

1. Tierschutzgesetz der Bundesrepublik Deutschland von 1986, §1.
2. D.R. Griffin, Wie Tiere denken - ein Vorstoß ins Bewußtsein der Tiere, München/Wien/Zürich 1985, S. 39.
3. K. Lorenz/F. Kreuzer, Leben ist lernen. Von Immanuel Kant bis Konrad Lorenz. Ein Gespräch über das Leben des Nobelpreisträgers, München 1981.

12 Die Waidgerechtigkeit oder: Die besondere Moral deutscher Jäger

1. O. y Gasset, zit. in: J. Schulte, Der Jäger, Stuttgart 1990, S. 320.
2. J. Schulte, Der Jäger, Stuttgart 1990, S. 320.
3. H. Behnke, Jagd und Fang des Raubwildes, Hamburg/Berlin 1982, S. 14f.
4. Tierschutzgesetz der Bundesrepublik Deutschland von 1986, §4.
5. W. Christiansen, Die Jagd ist nicht mehr zeitgemäß, Göttingen 1990, S. 72.
6. W. Bittermann/F. J. Plank, Zeitbombe Tierleid, München 1988, S. 161.
7. B. Rüsch, Heuchler im grünen Loden, in: Deutsche Jagd Zeitung, 1988 (Ausg. unbek.).
8. H. Hagen/N. Sojka, Auf der Strecke geblieben, Göttingen 1987, S. 30.
9. J. Illies, Anthropologie des Tieres, München 1973.
10. Siehe Anmerkung 2.
11. G. Heinemann, Jäger heute, Broschüre des DJV, Bonn 1974.
12. F. Nüßlein, Jagdkunde, München/Wien/Zürich 1980, S. 184.
13. Siehe Anmerkung 2, S. 300.
14. Siehe Anmerkung 2, S. 301.
15. Siehe Anmerkung 8, S. 27.
16. Recht für Tiere, Ausg. 1/1990, S. 3.
17. H. Hagen, Wie edel ist das Waidwerk? Berlin/Wien 1984, S. 163.

18. P. Scott, I have sold my guns, Nature in Focus, Straßburg 1971.
19. Siehe Anmerkung 12, S. 207.
20. Siehe Anmerkung 12, S. 310.
21. Siehe Anmerkung 2, S. 302 ff.
22. Siehe Anmerkung 2, S. 306 ff.
23. Siehe Anmerkung 2, S. 307.
24. H. Behnke, Jagdbetriebslehre, Hamburg/Berlin 1983, S. 57.
25. Siehe Anmerkung 24, S. 54.
26. Die Pirsch, Ausg. 19/1986.
27. Siehe Anmerkung 17, S. 162.
28. Wild und Hund, 1979 (Ausg. unbek.), S. 82.
29. L. Hartl, Eine lange Hatz, in: Die Pirsch, Ausg. 31/1979.
30. Siehe Anmerkung 2, S. 307.
31. Siehe Anmerkung 2, S. 468.
32. Siehe Anmerkung 8, S. 26.
33. Siehe Anmerkung 2, S. 308.
34. H. Behnke, zit. in: Siehe Anmerkung 17, S. 181.
35. Siehe Anmerkung 2, S. 308.
36. Siehe Anmerkung 24, S. 98.
37. Siehe Anmerkung 2, S. 308.
38. H. Hagen, Waidwerk und Tierschutz, in: Diagnosen, Ausg. 6/1983, S. 63 f.
39. W. Schröder, Jagd vorbei? In: Nationalpark, Ausg. 2/1986, S. 28 ff.
40. E. Zimen, Vorwort zu: G. Schumann, Mein Jahr mit den Füchsen, Fulda 1992, S. 6.

13 Die Einzel- und Gesellschaftsjagd

13.1 Ansitz, Anstand und Lockjagd

1. R. Kröger, Fuchsbejagung, in: F. Labhardt, Der Rotfuchs, Hamburg/Berlin 1990, S. 140.
2. H. Behnke, Jagdbetriebslehre, Hamburg/Berlin 1983, S. 35 f.
3. F. Nüßlein, Jagdkunde, München/Wien/Zürich 1980, S. 203.
4. H. Behnke, Jagd und Fang des Raubwildes, Hamburg/Berlin 1982, S. 28.
5. Siehe Anmerkung 3.
6. Siehe Anmerkung 3, S. 195 f.
7. Siehe Anmerkung 3, S. 196.
8. Siehe Anmerkung 2, S. 27.

13.2 Stöbern, Buschieren, Suchen und Brackieren

1. F. Nüßlein, Jagdkunde, München/Wien/Zürich 1980, S. 196.
2. J. Schulte, Der Jäger, Stuttgart 1990, S. 271.
3. Siehe Anmerkung 1, S. 197.
4. Siehe Anmerkung 1, S. 197.
5. Siehe Anmerkung 1, S. 197.
6. Siehe Anmerkung 2.
7. Siehe Anmerkung 1, S. 197.
8. Siehe Anmerkung 1, S. 197.

9. Siehe Anmerkung 1, S. 197.
10. H. Behnke, Jagd und Fang des Raubwildes, Hamburg/Berlin 1982, S.33.
11. Siehe Anmerkung 10, S. 42.

13.3 Die Baujagd

1. F. Nüßlein, Jagdkunde, München/Wien/Zürich 1980, S. 202.
2. H. Behnke, Jagd und Fang des Raubwildes, Hamburg/Berlin 1982, S.19.
3. Siehe Anmerkung 2, S. 20.
4. Siehe Anmerkung 2, S. 21.
5. Siehe Anmerkung 2, S. 21.
6. Siehe Anmerkung 2, S. 22.
7. K. Hutter/M. Hutter/G. Peter, Pelz macht kalt - vom Ausverkauf der wildlebenden Pelztiere, Göttingen 1989, S. 31.
8. Siehe Anmerkung 1, S. 273.
9. F. Labhardt, Der Rotfuchs, Hamburg/Berlin 1990, S. 126.
10. J. Schulte, Der Jäger, Stuttgart 1990, S. 279.
11. N. Sojka, Tierschutz, Tierschutz, Hamburg 1985, S. 49.
12. Siehe Anmerkung 11, S. 50.
13. H. Behnke, Jagdbetriebslehre, Hamburg/Berlin 1983, S. 45.

13.4 Treib- und Drückjagden

1. F. Nüßlein, Jagdkunde, München/Wien/Zürich 1980, S. 198.
2. H. Behnke, Jagdbetriebslehre, Hamburg/Berlin 1983, S. 57.
3. H. Stern, zit. in: Frankfurter Neue Presse, 21.10.1989.
4. Stuttgarter Zeitung, 30.12.1987.
5. H. Behnke, Jagd und Fang des Raubwildes, Hamburg/Berlin 1982, S.25.
6. Siehe Anmerkung 4, S. 26.
7. V. B. Dröscher, Wiedergeburt - Leben und Zukunft bedrohter Tiere, München 1988.
8. N. Sojka, Tierschutz, Tierschutz, Hamburg 1985, S. 49.
9. Siehe Anmerkung 7, S. 45.
10. W. Nowak-Nordheim, Der Becher des Lebens - so reich, in: G. Heinemann, Mit grünen Federn, DJV-Taschenbuch, Vereinigung der Deutschen Landesjagdverbände, Bonn 1979, S. 64 ff.
11. Siehe Anmerkung 2, S. 54 f.
12. G. Gendrichs, Im Wandel der Zeit, in: G. Heinemann, Mit grünen Federn, DJV-Taschenbuch, Vereinigung der Deutschen Landesjagdverbände, Bonn 1979.
13. H. Hagen/N. Sojka, Auf der Strecke geblieben, Göttingen 1987, S. 27.
14. K. D. Arnold, Wir Jäger sind auch Naturschützer, in: Niedersächsischer Jäger, Ausg. 6/1979, S. 251 ff.
15. Siehe Anmerkung 2, S. 55.

14 Die Fallenjagd - von mittelalterlichen Mordinstrumenten und ihren Opfern

1. J. Schönburg, Sinn und Bedeutung der Jagd heute, ANL-Tagungsberichte 3/1981.

2. J. Schulte, Der Jäger, Stuttgart 1990, S. 275.
3. H. Behnke, Jagd und Fang des Raubwildes, Hamburg/Berlin 1982, S. 106.
4. Tierschutzgesetz, §13.
5. W. Helemann, Leserbrief, in: Münchener Merkur, 4.9.1986.
6. H. J. Weichert, Für ein Recht der Tiere, Naturopa 6/7/1979.
7. G. Gendrichs, Im Wandel der Zeit, in: G. Heinemann, Mit grünen Federn, DJV-Taschenbuch, Vereinigung der Deutschen Landesjagdverbände, Bonn 1979.
8. E. Grell, Tierfallen und Jagdgeräte (Katalog).
9. W. Bittermann/F. J. Plank, Zeitbombe Tierleid, München 1988, S. 166.

14.1 Lebendfallen

1. H. Behnke, Jagd und Fang des Raubwildes, Hamburg/Berlin 1982, S. 78.
2. F. Nüßlein, Jagdkunde, München/Wien/Zürich 1980, S. 205. Siehe Anmerkung 1, S. 79.
3. Siehe Anmerkung 1, S. 79.
4. H. Hagen/N. Sojka, Auf der Strecke geblieben, Göttingen 1987, S. 28.
5. W. Bittermann/F. J. Plank, Zeitbombe Tierleid, München 1989, S. 166.
6. K. Hutter/M. Hutter/G. Peter, Pelz macht kalt - vom Ausverkauf der wildlebenden Pelztiere, Göttingen 1989, S. 49.
7. G. Claussen, Fallen baut man aus Holz, in: Niedersächsischer Jäger, Ausg. 11/1987, S. 472.
8. Siehe Anmerkung 4.
9. Siehe Anmerkung 1, S. 72 ff.
10. Siehe Anmerkung 2.
11. J. Schönburg, Sinn und Bedeutung der Jagd heute, ANL-Tagungsberichte 3/1981.

14.2 Totschlagfallen - von verstümmelten Füchsen und zerquetschten Mardern

1. P. Müller, Wie kann die Fangjagd überleben? In: Wild und Hund, Ausg. 12/1992, S. 22 ff.
2. Repräsentativumfrage des Sample-Instituts, Mölln 1989.
3. H. Behnke, Jagd und Fang des Raubwildes, Hamburg/Berlin 1982.
4. Siehe Anmerkung 3, S. 100 f.
5. F. Nüßlein, Jagdkunde, München/Wien/Zürich 1980, S. 204.
6. K. Hutter/M. Hutter/G. Peter, Pelz macht kalt - vom Ausverkauf der wildlebenden Pelztiere, Göttingen 1989, S. 46.
7. Siehe Anmerkung 6, S. 47.
8. H. Hagen/N. Sojka, Auf der Strecke geblieben, Göttingen 1987, S. 28.
9. N. Sojka, Die Fallenjagd muß aufgegeben werden - notfalls mit Hilfe des Staatsanwaltes, in: Deutsche Jagd Zeitung, 1988 (Ausg. unbek.), S. 54 f.
10. H. Spittler, Fuchsjagd tut not, in: Rheinisch-Westfälischer Jäger, Ausg. 12/1991, S. 36.
11. W. Bittermann/F. J. Plank, Zeitbombe Tierleid, München 1989, S. 162.
12. Siehe Anmerkung 3, S. 98.

13. Siehe Anmerkung 3, S. 97 f.
14. F. Suchentrunk, Zur Nahrungsökologie und körperlichen Konstitution österreichischer Rotfuchspopulationen, Dissertation, Wien 1984.
15. Garmisch-Partenkirchener Tagblatt, 8.9.1986.
16. M. O'Sullivan, Trapping of Wild Furbearing Mammals in Canada for the Commercial Production of Furs. WSPA Report Series No. CAN851102, Toronto 1985, S. 8.
17. Siehe Anmerkung 5.
18. Siehe Anmerkung 10.
19. Landesbund für Vogelschutz in Bayern e.V., Presseinformation 32/1986.
20. J. Dieberger, Gutachten über die Verwendung von Abzugseisen zum Fangen von Haarraubwild im Auftrag der Salzburger Landesregierung 1987.
21. H. Ruetz, Fallenjagd und Waidgerechtigkeit, Diplomarbeit, Innsbruck 1989.
22. Siehe Anmerkung 10, S. 163.
23. Siehe Anmerkung 3, S. 72.
24. Siehe Anmerkung 3, S. 86.
25. Nordsee-Zeitung, 17.2.1986.
26. Main-Echo, 27.2.1986.
27. Kurier, 15.10.1988.
28. Kurier, 7.1.1989.
29. Neue Kronen Zeitung, 31.1.1989.
30. D. Buettner, Das Fallenzentrum, in: Jäger 3/1986.
31. K. Hutter, Ein Reh hat Augen wie ein sechzehnjähriges Mädchen - das Antijagdbuch, Freiburg 1988, S. 149.
32. Siehe Anmerkung 30, S. 148.
33. E. Brütt, Fallenbau und Fallenfang, Hannover 1981, S. 14.
34. Department of External Affairs, Defence of The Fur Trade, Ottawa 1985.

15 Jäger kontra Zuchtfasanen

1. F. Nüßlein, Jagdkunde, München/Wien/Zürich 1980, S. 132.
2. E. Schulz, Fasanen aufziehen - aussetzen, in: Niedersächsischer Jäger, Ausg. 11/1978.
3. H. Hagen, Wie edel ist das Waidwerk? Berlin/Wien 1984, S. 212.
4. N. Sojka, Auch Tiere haben Rechte, Düsseldorf 1987, S. 58 f.
5. Siehe Anmerkung 2.
6. Bundesjagdgesetz, §19 Absatz 1 Nr. 18.
7. F. Carlson/F. Penkala, zit. in: H. Hagen, Wie edel ist das Waidwerk? Berlin/Wien 1984.
8. G.V. Burger, zit. in: H. Hagen, Wie edel ist das Waidwerk? Berlin/Wien 1984.
9. Z. Kuyphausen, zit. in: H. Hagen, Wie edel ist das Waidwerk? Berlin/Wien 1984, S. 208 ff.
10. Die Pirsch, Ausg. 16/1986.
11. G. Vauk, Am Waldrand lauern die Räuber, in: Jäger, Ausg. 9/1979, S. 18 ff.

12. N. Sojka, Tierschutz, Tierschutz, Hamburg 1985, S. 46.
13. Pfaffenhofener Kurier, 26.10.1985.
14. Siehe Anmerkung 12.
15. G. Anderluh, Irrwege der Hege - Dilemma der Hege, in: Schweizer Jäger 5/1980.
16. F. O. Freitag, 1000 Jungfasanen gegen Verarmung der Natur, in: Wild und Hund 1979 (Ausg. unbek.).
17. W. Scherzinger, Der Truthahn als Kanonenfutter - Wildersatz und Ersatzwild für den Selbstbetrug der Jäger, in: Nationalpark, Ausg. 2/1986, S. 26 f.
18. Süddeutsche Zeitung, 20.2.1986.

16 Jäger und Haustiere

1. G. Hofmann, Katzenhaltung und Vogelschutz: Alter Konflikt mit neuer Diskussion, in: Journal für Ornithologie, Ausg. 1/1986.
2. Quick, 9.3.1989.
3. H. Behnke, Jagd und Fang des Raubwildes, Hamburg/Berlin 1982, S. 69.
4 Siehe Anmerkung 3, S. 64.
5. Siehe Anmerkung 3, S. 71.
6. Siehe Anmerkung 3, S. 64.
7. E. Brütt, Fallenbau und Fallenfang, Hannover 1981, S. 40.
8. Siehe Anmerkung 7, S. 42.
9. Siehe Anmerkung 7.
10. H.-J. Gerhard, Leserbrief, zu „Ein Hasensylvesterscherz“, in: Niedersächsischer Jäger, Ausg. 6/1979.
11. Siehe Anmerkung 3, S. 65.
12. M. G. von Pückler, Der Jäger und sein Recht, Hamburg/Berlin 1985.
13. K. Hutter, Ein Reh hat Augen wie ein sechzehnjähriges Mädchen - das Antijagdbuch, Freiburg 1988, S. 153.
14. W. v. Struyvenberg, Katzen kennen, pflegen, verstehen, München 1977.
15. H. Spittler, Untersuchungen zur Nahrungsbiologie streunender Hauskatzen (Felis sylvestris f. catus L.), in: Zeitschrift für Jagdwissenschaften, Ausg. 24/1978, S. 34 ff.
16. U. Ebeling, Für die Katz! ..., in: Die Pirsch, Ausg. 12/1980.
17. F. Grunnow, Ein Hasensilvesterscherz, in: Niedersächsischer Jäger, Ausg. 4/1979.
18. Siehe Anmerkung 3, S. 65.
19. Siehe Anmerkung 3, S. 68.
20. Siehe Anmerkung 3.
21. H. Hagen, Wie edel ist das Waidwerk? Berlin/Wien 1984, S. 145.
22. Siehe Anmerkung 3, S. 69 f.
23. Siehe Anmerkung 12.
24. BayJG, Art. 42 Abs. 1 Nr. 2.
25. LJG Baden-Württemberg, §23, Abs. 1 Nr. 2.
26. Siehe Anmerkung 13, S. 157.
27. Süddeutsche Zeitung, 27.1.1987.
28. R. O. Molitor, Treibjagd auf Jäger, in: Quick, Ausg. 35/1990, S. 36 f.

29. Siehe Anmerkung 13, S. 157.
30. Siehe Anmerkung 15.
31. F. Kurt, Die Lieblingsfeindin, in: natur, Ausg. 9/1981.
32. Siehe Anmerkung 31.
33. Süddeutsche Zeitung, 8.5.1985.
34. Zit. nach F. Kurt, Wildtiere in der Kulturlandschaft, Erlenbach/Zürich 1977.
35. E. Zimen, Der Wolf, Wien/München 1978, S. 30.
36. Siehe Anmerkung 3, S. 68.
37. H. Behnke, Jagdbetriebslehre, Hamburg/Berlin 1983, S. 104 ff.
38. Siehe Anmerkung 3, S. 67.

17 Jagd als Mittel zur Euthanasie?

1. H. Hagen, Wie edel ist das Waidwerk? Berlin/Wien 1984, S. 129.
2. J. Mitchell, Bitter harvest, in: Audubon, Ausg. 4/1979, S. 64 ff.
3. H. Kalchreuter, Die Sache mit der Jagd, München/Wien/Zürich 1984.
4. Siehe Anmerkung 1, S. 133.

18 Ersatzwolf Jäger – aus der Sicht seiner Beutetiere

1. B. Grzimek, Kein Platz für wilde Tiere, München 1954.
2. D. A. Poole, Insuring the Future of Hunting and Fishing, in: The Wildlife Society News, 1971, S. 145 f.
3. H. Behnke, Jagd und Fang des Raubwildes, Hamburg/Berlin 1982, S. 15.

19 Die Ausbildung von Jagdhunden an lebenden Tieren

1. K. Sojka, Tierschutz, Tierschutz, Hamburg 1985, S. 42.
2. Tierschutzgesetz, § 3 Abs. 7.
3. H. Hagen, Waidwerk und Tierschutz, in: Diagnosen, Ausg. 6/1983, S. 63 f.
4. W. Christiansen, Die Jagd ist nicht mehr zeitgemäß, Göttingen 1990, S. 73.
5. H. Hagen/N. Sojka, Auf der Strecke geblieben, Göttingen 1987, S. 29.
6. H.-D. Willkomm, Die Waidmannssprache, Berlin 1990, S. 69 f.
7. F. Nüßlein, Jagdkunde, München/Wien/Zürich 1980, S. 262.
8. Siehe Anmerkung 7, S. 273.
9. Tierschutzgesetz, § 3 Abs. 8.
10. Siehe Anmerkung 5, S. 29 f.
11. Hamburger Abendblatt, 31.10.1989.
12. Siehe Anmerkung 4.
13. D. Feddersen-Petersen, Schreiben an den Verein „Tierrechtsbewegung Wilmhelmshaven-Friesland e. V.“, 29.2.1988.
14. W. Herre, Schreiben an R. Wein, 19.4.1988.
15. K. Sojka, Auch Tiere haben Rechte, Düsseldorf 1987, S. 85.
16. Hamburger Abendblatt, 24.10.1989.
17. T. Brüssel, in: NRW: Entenarbeit ab sofort verboten, Wild und Hund, Ausg. 12/1992, S. 8.
18. C. Frucht, in: NRW: Entenarbeit ab sofort verboten, Wild und Hund, Ausg. 12/1992, S. 8.

19. Hessisch-Niedersächsische Allgemeine, 30.6.1988.
20. Zit. in: H. F. Frank, Tiere - geliebt, gequält, gefoltert, Salzburg 1987, S. 148.
21. E. Eberle, Leserbrief, in: Nürtinger Zeitung, 30.3.1992.

20 Ein kurzer Einblick in die jägerische Psyche

1. H. Neumann, zit. in: H. Hagen, Wie edel ist das Waidwerk? Berlin/Wien 1984.
2. E. v. Dieckhoff, zit. in: H. Hagen, Wie edel ist das Waidwerk? Berlin/Wien 1984.
3. H. Hagen, Wie edel ist das Waidwerk? Berlin/Wien 1984, S. 314.

20.1 Der typische Jäger und seine Aggressivität

1. D. M. Mantell, Familie und Aggression, Frankfurt 1972, S. 142.
2. J. M. Kalmar, Les Taste-mort des Chasseurs, St. Raphael 1976.
3. C. Consiglio, zit. in: H. Hagen, Wie edel ist das Waidwerk? Berlin/Wien 1984.
4. R. N. Denney, zit. in: H. Hagen, Wie edel ist das Waidwerk? Berlin/Wien 1984.
5. J. Madson, zit. in: H. Hagen, Wie edel ist das Waidwerk? Berlin/Wien 1984.
6. W. Apel, zit. in: R. O. Molitor, Treibjagd auf Jäger, in: Quick, Ausg. 35/1990, S. 37.
7. K. W. O. Daniel, zit. in: H. Hagen, Wie edel ist das Waidwerk? Berlin/Wien 1984.
8. Toker, zit. in: H. Hagen, Wie edel ist das Waidwerk? Berlin/Wien 1984.
9. Siehe Anmerkung 7.
10. S. R. Kellert, zit. in: H. Hagen, Wie edel ist das Waidwerk? Berlin/Wien 1984.
11. Saper, zit. in: H. Hagen, Wie edel ist das Waidwerk? Berlin/Wien 1984.
12. Siehe Anmerkung 7.
13. J. Mitchell, Bitter harvest, in: Audubon, Ausg. 5/1979, S. 88 ff.
14. E. Hepp, zit. in: H. Hagen, Wie edel ist das Waidwerk? Berlin/Wien 1984.
15. G. Freiherr von Bischoffshausen, Leserbrief, in: Jäger, Ausg. 7/1986.
16. Siehe Anmerkung 10.
17. H. Bettmann, Die Waldschnepfe, München 1975.
18. F. K. v. Eggeling, Immer blüht die Leidenschaft, in: G. Heinemann, Mit grünen Federn, Bonn 1979, S. 17 ff.
19. H. Stern, Rettet die Wildtiere, München 1982, S. 13.

20.2 Warum der Jäger jagt - psychologische Beweggründe zur Jagdausübung

1. F. v. Forell, Sie jagen tausend Jahre schon, Hannover 1974.
2. S. R. Kellert, zit. in: H. Hagen, Wie edel ist das Waidwerk? Berlin/Wien 1984.
3. J. Madson/E. Kozicky, For the young hunter, East Altor 1963.
4. S. L. Washburn, zit. in: E. Fromm, To have or to be? New York 1976.
5. H. Schulze, Waidgerecht, Hannover 1970.
6. K. Blüchel, Der Untergang der Tiere, Stuttgart 1976.
7. E. Bezzel, zit. in: H. Hagen, Wie edel ist das Waidwerk? Berlin/Wien 1984, S. 34.

8. B. Huey, zit. in: H. Hagen, Wie edel ist das Waidwerk? Berlin/Wien 1984.
9. Rheinisch-Westfälischer Jäger, Ausg. 12/1992, S. 3.
10. Zit. in: Känguruh, Ausg. 1/1992, S. 7.
11. J. Ortega y Gasset, Meditationen über die Jagd, Stuttgart 1955.
12. R. Humme, zit. in: P. P. Gymm, Der Mensch kennt keine Gnade, in: Quick, Ausg. 46/1976, S. 14 ff.
13. J. Schönburg, Die Jagd und das geschützte Tier, in: Tierliebe und Wildtier. Ökologische und kulturgeschichtliche Aspekte. Texte und Dokumente zur politischen Bildung, Ausg. 1/1978, S. 44.
14. W. Gravelis, in: Niedersächsischer Jäger, Ausg. 1/1987, S. 12.
15. J.E. Hope, zit. in: H. Hagen, Wie edel ist das Waidwerk? Berlin/Wien 1984, S. 39.
16. C. Heeremann v. Zuydtwyck, zit. in: R. O. Molitor, Treibjagd auf Jäger, in: Quick, Ausg. 35/1990, S. 37.
17. Die Pirsch, Ausg. 8/1986.
18. Wild, Jagd, Jäger, Faltblatt des Deutschen Jagdschutz-Verbandes, Bonn 1991.
19. W. Helemann, zit. in: H. Hagen, Wie edel ist das Waidwerk? Berlin/Wien 1984.
20. G. Heinemann, zit. in: H. Hagen, Wie edel ist das Waidwerk? Berlin/Wien 1984.
21. Siehe Anmerkung 15.
22. H. Neuhaus, zit. in: I. Schürmann-Mock, Halali der Damen, in: Brigitte, Ausg. 8/1980, S. 130 ff.
23. A. Goldschmidt-Rothschild, zit. in: H. Hagen, Wie edel ist das Waidwerk? Berlin/Wien 1984.
24. D. Green, in: Weekend Telegraph, 12.8.1966.
25. Siehe Anmerkung 10.
26. J. Schönburg, zit. in: H. Hagen, Wie edel ist das Waidwerk? Berlin/Wien 1984,
27. W. Erz, Die neue „Bibel“ des Jägers mit mangelhaften Ökologiekenntnissen (Buchrezension von H. Kalchreuter, Die Sache mit der Jagd), in: Bild der Wissenschaft, Ausg. 5/1978.
28. O.K. Maerth, Die Rede von Assisi, in: Gesundes Leben, Ausg. 10/1975, S. 1 ff.
29. H. Liepmann, zit. in: H. Hagen, Wie edel ist das Waidwerk? Berlin/Wien 1984, S. 35.
30. Siehe Anmerkung 26, S. 73.

20.3 Des Jägers Tier- und Naturliebe

1. Nürtinger Zeitung, 4.1.1990.
2. E. Fromm, To have or to be? New York 1976.
3. S.R. Kellert, zit. in: H. Hagen, Wie edel ist das Waidwerk? Berlin/Wien 1984.
4. B. Rensberger, Der Kult mit der Wildnis, Berlin/Frankfurt/Wien 1980.
5. F. K. v. Eggeling, Immer blüht die Leidenschaft, in: G. Heinemann, Mit grünen Federn, Bonn 1979, S. 17 ff.

6. W. Niedl, Die herrlichen Geschöpfe, in: Mit grünen Federn, Bonn 1979.
7. H. Hagen/N. Sojka, Auf der Strecke geblieben, Göttingen 1987, S. 35.
8. Zit. in: W. Heymel, Geschäftsführender Vorsitzender d. Organisation Pro Fauna, Schreiben an F. Knorr v. 9.9.1988.
9. H.-D. Willkomm, Die Waidmannssprache, Berlin 1990, S. 150.
10. Stuttgarter Zeitung, 30.12.1987.
11. H. Hagen, Wie edel ist das Waidwerk? Berlin/Wien 1984, S. 89.
12. H. Liepmann, zit. in: H. Hagen, Wie edel ist das Waidwerk? Berlin/Wien 1984, S. 35.
13. Siehe Anmerkung 11, S. 85.
14. A.B. Bubenik, Brennende Fragen der Schalenwildbewirtschaftung in nördlichen Zonen der zivilisierten Welt, Sonderdruck aus BJV-Mitteilungen Nr. 6/1974.
15. N. Sojka, zit. in: H. Hagen, Wie edel ist das Waidwerk? Berlin/Wien 1984.
16. Recht der Tiere, Ausg. 1/1990, S. 3 f.
17. Nürtinger Zeitung, Ausg. unbek. (1992).
18. Siehe Anmerkung 11, S. 142.
19. Siehe Anmerkung 11, S. 142.
20. K. Hutter, Ein Reh hat Augen wie ein sechzehnjähriges Mädchen - das Antijagdbuch, Freiburg 1988, S. 192.

3. Teil: Jäger und Antijäger - die Konfrontation hat begonnen

22 Jägerische Öffentlichkeitsarbeit - von der Nachrichtensperre an der Jägerfront

1. B. Hespeler, Jäger, wohin? In: Naturschutz heute, Ausg. 3/1992, S. 16 ff.
2. K. Hutter, Ein Reh hat Augen wie ein sechzehnjähriges Mädchen - das Antijagdbuch, Freiburg 1988, S. 10.
3. H. Tennison, zit. in: H. Hagen, Wie edel ist das Waidwerk? Berlin/Wien 1984, S. 166.
4. H. Hagen, Wie edel ist das Waidwerk? Berlin/Wien 1984, S. 160 f.
5. Niedersächsischer Jäger, Ausg. 14/1986.
6. Wild und Hund, Ausg. 13/1986, S. 6.
7. G. Frank, in: DJV-Nachrichten, Ausg. 3/1985, S. 4.
8. Siehe Anmerkung 2, S. 19.
9. D. A. Poole, Insuring the Future of Hunting and Fishing, The Wildlife Society News, 1971, S. 45 f.
10. P. K. Pernutz, Tut Gutes und redet darüber! In: Deutsche Jagd Zeitung, Ausg. 12/1986, S. 2.
11. K. Betz, in: Jäger, Ausg. 7/1986.
12. Siehe Anmerkung 7, S. 32.
13. Jäger, Ausg. 3/1987, S. 12.
14. W. Christiansen, Die Jagd ist nicht mehr zeitgemäß, Göttingen 1990, S. 97.

15. Deutsche Jagd Zeitung, Ausg. 4/1987.
16. B. Huey, zit. in: H. Hagen, Wie edel ist das Waidwerk? Berlin/Wien 1984.
17. Jäger, Ausg. 8/1978.
18. H. Behnke, Jagdbetriebslehre, Hamburg/Berlin 1983, S. 105.
19. H. Behnke, Jagd und Fang des Raubwildes, Hamburg/Berlin 1982, S. 68.
20. H. Liepmann, in: Niedersächsischer Jäger, Ausg. 4/1986.
21. Jagd und Kultur. Abschlußerklärung der Internationalen Jagdkonferenz 1986, in: DJV-Handbuch Jagd 1987, S. 26.
22. Zit. in: Siehe Anmerkung 3.
23. Die Pirsch, Ausg. 8/1986.
24. W. Schmitz, Barone, Bonzen, Ballermänner, in: Stern, Ausg. 43/1992, S. 178 ff.
25. E. Bezzel, Wie darf ich Sie „ansprechen" - Graugans oder Stockente? In: Nationalpark, Ausg. 2/1986, S. 23 ff.
26. O. E. J. Kujawski, Der Jäger - Buhmann der Medien? Akah-Journal, 1977, S. 3 f.
27. Zit. in: Siehe Anmerkung 3, S. 15.

23 Die Jagdgegner formieren sich – von der Schlacht um den Fortbestand des Waidwerks

1. W. Erz, Ökologie, Jagd und Naturschutz, in: Natur und Landschaft, Ausg. 8/1974, S. 224 ff.
2. H. Hagen, Wie edel ist das Waidwerk? Berlin/Wien 1984, S. 259.
3. J. Schönburg, zit. in: H. Hagen, Wie edel ist das Waidwerk? Berlin/Wien 1984, S. 171.
4. Siehe Anmerkung 3.
5. E. Gerstenmaier, Der Jäger, Beschützer der Natur, in: Die Welt, 15.7.1978.
6. D. Stahl, Verpflichtung für die Zukunft, in: G. Heinemann, Mit grünen Federn, Bonn 1979, S. 69 ff.
7. Zit. in: H. Hagen, Wie edel ist das Waidwerk? Berlin/Wien 1984, S. 169 f.
8. G. R. Greve, Warum unternehmen Tierschützer nichts gegen Fliegenfänger? In: Niedersächsischer Jäger, Ausg. 2/1991.
9. Die Pirsch, Ausg. 6/1992, S. 10.
10. Recht für Tiere, Ausg. 5/6/1990, S. 9.
11. Wiesbadener Kurier, 15.9.1990.
12. R. O. Molitor, Treibjagd auf Jäger, in: Quick, Ausg. 35/1990, S. 37.
13. Deutsche Jagd Zeitung, Ausg. 9/1987.
14. Deutsche Jagd Zeitung, Ausg. 8/1987.
15. Siehe Anmerkung 10.
16. Die Pirsch, Ausg. 2/1991, S. 4.
17. T. u. P. Horsbol, pers. Mitt. vom 11.12.1991.
18. Uetersener Nachrichten, 3.11.1986.
19. Hamburger Abendblatt, 12.12.1986.
20. Wild und Hund, Ausg. 3/1992, S. 10.
21. Wild und Hund, Ausg. 1/1987, S. 8.

22. Die Pirsch, Ausg. 16/1987.
23. Siehe Anmerkung 12.
24. P. K. Pernutz, Druck auf Fruck, in: Deutsche Jagd Zeitung, Ausg. 6/1986.
25. Siehe Anmerkung 12.
26. Recht für Tiere, Ausg. 3/1992, S. 15.
27. Siehe Anmerkung 21.
28. OLG Schleswig-Holstein, Az. 9 U 52/86.
29. W.D. Laibling, Leserbrief, in: Deutsche Jagd Zeitung, Ausg. 4/1987.
30. Siehe Anmerkung 22.
31. M.G.v. Pückler, in: Wild und Hund, Ausg. 8/1992.
32. Wild und Hund, Ausg. 8/1992.
33. Tier- und Naturschutz e.V., pers. Mitt.
34. Siehe Anmerkung 33.
35. Wild und Hund, Ausg. 14/1990; Flugblatt der Veganen Offensive Ruhrgebiet (VOR).
36. Süddeutsche Zeitung, 4./5.2.1984.
37. Recht für Tiere, Ausg. 1/1991, S. 5.
38. Flugblatt der Veganen Offensive Ruhrgebiet (VOR).

24 Keine Kompromisse!?

1. Faltblatt „Naturschutz und Jagd", ohne Orts-/Datumsangabe.
2. B. Sullivan, zit. in: H. Hagen, Wie edel ist das Waidwerk? Berlin/Wien 1984.
3. H. Hagen, Wie edel ist das Waidwerk? Berlin/Wien 1984, S. 30.
4. K. Hutter/M. Hutter/G. Peter, Pelz macht kalt - vom Ausverkauf der wildlebenden Pelztiere, Göttingen 1989, S. 11.
5. Zit. in: M. O'Sullivan, Trapping of Wild Furbearing Mammals in Canada for the Commercial Production of Furs, WSPA Report Series No. CAN851102, 1985, S. 29.
6. Siehe Anmerkung 3, S. 297.
7. Nationalpark, Ausg. 2/1986, S. 37.
8. K. Sojka, Auch Tiere haben Rechte, Düsseldorf 1987, S. 24.
9. C. Fischer, Bejagung der Enten, in: Jäger, Ausg. 9/1979, S. 26 ff.
10. G. Loss, Eines Berufsjägers Alltag, in: Deutsche Jagd Zeitung, Ausg. 1/1987.

25 Das Ende der Jagd - Anachronismen haben keine Zukunft

1. O. Meyer, zit. in: H. Hagen, Wie edel ist das Waidwerk? Berlin/Wien 1984.
2. C. Consiglio, Vorwort zu: K. Hutter, Ein Reh hat Augen wie ein sechzehnjähriges Mädchen - das Antijagdbuch, Freiburg 1988, S. 7.
3. C. Dann, pers. Mitt. vom 3.7.1992.
4. W. Schröder, Jagd vorbei? In: Nationalpark, Ausg. 2/1986, S. 28 ff.
5. W. Christiansen, Die Jagd ist nicht mehr zeitgemäß, Göttingen 1990, S.102.
6. Siehe Anmerkung 5, S. 107.
7. Zit. in: H. Hagen, Wie edel ist das Waidwerk? Berlin/Wien 1984, S. 286.

8. D. Weber, Ohne Jäger nicht wild. Warum Tiere und Erholungsbetrieb einander nicht vertragen, in: Nationalpark, Ausg. 4/1982, S. 7 ff.
9. D.G. Briggs, Leserbrief, in: Audubon, Ausg. 1/1980, S. 122.
10. H.-J. Weichert, zit. in: H. Hagen, Wie edel ist das Waidwerk? Berlin/Wien 1984, S. 294.
11. F. Rosenzweig, Petition an das Europäische Parlament vom 14.12.1977.
12. Gutachten der Genfer Landwirtschaftskammer, Genf 1985.
13. H. Bibelriether, Die Angst des Wildes vor dem jagenden Menschen, in: Nationalpark, Ausg. 2/1986, S. 32 f.
14. F. Labhardt, pers. Mitt. vom 14.9.1992.
15. R. Huber, zit. in: H. Hagen, Wie edel ist das Waidwerk? Berlin/Wien 1984, S. 159.
16. Siehe Anmerkung 2, S. 8.

Stimmen zur Jagd

„Jägerei ist eine Nebenform menschlicher Geisteskrankheit!"

Theodor Heuss

„Die Jäger sind die ältesten Tierschützer der Welt und keine Hobbymörder."

Dominikaner-Pater und Kanzler-Berater Dr. Basilius von Streithofen anläßlich des Vortrages „Jagd und Tierschutz". Streithofen ist gern zitierter Befürworter praktisch jeglicher Ausbeutung von Tieren.

„Die ethische Gegenwartsaufgabe des Menschen besteht darin, die natürliche Ordnung zurückzugewinnen und zu bewahren."

Jagdkritiker und Jagdscheininhaber Prof. Dr. Dr. Nikolaus Sojka

„Man frönt der Leidenschaft des Tötens, eines sinnlosen Tötens, das und nichts anderes ist es, und es sollte doch einmal ganz klar ausgesprochen werden."

Tierschützer H.-J. Weichert

„Es hat mir nie eingeleuchtet, was manche Leute für Freude daran haben, Tiere totzuschießen."

Prof. Dr. Bernhard Grzimek

„Jagdausübung und Tierschutz sind keine Gegensätze. Die Ansprüche des Tierschutzes sind bereits in den allgemeinen Grundsätzen deutscher Waidgerechtigkeit enthalten."

Deutscher Jagdschutz-Verband im Faltblatt „Wild, Jagd und Jäger in der Bundesrepublik Deutschland"

„Jedes Ding hat seine Zeit. Die Zeit für die Jagd ist abgelaufen."

Jagdscheininhaber und BUND-Vorsitzender Hubert Weinzierl

„Mit diesen Hinweisen möchte ich einmal grundsätzlich klarstellen, daß Jäger bereits Landschafts- und Biotopschutz in großem Umfang betrieben haben, als Ökologen der modernen Kategorie – für die Jagd lediglich eine Sportart mit der Zielsetzung großer Strecken ist – noch nicht einmal gewußt haben können, wie das Wort ‚Biotopschutz' geschrieben wird."

Jäger- und Bauernpräsident Constantin Freiherr von Heeremann anläßlich des Jägertages NRW 1985

„Die Jagd ist die Schule der Gewalt, durch welche Gefühle des Mitleids unterdrückt werden, die normalerweise der Anblick eines getöteten oder verletzten Tieres hervorruft."

Prof. Dr. Carlo Consiglio, Präsident des EFAH und Ordinarius der Universität Rom

„Vom Tiermord zum Menschenmord ist es nur ein Schritt.“

Leo Tolstoi

„Heute sind die Jäger bei uns und in vielen anderen Ländern dieser Erde die Anwälte eines funktionsfähigen Naturhaushaltes, die die Schätze der Natur in angemessenem Umfang nutzen und auf den Bestandsschutz achten.“

Franz Josef Strauß, Jäger

„Jagd ist doch immer eine Form von Krieg.“

Johann Wolfgang Goethe

„Jedes Tier, das von ihnen abgemetzelt wird, ist eines zuviel. Tiere sterben, und wir werden nicht schweigen. Sie haben genug über die Tiere gehört, den Hut über ihre Ohren gezogen und weiter gemordet. Nun ist ihre Zeit gekommen. Mit den Tieren können sie fertig werden, aber nicht mit uns!“

Aus einem Flugblatt der Veganen Offensive Ruhrgebiet (VOR)